Kai-Jürgen Lietz

Die Entscheider-Bibel

Kai-Jürgen Lietz

Die
Entscheider
BIBEL

HANSER

Bibliografische Information der Deutschen Nationalbibliothek
Die Deutsche Nationalbibliothek verzeichnet diese Publikation in der Deutschen Nationalbibliografie; detaillierte bibliografische Daten sind im Internet über http://dnb.d-nb.de abrufbar.

Dieses Werk ist urheberrechtlich geschützt.
Alle Rechte, auch die der Übersetzung, des Nachdruckes und der Vervielfältigung des Buches oder von Teilen daraus, vorbehalten. Kein Teil des Werkes darf ohne schriftliche Genehmigung des Verlages in irgendeiner Form (Fotokopie, Mikrofilm oder ein anderes Verfahren), auch nicht für Zwecke der Unterrichtsgestaltung – mit Ausnahme der in den §§ 53, 54 URG genannten Sonderfälle –, reproduziert oder unter Verwendung elektronischer Systeme verarbeitet, vervielfältigt oder verbreitet werden.

1 2 3 4 6   12 11 10 09

© 2009 Carl Hanser Verlag München
Internet: http://www.hanser.de
Lektorat: Martin Janik
Herstellung: Ursula Barche
Umschlaggestaltung: Büro plan.it, München
Satz: Presse- und Verlagsservice, Erding
Druck und Bindung: Kösel, Krugzell
Printed in Germany

ISBN 978-3-446-41654-3

Inhalt

Danksagung	XI
Einleitung	1
1 Die Schlüsselelemente guter Entscheidungen	3
1.1 Was sind Entscheidungen?	3
1.2 Richtungsgetriebenes Handeln	5
1.3 Die einfache Logik des Entscheidens	10
1.3.1 Entscheidungsklarheit	10
1.3.2 Attraktive Alternativen	11
1.3.3 Sicherung der größtmöglichen Unterstützung	13
1.3.4 Kopf- oder Bauchentscheidung?	15
1.3.5 Entscheiden im Alltag	16
1.4 Der Entscheider-Code	17
1.4.1 Grundelemente des Entscheider-Codes	19
1.4.2 Die Anwendung des Entscheider-Codes	20
1.4.3 Ihr Entscheider-Code	25
1.4.4 Zusammenfassung	26
2 Vision und Mission	27
2.1 Die Grundlage für jede Entscheidung	27
2.2 Die eigene Vision – Grundlage für jede Entscheidung	29
2.3 So finden Sie Ihre Mission	31
2.3.1 Werte	34
2.3.2 Der rote Faden	35
2.3.3 Aktivitätsverben	38
2.3.4 Qualität	40
2.3.5 Zielgruppe	40
2.3.6 Die Charakteristika einer Mission	41
2.3.7 Zusammenfassung	42
2.4 Der Weg zur eigenen Vision	42
2.5 Zehn Erfolgsprinzipien für eine Vision	43
2.6 Die acht Grundtypen einer Vision	45
2.6.1 Stolz auf eine große Leistung	45
2.6.2 Große Veränderung für die Gesellschaft	46

	2.6.3	Große Veränderung in Technik oder Wissenschaft	46
	2.6.4	Große Veränderung im persönlichen Bereich	47
	2.6.5	Große Veränderung im Markt	47
	2.6.6	Etwas auf eine einzigartige Weise tun oder in besonderer Weise einzigartig sein	47
	2.6.7	Eine besondere Größe erreichen (Mitglieder, Kunden ...)	48
	2.6.8	Ein Vorbild einholen oder übertreffen	48
2.7		Entwicklungsweg zur persönlichen Vision	49
	2.7.1	Kernfrage 1: Die Gegenwart	49
	2.7.2	Kernfrage 2: Die Vergangenheit	50
	2.7.3	Kernfrage 3: Rollenmodell der Gegenwart	51
	2.7.4	Kernfrage 4: Die Zukunft	52
	2.7.5	Kernfrage 5: Das komplette Bild	55
	2.7.6	Kernfrage 6: Ökologie	58
	2.7.7	Kernfrage 7: Umsetzung	58
2.8		Formulierungsregel für eine Vision	64
2.9		Workshop zu unserer persönlichen Vision	66
	2.9.1	Kernfrage 1: Gegenwart	66
	2.9.2	Kernfrage 2: Die Vergangenheit	66
	2.9.3	Kernfrage 3: Rollenmodell der Gegenwart	67
	2.9.4	Kernfrage 4: Die Zukunft	68
	2.9.5	Kernfrage 5: Das komplette Bild	71
	2.9.6	Kernfrage 6: Ökologie	72
	2.9.7	Kernfrage 7: Umsetzung	72
2.10		Checkliste für die eigene Mission und Vision	75
	2.10.1	Mission	75
	2.10.2	Vision	75

3 Entscheidungsklarheit ... 77

3.1		Was ist Entscheidungsklarheit?	77
3.2		Verschwendung – Das Ergebnis mangelnder Entscheidungsklarheit	78
3.3		Aus Entscheidungen lernen	80
	3.3.1	Entscheidungskriterien	80
	3.3.2	Urteilsvermögen	81
	3.3.3	Lernen mit Entscheidungen	81
	3.3.4	Zusammenfassung	82

3.4	Sinn erleben als Entscheider		83
	3.4.1	Prinzip der Langfristigkeit	83
	3.4.2	Prinzip der Wertorientierung	84
	3.4.3	Prinzip der Missionsorientierung	85
	3.4.4	Zusammenfassung	85
3.5	Bedarf – Was will ich wirklich?		86
	3.5.1	Bedarfsfaktor Gegenwart – Die Situation	88
	3.5.2	Bedarfsfaktor Zukunft – Die Vision	100
	3.5.3	Bedarfsfaktor Mission und Werte	100
	3.5.4	Zusammenfassung	101
3.6	Entscheidungserfolg messen		101
	3.6.1	Ausschnitt aus einem Coaching	102
	3.6.2	Messen, aber wie?	104
	3.6.3	Zusammenfassung	105
3.7	Der Entscheidungskompass		105
	3.7.1	Zusammenfassung	112
3.8	In meinem Sinn – Entscheidungen delegieren		113
	3.8.1	Regeln der Delegation	115
	3.8.2	Zusammenfassung	118
3.9	Workshop: Ihr Entscheidungskompass		119
3.10	Checkliste für Entscheidungsklarheit		122

4 Attraktive Alternativen ... 123

4.1	Alternativen: Der Stoff, aus dem Entscheidungen sind		123
	4.1.1	Die Kernaufgabe des Entscheiders	124
	4.1.2	Neue Alternativen schaffen	128
	4.1.3	Retikuläres Aktivierungssystem	129
	4.1.4	Kreativität – Schlüsselqualifikation für gestaltende Entscheider	130
	4.1.5	Vorbereitung für Kreativstrategien	131
	4.1.6	Kreativstrategie I: Flüssiges Denken	132
	4.1.7	Kreativstrategie II: Kombinatorisches Denken	143
	4.1.8	Bestehende Alternativen optimieren	145
	4.1.9	Zusammenfassung	150
4.2	Alternativen schaffen lassen: Delegation		150
	4.2.1	Spezialistenwissen bei der Bedarfsbildung einbeziehen	150
	4.2.2	Formale Delegation	151
	4.2.3	Formale Ergebnisrückmeldung	153
	4.2.4	Zusammenfassung	153

4.3	Zeitmanagement für Entscheider		154
	4.3.1	Das Zeitprofil von Entscheidungen	154
	4.3.2	Der Schwerpunkt in der Entscheidungsphase	158
	4.3.3	Zusammenfassung	159
4.4	Kreativitätsworkshops		159
	4.4.1	Osborn-Methode	160
	4.4.2	Sechs-Blickwinkel-Methode	163
	4.4.3	Ein-Schritt-Optimierung	168
4.5	Checkliste für bedarfsgerechte Alternativen		169

5 Größtmögliche Unterstützung ... 171

5.1	Entscheider brauchen Unterstützer		171
5.2	Innere Widerstände		173
	5.2.1	Motivation	173
	5.2.2	Hemmungen	178
	5.2.3	Fähigkeiten	179
5.3	Einfach umsetzen		180
	5.3.1	Strahlkraft des Entscheiders	180
	5.3.2	Mangelnde Überzeugung	181
	5.3.3	Betroffene zu Beteiligten machen	182
	5.3.4	Veränderungen	189
	5.3.5	Das Unterstützungsgespräch	190
	5.3.6	Zusammenfassung	192
5.4	Spielpraxis		193
	5.4.1	Entscheider lesen	193
	5.4.2	Verhandlungen führen	197
	5.4.3	Gegenspieler berücksichtigen	205
	5.4.4	Zusammenfassung	206
5.5	Entscheidungen kommunizieren		206
	5.5.1	Zusammenfassung	213
5.6	Die Sandwichstrategie für Führungskräfte		213
	5.6.1	Die Situation des Managers	213
	5.6.2	Die Sandwichstrategie	215
	5.6.3	Zusammenfassung	218
5.7	Checkliste für reibungslose Umsetzungen		218

Inhalt

6 Bewertung 221
  6.1 Die Situation 221
  6.2 Kriteriengewichtung 221
      6.2.1 Absolute Gewichtung 222
      6.2.2 Relative Gewichtung 224
  6.3 Bewertungsmaßstab 226
      6.3.1 Absolute Bewertung 227
      6.3.2 Relativer Maßstab 229
  6.4 Die unsichere Zukunft 229
      6.4.1 Sicherheit 231
      6.4.2 Unsicherheit 231
      6.4.3 Zusammenfassung 233
  6.5 Checkliste 233

7 Entscheider-ABC 235
  7.1 Entscheider-FAQ 235
  7.2 In aller Kürze: 15 Entscheidungsfallen 241
  7.3 Entscheidungssituationen von A bis Z 249
      7.3.1 Aufgeben 250
      7.3.2 Auftrag 253
      7.3.3 Auftragsvergabe 256
      7.3.4 Ausschreibung 257
      7.3.5 Beratung 258
      7.3.6 Dezentralisation 261
      7.3.7 Dilemma 264
      7.3.8 Einstellung 271
      7.3.9 Entlassung 274
      7.3.10 Expansion 279
      7.3.11 Finanzierung 284
      7.3.12 Fördern 287
      7.3.13 Gründung 290
      7.3.14 Innovation – Einführung neuer Technologien . 294
      7.3.15 Insourcing – Outsourcing 301
      7.3.16 Investition 304
      7.3.17 Joint Venture 307
      7.3.18 Karriere 311
      7.3.19 Nachfolge 314
      7.3.20 Offenheit – Transparenz 317

7.4	Entscheider-Probleme: Symptome von A bis Z	321
	7.4.1 Angst vor Fehlern	321
	7.4.2 Bedauern	321
	7.4.3 Bewertungsproblem	322
	7.4.4 Dilemma	322
	7.4.5 Fehlende Voraussicht	322
	7.4.6 Fehlendes Selbstvertrauen	323
	7.4.7 Fehlentscheidungen	323
	7.4.8 Keine Entscheidung	323
	7.4.9 Konflikte meiden	324
	7.4.10 Massiver Widerstand	324
	7.4.11 Ohne Orientierung	324
	7.4.12 Reue	324
	7.4.13 Rücknahme der Entscheidung	324
	7.4.14 Schlechte Erfahrungen	324
	7.4.15 Ständiger Meinungswechsel	325
	7.4.16 Überdelegation von Entscheidungen	325
	7.4.17 Unentschiedenheit	325
	7.4.18 Verantwortung meiden	325
	7.4.19 Verunsicherung	325
	7.4.20 Wir kennen keine Unterstützer	325
	7.4.21 Zeitmangel	326
	7.4.22 Zielkonflikt	326
7.5	Entscheidungsmethoden	326
	7.5.1 Pareto-Methode	327
	7.5.2 Risikobilanz	329
	7.5.3 AHP – Analytical Hierarchical Process	334
	7.5.4 Minimale Reue	338
	7.5.5 Entscheidungsbaum	340
	7.5.6 Entscheidungstabelle	347
	7.5.7 Nutzwertanalyse	349
7.6	Der große Entscheider-Test	355
	7.6.1 Der Test	356
	7.6.2 Auswertung	359
	7.6.3 Interpretation/Auswertung	360

Register 363

Danksagung

Als ich mein erstes Buch beim Carl Hanser Verlag ablieferte, hatte ich ein gutes Gefühl. Denn in Zukunft würde es viel weniger Entscheider geben, die in Entscheidungsfallen tappen. Allerdings wusste ich auch, dass der Fokus des Buches es unmöglich gemacht hatte, alle Feinheiten des Entscheidens kennenzulernen.

Als mich daher mein Lektor Martin Janik ansprach, ob ich dem *Entscheider-Buch* nicht noch eine *Entscheider-Bibel* hinterherschicken wollte, sagte ich spontan Ja.

Daher gilt mein besonderer Dank Herrn Janik und dem ganzen Verlagsteam des Carl Hanser Verlags.

In diesem Buch finden Sie zahlreiche Praxisbeispiele, die zwar vom Coaching mit meinen Kunden inspiriert sind, aber mit einer Ausnahme sind alle Namen und Hintergründe konstruiert. Bei der Ausnahme bedanke ich mich ganz herzlich. Lutz Lochner, der mit Seminarportal.de eines der erfolgreichsten Weiterbildungsportale in Europa betreibt, hat mir freundlicherweise erlaubt, über seine Gründungsentscheidung zu schreiben.

Mein erstes Buch wäre vielleicht niemals erschienen, hätte ich nicht das Glück gehabt, mit Bettina Querfurth genau die richtige Literaturagentin zu finden. Inzwischen erscheint das *Entscheider-Buch* sogar schon in Südkorea und als Hörbuch.

Stellvertretend für viele Testleser bedanke ich mich aufs Tiefste bei Dr. Ralf Lengen von unique relations, dessen Seminar „Auf den Punkt gebracht" mir sehr geholfen hat, einen noch besseren Schreibstil zu entwickeln. Ich danke Mathias Paul Weber dafür, dass er ein so guter Freund ist, und für sein aufbauendes Feedback in der heißen Phase dieses Projekts. Der Unternehmerin Nicole Ruppel danke ich dafür, dass Sie bei jeder nur denkbaren Gelegenheit mein Buch gelobt hat. Denn ein solches Feedback sportn den Autor an, noch ein Buch nachzulegen.

In den letzten Tagen vor Abgabe der *Entscheider-Bibel* leistete meine Frau Unmenschliches und hat häufig bis in die frühen Morgenstunden Korrektur gelesen. Daher möchte ich ihr dieses Buch widmen. Ich weiß, wann ich die beste Entscheidung meines Lebens gefällt habe!

Ich wünsche allen meinen Lesern, dass sie gleichermaßen gute Entscheidungen treffen mögen.

Bad Homburg, im Februar 2009

Einleitung

Es gibt keine schlechten Entscheider, es gibt nur solche, die es besser können als andere. Mit diesem Buch möchte ich Sie dort abholen, wo Sie sich als Entscheider gerade befinden. Gemeinsam werden wir uns die drei Schlüsselelemente erfolgreicher Entscheidungen ansehen und immer dort tiefer eintauchen, wo Sie mehr erfahren möchten.

Ich habe dieses Buch **für den eiligen Leser** geschrieben, der schnell an neues Wissen und Methoden kommen möchte oder im Zweifel schnell einen praktischen Rat nachschlagen will.

Ich habe es aber auch **für den akribischen Leser** geschrieben, der sich nicht mit dem einfachen Ratschlag zufriedengibt, sondern auf der Suche nach mehr ist.

Die *Entscheider-Bibel* habe ich sowohl für den Bauchentscheider als auch für den bewussten, strukturierten Entscheider geschrieben. Ich kenne beide gut und weiß ihre Stärken zu schätzen.

Dieses Buch wird Ihnen alles bieten, was Sie für Ihre Reise brauchen, um ein noch besserer Entscheider zu werden. Den Einstieg machen Sie mit Kapitel 1 „Die Schlüsselelemente guter Entscheidungen". In diesem Überblickskapitel steigen wir in die Geheimnisse erfolgreicher Entscheidungen ein. Wir lernen außerdem den geheimen Entscheider-Code kennen, mit dem bekannte Entscheider wie Bill Gates und die Google-Gründer so erfolgreich wurden. Ich bin mir sicher, dass alle Leser in diesem Kapitel fündig werden.

In Kapitel 2 geht es dann ans Eingemachte. Denn dort lesen Sie nicht nur, wie wichtig es ist, eine eigene Vision für die nächsten zehn Jahre zu haben. Ich habe für Sie darüber hinaus auch einen Workshop eingebaut, mit dem Sie sich Schritt für Schritt dieses langfristige Zielbild erarbeiten werden. Es könnte allerdings sein, dass Sie danach erst einmal ein paar wichtige Entscheidungen zu treffen haben, bevor Sie die *Entscheider-Bibel* wieder zur Hand nehmen. Dann aber lohnt es sich wirklich. Denn in Kapitel 3 „Entscheidungsklarheit" lesen Sie, wie Sie mit jeder einzelnen Entscheidung Sinn erleben, Ihren eigenen Bedarf klar herausarbeiten und sich dadurch überall leichter durchsetzen. Denn nichts ist so unaufhaltsam wie ein Entscheider, der ganz genau weiß, was er will.

Als wäre das noch nicht genug, erfahren Sie in Kapitel 4 „Attraktive Alternativen", wie Sie Ihre Gestaltungsspielräume so weit ausdehnen, dass Sie nur noch über attraktive Alternativen zu entscheiden haben.

Wir Entscheider können noch so gut wissen, was wir wollen, und uns die besten Alternativen schaffen, aber an den alltäglichen Widerständen sind schon viele Träume zerschellt. Daher lesen Sie in Kapitel 5 „Größtmögliche Unterstützung", wie Sie sich auf einfache Weise die Unterstützung der Menschen sichern, auf die Sie angewiesen sind. Dabei fangen wir bei unseren inneren Widerständen an, finden heraus, wie wir Betroffene zu Beteiligten machen, und lernen, wie wir unsere Gegenspieler ausmanövrieren, bis sie uns nicht mehr schaden können. Wenn wir dann buchstäblich auf Händen getragen werden, lesen wir in Kapitel 6 „Bewertung", wie wir aus all den attraktiven Alternativen die beste herausfinden.

Damit könnten wir fast am Ende sein, **gäbe es da nicht den eiligen Leser**. Denn für ihn habe ich mit Kapitel 7 „Entscheider-ABC" ein Nachschlagewerk für die schnelle Hilfe geschaffen. Dort finden sich z. B. zahlreiche Entscheidungssituationen aus dem Unternehmeralltag oder die Symptome für Entscheider-Probleme, die wichtigsten Entscheidungsmethoden und, für den selbstkritischen Entscheider, der große Entscheider-Test.

Ich bin mir sicher, dass Sie schon jetzt wissen, mit diesem Buch einen guten Fang gemacht zu haben. Alles was Sie in diesem Buch lesen, beruht auf gesundem Menschenverstand. Probieren Sie alles gleich aus. Auch wenn der Titel *Die Entscheider-Bibel* lautet, müssen Sie nichts einfach nur glauben. Sie kommen nur voran, wenn Sie das Entscheider-Wissen zu Ihrem eigenen machen und es anwenden. Denn wir alle sind nun einmal „Wissensriesen" und „Anwendungszwerge".

Zum Glück müssen wir jeden Tag Entscheidungen treffen, daher können wir direkt zur Praxis schreiten. Warten Sie daher nicht auf die geeignete Gelegenheit. Entscheiden Sie einfach!

Zu diesem Buch gibt es eine eigene Website: www.Entscheider-Bibel.de. Dort finden Sie alle Workshop-Arbeitsblätter zum Selberausdrucken. Da wird so mancher Leser erleichtert sein, denn wer schreibt schon gerne persönliche Kommentare in eine Bibel?

Ich freue mich, von Ihnen zu hören, welche Geschichten und persönlichen Veränderungen Sie mit diesem Buch erlebt haben. Schreiben Sie mir unter: direkt@entscheidercoach.de

Hoffentlich habe ich eines Tages selbst einmal die Chance, Sie persönlich kennenzulernen. Bis dahin wünsche ich Ihnen die besten Entscheidungen!

1 Die Schlüsselelemente guter Entscheidungen

 In diesem Kapitel verschaffen wir uns einen Überblick.

- Wir machen uns ein Bild davon, was Entscheidungen sind, welche Bedeutung sie haben und wann Entscheidungen erfolgreich sind.
- Wir gehen der Frage nach, was Bauchentscheider anders machen als die ganz bewussten, strukturierten Entscheider.
- Wir lernen die drei Schlüsselelemente guter Entscheidungen kennen.
- Dabei werden wir erkennen, dass es einen versteckten Entscheider-Code gibt, aus dem wir die Strategien anderer Entscheider problemlos herauslesen können.

1.1 Was sind Entscheidungen?

Wie viele Entscheidungen treffen wir täglich? Angeblich sind es rund 20.000, wie der Hirnforscher Ernst Pöppel wissen will. Ich habe es nicht nachgezählt. Aber vielleicht haben Sie ja gerade nichts Besseres zu tun? Ich glaube allerdings, dass dies keine Information ist, die wir genau wissen müssen. Denn die Mehrzahl dieser Entscheidungen laufen unbewusst und programmiert ab und decken sich nicht mit dem Entscheidungsbegriff, den die meisten von uns haben.

Was sind Entscheidungen? Wenn Sie *Das Entscheider-Buch* gelesen haben, kennen Sie vielleicht die folgende Definition: „Eine Entscheidung ist die Wahl zwischen verschiedenen Alternativen auf der Grundlage des eigenen Bedarfs. Dieser manifestiert sich in Zielen, persönlichen Präferenzen, gewünschten und unerwünschten Ergebnissen sowie zu lösenden Problemstellungen und zu nutzenden Chancen. Eine Entscheidung setzt ihre Umsetzung voraus, um nicht nur reines Gedankenspiel zu sein."

Diese Definition gilt heute noch. Aber ich durfte in den vergangenen 18 Monaten dazulernen – und das kam so. Ein Kunde sagte mir eines Tages: „Ich bin mit dieser Definition nicht zufrieden. Akademisch mag sie Sinn machen, aber als Praktiker ist mir das einfach zu lang. Können Sie das nicht kürzer fassen?" Ich gebe zu, dass ich in dem Moment eher automatisch als überlegt geantwortet habe: „Entscheidungen sind richtungsgetriebenes Handeln." Der Kunde überlegte und setzte mehrere Male zur Antwort an. Schließlich: „Das finde ich fantastisch! Da passt dann auch Ihre Metapher von dem Maler rein!"

Was Entscheiden mit einem Maler zu tun hat, dazu kommen wir gleich. Ich jedenfalls musste mir diesen Satz, der so automatisch aus meinem Mund kam, erst einmal aufschreiben. Denn er gibt in der Tat das wieder, was für einen Entscheider wichtig ist! Denken Sie z. B. einmal darüber nach, wie Ihnen dieses Buch in die Hände gefallen ist.

Vielleicht hat Ihnen ein Kollege davon erzählt, oder Sie haben in einer Zeitschrift davon gelesen. Möglicherweise haben Sie auch in einer Buchhandlung ein wenig gestöbert und der Einband oder der Titel haben Sie angesprochen. Der Klappentext hat einen guten Job gemacht, und knapp 30 Euro haben den Besitzer gewechselt. Was auch immer passiert ist, dass Sie jetzt neben dem Geld auch die Zeit investieren, dieses Buch zu lesen, Sie haben viele Entscheidungen treffen müssen, und ich darf Sie jetzt zu meinen Lesern zählen. Ich gratuliere Ihnen! Was aber viel wichtiger ist: Jede Ihrer Entscheidungen baut auf der anderen auf. Wenn Sie der Empfehlung nicht getraut hätten oder Ihnen das *Entscheider-Buch* schon nicht gefallen hätte. Wenn der Klappentext Sie nicht überzeugt hätte oder wenn Ihnen der Preis zu hoch gewesen wäre. Dann würde jemand anderer jetzt diese Zeilen lesen. Denken Sie mal darüber nach, wie Sie heute ins Büro gekommen sind. Auch da ist es bestimmt nicht anders gewesen.

Entscheidungen lassen uns immer irgendwo heraus- oder ankommen. Viele wissen vorher nicht, wo das sein wird. Aber wir kommen immer irgendwo an. Da macht es natürlich Sinn, sich bereits vorher mit der Richtung auseinanderzusetzen. Daher beschäftigen wir uns in diesem Buch auch ausführlich mit der Vision des Entscheiders und haben die Chance, in einem Workshop die eigene Vision zu erarbeiten.

Entscheider sind im Grunde wie ein Maler. Ganz am Anfang hat er nur ein Bild von dem im Kopf, was er malen will. Er skizziert vielleicht sogar grob die Umrisse. Jeder Pinselstrich hat die Aufgabe, das Bild immer weiter zu komplettieren. Bis das Bild fertig ist, wird er viele Tausend Pinselstriche gezogen haben. Hat er es richtig angestellt, ist das fertige Ergebnis ein Meisterwerk.

In gewisser Weise ist es beim Entscheiden genauso. Wir können uns eine Vorstellung (Vision) davon machen, wie das Ergebnis aussehen soll. Ab da ist jede kleine oder große Entscheidung wie ein Pinselstrich auf dem Weg zur Vollendung unserer Vorstellung. Was ist, wenn wir keine Vision haben? Dann geht es uns wahrscheinlich wie einem Maler, der nicht weiß, was er malen will. Jeder Pinselstrich ist unsicher, und ein Meisterwerk kommt schon einmal gar nicht dabei raus. Er wird am Ende ein Allerweltsbild gemalt haben.

Viele Entscheider machen sich erst Gedanken übers Entscheiden, wenn etwas Wichtiges ansteht. Das ist dann auf die Metapher übertragen so, als würde der Künstler nur jeden hundertsten Pinselstrich absichtlich setzen.

Verstehen Sie mich nicht falsch. Auch der Maler ohne Vision hat am Ende eine bemalte Leinwand, und wir können ohne eigene Vision zurechtkommen.

Zumal wir trotzdem eine unbewusste Vision haben. Mehr dazu lesen Sie im Kapitel 2 „Vision und Mission".

Allerdings haben wir auch die Wahl. Und wenn wir uns für eine Vision entscheiden, werden alle Entscheidungen, auch die zahlreichen kleinen scheinbar unwichtigen unserer Vision dienen, damit es am Ende ein Meisterwerk wird.

Wie mein Kunde sagte, die Maler-Metapher passt gut zu meiner Definition: Entscheidungen sind richtungsgetriebenes Handeln. Denn damit decken wir alles ab. Auch das, was uns sonst ganz unwichtig erscheint.

An dieser Stelle bekomme ich in meinen Vorträgen und Seminaren gerne einmal heftigen Widerspruch. Denn wer hat schon so viel Zeit, auch die kleinen unwichtigen Entscheidungen bewusst zu treffen?

Wie machen wir das denn heute?

Die meisten dieser Entscheidungen fallen automatisiert „aus dem Bauch heraus". Und jetzt das Unvorstellbare: Das soll auch in Zukunft so sein. Der Unterschied ist nur, dass wir bewusst ständig unsere Vision im Blick behalten. Unser Unterbewusstsein ist dann pragmatisch. Wenn das unser Bild ist, wo wir hin wollen, dann fallen unsere Minientscheidungen auch so, dass wir darauf zusteuern. Jetzt sind Sie bestimmt beruhigt: Keine Entscheidungsmatrix, um unser Mittagessen zu bestimmen. Das Einzige, was wir uns bis hierhin mitgenommen haben sollten, ist:

- Entscheidungen sind richtungsgetriebenes Handeln.
- Wir brauchen eine Vision.
- Jede Entscheidung zählt und hat eine Wirkung.

1.2 Richtungsgetriebenes Handeln

Wir wissen nun, dass Entscheidungen richtungsgetriebenes Handeln sind. Fehlt noch der genaue Blick, was die Aufgabe eines Entscheiders dabei ist.

Offensichtlich brauchen wir als Entscheider die Vision, um die Richtung für unser Handeln festzulegen. Allerdings reicht das allein nicht. Wir müssen schon etwas mehr machen.

In der nachstehenden Abbildung (S. 6) sehen wir, welche Elemente zu unserem richtungsgetriebenen Handeln führen. Selbst wenn unsere Entscheidung alles andere als bewusst abläuft, wir z. B. keine eigene Vision haben, so sind diese Elemente doch vorhanden. In dem Fall kann die Richtung meines Handelns bei jeder Entscheidung eine andere sein. Mit dem Ergebnis sind wir dann eher selten zufrieden.

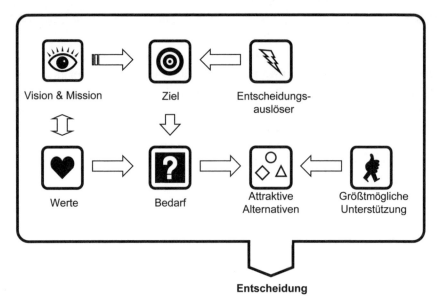
Entscheidung als richtungsgetriebenes Handeln

Vision und Mission

Unsere persönliche Mission ist der Auftrag, den wir gegenüber unseren Kunden, Partnern und Kollegen erfüllen. Die Vision ein ganzheitliches Bild der Zukunft, das wir eines Tages umgesetzt haben werden. Diese beiden Elemente geben uns die Richtung für unsere Entscheidungen. Viele Entscheider erarbeiten sich ihre Vision nicht selbständig. In diesem Fall wird das Bild durch Einflüsse aus der Kindheit und der meist negativen Bilderflut aus den Medien geprägt. Ich nenne das den **unwiderstehlichen Sog des Mittelmaßes**. Mehr dazu finden Sie in meinem Fachweblog im Internet unter http://www.entscheiderblog.de.

Ziel

Während eine Vision ein ganzheitliches Bild darstellt und in der Regel nicht messbar ist, geben Ziele konkrete Dinge wieder, die wir erreichen wollen. Ziele sind messbar. Der Weg zu unserer Vision ist mit Zielen gepflastert. Jede Einzelentscheidung hat ein konkretes Ziel, das sich aus der Vision herleitet. Wenn es an einer bewussten Vision fehlt, dann entwickeln wir trotzdem Ziele. Diese leiten sich aber jeweils aus dem kleinsten gemeinsamen Nenner her, und der ist nach wie vor Geld. Mehr Geld ist immer besser als weniger Geld. Diese Geld-Ziele sind fantasielos und bringen uns strategisch nicht weiter.

Werte

Jede Entscheidung spiegelt das Wertverständnis des Entscheiders wider. Denn zum einen ist die eigene Vision ein Produkt der für uns wichtigen Werte, zum anderen verstoßen Entscheider ungern gegen ihre Wertvorstellungen. Der Marketingverantwortliche eines sehr progressiven Unternehmens wird einem neuen, sehr hippen Webauftritt seines Unternehmens gegenüber aufgeschlossener sein, als der Manager einer konservativen Bank es wäre. Denn es verstößt gegen seine Werte bzw. die seines Unternehmens. So sollte es zumindest sein.

Denn abhängig von unserer Stellung in der Hierarchie eines Unternehmens ist der Mut, die eigenen Werte zu leben, nicht immer gegeben. Mein Tipp: Suchen Sie sich von Anfang an Arbeitgeber und Kunden, die mit Ihren Werten kompatibel sind. Wenn Sie gezwungen werden, gegen Ihre eigenen Werte zu verstoßen, dann ist das kein Spaß. Es zerstört den Menschen.

So wie der Verantwortliche für Unternehmenskredite in einer regionalen Bank, der anders handeln muss, als er es will. Jeden Monat zerstört er mit seinen Ablehnbescheiden „geniale Geschäftsideen", weil die Richtlinien seines Instituts die Finanzierung nicht zulassen. Er kann sich nicht darüber hinwegsetzen. Mit der Zeit entwickelt er einen Widerwillen gegen sich selbst. Er sitzt in seiner persönlichen Hölle.

Entscheidungsauslöser

Für jede Entscheidung gibt es einen Grund. Entweder wir haben ein Problem, das uns auf unserem Weg zu unserer Vision blockiert, oder wir sehen eine Chance, durch eine Abkürzung schneller voranzukommen. Andere Gründe für Entscheidungen gibt es nicht. Je nachdem, was der Auslöser ist, stellt sich für uns auch die Situation anders dar. Haben Sie auch schon festgestellt, dass etwa 90 % aller Entscheidungen durch ein Problem ausgelöst werden? Meistens ist der Zeitdruck immens und sind die verfügbaren Alternativen wenig berauschend. Gibt Ihnen das nicht auch zu denken? Steht der Begriff „Marktwirtschaft" nicht eigentlich dafür, sich bietende Marktchancen zu nutzen? Müsste der Anteil der chancenorientierten Entscheidungen dann nicht größer sein?

Bedarf

Aus all den bisher besprochenen Teilen leitet sich die wichtigste Größe unserer Entscheidungen ab: der Bedarf. Leider ist es vielen Entscheidern zu mühsam, ihn sich gründlich zu erarbeiten. Dahinter steckt die Frage, was ich wirklich in einer Entscheidungssituation will. Das habe ich auch einmal einen Kunden gefragt.

Der antwortete mir: „Lassen Sie mich erst einmal sehen, wie die Alternativen aussehen. Dann kann ich Ihnen sagen, was ich will." Mit diesem Dialog habe ich mein letztes Buch eingeleitet, weil er meines Erachtens sehr symptomatisch ist. Viele Entscheider leben in einer Welt, wie sie wahrscheinlich der DDR-Bürger beim Besuch seines „Konsum" erlebte. Sie machen sich von einem beschränkten Angebot abhängig und erklären es zum eigenen Bedarf. Das ist vielleicht ein pragmatischer Weg, um mit den Umständen zufrieden sein zu können. Mir wäre das zu wenig. Daher sollten wir unseren Bedarf vorher genau kennen, bevor wir uns mit den Alternativen beschäftigen. Denn auch wenn wir ihn verleugnen oder vergessen: Unser Bedarf verschwindet nicht. Das ist auch der Grund, warum viele Entscheider so wenig Zeit haben. Sie müssen sich immer wieder mit den gleichen Fragen auseinandersetzen, weil ihre letzte Entscheidung das Problem nicht zur vollständigen Zufriedenheit gelöst hat. Meistens merken wir nur nicht, dass die Probleme wiederkehren, weil sich jedes Mal die Situation verändert hat.

Attraktive Alternativen

Wer nur schlechte Alternativen hat, wird keine guten Entscheidungen treffen können. Das ist ein Naturgesetz. Daher müssen Entscheider für gute Alternativen sorgen.

Die verfügbaren Alternativen stellen unsere Gestaltungsspielräume dar. Oft erlebe ich, dass Entscheider sich darüber beklagen, wie klein ihre Gestaltungsspielräume doch seien. Schuld daran sind natürlich immer die anderen.

Allerdings sind unsere heutigen Gestaltungsspielräume das Ergebnis unserer vergangenen Entscheidungen. So kann ich Geld nicht zweimal ausgeben und einen Kontakt, den ich heute verbrenne, kann ich morgen auch nicht mehr nutzen.

Die meisten Entscheider berücksichtigen das nicht und drücken den Wunsch nach mehr Gestaltungsspielräumen nicht in ihrem Bedarf aus. Trotzdem haben wir auch immer die Möglichkeit, unsere Gestaltungsspielräume zu erweitern. Denn was wir ad hoc sehen, ist oft nicht das, was wir tatsächlich zur Verfügung haben. Doch dazu später mehr. Hier schon einmal Folgendes: Entscheider müssen kreativ sein und bereit sein, neue Alternativen zu schaffen. Einige Entscheider werden das nicht in ihrer Aufgabenbeschreibung finden. Aber wenn Sie Erfolg haben wollen, kommen Sie daran nicht vorbei.

1.2 Richtungsgetriebenes Handeln

Größtmögliche Unterstützung für die Umsetzung

Bezogen auf die Umsetzung benötigt der Weg zur Entscheidung einen sehr kleinen Zeitrahmen. Trotzdem stelle ich immer wieder fest, dass die Entscheider ausgerechnet dabei versuchen, Zeit einzusparen. Nach dem Motto: Je früher wir mit der Umsetzung beginnen können, desto eher sind wir fertig. Leider stimmt das nur in einer Welt ohne Menschen. In unserer Welt schlägt uns bei der Umsetzung häufig die Realität entgegen, dass wir die Rechnung ohne den Wirt gemacht haben.

Aus nachvollziehbaren Gründen sind die von Entscheidungen einseitig Betroffenen nicht so gerne bereit, Nachteile in Kauf zu nehmen. Sie verwehren sich oft allen rationalen Argumenten und stellen sich stur, *nachdem* wir mit unserer Entscheidung bereits Tatsachen geschaffen haben.

Erfolgreiche Praktiker wissen daher, dass sie mit potenziell Betroffenen bereits *vor* einer Entscheidung sprechen müssen. Da zu diesem Zeitpunkt noch keine Tatsachen geschaffen wurden, sind unsere Gesprächspartner viel zugänglicher. Selbst wenn dem nicht so ist, wissen wir danach, in welchen Fällen wir mit Widerstand zu rechnen haben und wo nicht.

Dem in diesem Abschnitt beschriebenen Muster des richtungsgetriebenen Handelns sind wir alle unterworfen – ob bewusst oder unbewusst. Allerdings erzielen nicht alle von uns damit die gewünschten Ergebnisse. Denn hat der Entscheider beispielsweise keine bewusst gefasste Vision und kennt auch seine Mission nicht, leiden alle Entscheidungen darunter. Die Möglichkeiten für eine Optimierung ergeben sich aus der einfachen Logik des Entscheidens im nächsten Abschnitt.

Was Sie aus diesem Abschnitt mitnehmen sollten

- Entscheidungsklarheit setzt eine Vision, Ziele, einen Entscheidungsauslöser und ein Bewusstsein für die eigenen Werte voraus.
- Für attraktive Alternativen kann man sorgen. Dabei hilft Entscheidungsklarheit, weil der eigene Bewusstseinsfilter die richtigen Informationen zu uns durchlässt.
- Die beste Zeit, sich die Unterstützung seiner Umgebung zu sichern, liegt vor der Entscheidung, durch die ich ja Tatsachen schaffe.

1.3 Die einfache Logik des Entscheidens

Jeder von uns hat in seinem Leben viele Entscheidungen erfolgreich getroffen. Kaum einer macht sich Gedanken darüber, welche Logik dahinter steckt und wie wir unser Entscheidungsverhalten verbessern können. In diesem Abschnitt lesen Sie über die verblüffend einfache Logik hinter den Entscheidungen und wo wir für unsere Optimierung ansetzen können.

1.3.1 Entscheidungsklarheit

Wer gute Entscheidungen treffen will, der muss zunächst wissen, was er wirklich will. Wer das in einer Situation genau weiß, verfügt über große Klarheit. Das ist ein Zustand, in dem die meisten Entscheider sich gerne befinden. Ich nenne ihn daher *Entscheidungsklarheit*. Warum nutze ich nicht einfach den in der Wirtschaft gut eingeführten Begriff „Bedarf"? Bei Bedarf denken viele an die Menge eines Produkts. Die Entscheidungsklarheit geht weit darüber hinaus.

Wer sehr genau weiß, was er will und unter welchen Bedingungen er es will, kann die daraus entstehende Klarheit in vielerlei Hinsicht nutzen. So ist z. B. unsere Aufnahmekapazität sehr beschränkt. Von Millionen potenziellen Sinneseindrücken nehmen wir nur 50 Bits pro Sekunde auf. Der Rest wird von unserem Unbewussten als irrelevant aussortiert.

Wir müssen nicht wissen, dass sich 100 Meter entfernt ein Blatt in einem Busch bewegt. Wenn aber unser Weg durch eine sich öffnende Tür blockiert wird, sollten wir ausweichen können.

Stellen Sie sich vor, Sie möchten sich mit einer neuen Uhr belohnen. Es soll ein Wunderwerk schweizerischer Uhrmacherkunst sein. Nach einigen Nachforschungen beginnen Sie sich für die Uhren einer bestimmten Marke zu erwärmen. Sie haben gelesen, dass ein großer Teil davon in Handarbeit montiert wird. Je intensiver Sie sich damit beschäftigen, desto häufiger sehen Sie Uhren dieses Herstellers an den Armen von Kunden, Kollegen und Vorgesetzten blitzen. Vorher war Ihnen das nie aufgefallen. Was ist passiert? Durch die intensive Beschäftigung mit der Uhrenmarke haben Sie Ihrem Unbewussten mitgeteilt, dass diese Information für Sie wichtig ist.

Genauso funktioniert es auch mit Entscheidungsklarheit. Je genauer wir wissen, was wir wollen, desto mehr Informationen erreichen uns, wie und wo wir das Gesuchte bekommen können. Wichtig dabei: Ein „ungefähres" Wissen reicht für diesen Effekt nicht. Wir müssen schon sehr genau vorher erarbeitet haben, was wir wollen. Wie das geht, können Sie im Kapitel 3 „Entscheidungsklarheit" im Abschnitt 3.7 „Entscheidungskompass" nachlesen (siehe S. 105).

Jetzt wissen Sie auch, warum es sinnvoll sein könnte, erst seinen Bedarf zu kennen oder, wie wir jetzt wissen, erst über „Entscheidungsklarheit" zu verfügen, bevor wir uns auf die Suche nach attraktiven Alternativen machen.

1.3.2 Attraktive Alternativen

Solange ich meinen Bedarf noch nicht genau kenne, ist die Neugierde auf Problemlösungen und Alternativen der Todesfluch für jede gute Entscheidung. Besonders die sogenannten Bauchentscheider haben ein großes Faible für Alternativen. Sie sind es gewohnt, gefühlsmäßig auf Alternativen zu reagieren und auf dieser Basis ihre Entscheidung zu treffen. Aber auch methodische Entscheider sind neugierig. Am Anfang einer Entscheidung steht oft ein noch zu lösendes Problem. Da bauen wir gerne die Spannung ab, indem wir uns über bereits funktionierende Lösungen informieren.

Kontrolle durch den eigenen Bedarf vs. Kontrolle durch das Angebot

Leider ist dieses Verhalten im einen wie im anderen Fall falsch. Wir verlieren dadurch die Kontrolle über unsere Entscheidung und treten sie an das Angebot an Alternativen ab.

Wie das? Wir sind es nicht mehr gewohnt, unseren eigenen Bedarf zu erarbeiten. Das ist mühselig. Daher lassen wir uns nur zu gern von dem inspirieren, was es bereits gibt. Haben Sie auch schon einmal ein Mobiltelefon gekauft, mit dem Sie Musik hören, Fotos schießen, MMS versenden, E-Mails lesen und versenden können? Ein solches Geschoss hat heute über 250 Funktionen, von denen 80 % der Normalnutzer lediglich eine nutzen. Sie telefonieren.

Trotzdem haben wir beim Kauf sehr bald das sichere Gefühl, dass wir nicht nur fotografieren und Musik hören müssen, sondern auch unsere Adressen auf dem neuesten Stand halten, unsere Position per GPS bestimmen, Java-Spiele spielen und per Bluetooth potenzielle Flirtpartner identifizieren müssen. Für manchen wird dabei zur Nebensache, dass die Verbindungsqualität seines neuen Schmuckstücks nicht das Gelbe vom Ei ist.

Vorsicht vor der Verankerung!

Der Psychologe nennt das, was dabei passiert, „Verankerung". Die Merkmale der ersten halbwegs zum Problem passenden Lösung werden zum Bedarf erhoben. Willkommen beim „Konsum" in Honeckers demokratischer Republik.

Aus diesem Webfehler der Bedarfsbildung entwickeln sich zahlreiche Entscheidungsfallen.[1] Im Umkehrschluss können wir also viele Entscheidungsfallen entschärfen, wenn wir uns mit den Alternativen erst beschäftigen, wenn wir bereits unseren Bedarf kennen.

Ein Kunde schloss einmal daraus, dass die Kenntnis des eigenen Bedarfs wohl das Wichtigste beim Entscheiden ist. Nun, es kommt darauf an. Wenn Sie entscheiden können, was für das Leben wichtig ist, Blut oder das Herz. Dann treffe ich auch einmal eine solche Aussage zu den Schlüsselelementen der Entscheidung.

Denn was nutzt es uns, wenn wir genau wissen, was wir wollen, aber keine Alternativen haben, die dem auch nur ansatzweise nahekämen? Dies ist in den meisten Entscheidungssituationen übrigens erst einmal der Regelfall. Für attraktive Alternativen muss der Entscheider selbst sorgen. Die fallen leider nicht vom Himmel. Was sind überhaupt „attraktive" Alternativen? In meinen Seminaren reißen die Teilnehmer dann gerne mal Späße über attraktive Frauen und Männer. Dabei liegen sie gar nicht so falsch. Denn Schönheit oder „Attraktivität" liegt im Auge des Betrachters. Beim Entscheiden liegt sie im Bedarf des Entscheiders. Denn alles, was dem Bedarf nahekommt, ist eine attraktive Alternative.

Grundsätzlich haben wir drei Möglichkeiten, wie wir zu attraktiven Alternativen kommen. Die erste haben wir bereits im Abschnitt 1.3.1 „Entscheidungsklarheit" angesprochen. Mit der genauen Kenntnis unseres Bedarfs „sehen" wir Lösungen, auf die wir sonst vielleicht nie gekommen wären. Die zweite heißt Kreativität. Brainstorming, Osborn-Methode oder morphologischer Kasten sind nur einige der Methoden, die wir verwenden können, um attraktive Alternativen zu schöpfen. Die dritte Möglichkeit heißt „Optimierung". Oft gibt es Alternativen, die in einigen Merkmalen nicht attraktiv für uns sind. Da können wir ansetzen und sie optimieren und attraktiver machen.

Mehr zum Thema „Alternativenschöpfung" finden wir im Kapitel 4 „Attraktive Alternativen" (siehe S. 123).

Oft werde ich gefragt, worauf denn der Hauptteil der Entscheidungszeit verwendet werden sollte. Ich bin der Meinung, dass dies ganz klar der Schöpfung neuer, attraktiver Alternativen gelten sollte. Denn an dieser Stelle entscheidet sich, ob wir später über verpasste Chancen klagen oder uns über den Erfolg freuen.

Ich will Ihnen das an einem kleinen Beispiel aus einem Einstellungstest für Manager zeigen. Stellen Sie sich vor, nach einem schlimmen Sturm sind Sie mit Ihrem kleinen Zweisitzer unterwegs und kommen an einer Bushaltestelle vorbei. Dort stehen eine alte Frau, die offensichtlich ins Krankenhaus muss, Ihr bester Freund, der Ihnen schon aus vielen kniffligen Situationen herausgeholfen hat, und – da sind Sie sich sicher – die Frau Ihres Lebens.

---

[1] *Das Entscheider-Buch. 15 Entscheidungsfallen und wie man sie vermeidet.* Carl Hanser Verlag, München 2007

Wen nehmen Sie mit?

Die Alternativen sind klar. Nehmen Sie die alte Frau mit, sind Sie zwar mit Ihrem Gewissen im Reinen, aber Ihr Freund wird eingeschnappt sein und die Frau Ihres Lebens sehen Sie nie wieder. Wenn Sie Ihren Freund mitnehmen, dann haben Sie wegen der alten Frau ein schlechtes Gewissen, und die Frau Ihres Lebens sehen Sie nie wieder. Nehmen Sie andererseits die Frau Ihres Lebens mit, haben Sie ein schlechtes Gewissen, verprellen Ihren Freund – und die Frau, die Sie eigentlich für sich gewinnen wollten, hält Sie für einen Asozialen. Da läuft also auch nichts.

Die Aufgabe ist bekannt, und es gibt zahlreiche gute Antworten darauf. Eine sehr bekannte: „Ich gebe meinem besten Freund den Autoschlüssel, damit er die alte Frau ins Krankenhaus fährt, und ich warte mit der Frau meines Lebens auf den Bus."

Was ist hier passiert? Zum einen zeigt sich, dass gute Entscheider ihre Entscheidungen selbst gestalten. Denn die Lösung verfehlt zunächst anscheinend das Thema. Die Frage lautete ja nicht: „Was machen Sie?", sondern: „Wen nehmen Sie mit?" Das muss uns als Entscheider aber nicht kümmern, denn entscheiden heißt, richtungsgetrieben zu handeln und nicht die falsche Frage zu beantworten.

Der andere wichtige Punkt: Der Entscheider hat eine Alternative wahrgenommen, die sich nicht von selbst angeboten hat. Sie entspricht vielmehr dem eigenen Bedarf, alle drei wichtigen Aspekte gleichzeitig zu haben: Die alte Frau kommt ins Krankenhaus, der beste Freund ist zufrieden, und der Entscheider bekommt Zeit, mit der Frau seines Lebens anzubandeln.

Was sagt uns das? Lieber ein wenig mehr in das Schaffen von Alternativen investieren als darüber zu brüten, für welche der untauglichen Alternativen wir uns entscheiden sollen.

1.3.3 Sicherung der größtmöglichen Unterstützung

Entscheidungen sind zwar richtungsgetriebenes Handeln, aber bei Teilen dieses Handelns sind wir auf andere angewiesen. Ein Gewerkschaftsboss kann noch so sehr zum unbefristeten Streik aufrufen, wenn seine Mitglieder dem nicht folgen, gibt es keinen Streik. Ein Unternehmen kann eine neue Software für alle Arbeitsplätze einführen. Wenn die Mitarbeiter sie mehrheitlich durch Fehlbedienung boykottieren, scheitert das Projekt.

So? Sie sind Selbständiger und setzen alle Ihre Entscheidungen selbst um?

Wie lange könnten Sie erfolgreich weiterarbeiten, wenn Ihre Kunden Sie nicht weiterempfehlen? Sind Sie nicht auch auf die Hilfe Ihres Netzwerks angewiesen? Wenn nicht, dann nutzen Sie vielleicht einen Großteil Ihrer Geschäftsmöglichkeiten noch nicht.

In einer arbeitsteiligen vernetzten Welt brauchen wir die anderen und müssen ihr Verhalten bei unseren Entscheidungen berücksichtigen.

Ich kenne viele mittelständische Unternehmer, die nur zu gerne erst eine Entscheidung treffen und dann nach der Unterstützung suchen, die für die Umsetzung erforderlich ist. Leider funktioniert das nicht. Denn Betroffenheit reduziert die Aufmerksamkeitsspanne unserer Gesprächspartner gegen null. Insbesondere wenn ich derjenige bin, der diese Betroffenheit ausgelöst hat. Wenn ich das Weihnachtsgeld streiche und dann danach auf Verständnis hoffe, fehlt es mir wohl an Menschenkenntnis.

Es gibt allerdings Beispiele von Firmenchefs, die auch für die schwierige Kürzung des Weihnachtsgelds die Unterstützung ihrer Belegschaft bekamen.

Worin besteht der Unterschied?

Solange noch gar nichts entschieden ist, hören uns unsere Gesprächspartner noch zu. Das ist der Moment, an dem sich noch gemeinsame Interessen finden lassen. Wenn wir als Entscheider über Ziele sprechen, dann tun wir damit noch niemandem weh.

> Ein mittelständisches Unternehmen möchte die Qualität seiner Produkte erhöhen. Heute kommunizieren die wichtigsten Mitarbeiter nicht gut miteinander, weil sie an den falschen Stellen im Unternehmen sitzen. Es ist klar, dass einige Mitarbeiter umgesetzt werden müssen, damit die Informationen schnell auf Zuruf fließen können. Noch steht nichts fest, und es sind keine Entscheidungen getroffen. Trotzdem sucht der Geschäftsführer das Gespräch mit den potenziell Betroffenen. Sein Ziel: „Wir wollen doch alle stolz auf unsere Arbeit sein!" Dem stimmt natürlich jeder zu. Denn wer möchte das nicht? Dafür könnte es sein, dass Mitarbeiter in andere Abteilungen versetzt werden müssen, möglicherweise auch der Gesprächspartner. Ist er bereit, diesen Beitrag zu leisten, sollte es dazu kommen? Da gibt es dann wenige, die sich dem verweigern würden. Es funktioniert aber nur, solange das Ganze noch ein Gedankenspiel und noch keine Tatsache ist. Denn die Aufmerksamkeitsspanne Betroffener ... – Na, Sie wissen schon!

Damit wir solche Gespräche überhaupt führen können, müssen wir Vorarbeit leisten. Denn wie wir schon wissen, erzeugt die Zielsetzung in der Regel keine Betroffenheit. Es sind die Einzelmaßnahmen, um die es hier geht. Daher kommen wir nicht darum herum, für jede Alternative, über die wir entscheiden, einen zumindest rudimentären Umsetzungsplan oder Maßnahmenplan zu erarbeiten.

Sonst wissen wir nicht, mit wem wir vorab Gespräche führen müssen. Wie so ein Plan genau aussieht, lesen wir im Kapitel 5 „Größtmögliche Unterstützung" (siehe S. 171).

1.3.4 Kopf- oder Bauchentscheidung?

Entscheidungen sind richtungsgetriebenes Handeln. Bisher haben wir vieles besprochen, das uns zu dem eigentlichen Entscheidungsmoment bringt. Kaum jemandem dürfte entgangen sein, dass es beim Thema „Entscheidungen" zwei Lager gibt. Das eine befürwortet eine bewusste Entscheidung, die bis ins letzte Detail nachvollziehbar ist, das andere Lager versucht durch wissenschaftliche Experimente nachzuweisen[2], dass Bauchentscheidungen die besseren Ergebnisse bringen.

Als Entscheider-Coach könnte ich ja versuchen, auf meine Kunden Einfluss zu nehmen. Offen gesagt habe ich das auch in grauer Vorzeit getan. Inzwischen weiß ich, dass es herzlich egal ist!

Denn diese drei Schlüsselelemente, über die wir in diesem Kapitel gesprochen haben, brauchen beide Entscheider-Typen:

1. Entscheidungsklarheit,
2. attraktive Alternativen,
3. größtmögliche Unterstützung.

Natürlich kommen immer wieder einige Bauchentscheider zu mir und bestreiten gerade dieses. Sie wollen sich einfach vor ein paar Alternativen stellen und dank ihres inneren Kompasses die richtige Entscheidung treffen. Wie oft aber haben wir es mit untauglichen Alternativen zu tun?

Jeder Bauchentscheider, der keine neuen, attraktiven Alternativen schafft, verkauft sein Talent weit unter Wert.

Auch die notwendige Unterstützung wird er nicht allein deshalb bekommen, weil er ein gutes Gefühl in der Magengegend bei der Entscheidung hatte. Was ist dann mit der Entscheidungsklarheit? Die braucht der Bauchentscheider sich etwa nicht zu erarbeiten? Doch, Entscheidungsklarheit brauche ich schon allein deshalb, weil ich meinen Bedarf kennen muss, um neue, attraktive Alternativen zu schaffen.

Bis zum Moment des tatsächlichen Entscheidens müssen also beide Entscheider-Typen die gleiche Vorarbeit leisten. Denn erst im Entscheidungsmoment

---

[2] Gerd Gigerenzer: *Bauchentscheidungen. Die Intelligenz des Unbewussten und die Macht der Intuition*. Bertelsmann Verlag, München 2007

trennen sich die Wege der beiden. Der eine befragt sein Bauchgefühl, der andere seine Entscheidungsmatrizen oder welche andere Methode er auch immer für die richtige Auswahl einsetzt. Mehr dazu finden wir in Kapitel 7.5 „Entscheidungsmethoden" (siehe S. 326).

Mir als Coach ist das gleich. Ich habe dabei noch keine großen Qualitätsunterschiede beobachtet.

1.3.5 Entscheiden im Alltag

Es gibt eine Unzahl von Büchern übers Entscheiden. An den Universitäten wird Entscheidungstheorie gelehrt, und die Unternehmer schicken ihre Mitarbeiter oft und gern auf ein Entscheider-Training. Wenn das so ist, warum fallen dann die meisten Entscheidungen ohne jede methodische Unterstützung?

Bei meinen Vorträgen stelle ich gerne die Frage ans Publikum, wie wichtig das Thema „Entscheiden" ist. Beinahe 90 % der Leute geben dafür die höchste Punktzahl. Denn unsere Entscheidungen sind die Ursache für jeden Erfolg oder Misserfolg, den wir erleben werden.

Da scheint etwas nicht zusammenzupassen. Warum verwenden so viele Menschen nicht die bekannten Entscheidungsmethoden? Die Antwort ist einfach. Diese Methoden vertragen sich nicht mit der jeweils persönlichen Arbeitsweise der Entscheider. Diese müssten sich verbiegen, um damit zu arbeiten. Das macht niemand gerne und so landen viele Entscheidungsmethoden in der runden Ablage des Vergessens.

Die drei Schlüsselelemente stellen einen Metaprozess dar, der unabhängig ist von der Arbeitsweise der Entscheider und deshalb mit jeder Arbeitsweise vereinbar ist. Wer Entscheidungen treffen will, braucht lediglich nacheinander für Entscheidungsklarheit, attraktive Alternativen und die größtmögliche Unterstützung für die Umsetzung zu sorgen und ist auf der sicheren Seite. Wie er jeweils diese Schlüsselelemente erarbeitet, bleibt ihm selbst überlassen. Wenn ich mit Kunden arbeite, lerne ich im ersten Schritt ihr Denken und ihre Arbeitsweise kennen. Ich zwinge niemanden in eine bestimmte Methodik. Jeder erarbeitet sich die drei Schlüsselelemente auf seine eigene Weise.

Es würde den Rahmen dieses Buches sprengen, wenn ich alle potenziellen Arbeitsweisen abbilden würde. Wenn ich in diesem Buch etwas beschreibe, was Sie auf anderem Wege genauso oder besser erreichen können, dann sehen Sie es bitte als das, was es ist: ein Vorschlag, den Sie übernehmen können, aber nicht müssen. Am Ende zählt nur das Ergebnis.

1.4 Der Entscheider-Code

Wir kennen jetzt die drei Schlüsselelemente einer Entscheidung. In der einen oder anderen Form kommen diese bei jedem Entscheider vor. Wir können mit ihrer Hilfe sogar einen „Entscheider-Code" ableiten. Dieser Code zeigt uns, nach welchen Entscheider-Strategien unterschiedliche Menschen vorgehen. In diesem Abschnitt stelle ich Ihnen diesen Code vor und gemeinsam identifizieren wir die Strategie besonders erfolgreicher Entscheider.

Als 1998 Sergey Brin und Larry Page ihre Suchmaschine Google entwickelten und die Technologie an einen der etablierten Player wie AltaVista, Excite oder Yahoo! verkaufen wollten, erlebten sie eine Überraschung.

Alle ihre Gesprächspartner verstanden wohl, dass Googles Suchtechnologie die besseren Ergebnisse brachte, aber sie waren nicht interessiert, weiteres Geld in Suchtechnologie zu investieren.

Aus ihrer Sicht sollte die Suchfunktion ein Service unter vielen sein, eingebettet in große Portale, die ihre Nutzer möglichst lange auf der eigenen Seite halten sollten. Suchtechnologie als solche verdiente kein Geld in diesem Geschäftsmodell, weil es die Benutzer vom Portal wegführte. Einer der Mitbegründer von Yahoo!, David Filo, gab ihnen den Rat, doch eine eigene Firma zu gründen und so ihr Glück zu versuchen.

Was Brin und Page antrieb, war der Wille, ihre überlegene Internetsuche den Massen im Internet zur Verfügung zu stellen. Sie verwendeten daher auch von Anfang an eine sehr spartanische Benutzeroberfläche. Nichts sollte die Nutzer von ihrer Suche ablenken. Daher kam für die beiden Google-Gründer auch nicht infrage, um die Suchmaschine herum ein Portal zu bauen, wie das alle anderen gemacht hatten.

Entweder sie fanden eine Finanzierung, die es ihnen erlaubte, ihren Traum umzusetzen, oder nicht. Aber sie wollten nichts an ihrer Grundidee ändern.

Im August 1998 war es dann so weit: Andy Bechtolsheim, ein millionenschwerer Business Angel, glaubte an die Idee der beiden Gründer und schrieb ihnen ohne weitere Verhandlungen und Bedingungen einen Scheck über 100.000 US-Dollar aus. Der Rest ist Geschichte, möchte man meinen.

Aber dem ist nicht so. Denn Brin und Page mussten fast kein Geld für Marketing ausgeben. Die neue Suchmaschine verbreitete sich mehr oder weniger durch Mund-zu-Mund-Propaganda. Die Suchmaschine startete nicht erst mit dem Geld von Bechtolsheim. Tatsächlich hatten Larry Page und Sergey Brin bereits seit 1996 an der Softwaretechnologie in Stanford gearbeitet. Da sie enorme Mengen an Daten aus dem Netz ziehen und verarbeiten mussten, bauten sie ihre eigenen Billigcomputer mit einer eigenen Vernetzungstechnologie auf. Die Studenten in Stanford kannten Googles überlegene Suchtechnologie bereits aus eigener Erfahrung und waren gerne bereit, sie weiterzuempfehlen. Denn Brin und Page hatten sich großzügig gezeigt, indem sie ihre Technologie so schnell wie möglich allen zu Verfügung gestellt hatten. Alle Benutzer waren von den Suchergebnissen begeistert, und nicht zuletzt stammten die beiden Gründer ja aus ihren Reihen.

Während alle anderen Webfirmen den Hauptteil ihres Geldes in Marketing steckten, konzentrierten sich die Google-Jungs auf die Entwicklung ihrer Software und Hardware. Insbesondere ihre gigantischen Rechenzentren mit hochproprietärer Technologie machen heute die Einstiegshürde für jeden Konkurrenten extrem hoch. Denn Google ist ein Softwareunternehmen, das seine eigene Hardware produziert und einsetzt.

24 Jahre zuvor hatte Bill Gates zusammen mit seinem Kollegen Paul Allen ebenfalls eine Gründung nach Maß hingelegt. In einem Computermagazin hatten sie die Ankündigung gelesen, dass die Firma MITS den ersten Heimcomputer auf den Markt bringen wollte, den Altair 8800. Die beiden wussten, dass dieser Markt in kurzer Zeit extrem wachsen würde. Ihre Vision war noch nicht ganz klar. Aber sie wollten Teil des Ganzen sein und eine strategisch wichtige Software zum Betrieb der Computer der Zukunft liefern. Der neue Rechner würde relativ nutzlos sein, außer seine Käufer könnten ihn auf einfache Weise programmieren. Daher rief Gates bei MITS an und bot ihnen für den Altair 8800 die Programmiersprache BASIC an. Er und Allen hätten bereits alles fertig und könnten es in wenigen Wochen vorführen. Das war natürlich gelogen. Der Computer war noch nicht auf dem Markt, wie hätten die beiden da die Programmiersprache bereits fertig haben können? Aber MITS hatte nichts zu verlieren und lud die beiden ein. Die nächsten acht Wochen waren hart für Gates und Allen. Während Gates fieberhaft an der Programmiersprache schrieb, entwickelte Allen eine Simulation für den Altair auf einem Großrechner der Harvard University. Als sie dann nach Ablauf der Frist ihr BASIC vor den MITS-Verantwortlichen das erste Mal vorführten, lief das Programm auch zum allerersten Mal auf einem Altair 8800. Bei den Erfahrungen, die wir alle als Nutzer von Microsoft-Software gemacht haben, ist es aus heutiger Sicht unwahrscheinlich, dass alles funktionieren würde. Aber das tat es! MITS kaufte eine BASIC-Lizenz für die Altair-Plattform – und Microsoft war geboren! Aus Entscheider-Sicht haben Allen und Gates zunächst klar herausgearbeitet, was sie wollten: eine strategisch wichtige Software für den Betrieb des Altair 8800. Mit der Programmiersprache BASIC hatten sie die richtige Alternative gefunden. Mit der Simulation auf dem Großrechner haben sie dafür gesorgt, dass sie ihre Entscheidung auch umsetzen konnten.

Einige Jahre später suchten die Manager der gerade gegründeten IBM-PC-Sparte das Betriebssystem für ihre PCs. Ein Gespräch mit dem Geschäftsführer des damals führenden CP/M-Betriebssystems war gescheitert. Daher traf man sich mit Bill Gates von Microsoft. Vielleicht dachte er an seinen Altair-Deal zurück. Denn er versprach ihnen, MS-DOS zu liefern. Ein Programm, das es noch gar nicht gab! MS-DOS würde unverzichtbar zum Betrieb des IBM-PC sein. Anders als beim Altair mied Bill Gates diesmal den Stress einer schnellen Eigenentwicklung. Er kaufte einfach einem Hobbyprogrammierer sein rudimentäres Betriebssystem „Quick and Dirty DOS" ab und ließ es durch die MS-Programmierer oberflächlich überarbeiten. Jetzt wissen wir auch, woher der böse Glaube an die Fehleranfälligkeit von MS-Programmen kommt, oder?

Bill Gates wie auch Sergey Brin und Larry Page sind nach unseren Maßstäben innerhalb kurzer Zeit extrem reich geworden. Bei Bill Gates hat es etwas länger gedauert als bei den Google-Gründern, aber das spielt keine Rolle.

Viel wichtiger ist der Grund dafür. Diese Leute haben offensichtlich die richtigen Entscheidungen getroffen.

Ich habe mir viele derartiger Geschichten von Entscheidungen angesehen und ich habe auch mit einigen sehr erfolgreichen Menschen über ihre Entscheidungsmuster gesprochen. Was mir dabei aufgefallen ist: Wir können alle Entscheidungen mit einem verblüffend einfachen Meta-Code analysieren. Ich nenne diesen Code den Entscheider-Code.

1.4.1 Grundelemente des Entscheider-Codes

Die Grundelemente des Entscheider-Codes haben wir bereits kennengelernt.

Code-Element	Bedeutung
K	**E**ntscheidungsklarheit
A	attraktive **A**lternativen
U	größtmögliche **U**nterstützung
E	**E**ntscheidung
–	Zeitverzögerung

Der Code

Jedes dieser Code-Elemente können wir noch weiter unterteilen. So gibt es natürlich unterschiedliche Qualitäten von Klarheit. Entscheider können auf der Grundlage einer Vision handeln oder einfach auf der Grundlage eines bestimmten Vorteils usw. Aber das ist nicht Thema dieses Buches. Denn allein schon mit diesen einfachen Grundmustern können wir sehr viel für uns ableiten.

1.4.2 Die Anwendung des Entscheider-Codes

Wenn wir uns mit Entscheidungen beschäftigen, dann erkennen wir, dass sich die Menschen in einer Entscheidungssituation fast immer in der gleichen Weise verhalten. Das mag mit Entscheidungsfallen zusammenhängen, aber auch mit der puren Gewohnheit, wie Entscheidungen von uns jeweils getroffen werden.

Lassen Sie sich niemals von jemand Außenstehendem erzählen, Sie hätten eine schlechte Entscheidung getroffen. Nur Sie als Entscheider können am Ende sagen, ob Sie mit den Ergebnissen und Konsequenzen zufrieden sind.

Meine Beobachtungen basieren daher nicht allein darauf, ob ein Larry Page in so jungen Jahren Milliardär werden konnte oder nicht, sondern wie zufrieden die Entscheider mit der Situation sind, in der sie sich befinden.

Der Durchschnittsentscheider

Die meisten von uns halten sich bei ihren Entscheidungen an ein ganz einfaches Drehbuch. Mit einem Problem oder einer Chance konfrontiert, sehen wir uns zunächst an, welche Optionen/Alternativen wir haben. Danach bilden wir uns eine Meinung und treffen auf dieser Basis eine Entscheidung.

> Typisches Beispiel: Franz und Mareike, ein junges Ehepaar, möchten in den Urlaub fahren. Das Reiseziel ist schnell ausgemacht: Es geht nach Mallorca. Also geht Franz ins Reisebüro und lässt sich erzählen, was er für sein Geld bekommen kann. Das Angebot mit den tollsten Highlights bei gegebenem Budget muss es dann sein. Franz fährt nach Hause und erzählt freudestrahlend seiner Frau, was er gerade gebucht hat, und wundert sich dann, wieso er die nächsten drei Stunden die Unterhaltung durch die verschlossene Badezimmertür hindurch führt.

Der Entscheider-Code für dieses Entscheidungsmuster lautet:

Entscheider-Code für durchschnittliche Entscheider

Franz hat sich von den Alternativen (A) ablenken lassen, bevor er Entscheidungsklarheit (K) erreicht hatte. Er wusste lediglich, was das Ziel war, hatte aber keine genaue Vorstellung darüber, wie er es ausgestalten wollte. Sein Bild hat sich erst geklärt, nachdem ihm die Reiseagentin verschiedene Alternativen vorgestellt hat. Mit anderen Worten: Er ließ sich verführen. Mit der Buchung (E) der Reise schaffte er dann Tatsachen, von denen sich seine Frau betroffen fühlte. Sie hat ihm daher die Unterstützung (U) verweigert.

Im Beispielfall merkt Franz, dass seine Entscheidung nicht die Bedürfnisse der Ehefrau berücksichtigt hat. Die Folge: Beim nächsten Mal geht er zusammen mit Mareike ins Reisebüro. Das verbessert die Situation insoweit, als die Diskussion jetzt vor den Augen der Reiseagentin stattfindet. Aber angenommen, das Paar einigt sich auf eine Reise und fährt nach Mallorca. Dann stellt sich vor Ort heraus, dass sie auf die wenigsten der tollen Highlights Lust haben. Manch einer zwingt sich dann dazu, alles mitzumachen. Denn er hat ja dafür bezahlt. Andere lassen es sausen und ärgern sich über das verschwendete Geld. Denn was sich im Vorfeld so verführerisch anhört, ist oft nicht der tatsächliche Bedarf.

Der Durchschnittsentscheider mit Intuition

> Geschäftsführer Frank Schneider hat sich in den letzten Wochen einen potenziellen Firmenstandort nach dem anderen vorführen lassen. Alle sind mehr oder weniger verkehrsgünstig gelegen. Das ist allerdings nicht weiter verwunderlich. Denn die Infrastruktur im Rhein-Main-Gebiet ist überall sehr ordentlich. Nachdem er sich alle sechs Standorte mehrfach angesehen hat, geht er einige Tage in sich und weiß endlich, wo der neue Standort sein wird. Eigentlich hat er es gleich gewusst, aber er wollte sich Zeit geben, keine Fehlentscheidung zu treffen.
>
> Als er seine Entscheidung in der Gesellschafterversammlung verkündet, stellt ihm der Familienclan unbequeme Fragen. Natürlich hatte er sich vorbereitet. Nachdem er wusste, welcher Standort es sein würde, musste ein Mitarbeiter die Begründung dafür ausarbeiten. Die beeindruckt ihn jetzt selbst, auch wenn er auf der Grundlage dieser Kriterien die Entscheidung so nicht hätte treffen können. Aber der Gesellschafterfamilie geht es nicht besser. Keiner will sich die Blöße geben, die Kriterien zu hinterfragen. Sie können sich nicht gegen ihn durchsetzen.
>
> Allerdings hat die Sache ein Nachspiel. Als die Baukosten sich erhöhen, weil das Gebäude durch eine Wanne gegen Grundwasser abgesichert werden muss, wird er im Laufe der Diskussion von seinen Aufgaben entbunden und entlassen. Die Begründung: In seinen Entscheidungskriterien war der Aspekt „Grundwasserstand" nicht enthalten. Das sahen viele Gesellschafter nachträglich als fahrlässig an.

Der Entscheider-Code für diese Entscheidung lautet:

Entscheider-Code für durchschnittliche Bauchentscheider

Der Entscheider hat sich zahlreiche Alternativen zeigen lassen, ohne jemals Entscheidungsklarheit zu erlangen. Er verließ sich auf seine Intuition und traf seine Entscheidung. Am Ende setzte er sich zwar durch, aber ohne sich die langfristige Unterstützung des Gesellschafterkreises zu sichern.

Macher mit dem Kopf durch die Wand

Macher sind Menschen, die Dinge in Bewegung setzen, die äußerst genau wissen, was sie wollen, und sich dabei oft genau die Alternativen schaffen, die sie brauchen, damit das Ganze ein Erfolg wird. Also der Prototyp des erfolgreichen mittelständischen Unternehmers.

Meistens habe diese Entscheider jedoch ein Problem mit der Umsetzung ihrer Entscheidung.

Unternehmer Wilfried Meyer macht gerade eine schwere Zeit mit seinem Unternehmen durch. Doch wenn es ums Kostensparen geht, ist Meyer ein Meister. Daher gibt er die eine Hälfte der gemieteten Büroetage auf. Er spart so viele „tote" Kosten ein. Denn da sitzt nur seine Führungsmannschaft in ihren Einzelbüros. Die können jetzt mit allen anderen Mitarbeitern im Großraumbüro sitzen. Meyer selbst hat in seinem Einzelbüro die Türe immer offen, damit Mitarbeiter jederzeit zu ihm gehen können.

Leider sehen sein Vertriebsleiter und auch seine Serviceleiterin diese Chancen nicht in gleicher Weise. Beide kündigen fristgerecht zum Ende des Quartals. Meyer darf jetzt das gesparte Geld in einen Personalberater investieren, der die vakanten Stellen neu besetzen soll, was gar nicht so einfach ist, da viele Bewerber ein eigenes Büro für selbstverständlich erachten.

Der Entscheider-Code für diese Entscheidung sieht so aus:

Entscheider-Code für den typischen mittelständischen Unternehmer

Unternehmer Meyer ärgert sich zwar ob der Probleme, die ihm seine zweite Führungsebene bereitet. Aber von seiner Art, Entscheidungen zu treffen, ist er zutiefst überzeugt. Im Gegenteil: Gäbe es keine Widerstände, dann würde es sich für ihn „falsch" anfühlen. Denn entscheiden bedeutet für ihn, immer wieder persönliche Schlachten zu schlagen. Wie ist das mit Ihnen?

Die Erfolgsentscheider

Kommen wir zurück zu unseren Topentscheidern Bill Gates und den beiden smarten Google-Gründern. Wie sieht bei ihnen der Entscheider-Code aus?
Offensichtlich sind deren Entscheidungsmuster unterschiedlich oder nicht? Entscheider-Code von Bill Gates:

Entscheider-Code des frühen Bill Gates

Gates wusste jedes Mal genau, was er wollte. Die Alternativen suchte er sich genau so, wie er sie brauchte. Er ist der klassische Alternativenschöpfer. Wie ist das mit der Unterstützung? Gates hat lange Jahre selbst mitprogrammiert. In Windows und auch in Office gab es Codezeilen, die vom Milliardär höchstselbst stammen. Er ist für seine Versprechen selbst in die Bresche gesprungen. Außer von einigen Kunden, die über Bugs klagten, hat Gates immer die Unterstützung seiner Geschäftspartner besessen. Was er dazu hinter den Kulissen geleistet hat, wissen wir nicht.

Erst später ist er den Weg gegangen, den viele Monopolisten gehen. Er hat sich auf seine Marktmacht verlassen und weniger die Unterstützung gesucht. Dies hat ihm einige Niederlagen vor den Kartellgerichten in den USA und Europa eingebracht.

Sergey Brin und Larry Page entschieden ihre ersten Schritte in ähnlicher Form:

Entscheider-Code von Sergey Brin und Larry Page

Sie wussten genau, was sie wollten. Sie hatten Entscheidungsklarheit. Die überlegene Suchtechnologie sollte für die Massen zu Verfügung stehen. Sie suchten lange nach der geeigneten Alternative, dieses Ziel zu erreichen. Am Ende war es die Gründung des eigenen Unternehmens, das passte. So hatten sie für die richtige attraktive Alternative gesorgt.

Kaum ein Unternehmen ist in den ersten Jahren seiner Existenz von seinen Kunden so auf Händen getragen worden wie Google. Wer als Mitarbeiter bei Google anheuerte, bekam nicht viel Geld, aber eine Vollversorgung, die bei der Zubereitung von drei Mahlzeiten pro Tag anfing und bis zum Wäscheservice und sogar einer eigenen Mitarbeiterbuslinie reichte. Dadurch blieben Google-Mitarbeiter viel länger bei der Arbeit als in anderen Firmen. Bereits von Anfang an verfügte Google über ein hohes Maß an Unterstützung für seine Geschäfte.

Der Code des Erfolgs

Egal welchen erfolgreichen Unternehmer wir uns ansehen, wir werden immer wieder den gleichen Entscheider-Code zumindest in den Aufbaujahren entdecken. Wie er es jeweils umgesetzt hat, ist eine Frage des persönlichen Stils, aber die Kombination KAU – E finden wir immer wieder, als wäre es der genetische Code für Erfolg.

Man kann sich diese Code-Kombination gut durch einen kleinen Satz merken:

Erst KAUen, dann entscheiden!

Politikerversion des Entscheider-Codes

Aus meiner Sicht ist der interessanteste Entscheider-Code der von vielen Politikern. In den Gründerjahren wurde Bundeskanzler Konrad Adenauer zur Legende deutscher Politik. Er war ein typischer Vertreter der „mit dem Kopf durch die Wand"-Politik. Er hat sich wenig um die Unterstützung durch die Bürger vorab geschert. Wenn er von etwas überzeugt war, dann hat er es eben durchgedrückt.

Mit der Zeit haben die Politiker allerdings gelernt, dass es mehr und mehr Wechselwähler gibt. Denen gilt es zu gefallen. Das Problem: Da ist immer ein politischer Gegner, der alles, was wir machen wollen, verteufelt. Es ist also sehr schwer, eine erklärungsbedürftige Politik zu vermitteln. Diese Erfahrung durfte auch der ehemalige Bundeskanzler Gerhard Schröder machen, als er 2003 seine Agenda 2010 vorstellte.

Eine schwierige Situation! Aber nicht unlösbar. Moderne Politiker schauen zuerst, was des Volkes Seele gerne haben möchte. Sind es Reformen, dann wird kräftig reformiert. Sind die Bürger der Reformen müde, dann revidieren sie sie so lange, bis die Stimmung wieder umschwenkt. Und so geht das immer wieder weiter.

1.4 Der Entscheider-Code

Der Entscheider-Code für moderne Politiker ist daher oft:

Entscheider-Code moderner Politiker

Mit anderen Worten: Erst wird nach Unterstützung Ausschau gehalten. Wenn die Unterstützung für ein Thema da ist, werden Alternativen gesucht, die dazupassen, und es wird entschieden. Danach entsteht dann Klarheit, ob es sinnvoll war oder nicht.

1.4.3 Ihr Entscheider-Code

Jetzt sind Sie dran! Beobachten Sie sich einmal selbst, wie Sie Ihre Entscheidungen treffen.

Wie sieht Ihr Entscheider-Code heute aus?

....
....
....
....

Möglicherweise wollen Sie daran noch etwas verbessern. Mein Vorschlag: Setzen Sie sich im Rahmen der Lektüre dieses Buches das Ziel, an Ihrer eigenen Entscheider-Strategie zu arbeiten.

Wie soll dann in Zukunft Ihr Entscheider-Code aussehen?

....
....
....
....

1.4.4 Zusammenfassung

 Aus diesem letzten Abschnitt über den Entscheider-Code sollten Sie für sich mitgenommen haben:

- ☐ Mit der Kenntnis der drei Schlüsselelemente guter Entscheidungen können wir uns ein neues Bild von der Strategie erfolgreicher und nicht so erfolgreicher Entscheider machen.
- ☐ Die Grundelemente dieser Strategie bilden wir in einem Code ab. „K" steht für Entscheidungsklarheit, „A" für attraktive Alternativen und „U" für die größtmögliche Unterstützung. „E" symbolisiert die Entscheidung selbst.
- ☐ Die Strategie der erfolgreichsten Entscheider lautet: „KAU – E".

2 Vision und Mission

 In diesem Kapitel beschäftigen wir uns mit dem am meisten vernachlässigten Erfolgsfaktor für Entscheider – der eigenen Vision:

- Wir finden heraus, was Entscheidungen mit Gestaltungsspielräumen zu tun haben.
- Als Produkt der Vergangenheit können wir die Gegenwart nicht mehr viel beeinflussen. Die Zukunft können wir nur auf der Grundlage eines klaren Bildes formen – der Vision.
- Wir werden sehen, dass wir unsere Vision nur entwickeln können, wenn wir den roten Faden identifizieren, der sich durch unser gesamtes Leben zieht. Dieser rote Faden ist unsere Mission.
- Wir erarbeiten uns in einem Workshop anhand eines von Anfang bis Ende durchgespielten Beispiels die eigene Mission.
- Wir lernen die zehn Erfolgsprinzipien und die acht Grundtypen einer Vision kennen.
- Zum Finale schließlich haben wir die Möglichkeit, unsere eigene Vision in einem Workshop Schritt für Schritt zu entwickeln.
- Besonders spannend: Wir lernen das verblüffend einfach Managementwerkzeug „Entscheider-Tagebuch" kennen.
- Schließlich sorgt eine Checkliste für die Mission und Vision dafür, dass wir alles richtig machen.

2.1 Die Grundlage für jede Entscheidung

Entscheidungen sind richtungsgetriebenes Handeln. Wenn wir nicht wissen, wohin wir langfristig wollen, fallen uns Entscheidungen schwer. Und das mit gutem Grund. Denn das ist ein Warnzeichen dafür, dass wir eine zu ungenaue Vorstellung haben, wie wir unsere Zukunft als Entscheider gestalten wollen. Manche Entscheider behelfen sich damit, dass sie ihre Entscheidungen kurzfristig ökonomisch optimieren. Mit anderen Worten: Sie orientieren sich am kleinsten gemeinsamen Nenner – dem Preis oder dem Ertrag. Wohin das führen kann, sehen wir in den folgenden Beispielen.

Der Traum von Reichtum

Robert Meisner hat einen Traum: Er möchte reich werden und sich mit 45 Jahren zur Ruhe setzen. Er arbeitet daher hart in seinem Job als Investmentbanker. Aber anders als seine vielen Kollegen macht ihm seine Arbeit keinen Spaß. Das Einzige, was ihn interessiert, sind die alljährlichen Bonuszahlungen. Leider ist seine Performance längst nicht so gut wie die seiner Kollegen. Ihm geht das Gespür für Gelegenheiten ab, das viele von ihnen haben. Sie können sich in Unternehmenszahlen vertiefen und erstaunliche Erkenntnisse an die Oberfläche holen. Ohne Leidenschaft geht das jedoch nicht. Keinem von Meisners Kollegen käme in den Sinn, früher als nötig damit aufzuhören. Sie werden von der Sache motiviert, nicht vom Geld.

Es kommt, wie es kommen muss. Meisner wird gefeuert. Jetzt findet er den Ruhestand nicht mehr attraktiv.

Preiskampf um Kunden

Gustav Laber kämpft seinen letzten Kampf. Seit Jahren bedrängt ihn die Konkurrenz. Angefangen hatte es mit einer Vertriebsoffensive. Laber dachte sich, er könne seinem direkten Konkurrenten Meier Werkzeugbau einige Kunden wegschnappen. Er unterbot Meier um 10 %. Bei zwei Kunden hatte er damit Erfolg.

Natürlich wollte Meier sich das nicht gefallen lassen. Aber anstatt seinerseits in die Preisoffensive zu gehen, ließ er Labers Kunden wissen, zu welchen Preisen jener ihre direkte Konkurrenz beliefert. Das konnte deren Einkäufer nicht auf sich sitzen lassen und löste für Laber eine unangenehme Preisrunde aus, an deren Ende er den größten Teil seiner Marge eingebüßt hatte.

Laber fehlte fortan das Geld für Investitionen in die Zukunft. Meier dagegen erzielte mit seinen Kunden ein auskömmliches Geschäft und investierte kräftig in neue Produkte und Qualität. Trotz seiner vergleichsweise höheren Preise konnte Meier dem leidenden Konkurrenten so einen Kunden nach dem anderen abjagen. Mehr Kunden bedeuteten aber auch geringere Stückkosten. Das wiederum versetzte Meier in die Lage, seinerseits mit den Preisen für alle seine Kunden nach unten zu gehen. Die Tage von Labers Unternehmen waren gezählt.

Im Gegensatz zu Laber hatte Meier verstanden, dass Preise für die Kunden in dem Branchensegment nur kurzfristig zählen. Er sorgte erst dafür, dass der Konkurrent die Konsequenzen seines Handelns in allen Kundenbeziehungen erleiden musste. Nachdem Laber so keine Spielräume mehr hatte, baute Meier ungefährdet ein Quasimonopol mit neuer Technologie und Qualität auf.

Nach meiner Erfahrung gibt es keine wirksamere und nachhaltigere Methode, das eigene Entscheidungsverhalten zu verbessern, als für eine Vision zu sorgen.

Der Begriff „Vision" kommt vom lateinischen „videre" – sehen – und heißt so viel wie das Vorstellungsbild eines unbestimmten Zustands in der Zukunft. Mit anderen Worten: Wir machen uns ein Bild von der Zukunft.

Bis wir eine persönliche Vision entwickelt haben, müssen wir allerdings etwas Arbeit investieren. Darüber hinaus ist es natürlich eine besondere Herausforderung für Unternehmer, die persönliche Vision so zu transformieren, dass sie auch für das eigene Unternehmen verwendbar ist.

Als Angestellter erfordert es Mut, nach dem richtigen Unternehmen zu suchen, das mit der eigenen Vision kompatibel ist.

2.2 Die eigene Vision – Grundlage für jede Entscheidung

Bei der Beobachtung mittelständischer Unternehmer ist mir eine Sache besonders aufgefallen: Diejenigen, die sich bewusst ein langfristiges Ziel setzen, haben mehr Erfolg als andere. Wer dagegen keine klare Vorstellung von der Zukunft hat, muss ständig kämpfen, ohne jemals voranzukommen. Und dieser Kampf macht keine Freude.

> So wie Frank Semmler. Sein Schuhgeschäft gibt es schon seit über 30 Jahren. Sein Vater hatte noch gut damit verdient. In der Nachbarstadt gibt es inzwischen einen Schuhdiscount, der schon seine traditionelle Konkurrenz vertrieben hat.
>
> Semmler hat keine Vision. Er kann auch nicht sagen, wie sie aussehen könnte. Er ist ratlos. Denn er kämpft jeden Tag ums Überleben. Er steht unter dem Eindruck, nicht viel Einfluss auf das Geschehen zu haben. Verzweifelt fragt er sich, wie er seine Kunden halten und dem großen Billigkonkurrenten Paroli bieten kann. Doch das scheint unmöglich zu sein. Jeder Gedanke an die Zukunft ist von der Angst geprägt, dass sein kleines Unternehmen bald nicht mehr existiert. Er spürt den Druck der Verantwortung gegenüber seiner Familie und seinen Mitarbeitern.
>
> In dieser Situation scheint eine Vision, die seine Zukunft in zehn Jahren positiv beschreibt, so weit weg zu sein wie der Mond von der Erde.
>
> „Ich möchte mich nicht selbst belügen!" Das wäre wohl seine Antwort auf die Aufforderung, trotz der schlimmen Lage seines Unternehmens, eine Vision aufzustellen.

Muss das Unternehmen bald die Segel streichen? Ist das Schicksal unausweichlich? Wahrscheinlich nicht. Denn während Semmler um sein Überleben kämpft, gibt es an anderer Stelle einen sehr erfolgreichen Schuhhändler, der unter den gleichen Bedingungen richtig Geld verdient und natürlich eine Vision hat.

> Auch Bernhard Raichle hat Konkurrenz von derselben Discountkette. Aber er spezialisiert sich konsequent auf die Bedürfnisse von Familien und anderen Kunden, die Beratung brauchen. Alle seine Mitarbeiter sind orthopädisch geschult. Der Laden ist überregional bekannt und viele seiner Kunden kommen von weit her. Weil gute Beratung auch ein Erlebnis ist, kämpft in diesem Fall der Discounter mit niedrigen Umsätzen.

So war es nicht immer. Raichle hatte am Anfang ebenfalls keine Vision von der Zukunft und kämpfte um jeden Euro Umsatz. Eine aktuelle schlechte Situation bietet allerdings nicht die richtigen Ansatzpunkte, um sofort Erfolg zu haben.

Wenn wir heute Gestaltungsspielräume brauchen, dann hätten wir bereits gestern dafür sorgen müssen.

Mit anderen Worten: Die Zukunft können wir meist besser beeinflussen als die Gegenwart. Denn sie ist die Konsequenz unserer Entscheidungen der Vergangenheit. Wer allerdings in der Gegenwart um sein Überleben kämpft, vergisst gerne die Zukunft und ändert dann auch dort nichts.

Je stärker die Vorstellung von der eigenen Vision, desto gelassener und souveräner geht der Unternehmer mit der Außenwelt und ihren Einflüssen um. Er ist im wahrsten Sinne des Wortes frei. Beim Vergleich der beiden Unternehmer Semmler und Raichle können wir das sehr schön erkennen. Beide haben einen Schuhdiscount in direkter Nachbarschaft. Doch während Raichle damit kein Problem hat, wirkt der Konkurrent wie ein schwarzes Loch auf Semmlers Umsätze.

Der visionsgestärkte Unternehmer weiß jederzeit, was er will, und unsere halbherzigen Versuche, ihn in die eine oder andere Richtung zu beeinflussen, sind fruchtlos. Jede Entscheidung bringt ihn seiner Vision näher. Da haben sinnfreie Umwege keinen Platz.

Gleichzeitig ist eine Vision ein wichtiger Sinnträger. Denn mit ihr im Hinterkopf hat jede Entscheidung eine Bedeutung.

Obwohl eine Vision die zwingende Voraussetzung für gute Entscheidungen ist, machen sich die wenigsten Menschen ein Bild ihrer Zukunft. Denn die meisten wollen dann gleich die perfekte in Stein gemeißelte Vision haben, an der sich nie wieder etwas ändert.

Damit verkennen sie allerdings das Wesen einer Vision: Sie wird kontinuierlich weiterentwickelt. Denn unser Vorstellungsvermögen wird durch die Bilder der Vergangenheit und der Gegenwart geprägt. Diese können wir weiterentwickeln und kommen so zu einer für uns attraktiven Vision.

Auf dem Weg zu dieser Vision sammeln wir neue Eindrücke und Erfahrungen. Diese verändern auch unsere Sicht der Dinge. Daher müssen wir unsere Vision konstant weiterentwickeln. Sie kann nie fertig sein. Denn solange wir noch nicht dort angekommen sind, sammeln wir ständig neue Erfahrungen. Da wir unsere Vision allerdings auch ständig fortschreiben – wir blicken immer zehn Jahre in die Zukunft –, hören wir niemals mit der Arbeit an unserer Vision auf.

Bevor wir allerdings unsere Vision entwickeln können, brauchen wir unsere Mission.

2.3 So finden Sie Ihre Mission

Angenommen wir haben eine Vision. Wie können wir wissen, dass sie unsere Persönlichkeit widerspiegelt? Theoretisch könnten wir ja die Vision eines anderen Entscheiders kopieren und dann eins zu eins umsetzen.

Das klingt leichter, als es ist. Die eigene Vision inspiriert und motiviert gegen alle Widerstände. Eine fremde Vision kann dies nicht leisten.

Während es für den einen Sinn macht, das Betriebssystem zu liefern, „das auf allen Personal Computern dieser Erde läuft", möchte ein anderer lieber dafür sorgen, dass „kein Kind mehr ohne Liebe und Fürsorge aufwächst".

Glauben Sie nicht auch, dass es einen Unterschied gemacht hätte, wenn Karlheinz Böhm Microsoft geführt oder Bill Gates die SOS-Kinderdörfer aufgebaut hätte?

Der Unterschied zwischen diesen beiden Persönlichkeiten liegt in ihrer persönlichen Mission. Viele Menschen werfen die Begriffe „Vision" und „Mission" in einen Topf. Das Wort „Mission" heißt Auftrag oder Aufgabe. Von einem Kunden, der sich gut in der *Bibel* auskennt, weiß ich jetzt: Ursprünglich bedeutet das Wort „Sendung".

Ich sehe das allerdings ganz weltlich. In unseren Ökosystemen erfüllt jeder Organismus eine Aufgabe, die dem großen Ganzen dient. So gibt es Fäulnisbakterien, die totes Material in verwertbare Grundstoffe umsetzen, Ameisen, die tote Organismen entsorgen, und Bienen, die Blüten bestäuben, um deren Fortpflanzung zu ermöglichen.

Alle diese Organismen haben eines gemeinsam. Sie sind für ihre „Mission" perfekt ausgestattet. Es gibt keinen Zweifel daran, was sie tun sollen.

Auch unsere Märkte sind Ökosysteme. Allerdings hat der Mensch die freie Wahl, welche Aufgabe er sich sucht, unabhängig von seiner Befähigung und Motivation. Mitunter führt das zu überforderten Lehrern, gelangweilten Beamten und zu Unternehmern, die besser keine sein sollten.

Ich habe vor einigen Jahren entdeckt, dass meine Mission darin besteht, mir und anderen Menschen zu ermöglichen, unsere individuelle Freiheit zu leben. Da für mich das Unternehmertum der Inbegriff beruflicher Freiheit ist, lautet meine Mission gegenüber meinen Kunden: „Ich sorge dafür, dass es mehr und bessere Unternehmer gibt."

Meine Erfahrung: Wann immer ich mich auf meine Mission konzentriere, lacht mir der Erfolg zu. Ich helfe meinen Kunden, ihre persönliche Freiheit in Form guter Entscheidungen zu leben. Das verleiht meinem Leben Sinn. Alles ist so, wie es sein soll. Ich fühle mich ausgefüllt, weil ich dazu alle meine Erfahrungen und Fähigkeiten nutzen kann.

Unsere Mission zieht sich wie ein roter Faden durch unser Leben. Wer seine

Mission formuliert, erfindet also nichts Neues. Er macht sich lediglich bewusst, was schon immer da war.

Dieser rote Faden zieht sich durch unsere Vergangenheit wie durch die Gegenwart. Dass es ihn gibt, merken wir auch dann, wenn wir mit den größten Widerständen zu kämpfen haben. Denn dann stehen wir gerade wieder abseits unserer Mission.

Eine gute Metapher dafür ist die Geschichte von Jonas und dem Wal aus der *Bibel*. Jonas erhielt den Auftrag, die Bewohner von Ninive vor einem Gottesurteil zu warnen, weil die Stadt verdorben war. Jonas wollte seine Mission nicht annehmen und flüchtete daraufhin mit einem Schiff.

Das Boot geriet in einen unnatürlichen Sturm, der es an Ort und Stelle festhielt. Die Seeleute hatten einen solchen Sturm noch nie erlebt. Als die Wellen immer höher gingen und alles fehlschlug, weiterzufahren oder das rettende Ufer zu erreichen, fragten sie Jonas, ob er nicht eine Erklärung dafür habe.

„Ich widersetze mich dem Auftrag meines Gottes. Ihr müsst mich über Bord werfen. Sonst geht ihr alle unter!", soll der Prophet geantwortet haben. Das konnten die tapferen Seeleute nicht mit ihren Werten vereinbaren und bemühten sich daher weiter, ans Ufer zu gelangen.

Doch alle Versuche blieben erfolglos. Das Schiff würde untergehen. In ihrer Verzweiflung warfen sie Jonas dann doch über Bord. Mit einem Schlag beruhigte sich das Meer wieder. Ein großer Fisch tauchte auf und verschluckte den guten Jonas, das Schiff aber konnte seine Fahrt fortsetzen. Jonas dagegen musste eine Entscheidung treffen und verpflichtete sich schließlich, seine Mission zu erfüllen.

Ab da war alles einfach für ihn und alle Widerstände waren aus dem Weg geräumt.

Widerstände kennt jeder von uns. Sie treten immer dann auf, wenn wir nicht im Rahmen unserer Mission arbeiten. Denn wir bewegen uns dann außerhalb unserer Talente und Motivation.

Wenn wir dagegen unsere Mission erfüllen, nutzen wir alle unsere Fähigkeiten und Erfahrungen. Gleichzeitig sind wir hoch motiviert. Das setzt ungeahnte Kräfte frei. Kräfte, die wir brauchen, um unsere persönliche Vision umzusetzen.

Welche Bedeutung hat die Mission für unsere Vision?

Stellen Sie sich vor, Sie wären in einem stockdunklen Raum und Sie hätten eine Taschenlampe. Sie schalten die Lampe ein. Ein Lichtkegel fällt auf die gegenüberliegende Wand und beleuchtet einige dort hängende Bilder. Stellen Sie sich weiter vor, jedes dieser Bilder ist eine potenzielle Vision für Sie. Die Mission ist quasi die Taschenlampe. Mit ihrer Hilfe stecken wir den Rahmen ab, in dem sich unsere Vision befinden muss. Das ist nachvollziehbar, da die Mission unse-

2.3 So finden Sie Ihre Mission

re Leitidee für all unser Handeln darstellt. Unsere Vision kann der Mission daher nicht widersprechen. Unsere persönliche Vision passt immer zu unserer Mission. Sonst haben wir etwas falsch gemacht. Wir haben allerdings die freie Wahl unter einer ganzen Anzahl potenzieller Visionen.

Ich halte das für wichtig. Denn wenn wir unsere Vision nicht selbst entwickeln könnten, wären wir nicht frei.

Gehen wir davon aus, dass unsere Mission auf der Grundlage unserer Fähigkeiten und Talente basiert, dann müsste es einfach sein, sie herauszuarbeiten.

Es gibt allerdings noch einen wichtigen Punkt dabei: Unsere Fähigkeiten legen zwar fest, was wir können. Das allein reicht für eine Mission nicht. Wir müssen sie auch wollen. Das, was unserer Mission zugrunde liegt, muss unserem Leben Sinn verleihen.

Das war es, was ich anfangs meinte, als ich Karlheinz Böhm und Bill Gates miteinander verglich. Böhm war zunächst ein bekannter Schauspieler. Aber er fand in seiner Rolle bei den SOS-Kinderdörfern eine neue Berufung.

Interessanterweise finden wir das auch bei dem späten Bill Gates wieder. Er zieht sich aus seinen Funktionen bei Microsoft zurück, um mit seiner Frau Melinda der größten Stiftung der Welt vorzustehen. Verständlich, wenn man bedenkt, dass seine ursprüngliche Idee längst Realität geworden ist und es ihm nicht gelungen ist, eine neue tragende Vision für sich als Unternehmer zu schaffen. Spannend ist jetzt lediglich, wie er die neue Vision mit seiner Mission vereinbart.

Neben dem Können muss für uns also auch die Überzeugung dahinter stehen, das aus unserer Sicht Richtige zu tun. Nur dann sind wir wirklich auf unserer Mission und von niemandem zu stoppen.

Berühmte Menschen, die über diesen Antrieb verfügen oder verfügten, genießen über ihren Tod hinaus unseren größten Respekt: Martin Luther King, Mahatma Gandhi, Thomas Alva Edison, Queen Elizabeth I. von England, Dietrich Bonhoeffer, Mutter Teresa, Nelson Mandela, Bill Gates. Die Liste ließe sich fast endlos fortsetzen.

Dieses Buch soll Sie als Entscheider zu noch besseren Entscheidungen inspirieren. Daher könnten Sie sich wundern, warum ich so viel Wert auf ein Thema lege, das zunächst eher in die Motivationsecke gehört.

Entscheidungen sind richtungsgetriebenes Handeln. Wenn wir diese Definition aufdröseln, finden wir die Richtung, eine Motivation und das Handeln darin wieder.

Unsere Motivation spielt beim Entscheiden eine wichtige Rolle. Denn es gibt keine Entscheidung, die so schlecht wäre, dass sie ein uninteressierter (gelangweilter) Entscheider nicht noch schlechter treffen könnte. Motivation ist der Kern guter Entscheidungen.

Wie entwickeln wir unsere eigene Mission? Im Coaching mit einem Kunden erfrage ich zunächst alles, was ihm wichtig erscheint. Mein Ziel dabei: Ich möchte den gemeinsamen Nenner erfahren, den roten Faden, der seine Vergangenheit mit der Gegenwart verbindet. In dem sowohl die größten Niederlagen enthalten sind wie auch seine größten Erfolge.

Der folgende Abschnitt ist zugleich ein Workshop für Sie, um Ihre eigene Mission zu erarbeiten. Gönnen Sie sich den Luxus und machen Sie diesen Workshop. Sie finden die Arbeitsblätter zu diesem Workshop auf der Website zu diesem Buch: http://www.Entscheider-Bibel.de/workshops.

Wenn Sie nur eine Sache aus diesem Buch für sich mitnehmen könnten, dann sollte es Ihre persönliche Mission sein!

2.3.1 Werte

Wofür sind wir bereit, uns zu investieren? Was bedeutet etwas für uns? Mit unserer Mission müssen wir in der Lage sein, solche Fragen zu beantworten.

Im ersten Schritt sind wir daher auf der Suche nach den zugrunde liegenden Werten, die uns schon unser ganzes Leben lang bewegen.

Dabei handelt es sich nicht nur um klassische Werte, wie Liebe, Glück, Freiheit usw. Wir nehmen alles, was uns bewegt. Denn wir haben hier die Deutungsmacht. Eine Liste von Werten soll uns dabei inspirieren:

Liste von Werten

Macht, Einfluss	Bewegung	Ergebnis
Entwicklung	Idee	Wachstum
Freiheit	Liebe	Fitness
Qualität	Schönheit	Abwechslung
Ehrlichkeit	Sparsamkeit	Nachhaltigkeit
Loyalität	Proaktivität	Frieden
Bewahrung	Erneuerung	Veränderung
Treue	Intelligenz	Geist, Bildung
Humor	Freude	Verantwortung
Verlässlichkeit	Gerechtigkeit	Fleiß
Kreativität	Entschiedenheit	Schutz
Fürsorge	Pflege	Allgemeinheit
Mut	Religion	Beziehung(en)
Gesundheit	Glück	Größe
Gedenken	Talent	Geld

Ergänzen Sie aus Ihrer Sicht fehlende Werte!

Wenn wir diese einzelnen Begriffe betrachten, fragen wir uns, wo diese in unserem Leben bereits eine Rolle gespielt haben oder vielleicht hätten spielen sollen.

Es kommt gar nicht so selten vor, dass wir uns unsere Mission nicht zugestehen.

> Eine Unternehmerin merkt z. B., dass der Begriff „Macht" bei ihr sehr viel auslöste. Wie sich herausstellte, hatte sie in ihrer Kindheit immer wieder beigebracht bekommen, dass es nicht richtig sei, nach Macht zu streben oder sich gar dazu zu bekennen. Gleichzeitig konnte sie sich niemals dem Wunsch danach entziehen. So tat sie immer wieder alles, um Macht und Einfluss zu erlangen. Aber jeweils kurz bevor sie in eine solche Position gelangte, schlug sie die Chance im letzten Moment aus und konnte sich nachher die Selbstsabotage nicht erklären. Abhilfe schaffte der täglich bewusst geäußerte Satz: „Ich habe ein Recht darauf, mit Macht umzugehen." Vielleicht wird der eine oder andere Leser jetzt missbilligend von „Selbstsuggestion" sprechen. Das mag sogar richtig sein, aber warum sollte die Prägung durch die inzwischen über 70-jährigen Eltern unbedingt fortbestehen? Da ist es doch besser, sich täglich bewusst zur eigenen Lebensmission zu bekennen.

Wir markieren im ersten Schritt die Begriffe, die für Sie eine Rolle spielen. Gibt es einen gemeinsamen Nenner, der alles zusammenhält?

> Franz Kaufmann ist Versicherungsmakler. Begriffe, die für ihn eine Bedeutung haben, sind: Verlässlichkeit, Sicherheit, Treue, Loyalität und Bewahrung. Seine Mission könnte demnach sein: „Ich sorge dafür, dass meine Kunden ein unbeschwertes Leben führen können." Das ist die logische Folge hinter den Begriffen. Gehen wir über das Berufliche hinaus, könnte sich Herr Kaufmann auch als Fels in der Brandung bezeichnen. Denn seine Familie, seine Freunde und seine Kunden können sich auf ihn verlassen, egal was passiert.

Unser Schuhhändler vom Anfang des Kapitels, Bernhard Raichle, markiert in der Tabelle die folgenden Werte:

✓	Gesundheit	✓	Nachhaltigkeit	✓	Qualität
✓	Ehrlichkeit				

2.3.2 Der rote Faden

In der folgenden Tabelle tragen wir wichtige Werte ein, die eine bedeutende Rolle in verschiedenen Stationen unseres Lebens gespielt haben. Je häufiger dabei ein einzelner Begriff fällt, desto stärker ist seine Bedeutung als roter Faden, der sich durch alles hindurchzieht. Im Lebensbereich „Interessen" könnten wir z. B. in unserer Kindheit eine besondere Beziehung zur Kreativität gehabt haben, die sich dann über „Schule", „Pubertät" bis in die „Karriere" zieht.

Tabelle der Lebensbereiche

	Lebensbereiche			
Stationen	Interessen	Ziele	Widerstände	Erfolge
Kindheit				
Schule				
Pubertät				
Ausbildung				
Berufseinstieg				
Karriere				
	Fähigkeiten	Familie	Freunde	
Kindheit				
Schule				
Pubertät				
Ausbildung				
Berufseinstieg				
Karriere				

Vielleicht haben wir damit auch bestimmte Ziele verbunden, dass wir beispielsweise irgendwann einmal Maler werden wollten oder Creative Director in einer Werbeagentur. „Widerstände" könnten sich dann vielleicht darin gezeigt haben, dass wir uns selten konform gezeigt haben und unsere Kreativität destruktiv eingesetzt haben. Und „Erfolge" hatten wir vielleicht im Kunstunterricht oder bei der kreativen Gestaltung unseres Fahrrads. Vielleicht haben wir uns mit Vorliebe Fähigkeiten wie Brainstorming, Mindmapping usw. angeeignet. Unsere Familie hat uns immer als „unkontrollierbar" eingestuft, während unsere Freunde uns als „kreativen Chaoten" titulierten. Jeder von uns hat solche roten Fäden, die sich durch unser ganzes Leben ziehen. Wichtig ist, sich ihrer bewusst zu werden.

Oft ist der rote Faden der eigenen Mission nicht so deutlich sichtbar. Eine kleine Rangliste nach den eigenen Prioritäten für die jeweiligen Lebensstationen wirkt hier Wunder:

2.3 So finden Sie Ihre Mission

Werte-Rangliste

	Bedeutung		
Stationen	Priorität 1	Priorität 2	Priorität 3
Kindheit			
Schule			
Pubertät			
Ausbildung			
Berufseinstieg			
Karriere			

Im Folgenden ziehen wir den Weg nach, den Bernhard Raichle genommen hat, um zu seiner Mission und anschließend zu seiner Vision zu finden.
Bernhard Raichle überlegt sich, in welchen Lebensbereichen seine Werte eine besondere Rolle gespielt haben. Seine Tabelle sieht folgendermaßen aus:

Die ausgefüllte Lebensbereich-Tabelle von Raichle

	Lebensbereiche			
Stationen	Interessen	Ziele	Widerstände	Erfolge
Kindheit	–	Qualität	Haltung	Ehrlichkeit
Schule	Ehrlichkeit	Qualität	Haltung	Ehrlichkeit
Pubertät	Ehrlichkeit	Gesundheit	–	–
Ausbildung	Gesundheit	Gesundheit	Ehrlichkeit	Qualität
Berufseinstieg	Gesundheit	Gesundheit	Ehrlichkeit	Qualität
Karriere	Gesundheit		Ehrlichkeit	Qualität
	Fähigkeiten	Familie	Freunde	
Kindheit	Qualität	Gesundheit	Nachhaltigkeit	
Schule	Qualität	Gesundheit	Nachhaltigkeit	
Pubertät	–	Gesundheit	Nachhaltigkeit	
Ausbildung	Qualität	Gesundheit	Nachhaltigkeit	
Berufseinstieg	Qualität	Gesundheit	Nachhaltigkeit	
Karriere	Qualität	Gesundheit	Nachhaltigkeit	

Als Kind trug er häufig die falschen Schuhe, was ihm Haltungsschäden einbrachte, unter denen er eine ganze Weile zu leiden hatte. Gesundheit war für ihn nie selbstverständlich. Ehrlichkeit war ihm immer wichtig, aber im Beruf sollte er nur den Teil der Wahrheit sagen, der ihm auch einen Nutzen beim Kunden brachte. Das war für ihn immer schwer, denn er fühlte sich der Wahrheit verpflichtet. In allem, was er tat, stand für ihn immer die Qualität im Vordergrund. Ein „gut genug" gab es nie. Erst wenn er keinerlei Fehler mehr entdecken konnte, war er zufrieden. Auch in seiner Familie war und ist das Thema „Gesundheit" von besonderer Bedeutung. Von frühester Kindheit an ging es bei ihm immer um gesunde Ernährung, Bewegung usw. Sein Vater hat sich in seinen späten Jahren noch einmal auf die Schulbank gesetzt und auf Heilpraktiker umgesattelt.

Insbesondere bei Freundschaften setzte er immer auf langfristige Beziehungen. Er hat sich immer investiert und auf Nachhaltigkeit gesetzt. So hat er noch heute Freunde, die er teilweise seit frühester Kindheit kennt.

Seine Rangliste über die Werte in den verschiedenen Lebensstationen legt den roten Faden frei:

Raichles Werte-Rangliste

	Bedeutung		
Stationen	Priorität 1	Priorität 2	Priorität 3
Kindheit	Gesundheit	Ehrlichkeit	Qualität
Schule	Gesundheit	Ehrlichkeit	Qualität
Pubertät	Gesundheit	Ehrlichkeit	Qualität
Ausbildung	Gesundheit	Qualität	Nachhaltigkeit
Berufseinstieg	Gesundheit	Qualität	Nachhaltigkeit
Karriere	Gesundheit	Qualität	Nachhaltigkeit

In der Tabelle sehen wir den roten Faden, der sich durch alle Bereiche seines Lebens zieht: Gesundheit. Seine Ziele haben sich von der Pubertät bis zum Berufseinstieg mit diesem Wert befasst. Für Raichle ist klar: Gesundheit ist der tragende Wert, dem sich alle anderen unterordnen.

2.3.3 Aktivitätsverben

Der rote Faden allein hilft uns allerdings noch nicht viel weiter. Wir müssen außerdem wissen, was wir damit machen. So können wir beispielsweise Kreativität leben, sie bei anderen fördern und wecken, sie stärken usw.

Wir suchen uns aus der folgenden Liste die passenden Aktivitätsverben heraus. Wir bleiben dabei flexibel. Ich habe diese Listen erstellt, um uns die Sache leicht zu machen. Sie können jederzeit auch eigene Begriffe und Verben einbringen. Am Ende soll es unsere Mission sein und kein vorgefertigtes Wortgeklingel, mit dem wir nicht viel anfangen können.

2.3 So finden Sie Ihre Mission

Liste mit Aktivitätsverben für unsere Mission

erlangen	beherrschen	dienen
bewegen	voranbringen	anschieben
bremsen	aufhalten	stoppen
verlangsamen	verhindern	in den Weg stellen
produzieren	erzielen	dafür sorgen
sicherstellen	erschaffen	schöpfen
entwickeln	beschleunigen	fördern
dafür einstehen	sich dafür einsetzen	unterstützen
klein halten	im Keim ersticken	Einhalt gebieten
wachsen	helfen	schützen
machen	entscheiden	pflegen
lieben	glücklich machen	opfern
stärken	schwächen	in Schach halten
verlassen	zu etwas stehen	tragen

Ergänzen Sie aus Ihrer Sicht fehlende Verben!

In der Liste sind nicht nur proaktive Verben enthalten. Das liegt daran, dass nicht jede Mission darauf angelegt ist, etwas Bestimmtes zu erreichen.

Der Papst beispielsweise ist zwar das Oberhaupt der katholischen Kirche, seine Aufgabe ist es aber vornehmlich, den Glauben zu bewahren. Denn im Gegensatz zu früher geht es nicht mehr hauptsächlich um den Wettstreit der Religionen, sondern um den Glauben oder Nichtglauben. Angesichts der Vielfalt der wissenschaftlichen Erkenntnisse, inklusive der Gentechnik, rückt diese Frage in den Mittelpunkt moderner Religionen. Welcher Konfession der Glaube am Ende gilt, ist inzwischen eher eine kulturelle Frage.

Ein anderer mag seine Mission darin sehen, die Globalisierung aufzuhalten oder Terrorismus im Keim zu ersticken. Missionen sind so vielfältig wie die Menschen selbst. Wichtig ist nur, dass neben dem Können auch die Überzeugung steht.

Bernhard Raichle entscheidet sich dafür, dass er Gesundheit *fördern* und *erhalten* möchte.

2.3.4 Qualität

Vielleicht denken Sie sich jetzt, dass wir damit schon den Kern der Mission formuliert haben. Aber es fehlt noch ein wichtiger Teil: die Qualität. So war es Mahatma Gandhis Mission, die Menschen seines Heimatlandes zu befreien. Aber die Qualität seines Handelns machte den Unterschied. Während sich andere Führer seines Landes zum gewaltsamen Widerstand bekannten, war er entschlossen, die Inder mittels eines passiven Widerstands zu befreien und die Engländer so zu vertreiben. Das machte ihn zur Legende.

Die Qualität unserer Mission zeigt an, wie wir sie leben, durch was oder womit. Die folgende Liste ist sicher nicht erschöpfend, und auch hier sollten wir wieder nach Herzenslust (auch eine Qualität) eigene Worte verwenden.

Liste mit Qualitäten für eine Mission

Verstand	Witz	Geist
Intelligenz	Überzeugungskraft	Herz
Willen	Gott	Überlegenheit
Bescheidenheit	Wissenschaft	Gewalt
Geschichte	Recht	Gerechtigkeit
passiv	Liebe	begeistert
Innovation	friedliche Mittel	aktiv
lernend	gelehrsam	belesen
pazifistisch	kriegerisch	mit Gefühl
Sanftmut	positiv	wertorientiert

Bernhard Raichle möchte vor allen Dingen durch Qualität und Nachhaltigkeit für Gesundheit sorgen.

2.3.5 Zielgruppe

Angenommen Sie wollten Kreativität mit Geist, Herz und Gefühl fördern. Dann stellt sich natürlich die Frage, wo oder bei wem Sie das tun wollen. Sie könnten es bei sich selbst, bei anderen Menschen oder im Geschäftsleben oder in der Politik tun. Jede Mission hat also auch einen Kunden, eine Zielgruppe.

Gandhi hat zunächst in Südafrika gearbeitet und ist erst später nach Indien zurückgekehrt, um dort seine Mission zu leben. Seine Zielgruppe waren seine indischen Landsleute. Unsere Zielgruppe kann sich allerdings im Laufe der Zeit auch ändern.

Microsoft z. B. war anfangs auf Geschäftsanwender fokussiert. Je mehr sich

PCs auch in Privathaushalten ausbreiteten, desto mehr hat das auch die Zielgruppe der Mission verändert. Wir müssen daher immer wieder überprüfen, ob die Zielgruppe noch die richtige ist.

Schuhhändler Raichle kann seine Mission endlich für sich formulieren: Es ist seine Mission, durch qualitativ hochwertige Beratung, die Gesundheit seiner Kunden zu fördern und zu erhalten.

Das Profil seiner Mission, wie er sie sich erarbeitet hat, sieht jetzt folgendermaßen aus:

Raichles Missionsprofil

Werte	Gesundheit, Qualität, Nachhaltigkeit, Ehrlichkeit
Roter Faden	Gesundheit
Aktivitätsverb(en)	Fördern und erhalten
Qualität	Qualität, Nachhaltigkeit
Zielgruppe	Seine Kunden

2.3.6 Die Charakteristika einer Mission

Wir wissen jetzt, welche Inhalte unsere Mission ausmachen. Meistens ist sie damit auch schon fertig, und wir müssen nichts mehr daran ändern. Trotzdem an dieser Stelle einige formale Kriterien, die uns helfen, unsere Mission später von der Vision abzugrenzen.

Indikativ

Unsere Mission stellt die Wirklichkeit dar. Unser Beispielunternehmer Bernhard Raichle *fördert und erhält* die Gesundheit seiner Kunden durch qualitativ hochwertige Beratung.

Der Indikativ beschreibt die Wirklichkeit. Er steht im Deutschen im Gegensatz zum Konjunktiv („Bernhard Raichle hat mir gesagt, er fördere und erhalte die Gesundheit seiner Kunden ...") und zum Imperativ (Bernhard, fördere und erhalte bitte die Gesundheit deiner Kunden ...").

Das Wesentliche

Eine Mission ist für den täglichen Gebrauch bestimmt. Wer sich erst einmal einen langen Absatz mit vielen verschachtelten Sätzen in Gedächtnis rufen muss, wird dies eher unterlassen, als wenn sie ganz einfach formuliert ist.

Täglich einsetzbar

Eine Mission ist nicht nur für den einzelnen speziellen Tag einmal im Monat gedacht. Sie soll uns an jedem einzelnen Tag, ob es gut läuft oder schlecht läuft, leiten können. Wenn wir wie Raichle unsere Mission auf unsere Kunden fokussieren, dann heißt das auch, dass wir viele Menschen als unsere Kunden verstehen, auch wenn sie es betriebswirtschaftlich nicht sind. Wir leben immer und durchgehend unsere Mission.

2.3.7 Zusammenfassung

Fassen wir zusammen. Wir müssen zunächst feststellen, was der rote Faden unseres Lebens ist und mit welchen Begriffen wir dies ausdrücken können. Im nächsten Schritt finden wir die Aktivitätsverben, die unseren Begriffen einen Sinn verleihen, und schließlich stellen wir fest, mit welcher Qualität wir das tun und für welche Zielgruppe. So könnte eine Mission beispielsweise heißen: „Ich sorge mit Innovationen für die Sicherheit meiner Familie und anderer Menschen." Ein Mensch mit dieser Mission wäre bestimmt ein guter Ingenieur für Fahrzeugtechnik, genauso wie im Bereich Sicherheitstechnik für Häuser.

Schließlich sollten wir noch darauf achten, dass unsere Mission im Indikativ gehalten ist, sich auf das Wesentliche konzentriert und täglich einsetzbar ist.

Nachdem wir jetzt unsere eigene Mission kennen, haben wir die besten Voraussetzungen für die Entwicklung der persönlichen Vision geschaffen.

2.4 Der Weg zur eigenen Vision

Wir kennen jetzt unsere Mission und sind vermutlich stolz darauf. Ich weiß, dass uns das oft so positiv berührt, dass wir es gerne dabei belassen. Aber für einen guten Entscheider reicht es leider nicht, nur seine Mission zu kennen. Und wenn Ihnen Ihre eigene Mission gefällt, warten Sie erst einmal ab, wie Sie sich über Ihre Vision freuen werden!

2.5 Zehn Erfolgsprinzipien für eine Vision

Es gibt zehn Erfolgsprinzipien, die jede Vision erfüllen muss:

1. Eine Vision ist aus Sicht des Visionärs groß.

Warum ist eine Vision eigentlich immer groß? Die Vision ist kein Einjahresziel. In zehn Jahren verändern wir uns selbst massiv. Unsere Umwelt verändert sich und die Dinge, die wir bis dahin bewegt haben können, sind fast unzählbar. Da würde es schon an Selbstbetrug grenzen, wenn unsere Vision heißen würde: „In zehn Jahren bin ich um ein Jahrzehnt gealtert und meine Familie lebt in einer besseren Wohnung mit zwölf Quadratmetern mehr Wohnfläche." Die Aussage dürfte eher demotivieren als motivieren. Ich muss mich als Entscheider nicht sehr bemühen, um dieses Zielbild zu erreichen. Unsere Vision soll es uns ermöglichen, alle unsere Entscheidungen gebündelt auf diesen Punkt zu treffen. Wenn wir das gar nicht nötig haben, ist sie nutzlos. Also seien wir realistisch und formulieren wir unsere Vision so groß, dass wir alle unsere Energien darauf ausrichten müssen.

2. Eine Vision muss das Beste im Visionär widerspiegeln.

Ich könnte dieses Erfolgsprinzip einfach für sich sprechen lassen. Aber vielleicht doch ein paar Worte dazu: Eine Vision soll das Beste im Visionär widerspiegeln. Gemeint sind damit unsere Werte. Wir müssen uns nicht verbiegen, um erfolgreich zu sein, sondern können den Mut haben, zu unseren Werten zu stehen. Was wäre das für eine Vision, wenn wir das verbogene Rückgrat gleich mit einkalkulieren?

3. Die Essenz einer Vision leitet sich von der Mission des Visionsgebers ab.

Unsere Mission ist der rote Faden in unserem Leben. Den werden wir kaum verlieren, nur weil wir ein tolles Zukunftsbild entwerfen. Beides muss zusammenpassen. Da wir die Mission nur entdecken, aber nicht substanziell verändern können, liegt es an uns, die richtige Vision dazu zu formulieren.

4. Eine Vision ist vor allen Dingen emotional.

Auch wenn wir uns einreden mögen, dass wir kühl und vernunftgetrieben sind, am Ende sind es Emotionen, die uns antreiben. Vielleicht *fühlen wir uns ja gut*, weil wir uns auf der Basis der Vernunft entscheiden? Wichtiges Erfolgsprinzip ist daher, dass unsere Vision uns emotional berührt.

5. *Die Realisierung einer Vision dient auch dem großen Ganzen.*

Warum sollte es wichtig sein, dass unsere Vision auch dem großen Ganzen dient? Selbst wenn wir uns immer mehr individualisieren, am Ende ist es unsere Leistung für die Gemeinschaft, die uns Sinn gibt. Bill Gates war lange Jahre einer der erfolgreichsten Unternehmer. Das hat ihm irgendwann nicht mehr gereicht. Er hat für sich erkannt, dass er mit dem verdienten Geld auch einen Dienst an der Gemeinschaft leisten will. Vielleicht gehen wir gleich die Abkürzung und sichern uns das wichtigste Sinnelement schon jetzt in unserer Vision?

6. *Eine Vision bedient eine Sehnsucht des Visionärs.*

Wir haben mit unserer Vision die Chance, über die täglichen Kleinlichkeiten hinauszublicken. Da wäre es doch fahrlässig, wenn wir unsere Sehnsüchte außer Acht ließen. Zudem bedienen unsere Sehnsüchte auch unsere Emotionen. Also, bauen wir sie ein.

7. *Eine erfolgreiche Vision sorgt für das Wohlergehen ihres Visionsgebers.*

Manche Visionäre sehen sich vielleicht als Märtyrer und dann mag es so aussehen, also ob ihre Vision nicht unbedingt ihr persönliches Wohlergehen beinhaltet. Ich hoffe inständig, dass Sie in Ihrer Vision Ihr eigenes Wohlergehen einplanen. Sonst können Sie sie mit großer Wahrscheinlichkeit nicht umsetzen. Denn unser Unterbewusstsein unterstützt bewusste Selbstsabotage nicht.

8. *Eine Vision ist immer schwierig umzusetzen – jeder an ihrer Umsetzung Beteiligte wächst bei der Mitarbeit über sich selbst hinaus.*

Den Schwierigkeitsgrad bestimmen wir selbst. Aber ein klein wenig sollten wir uns schon nach unseren Zielen strecken. Wie sollten wir sonst wachsen? Wer strengt sich schon an, wenn er seine Ziele ohnehin automatisch erreicht? An dieser Stelle habe ich oft Diskussionen mit dem einen oder anderen Kunden. Denn im Weltbild von so manchem sorgt das Universum automatisch für uns. Das kann es gerne machen, aber es wäre doch eine Verschwendung, wenn wir es nicht nach besten Kräften dabei unterstützen.

9. *Eine Vision ist immer langfristig angelegt.*

Wenn ich das Ziel bereits sehen kann, dann brauche ich keine Vision. Damit wir als Entscheider die notwendige Richtung für unsere Entscheidungen daraus ableiten können, sollte das Bild unserer Vision um die zehn Jahre vor uns liegen.

10. *Eine Vision wird ständig weiterentwickelt.*

Der Nachteil einer auf eine bestimmte Zeit angelegten Vision ist, dass sie mit der Zeit immer näher rückt. Für unsere Entscheidungen verlieren wir somit auch langsam den Richtungsgeber. Dem müssen wir entgegenwirken, indem wir unsere Vision ständig fortentwickeln und sie auf diese Weise immer auf Abstand halten.

2.6 Die acht Grundtypen einer Vision

Nach meiner Erfahrung können wir Visionen in acht unterschiedliche Grundtypen einordnen.

2.6.1 Stolz auf eine große Leistung

Wir alle kennen ihn, den großen amerikanischen Traum. Vom Tellerwäscher zum Millionär. Was ist eigentlich so toll daran? Warum inspirieren uns nicht Geschichten, wie etwa vom BWL-Studenten zum Millionär oder vom Chirurgen zum Millionär?

Es ist der krasse Gegensatz. Fürs Geschirrspülen brauchen wir keinerlei Qualifikation. Wenn wir selbst zu Hause einmal ranmüssen, dann empfinden wir die Tätigkeit nicht als sonderlich befriedigend. Daher ist es natürlich toll, wenn jemand es von ganz unten nach ganz oben schafft.

Allerdings gehört zu der Formulierung einer solchen Vision schon sehr viel Persönlichkeit. Denn alle anderen werden den Visionär für einen Träumer halten, was er sicherlich auch ist.

Aber wollen Sie sich anmaßen, zu beurteilen, was ein Mensch erreichen kann, wenn er alle seine Entscheidungen auf ein Ziel fokussiert? Ich nicht. Ich habe den höchsten Respekt vor Menschen, die sich einer solchen Vision glaubhaft verschreiben.

Allerdings müssen den Träumen und Worten auch Taten folgen. Ansonsten ist die Wahrscheinlichkeit groß, dass unser Visionär von außen beeinflusst wurde und die Vision nicht tatsächlich zu ihm gehört.

2.6.2 Große Veränderung für die Gesellschaft

„I have a dream" – ich habe einen Traum! Das war die berühmteste Rede von Martin Luther King. Er predigte nicht wie Malcolm X den gewaltsamen Kampf gegen Rassendiskriminierung. In dieser Rede rief King seine Landsleute dazu auf, sich der Gewaltlosigkeit zu verschreiben und gemeinsam für den Traum zu kämpfen, dass es eines Tages keinen Unterschied mehr machen würde, welche Hautfarbe ein Mensch hat.

Für diesen Traum hat King in Kauf genommen, dass er eines Tages ermordet werden würde. Wer in Atlanta das Museum des Martin Luther King Memorial besucht, kann dort einiges darüber lernen, was hinter den Kulissen bereits im Vorfeld seiner Ermordung bekannt war.

Kings Frau war nicht sehr begeistert davon. Aber dieser Mann hatte eine klare Vision, von der ihn niemand abhalten konnte. Hat er die Gesellschaft so verändert, wie es seine Vision war?

Vermutlich nicht ganz, aber Amerika ist heute ein anderes Amerika als damals. Wer hätte sich damals erträumt, dass mit Barack Obama der erste afroamerikanische Präsident der USA gewählt werden würde?

2.6.3 Große Veränderung in Technik oder Wissenschaft

Wir leben am Beginn des 21. Jahrhunderts. Technik hat unsere Welt binnen kürzester Zeit so grundlegend verändert, dass ein Mensch, der vor 100 Jahren gelebt hat, sich heute nicht mehr darin zurechtfinden würde.

Wir werden uns sicher schwertun, diese Umwälzungen auf einen Erfinder zurückzuführen. Aber wenn wir es täten, stünde sicher der Name Thomas Alva Edison in der Endauswahl. Die Glühbirne und die ersten Stromerzeugungsverfahren gehen auf ihn zurück. Die Elektrifizierung der Gesellschaft ermöglichte es erst, unabhängig von der Tages- und Jahreszeit zu arbeiten.

Vielleicht sind Sie eines Tages ein zweiter Edison, der das Undenkbare denkt und erfindet? Edison jedenfalls hatte eine Vision, was seine Erfindungen bewirken würden, und arbeitete mit bemerkenswerter Beharrlichkeit daran. Als wieder einmal ein Versuch misslang, eine funktionierende Glühbirne zu bauen, soll er über seine fast 1.000 Versuche gesagt haben: „Ich habe nicht versagt, sondern ich habe über 999 Möglichkeiten entdeckt, die Glühbirne nicht zu entwickeln."

Ohne eine starke, tragende Vision hätte Edison niemals diese Arbeitseinstellung haben können.

2.6.4 Große Veränderung im persönlichen Bereich

Als Gerhard Schröder noch Vorsitzender der Jusos in Deutschland war, soll er nach einer durchzechten Nacht in Bonn am Kanzleramt vorbeigegangen sein und am Tor gerüttelt haben. Eines Tages würde er darin sitzen, soll er dabei gerufen haben. Im Herbst 1998, über 20 Jahre später, wurde seine Vision Wirklichkeit.

2.6.5 Große Veränderung im Markt

Als nach dem Zweiten Weltkrieg Ludwig Erhard von den Amerikanern mit der wirtschaftlichen Neuordnung ihrer Besatzungszone beauftragt wurde, hatte er eine Vision, von deren Erfolg wir heute noch alle profitieren. Die soziale Marktwirtschaft. Erhard wollte, dass jeder Mensch Eigenverantwortung übernimmt und weitestgehend für sich selbst sorgt und sich gegen Risiken absichert. Der Staat setzt dabei die Rahmenbedingungen und verhindert, dass der Markt Ungerechtigkeiten schafft. Wo die Menschen nicht für sich selbst sorgen können, springt der Staat für sie ein.

Heute denken viele, dass der soziale Aspekt zu stark geworden ist und der Markt dadurch immer wieder ausgehebelt wird, während andere der Meinung sind, dass der Markt immer noch zu viele Ungerechtigkeiten schafft.

Es bleibt aber außer Zweifel, dass Erhard diesem Land seinen Stempel aufgedrückt hat.

2.6.6 Etwas auf eine einzigartige Weise tun oder in besonderer Weise einzigartig sein

Als Cosimo de' Medici in Florenz die Führung über den Familienbetrieb der de' Medici übernahm, war es ein Handelshaus wie viele andere auch im Italien des 14. Jahrhunderts. Cosimo erkannte jedoch bald, dass die langen Kommunikationswege zwischen seinen Dependancen in verschiedenen Städten und Ländern den Geschäften im Wege standen. Daher veränderte er die geschäftliche Grundlage auf eine Weise, wie sie die damalige Welt noch nicht kannte. Seine lokalen Repräsentanten wurden am Geschäft beteiligt und hatten die volle Entscheidungsgewalt vor Ort. So konnten die de' Medici auf Geschäftschancen viel schneller reagieren als die anderen Handelshäuser, deren Bevollmächtigte sich zunächst per Brief und Boten Anweisungen von der Zentrale geben lassen mussten. In der damaligen Zeit bedeutete das für die de' Medici, dass ihre Entscheidungen oft bis zu einem Monat früher fielen als bei der Konkurrenz. So gelang es Cosimo de' Medici, den ersten transnationalen Konzern der Weltgeschichte aufzubauen.

2.6.7 Eine besondere Größe erreichen (Mitglieder, Kunden ...)

Als Thomas John Watson 1913 bei NCR gefeuert wurde, soll er zu seinem Chef gesagt haben: „One day I will dwarf NCR with my own company!"

1914 übernahm er die Leitung der Computing Tabulating Recording Company, die er 1924 in „International Business Machines" umbenannte – kurz: IBM.

Watson hat recht behalten. Vielleicht auch deshalb, weil er die Vision hatte, dass sein Unternehmen eines Tages den früheren Arbeitgeber in jeder Hinsicht übertreffen wird und NCR im direkten Vergleich „zwergenhaft" erscheint.

Die besonders ironische Note dabei: In späteren Jahren werden die Firmen Burroughs, Sperry Rand, Control Data, Honeywell, General Electric, RCA und NCR in den USA als „die sieben Zwerge" in der Konkurrenz zu IBM bezeichnet.

Allerdings: Vergleiche in einer Vision sind immer problematisch. Denn wir haben ja keine Kontrolle, was mit unserem Referenzmaßstab passiert.

2.6.8 Ein Vorbild einholen oder übertreffen

Gaius Julius Cäsar war der berühmteste Feldherr seiner Zeit. Unter seiner Ägide hat sich das Römische Reich erheblich vergrößert. Was ihn dabei getrieben hat: Er wollte seinem Vorbild Alexander dem Großen nacheifern und es übertreffen.

Alexander hatte z. B. gegen den Widerstand seiner mazedonischen Generäle allen eroberten Völkern Platz in seinem Heer geboten und sie an der Führung des Großreiches beteiligt. Cäsar sorgte in Anlehnung daran gegen den Widerstand der römischen Patrizier dafür, dass die eroberten Provinzen im Senat vertreten waren. Vor Cäsar war dies nicht der Fall und hatte in den Provinzen immer wieder für Unruhen gesorgt. Denn die Quästoren – Steuereintreiber – des Römischen Reiches füllten sich oft die eigenen Taschen, ohne dass die Provinzen eine Chance hatten, dies in Rom bekannt zu machen. So waren diese Ämter sehr beliebt bei den adeligen Römern, weil sie ähnlich der heutigen Riester-Rente ermöglichten, steuerfrei für das Alter vorzusorgen.

Cäsar scheiterte schließlich, weil er am Ende keine Vision mehr für seine Zukunft hatte. Denn alle seine Ziele hatte er erreicht. Das ist immer die Gefahr, wenn man sich auf ein einzelnes Vorbild fixiert und dessen Leistungen früh erreicht.

2.7 Entwicklungsweg zur persönlichen Vision

Den Begriff „Visionsentwicklung" sollten wir durchaus ernst nehmen. Leider taucht nicht alle paar Minuten ein allmächtiger Gott auf, der uns wie ehemals Moses eine heilige Vision gibt, wo er sein Volk Israel hinführen wird. Wenn wir eine Vision haben wollen, dann müssen wir selbst dafür arbeiten. Allerdings ist es dann auch unser Privileg, sie eines Tages umgesetzt zu erleben. Das ist, wie ich meine, ein guter Deal. Also krempeln wir die Ärmel hoch und gehen an die Arbeit!

2.7.1 Kernfrage 1: Die Gegenwart

Was gefällt mir an der augenblicklichen Lage gut und was nicht? Warum?

Wo liegen derzeit besondere Schwierigkeiten und Widerstände? Was ist die Ursache für diese Schwierigkeiten und Widerstände?

Schon bei dieser ersten Frage kommt die von uns erarbeitete Mission ins Spiel. Wir müssten darüber begründen können, warum uns bestimmte Aspekte hier und heute gefallen und warum nicht. Wir müssten sogar in der Lage sein, darüber die Ursachen für unsere Schwierigkeiten und Widerstände herzuleiten.

Bernhard Raichle stört, dass in seinem Geschäft die Kunden allein auf Grundlage von modischen Kriterien beraten werden. Ob der Kunde sich mit den Schuhen wohlfühlt, wird allein daran festgemacht, ob die Größe passt oder nicht. In seltenen Fällen klären die Kunden mit Raichles Verkäufern ab, ob die orthopädischen Einlagen in das jeweilige Modell passen oder nicht. Er stellt fest, dass er heute selbst gar nicht sagen kann, welche langfristigen Auswirkungen die Schuhe auf die Gesundheit seiner Kunden haben.

Wenn er das schon nicht weiß, wie sollen das seine Verkäufer wissen? So wie es heute ist, wird er seine Mission nicht leben können. Ihn stört auch, dass er seine Kunden gar nicht kennt. Wie oft kommt eine Mutter mit ihrem Sohn oder ihrer Tochter ins Geschäft und spricht davon, dass mal wieder ein neues Paar Schuhe fällig ist. Seine Verkäufer nicken dann wissend, aber die Kundin ist ihnen weitestgehend fremd.

Wäre es nicht gut, tatsächlich Bescheid zu wissen, dass bei den Kindern das neue Paar Schuhe „fällig" ist? Warum soll der Kunde immer aufs Neue erzählen müssen, worauf er Wert legt?

Die Auswahl der Schuhe in seinem Geschäft ist das Resultat einer Abwägung zwischen Mode und Preisen, um die Nachfrage der durchschnittlichen Kunden befriedigen zu können – der Kunden also, die bei dem Discounter ein perfektes Preis-Leistungs-Verhältnis vorfinden, gegen das er ohnehin nicht konkurrieren kann.

Ein Resultat davon sind hohe Abschreibungen und große Sonderverkäufe von Saisonware mit niedrigster Marge. Das Ganze ist für ihn ein absehbar schlechtes Geschäft. Die Konsequenz: eine rote Null am Ende des Jahres. Das stört ihn genauso wie die wachsenden Verbindlichkeiten gegenüber seiner Hausbank und den Lieferanten.

Das Ganze ist zugleich ein guter Lackmustest für unsere Mission. Haben die Dinge, die uns stören, nichts mit ihr zu tun, könnte es gut sein, dass wir immer noch nicht die richtige Mission gefunden haben. Wir müssen uns dann noch einmal mit dem Workshop im letzten Abschnitt beschäftigen.

Aber ich gehe erst einmal davon aus, dass unsere Mission passt. In Kernfrage 4 werden Sie sich Gedanken machen, was passieren muss, damit uns (fast) alles in der Zukunft gefällt. Aber für unsere Zukunftsvision sollten wir alle Hinweise aufnehmen, die wir kriegen können. Daher geht unser nächster Blick erst einmal in die Vergangenheit.

2.7.2 Kernfrage 2: Die Vergangenheit

Was gefällt mir an meiner Vergangenheit und was nicht? Warum? Welche Widerstände und Schwierigkeiten gab es? Was war die Ursache für diese Schwierigkeiten und Widerstände?

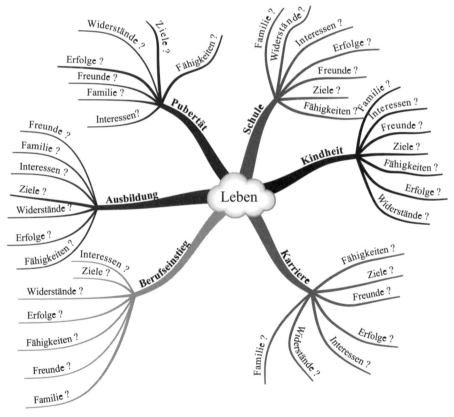

Die verschiedenen Lebensstationen und -bereiche

Das sind natürlich dieselben Fragen wie für die Gegenwart. Aber die Ausbeute sollte hier größer sein, da die Vergangenheit für jeden von uns ein großer Zeitraum ist. Es kann aber auch genau andersherum sein. Manche Menschen finden in ihrer Vergangenheit weniges, was sie stört. Das ist in Ordnung. Denn das Unwichtige braucht uns heute nicht mehr zu stören. Aber gerade die Dinge, über die wir uns heute noch ärgern, geben uns die besten Hinweise auf eine tolle Vision in der Zukunft. Ich gehe allerdings jede Wette ein, dass wir unsere größten Erfolge im Rahmen unserer Mission erzielt haben und die größten Niederlagen, wenn wir uns weit davon entfernt hatten.

Raichle erinnert sich daran, dass er in seiner Kindheit eine Zeit lang sehr mit Haltungsschäden zu kämpfen hatte. Er trug deshalb immer besonders hässliche orthopädische Schuhe und konnte nicht an allen Sportarten teilnehmen. Er hätte seine Kindheit und Schulzeit in dieser Beziehung lieber anders erlebt.

Ihm kam der Berufswechsel des Vaters viel zu spät. Seiner Ansicht nach hat sein Vater viel zu lange mit der Heilpraktikerausbildung gezögert.

In späteren Lebensstationen gefällt Raichle nicht, dass er sich viel zu sehr angepasst und nicht seinen eigenen Weg gesucht hat. Er erkennt jetzt, dass er damit einen Fehler gemacht hat.

Ein weiterer Blick in die Gegenwart hilft uns, ein noch besseres Verständnis für die Zukunft zu bilden.

2.7.3 Kernfrage 3: Rollenmodell der Gegenwart

Welche Rollen nehme ich heute wahr? Wir gut bin ich darin? Wie organisiere ich Berufliches, Familie und Gesundheit, Freunde, Kontakte/Netzwerke heute? Maßstab ist wie immer meine Mission.

Was hat es mit den Rollen auf sich? Wir alle nehmen immer bestimmte Rollen wahr. Augenscheinlich ist das bei mir heute schon die Rolle des Coachs. Wenn ich Seminare und Workshops halte, dann bin ich Trainer.

Als Selbständiger leite ich die Geschicke meiner Geschäftstätigkeit. Diese Rolle wird relativ bald der des Unternehmers oder, was mir besser gefällt, des Kapitäns weichen.

Für meine Frau bin ich der verständnisvolle Partner und derjenige, der für Abwechslung sorgt. Ich denke, Sie verstehen das Konzept.

Diese Rollen helfen uns im nächsten Schritt, eine detaillierte Vorstellung davon zu entwickeln, wie wir unsere Zukunft gestalten.

Schuhhändler Raichle nimmt verschiedene Rollen wahr. Im Privatbereich ist er Familienoberhaupt, Ehemann, Vater und Sportler. Im Geschäft ist er Verkäufer, Einkäufer, Schuldner und Motivator. Zu seiner Verwunderung ist er weder Chef noch Unternehmer. Denn für seine Mitarbeiter ist er das Gleiche wie für seine Familie: Familienoberhaupt. Als Unternehmer müsste er die Geschicke seines Unternehmens vorausplanen. Das macht er derzeit nicht. Er reagiert nur auf die Anforderungen aus dem Tagesgeschäft. Auch wenn er schon davon gelesen hat, dass Netzwerken wichtig ist: Sein bisheriges Rollenmodell enthält das nicht.

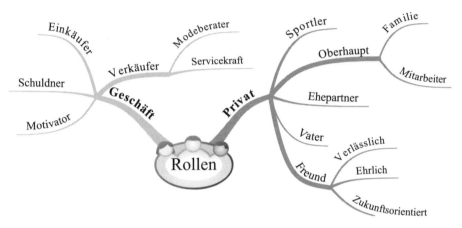

Raichles gegenwärtige Rollen

2.7.4 Kernfrage 4: Die Zukunft

Wo müsste ich in der Zukunft (in zehn Jahren) stehen, damit mir nach meinen heutigen Maßstäben alles gefällt?

Warum würde mir es mir dort gefallen?

Was für ein Mensch müsste ich dann sein, um das erreicht zu haben? Welche Rollen müsste ich wahrnehmen und wie gut müsste ich sie ausfüllen?

Wir müssen bei der Beantwortung dieser Kernfrage nicht perfekt sein. Aber je mehr wir bereits jetzt sagen können, desto besser. Diese Zukunft sollte nach meiner Erfahrung zehn Jahre entfernt liegen. Nur dann bietet sie zum einen genügend Entwicklungspotenzial und ist zum anderen als Richtungsgeber für unsere Entscheidungen geeignet.

Denn der Zeitpunkt in zehn Jahre ist ausreichend weit weg, um uns nicht gleich in Stress zu versetzen. In dieser Zeit können wir uns selbst sehr weit entwickeln. Diese Zukunft ist aufgrund dessen, was wir bis dahin erreicht haben, sehr attraktiv und liegt trotzdem nicht so weit entfernt, dass es sich nicht lohnen würde, sich dafür anzustrengen.

Maßstab sind unsere eigenen Erwartungen. Wir müssen in zehn Jahren da-

2.7 Entwicklungsweg zur persönlichen Vision

mit auch zufrieden sein können. Wenn wir mit unserer Vision ein Bild zeichnen, das zwar ganz nett ist, aber ohne jede Anstrengung zu erreichen ist, werden wir wahrscheinlich der Aufgabe nicht gerecht.

Eine der wichtigsten Antworten in diesem Zusammenhang bezieht sich darauf, wie wir uns bis dahin persönlich weiterentwickelt haben. Jeder Mensch entwickelt sich weiter. Ob zum Besseren oder Schlechteren, können Sie jetzt festlegen.

Unternehmer Raichle hat aufgrund der vorher geleisteten Arbeit eine recht gute Vorstellung, was alles in zehn Jahren anders sein muss, damit ihm diese Zukunft ausnahmslos gefällt. Seine Kunden sind ganze Familien. Er weiß, dass Mütter immer auf die Gesundheit ihrer Kinder achten und auch selbst dafür sensibilisiert werden können. In seiner Vision steht er für den Verkauf von gesunden Schuhen und kompetente Beratung. Seine Kunden kommen von weit her, nur um bei ihm Schuhe zu kaufen. Über jeden Kunden gibt es ein umfangreiches elektronisches Profil, sodass er und seine Mitarbeiter nicht immer dieselben Fragen stellen müssen. So haben sie mehr Zeit für das Beratungsgespräch. Das soll sich in Zukunft deutlich vom bisherigen Verkaufsgespräch abheben. Die Kunden lernen so, worauf sie beim Schuhkauf achten müssen, und werden so immun gegen die Lockangebote billiger Wettbewerber. Viele seiner Kunden kommen aufgrund einer Empfehlung. Auch das Fernsehen berichtet über sein Geschäft, weil es so ungewöhnlich ist. Ungesunde Schuhe führt er nicht mehr. Sein Motto lautet: „Elegant, modisch und gesund."

Sowohl er als auch seine Mitarbeiter haben Weiterbildungen in Orthopädie und Podologie sowie Allergologie besucht. So sind sie in der Lage, ihre Beratungsgespräche kompetent zu führen. Selbst Ärzte empfehlen das Geschäft weiter und kommen mit ihren Familien.

Raichle selbst muss nicht mehr ständig im Tagesgeschäft präsent sein. Seine Verkaufsberater kennen sich so gut aus, dass der Unternehmer sich vornehmlich um Kontakte kümmern kann und um die strategische Ausrichtung seines Unternehmens. Denn das Konzept des Gesundschuh-Ladens ist längst ein Franchiseunternehmen. In Deutschland gibt es mittlerweile über 30 Ableger des Originals und alle florieren.

Im nächsten Schritt überlegt sich Raichle, warum genau diese Vision ihm so gut gefällt.

Das beschriebene Bild passt sehr gut zu seiner persönlichen Mission, durch qualitativ hochwertige Beratung die Gesundheit seiner Kunden zu fördern und zu erhalten. Der geschäftliche Erfolg ist ihm schon deshalb wichtig, weil er dadurch seine Mission weitertragen kann. Jeder seiner zukünftigen Franchisenehmer wird diese Mission ebenfalls leben. Wenn es einmal so weit ist, wird er zu Recht stolz sein. Alles, was ihm gegenwärtig und in der Vergangenheit nicht gepasst hat, wird in der Zukunft besser sein. Was will er mehr?

Was für ein Mensch muss er sein, um diese Zukunft erarbeitet zu haben?

- Er muss souverän damit umgehen, dass er einen völlig anderen Weg geht als der Rest der Branche. Denn selbst die exklusivsten Schuhgeschäfte legen keinen Wert auf gesundes Schuhdesign und verträgliche Materialien. Er darf sich davon in Zukunft nicht mehr beeinflussen lassen.

- Er darf nicht mehr der reagierende Geschäftsbesitzer sein, sondern muss wirklich zum Unternehmer werden.
- Er muss Konsequenz entwickeln. Denn nicht alle seine Mitarbeiter werden diesen Weg mitgehen können.

Raichle kennt die Rollen, die er in der Gegenwart wahrnimmt. Um sich die Zukunft zu erarbeiten, muss er in neuen Rollen brillieren und bestehende Rollen ablegen.

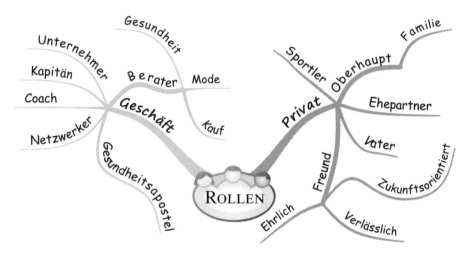

Raichles neue Rollen

Neue Rollen

Raichle sieht sich zukünftig nicht mehr als *Verkäufer*. Seine Kunden kommen bereits zu ihm, um etwas zu kaufen. Er muss das nicht forcieren. Wenn er als *Berater* seine Kunden bezüglich ihrer Fußgesundheit und des orthopädisch besten Schuhs berät, dann erfüllt er seine Rolle schon sehr gut. Für diese Rolle wird er sich allerdings noch in den Bereichen Orthopädie, Podologie und Allergologie weiterbilden müssen.

Generell sollte sich Raichle in allen Gesundheitsthemen schlaumachen, da viele seiner Kunden aufgrund seiner Positionierung sich damit auseinandersetzen. Er sieht sich da in der Rolle des *Gesundheitsapostels*, der die jeweils neuesten Trends selbst ausprobiert, um aus eigener Erfahrung reden zu können.

Der reagierende Geschäftsbesitzer ist tot, es lebe der *Unternehmer*! Er muss sich bewusst mit den Chancen der Zukunft auseinandersetzen. Er hat zwar ein gewisses Bild, wie ein Unternehmer sein muss, aber er wird sich in dem Bereich noch Nachhilfe besorgen müssen. Er beschließt, Mitglied in einem Unternehmerverband zu werden, um sich neue Vorbilder in der richtigen Peergroup zu suchen.

Bisher hat Raichle für seine Mitarbeiter die Rolle des *Familienoberhaupts* gespielt. Das ist in Zukunft nicht mehr angemessen. Will er Erfolg haben, muss er selbst professioneller werden. Dazu gehören z. B. Konsequenz und Souveränität. Wie sie eben ein *Kapitän* ausstrahlt, der seine Mannschaft sicher in ferne Gefilde bringt. Leider gibt es dafür keine einfache Weiterbildung. Er muss in Zukunft seine Tage so gestalten, dass er diese Rolle bewusst lebt und aus seinen Fehlern jeweils schnell lernt.

Seine neue Ausrichtung verlangt von ihm auch, dass er seine Mitarbeiter ständig weiterentwickelt. Die Rolle des *Motivators* aus der Vergangenheit ist dafür nicht geeignet, zumal er bezweifelt, dass er dabei wirklich erfolgreich war. In Zukunft muss er seine Mitarbeiter coachen können. Wie kaum anders zu erwarten, heißt die neue Rolle daher für ihn *Coach*. Dafür wird er Coaching-Weiterbildungen machen.

Bisher war sein Schuhgeschäft fast seine gesamte Welt. Der Unternehmer, der diese Vision umsetzt, muss auch ein guter *Netzwerker* sein. Auch das ist zwar eher eine Tätigkeit, die man in der Praxis lernt, aber er wird am Anfang ein Seminar dazu besuchen, um sich für die größten Fallen zu sensibilisieren.

2.7.5 Kernfrage 5: Das komplette Bild

Angenommen wir sind jetzt dieser Mensch in zehn Jahren und nehmen die geplanten Rollen wahr. Alles ist so, wie es uns gefällt. Wie sieht das ganzheitliche Bild unseres Lebens aus?

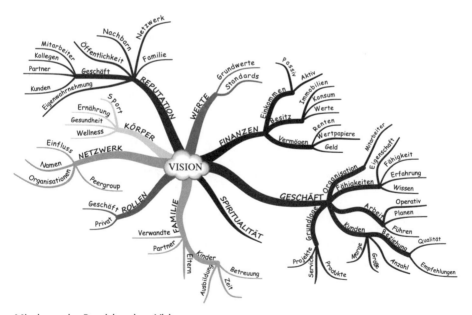

Mindmap der Bereiche einer Vision

Die ganz Eiligen haben an dieser Stelle bereits ihr Ziel erreicht. Sie haben ja jetzt ein Bild von der Zukunft, mit dem Sie bei Ihren Entscheidungen arbeiten können. Wenn Sie sich allerdings noch die Mühe machen, alle Bereiche, wie in der Mindmap dargestellt, auszuarbeiten, werden Sie das nicht bereuen. Denn je besser und genauer die eigene Vision ist, desto besser sind die eigenen Entscheidungen und desto höher ist die Eigenmotivation, diese Vision auch umzusetzen.

Raichle geht den detaillierten Weg und erarbeitet das ganze Bild seiner Vision. Im Bereich „Geschäft" sieht sie folgendermaßen aus:

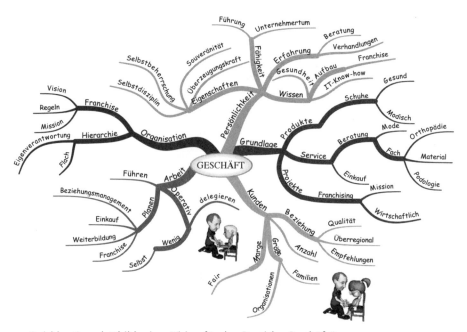

Raichles Komplettbild seiner Vision für den Bereich „Geschäft"

Grundlage

Grundlage seines Geschäfts sind nicht mehr wie früher Schuhe, sondern Gesundheit durch das richtige Schuhwerk. Gerade deshalb sind die richtigen Produkte für sein Unternehmen sehr wichtig. In seiner Vision bietet Raichle nur noch Schuhe an, die sowohl modisch als auch gesund sind. Im Servicebereich sieht er sich und seine Mitarbeiter als kompetente Berater, die auch orthopädische Fachfragen beantworten können. Sein Lieblingsprojekt in der Zukunft ist das Franchising seiner Idee. Zum einen gefällt es ihm, dass er seine gelebte Mission auf eine breite Basis stellt, zum anderen freut er sich über die wirtschaftlichen Perspektiven.

2.7 Entwicklungsweg zur persönlichen Vision

Lernen

Zwischen dem heutigen Besitzer eines Schuhladens und dem Unternehmer mit einem erfolgreichen Franchisekonzept liegt ein Weg des Lernens. Raichle ist klar, dass er sich neue Eigenschaften zulegen wird. Sein Zukunfts-Ich wird souverän auftreten, überzeugend sein und sehr viel Selbstbeherrschung und Disziplin an den Tag legen.

Er wird auch neue Fähigkeiten brauchen. Er ist sich bewusst, dass er aufgrund seiner eingeschränkten Perspektive noch nicht weiß, welche Fähigkeiten er alle in der Zukunft brauchen wird. Das ist allerdings kein Problem. Da er laufend an und mit seiner Vision arbeiten wird, kann er später fehlende Aspekte hinzufügen. Aus heutiger Perspektive möchte er gerne im Bereich Führung besser werden und im Bereich Unternehmertum dazulernen.

Wer eine Vision umsetzt, wird zwangsläufig neue Erfahrungen sammeln. Ganz gezielt wird Raichle sie im Bereich Beratung und Verhandlungen suchen. Denn seine Kunden sollen nichts mehr verkauft bekommen, sondern aufgrund einer kompetenten Beratung Entscheidungen treffen. Verhandlungsgeschick wird er spätestens dann brauchen, wenn er für sein Franchiseunternehmen über Rabatte mit den Herstellern spricht.

Raichle ist sich bewusst, dass er noch nicht über das gesamte Wissen verfügt, das er zur Umsetzung seiner Vision braucht. So wird er sich viel neues Wissen im Bereich Gesundheit aneignen müssen. Für den Aufbau und die Pflege einer Kundendatenbank will er sich nicht nur auf Spezialisten verlassen. Er wird sich zumindest in die Grundlagen einarbeiten, damit ihm keiner ein X für ein U vormachen kann. Außerdem muss er mehr darüber lernen, wie ein Franchisesystem aufzubauen ist.

Organisation

Auch im Bereich Organisation hat der Unternehmer bisher wenig Ahnung. Daher schreibt er sich lediglich seine Kernideen auf. Insgesamt soll sein Unternehmen mit sehr flachen Hierarchien arbeiten. Seine Mitarbeiter will er mit hoher Eigenverantwortung ausstatten, sodass sie die meisten Dinge selbst entscheiden können. Sein Franchisesystem soll ähnlich funktionieren. Er ist davon überzeugt: Wenn er seine Mission und Vision mit seinen Franchisenehmern teilt, sie darauf verpflichtet und ein dazu passendes Regelwerk entwickelt, wird alles in seinem Sinne laufen.

Arbeit

Wie sieht Raichles eigene Arbeit in zehn Jahren aus? Er ist sich sicher, dass er nur wenig Zeit mit operativer Arbeit verbringen wird. Stattdessen wird er vieles delegieren. Einen Großteil der Zeit wird er in Führung und Planung des Unternehmens investieren. Damit er eben nicht zu viel Zeit mit dem Tagesgeschäft verbringt, will er Pläne für die besonders wichtigen Bereiche im Unternehmen entwickeln.

Zum Beispiel soll das Beziehungsmanagement mit seinen Kunden einzigartig werden. Denn es wird aus seiner Sicht ein kritischer Erfolgsfaktor sein. Wer gesunde und modische Schuhe verkaufen möchte, braucht einen brillanten Einkauf, sonst fehlt es am richtigen Angebot. Genauso wichtig wird es sein, geeignete Weiterbildungspläne zu entwickeln und das Franchisegeschäft zu planen. Ihm wird auch in zehn Jahren bestimmt nicht langweilig sein.

Kunden

In Raichles Vision kommen viele Kunden aufgrund von Weiterempfehlungen zu ihm. Das sagt auch gleich etwas über die Qualität der Beziehung. Seine Kunden kommen teilweise von weit her. Es sind Familien, und teilweise kommen sie von Organisationen, wie Wachschutzfirmen, wo ein guter Schuh die Arbeitskraft erhält. Auch wenn sein Service und Schuhangebot einzigartig sind, wird Raichle seine Preise fair kalkulieren. Kein Kunde soll auf gesunde Schuhe verzichten müssen.

2.7.6 Kernfrage 6: Ökologie

Wie passen Ihre Mission und Ihre Vision zusammen?

Auch wenn die Mission immer wieder als Bewertungsgrundlage für die evolutionäre Erarbeitung unserer Vision gedient hat, so ist es doch notwendig, dass wir noch einmal überprüfen, ob die erarbeitete Vision zu unserer Mission passt. Wenn etwas nicht passt, dann liegt das in jedem Fall an der Vision und nicht an der Mission. Denn die Vision sollte eine Folge der Mission sein.

Wenn wir sicher sind, dass dies die richtige Vision ist, sollten wir uns überlegen, wie wir sie in die Tat umsetzen.

Raichle überprüft nochmals jeden Aspekt seiner Vision. Am Ende ist er stolz. Jeder Aspekt darin stimmt mit seiner persönlichen Mission überein. Was will er mehr?

2.7.7 Kernfrage 7: Umsetzung

Entscheider-Tagebuch

Was denken Sie? Reicht es, einmal eine Vision ins Leben gerufen zu haben und sie dann in einem schönen Buch oder im Computer stehen zu lassen? Wer bei seinen Entscheidungen tatsächlich einen Nutzen aus seiner Vision ziehen will, der sollte sich täglich damit beschäftigen.

Das ergibt sich schon aus einer besonderen Eigenschaft von Visionen, über die wir bisher noch nicht gesprochen haben. Wenn der Entscheider sich auf den Weg macht, seine Vision umzusetzen, verändert sich mit der Zeit sehr viel. Viele Dinge, die aufgrund der zeitlichen Entfernung zunächst noch unklar sind, werden für ihn konkret.

Aber der Weg zur Vision verändert auch den Entscheider. So hatte Nelson Mandela am Anfang seiner Gefangenschaft ganz andere Vorstellungen, wie das Ende von Apartheid aussehen sollte, als nach 27 Jahren.

Allein schon der Reifungsprozess verändert den Menschen. Das Annähern an ein anspruchsvolles Ziel allerdings noch viel mehr. Damit verändern sich auch die Bedürfnisse.

2.7 Entwicklungsweg zur persönlichen Vision

War es am Anfang vielleicht die finanzielle Unabhängigkeit, die einen Unternehmer zu seiner Vision inspiriert, so ist es später vielleicht die Möglichkeit, mit seinem Handeln etwas zu schaffen, was größer ist als er selbst.

Es gibt noch einen weiteren Grund, der es für uns erforderlich macht, uns täglich mit unserer Vision auseinanderzusetzen. In der Rolle des Entscheiders soll unsere Vision uns die Richtung für unser Handeln geben. Denn Entscheidungen sind richtungsgetriebenes Handeln.

Dazu brauchen wir den zeitlichen Abstand zur umgesetzten Vision von ca. zehn Jahren. Mit anderen Worten: Wir müssen unsere Vision ständig weiterentwickeln, damit wir von dem Moment, der durch sie beschrieben wird, immer zehn Jahre entfernt sind. Nichts ist schlimmer für den Entscheider, als wenn er irgendwann in seiner Vision ankommt und sich Gedanken machen muss: „Was mache ich denn jetzt?"

„Dafür bin ich doch jeden Tag viel zu tief im Operativen, um mich auch noch darum zu kümmern", wird der eine oder andere von uns vielleicht denken. Das stimmt und das ist auch der Grund, warum wir so häufig so wenig aus unserem Wissen machen, das wir über Jahre erworben haben. Sobald wir bis zur Oberkante Unterlippe im operativen Geschäft stehen, sind all die guten Vorsätze vergessen. Wir lassen stattdessen unsere über Jahre entwickelten unbewussten Programme laufen. Man geht davon aus, dass der Durchschnittsmensch weniger als 5 % von dem umsetzt, was er eigentlich besser weiß.

Allerdings gibt es auch berühmte Ausnahmen, die in ihrem Leben viel bewegt haben und gleichzeitig einen Großteil ihres Wissens angewendet haben.

Wie passt das zusammen? Täglich viel zu bewegen und dennoch einen Großteil seines besseren Wissens umzusetzen, das widerspricht sich doch, oder?

Eine einfache Eigenschaft zeichnet die meisten dieser „Übermenschen" aus.

Sie alle führten täglich ihr Tagebuch.

Das Tagebuch hat eine Wirkung, die dem stark im Tagesgeschäft stehenden Menschen abgeht. Es zwingt dazu, auf das eigene Handeln aus einer externen Perspektive zu blicken. Wer Tagebuch führt, wechselt zumindest in dieser Zeit auf eine Metaposition. Das hilft uns, unser besseres Wissen auch in die Tat umzusetzen.

Gerade diese Metaperspektive ist es auch, die dem Entscheider hilft, seine Entscheidungen so zu treffen, dass seine Vision Realität werden kann.

Meine Kunden führen daher alle ein Entscheider-Tagebuch. Das ist eine Form des Tagebuchs, die zielgerichtet dafür sorgt, dass wir täglich mit wenig Aufwand zum gewünschten Ergebnis kommen.

Die Form des Entscheider-Tagebuchs ist für das Ergebnis egal. Manche Menschen führen es handschriftlich in einem Schreibblock oder in einer Kladde, andere nutzen ihren PC und arbeiten mit einer Textverarbeitung.

Wichtig ist nur, dass wir unser Entscheider-Tagebuch schriftlich führen. Wir arbeiten genau zwei Mal am Tag darin, einmal früh am Morgen nach dem Aufstehen und kurz vor dem Schlafengehen.

Unseren morgendlichen Tagebucheintrag fangen wir immer auf dieselbe Weise an. Wir gehen kurz gedanklich unsere Vision durch und antworten auf diese Fragen:

Ist meine Vision noch immer die beste für mich vorstellbare Zukunft in zehn Jahren?

Wenn nicht, was will ich daran verändern?

Was liegt heute an Aufgaben und Terminen an? Wie lebe ich darin meine Mission am besten, worauf fokussiere ich mich?

Welche meiner Rollen aus meiner Vision lebe ich heute besonders bewusst in meinen Aufgaben und Terminen?

Auf was achte ich heute besonders in meinen Entscheidungen?

Der abendliche Eintrag ins Entscheider-Tagebuch ist eine Reflexion über den Tag.

Was hat heute gut funktioniert, von den Dingen, die ich mir vorgenommen hatte?

Was hat weniger gut funktioniert?
Warum?

Was kann ich verändern, damit es besser funktioniert?

Auf diese Weise initiieren wir einen dauerhaften Selbstcoaching-Prozess, der zum einen dafür sorgt, dass wir unsere Vision nie aus den Augen verlieren und ständig weiterentwickeln. Zum anderen entwickeln wir uns selbst weiter.

Ich denke, es gibt kein anderes Managementwerkzeug, das bei so wenig Aufwand so viel Nutzen bringt wie das Entscheider-Tagebuch.

Natürlich gehören auch Ihre Ziele in das Entscheider-Tagebuch. Im Gegensatz zu einer Vision müssen Ziele messbar sein. Nicht selten werde ich gefragt, warum wir denn noch Ziele brauchen, wenn wir doch bereits eine Vision haben. Beides widerspricht sich nicht. Die Vision ist ganzheitlich und muss nicht messbar, aber visualisierbar sein. Ziele dagegen pflastern den Weg zur Umsetzung unserer Vision.

2.7 Entwicklungsweg zur persönlichen Vision

Ziele müssen messbar sein, und wir setzen sie so, dass sie in einem überschaubaren Zeitrahmen erreicht werden können. Jedes erreichte Ziel bringt uns unserer Vision näher.

Entwicklungsziele für Rollen

In Kernfrage 4 haben wir uns damit beschäftigt, inwiefern wir uns weiterentwickelt haben müssen, um unsere Vision tatsächlich zu erreichen. Wir haben darüber nachgedacht, welche Rollen wir wahrnehmen werden und wie gut wir diese ausfüllen müssen. Aus Kernfrage 3 wissen wir, wo wir heute in unseren Rollen stehen. Daher können wir einen Entwicklungsplan aufstellen, wie wir die fehlenden Erfahrungen und Fähigkeiten erwerben können. Manches davon lässt sich durch Fortbildung abdecken, anderes dagegen nur durch Learning by Doing. Gerade deshalb sollten wir unsere Entwicklung planen und uns über das Entscheider-Tagebuch darauf fokussieren.

Ziele für Beruf/Geschäft

Wenn Sie als angestellter Manager arbeiten, legen Sie hier Ihre Karriereziele fest. Als Selbständiger wollen Sie vielleicht zum Unternehmer aufsteigen und Mitarbeiter beschäftigen. Dies ist ein Prozess, der zunächst über mehr Geschäft und später über die richtigen Mitarbeiter gestaltet wird. Vielleicht sind Sie aber schon Unternehmer und wollen nicht mehr so stark im operativen Geschäft eingespannt sein. Dann werden wir diesen Teil Ihrer Vision in mehreren kleineren Etappenzielen realisieren.

Ziele für Körper

Gesundheit ist zwar ein hohes Gut, aber bei der Formulierung ihrer Vision vergessen die meisten Menschen, dass dieses Gut auch in eine ganzheitliche Vision gehört. Entscheidungen sind richtungsgetriebenes Handeln. Das gilt insbesondere für den Bereich „Ernährung". Wenn wir heute entscheiden sollen, auf welche Art wir unseren Hunger bekämpfen, dann ist uns vielleicht klar, dass ein Fast-Food-Burger nicht das Gesündeste ist und uns wahrscheinlich nicht schlank macht. Allerdings könnten wir morgen ja schon wieder einen Salat essen. Also geben wir dem Optimum an Zeit und schnellem Genuss nach. Wenn wir dagegen in unserer Vision festgelegt haben, dass wir auch in zehn Jahren noch tolle Blutfettwerte, Idealgewicht etc. haben, werden wir von dieser Entscheidung Abstand nehmen und den Salat gleich heute essen.

Ziele für Kontakte/Netzwerk

„Niemand ist eine Insel", heißt es so schön, und: „Erfolg hat viele Väter und Mütter." Erfolgreiche Entscheider verfügen über ein weitreichendes Netzwerk, über das die eine oder andere unterstützende Hand, aber auch wichtige Informationen kommen.

Netzwerken hat oft einen chaotischen Charakter. Denn wir treffen die für uns interessantesten Persönlichkeiten oft völlig unvermutet in einer Warteschlange oder auf einer Reise. Dagegen entpuppen sich Galadiners und andere offensichtliche Gelegenheiten oft als Zeitverschwendung. Warum könnte es da sinnvoll sein, Ziele für die Entwicklung des eigenen Kontaktnetzwerks aufzustellen?

Angenommen Sie haben das Ziel aufgestellt, den Altkanzler Schröder kennenzulernen wegen seiner guten Kontakte zu russischen Gasversorgern. Eines Tages scheint Ihnen das Schicksal gewogen und Sie sind mit Herrn Schröder auf der gleichen Veranstaltung. Hätten Sie nicht das ausdrückliche Ziel, ihn kennenzulernen, würden Sie vermutlich nicht versuchen, an seinen Leibwächtern vorbeizukommen. So aber geben Sie Ihr Bestes und haben vielleicht Erfolg. Ziele schaffen genutzte Gelegenheiten.

Wenn Sie Ihre Vision betrachten, dann wissen Sie, welche Türen geöffnet sein müssen, damit sie Realität wird. Welche Ihnen bekannten Personen könnten diesen Job leisten?

Menschliche Interaktion ist etwas Wunderbares. Wissenschaftler haben herausgefunden, wer erfolgreiche Freunde hat („Peers"), ist selbst mit einer Wahrscheinlichkeit von 70 % erfolgreicher als jemand in der Vergleichsgruppe mit „Normalos". Ganz offensichtlich passen wir uns den Erwartungen unserer sogenannten Peergroup an. Wenn wir also eine Vision für die nächsten zehn Jahre formulieren, sollten wir auch eine entsprechende Peergroup für uns definieren, die zu unserer Vision passt.

Organisationen wie Lions Club oder Rotary Club sind zwar elitär, aber sie schaffen ihren Mitgliedern auf einen Schlag Einfluss und Kontakte, für die wir sonst in „freier Wildbahn" hart arbeiten müssten. Auch Unternehmerverbände wie ASU – die Familienunternehmer und BVMW, der Bundesverband der mittelständischen Wirtschaft sind ausgezeichnete Kontaktnetzwerke.

Der Vorteil des Visionärs ist ja immer der, dass er genau sagen kann, womit ihm seine Kontakte eine Freude machen können. Das erleichtert die Arbeit des aktiven Netzwerkers ungemein. Denn es ist ein Märchen, dass Kontakte automatisch zu Chancen führen. Wir müssen unser Schicksal schon selbst in die Hand nehmen und unserem Netzwerk klar mitteilen, was wir von ihm erwarten. Das können wir an uns selbst überprüfen. Wann während unserer kostbaren täglichen Arbeitszeit zerbrechen wir uns den Kopf darüber, was wir für einzelne Netzwerkkontakte tun könnten, um diese erfolgreicher zu machen?

Ziele für meine Finanzen

Finanzen sind im Rahmen eines Visionsbildes eine einfache Sache. Wir sehen uns vielleicht mit der strahlend weißen Villa, dem Auto, dem Chauffeur, der Segeljacht und an den exotischsten Orten. Solche Träume dürfen wir alle haben.

Aber Ziele müssen messbar sein. Wenn wir uns eine so schöne Zukunft vorstellen, müssen wir uns Gedanken darüber machen, welche Teilziele uns direkt zu dieser Vision führen.

Reichtumsforscher haben übrigens herausgefunden, dass Vermögen weniger auf einen großen Input, das heißt ein hohes Einkommen, als vielmehr einen stark reduzierten Output, also das Sparverhalten zurückzuführen ist. Mein Tipp: Setzen Sie sich als Ziel eine Sparquote Ihrer Einnahmen und steigern Sie diese genauso wie die Höhe Ihrer Einnahmen aus Arbeits- und Nichtarbeitseinkommen.

Ziele für meine Spiritualität

Spiritualität und Glauben sind nicht für jeden Entscheider etwas. Ich persönlich glaube an Gott und ich bin der Meinung, dass es ihm egal ist, ob wir Christen, Juden, Muslims, Buddhisten oder Hindustani sind. Für einige von uns bedeutet Glaube etwas und wir räumen ihm Platz in unserem Leben ein. Eine ganzheitliche Vision muss dem Rechnung tragen. Wenn unser Glaube im Tagesgeschäft nicht untergehen soll, müssen wir auch für dieses wenig fassbare Thema messbare Ziele mit uns vereinbaren.

Ziele für den Bereich Familie

Wenn ein Entscheider hart an seiner beruflichen oder unternehmerischen Karriere arbeitet, bleibt dabei die Familie oft auf der Strecke. Dabei ist sie in schwierigen Situationen meist das einzige Rückzugsgebiet, auf das er sich verlassen kann, wenn er es denn gepflegt hat.

Familie umfasst dabei nicht nur den Lebenspartner und Kinder, sondern auch den größeren Umkreis mit Verwandten und Eltern.

Ziele für meine Reputation

Reputation müssen wir uns erwerben, und zwar für jeden Bereich einzeln. Oft interessiert es die Nachbarn wenig, wie gut unsere Kunden über uns sprechen und umgekehrt genauso. Daher müssen wir Ziele setzen und realisieren, damit wir den angestrebten Ruf bekommen. Leider gibt es dafür keinen Automatismus. Nur weil wir unseren Kunden einen fantastischen Service bieten, heißt das noch nicht, dass wir den gewünschten Ruf automatisch erlangen. Aber die Wahrscheinlichkeit ist groß. Es hängt natürlich auch vom gewünschten Ergebnis ab. Wenn wir beispielsweise in der Öffentlichkeit als der Entscheidungsexperte gesehen werden wollen, dann müssen wir schon einiges bewegen, damit das geschieht. Wenn wir dagegen nur einfach als Coach mit guter Erfolgsreputation gesehen werden wollen, dann geht das vermutlich einfacher, auch wenn es aus meiner Sicht nicht so inspirierend ist.

Umsetzungsverpflichtung

Angenommen Sie haben für alle Bereiche Ihrer Vision Teilziele festgelegt. Dann liegt es ab jetzt in Ihrer Verantwortung als Entscheider, diese Ziele über Ihr Entscheider-Tagebuch zu verfolgen und umzusetzen. Unsere Ziele sind das konkrete Mittel, mit dem wir unsere Vision mit der Zeit zum Leben erwecken. Sollten wir allerdings unsere Ziele nur einmal aufschreiben, um sie dann aus den Augen zu verlieren, dann war diese Zeit verschwendet. Daher sollten wir hier und jetzt eine Verpflichtung eingehen, dass wir unsere Kraft, unser Wollen und alle unsere Möglichkeiten einsetzen, um diese hier formulierten Ziele umzusetzen.

2.8 Formulierungsregel für eine Vision

Die zehn Erfolgsprinzipien für eine Vision kennen wir bereits. Allerdings sollten wir auch darauf achten, wie wir unsere Vision formulieren.

Wenn wir unsere Vision aufschreiben, sollten wir vermeiden, Vision und Mission miteinander zu vermengen.

Die Mission beschreibt unsere Wirklichkeit und ist daher im Indikativ gehalten. Ihre Vision ist wie ein ganzheitliches Foto von der Zukunft. Daher wäre es nicht grundsätzlich falsch, auch hierfür den Indikativ zu verwenden. Sie könnten beispielsweise sagen: „In meiner Vision leite ich ein international aufgestelltes Transportunternehmen …" oder: „In meiner Vision habe ich eine nette Frau und drei Kinder …" Doch das hat einen großen Nachteil.

2.8 Formulierungsregel für eine Vision

In unserer Mission haben wir vielleicht geschrieben: „Es ist meine Aufgabe, für Fairness zu sorgen" und in unserer Vision schreiben wir: „... Fairness ist für mich oberstes Gebot ..." Da ist dann die Mission von der Vision nicht mehr zu trennen.

Anders ist es, wenn wir über unsere Vision sprechen, als ob wir sie schon erreicht haben und nun aus der Retrospektive sprechen: „... mir ist es tatsächlich gelungen, dass Fairness im gesamten Unternehmen von der Putzfrau bis zum Geschäftsführer gelebt wird ..." Diese Perspektive gibt uns sogar mehr Sicherheit. Denn für unser Unterbewusstsein haben wir dann bereits den Erfolg erzielt.

Wenn wir es kompliziert lieben, können wir das noch auf die Spitze treiben und im Futur II schreiben: „... Es wird mir gelungen sein, dass Fairness im gesamten Unternehmen gelebt wird ..." Das ist für viele allerdings zu umständlich.

Ich glaube daher, dass wir am meisten davon haben, wenn wir unsere Vision im Perfekt formulieren.

Regel: Eine Vision wird im Perfekt formuliert.

Denken Sie auch daran, dass Ihre Vision nicht gleich von Anfang an vollständig sein muss. Die für Ziele so wichtigen messbaren Zahlen spielen hier keine Rolle. Sie können sie verwenden, aber sie müssen es nicht. Wenn sie in einem Bereich die Details noch nicht kennen, lassen Sie sie weg. Mit der Zeit füllen Sie diese Lücken ganz automatisch. Manchmal fallen uns diese Lücken auch nicht gleich bei der Arbeit an der Vision auf. Dann merken wir in einer Entscheidungssituation, dass die Vision uns dieses Mal nicht die Richtung anzeigt, die wir brauchen. Das ist immer ein Hinweis, dass unsere Vision eine Lücke aufweist, die wir noch füllen müssen.

2.9 Workshop zu unserer persönlichen Vision

2.9.1 Kernfrage 1: Gegenwart

Was gefällt mir an der augenblicklichen Lage gut und was eher nicht? Warum?
Wo liegen derzeit besondere Schwierigkeiten und Widerstände? Was ist die Ursache für diese Schwierigkeiten und Widerstände?

Was gefällt mir gegenwärtig gut?

Das Positive in der Gegenwart

....
....

Was gefällt mir gegenwärtig nicht und warum?

Das Verbesserungsbedürftige in der Gegenwart und Gründe

....
....
....
....

2.9.2 Kernfrage 2: Die Vergangenheit

Was gefällt mir an meiner Vergangenheit und was nicht? Warum? Welche Widerstände und Schwierigkeiten gab es? Was war die Ursache für diese Schwierigkeiten und Widerstände?

Was stört uns heute an unserer Vergangenheit?

Das Störende in unserer Vergangenheit

....
....
....

2.9.3 Kernfrage 3: Rollenmodell der Gegenwart

Ein weiterer Blick in die Gegenwart hilft uns, eine noch bessere Einschätzung für die Zukunft zu erlangen.

Private Rollen

Rolle	Rollenbeschreibung

Berufliche/geschäftliche Rollen

Rolle	Rollenbeschreibung

2.9.4 Kernfrage 4: Die Zukunft

Wo müsste ich in der Zukunft (in zehn Jahren) stehen, damit mir nach meinen heutigen Maßstäben alles gefällt?

....

....

....

....

2.9 Workshop zu unserer persönlichen Vision

Warum würde mir es dort gefallen?

....

....

....

....

Was für ein Mensch müsste ich dann sein, um das erreicht zu haben?

....

....

....

....

Welche Rollen müsste ich wahrnehmen und wie gut müsste ich sie ausfüllen?

Private Rollen

Rolle	Rollenbeschreibung

Berufliche/geschäftliche Rollen

Rolle	Rollenbeschreibung

2.9.5 Kernfrage 5: Das komplette Bild

1. Malen Sie eine Mindmap Ihrer Vision.
2. Entwickeln Sie eine detaillierte Beschreibung für jeden Bereich Ihres Lebens in der Zukunft.

Wenn Sie Unternehmer sind, können Sie mit dem Bereich Geschäft anfangen.

Grundlage

....
....
....
....

Lernen

....
....
....
....

Organisation

....
....
....
....

Arbeit

....
....
....
....

Kunden

....

....

....

....

2.9.6 Kernfrage 6: Ökologie

Überprüfen Sie, wie gut Ihre Vision zu Ihrer Mission passt.

2.9.7 Kernfrage 7: Umsetzung

Entscheider-Tagebuch

Legen Sie Ihr Entscheider-Tagebuch im Medium Ihrer Wahl an. Viele führen dazu eine Kladde oder ein gebundenes Lederbuch. Manche führen es im PC. Letzteres verlangt eine besondere Disziplin. Denn der Rechner muss dafür eingeschaltet werden und gleichzeitig verführt er, direkt ins Tagesgeschäft einzutauchen, ohne das Tagebuch zu führen.

Entwicklungsziele für meine Rollen

Rolle	Ziele	Bis wann?

2.9 Workshop zu unserer persönlichen Vision

Berufliche Ziele

Ziele	Bis wann?

Ziele für den Körper

Ziele	Bis wann?

Ziele für Kontakte/Netzwerk

Ziele	Bis wann?

Ziele für Finanzen

Ziele	Bis wann?

Ziele für den Bereich Familie

Ziele	Bis wann?

Ziele für Reputation

Ziele	Bis wann?

Meine Umsetzungsverpflichtung

Hiermit verpflichte ich mich mir selbst gegenüber, meine Mission und Vision sowie alle formulierten Ziele mithilfe meines Entscheider-Tagebuches täglich zu verfolgen und umzusetzen.

_____   _____
Datum   Name

2.10 Checkliste für die eigene Mission und Vision

2.10.1 Mission

- ☐ Meine Mission spiegelt einen roten Faden wider, der sich durch mein gesamtes Leben zieht.
- ☐ In meiner Mission finde ich meine wichtigsten Werte wiedergegeben.
- ☐ Meine Mission zeigt auf, wie ich im Sinne meiner Werte aktiv werde.
- ☐ In meiner Mission ist auch die Qualität meines Handels wiedergegeben.
- ☐ Ich habe eine klare Zielgruppe für meine Mission.
- ☐ Meine Mission ist im Indikativ formuliert.
- ☐ Meine Mission ist für den täglichen Gebrauch gedacht und daher sehr einfach formuliert.

2.10.2 Vision

- ☐ Meine Vision ist ganzheitlich und deckt sowohl mein berufliches als auch mein privates Leben ab.
- ☐ Meine Vision ist die Summe aller meiner Ziele.
- ☐ Meine Vision ist groß.
- ☐ Meine Vision spiegelt meine Werte wider.
- ☐ In meiner Vision lebe ich meine Mission.
- ☐ Meine Vision spricht mich emotional an.
- ☐ Die Realisierung meiner Vision dient dem großen Ganzen.
- ☐ Mit meiner Vision erfülle ich mir mindestens eine Sehnsucht.
- ☐ Mein eigenes Wohlergehen ist Teil meiner Vision.
- ☐ Meine Vision bedeutet eine Herausforderung für mich – ich muss mich anstrengen, sie zu erfüllen.
- ☐ Meine Vision ist sehr langfristig angelegt, auf mindestens zehn Jahre.
- ☐ Ich arbeite täglich daran, meine Vision weiterzuentwickeln.
- ☐ Ich habe eine klare Vorstellung, wie ich meine Vision umsetze.

3 Entscheidungsklarheit

 Dieses Kapitel dreht sich um die am meisten verschüttete Fähigkeit moderner Entscheider: den eigenen Bedarf aufzudecken und diesen aktiv in den eigenen Entscheidungsprozessen einzusetzen.

- Wir werden sehen, dass Entscheidungsklarheit bedeutet, Sinn in seinen Entscheidungen zu erleben, den eigenen Bedarf genau zu kennen und bereits zum Entscheidungszeitpunkt seinen Erfolg messen zu können.
- Wir erschließen uns die hohe Kunst, aus eigenen und fremden Entscheidungen zu lernen, damit wir eines Tages ein Meister im Entscheiden sind.
- Mit dem Entscheidungskompass erarbeiten wir uns auf einfache Weise unseren Bedarf. Danach wissen wir genau, was wir wollen. Ein Workshop bringt den Entscheidungskompass direkt in unsere Praxis.
- Wir finden heraus, wie wir Entscheidungen so delegieren, dass alle in unserem Sinne handeln.
- Mit einer Checkliste überprüfen wir, ob bei unseren Entscheidungen alles klar ist.

3.1 Was ist Entscheidungsklarheit?

Knapp gesagt ist Entscheidungsklarheit ein Zustand, in dem ich meinen eigenen Bedarf als Entscheider genau kenne. Ein Kunde meinte einmal zu mir, er hätte gedacht, dass Entscheidungsklarheit dann einkehrt, wenn die Wahl getroffen ist und alle Zweifel beseitigt sind.

Diese Vorstellung leitet sich jedoch aus einem klassischen Bild her, in dem ich mir erst eine Vielzahl von Alternativen ansehe und dann im Zweifel bin, welche die richtige ist.

Entscheidungsklarheit, so wie wir sie hier verstehen werden, bedeutet dagegen, dass ich mir erst ein genaues Bild von dem mache, was ich will. Wenn ich diese Klarheit habe, lasse ich mich im Anschluss nicht mehr von der Vielzahl von Alternativen verwirren. Ich suche die Alternative, die meinen Bedarf am besten erfüllt. Es mag zwar sein, dass ich keine 100%-Lösung finde, ich werde aber den besten Kompromiss wählen.

Vermutlich haben Sie auch schon jemanden erlebt, der so genau weiß, was er will, dass wir ihm nichts abschlagen können. Das ist Entscheidungsklarheit.

Entscheidungen sind richtungsgetriebenes Handeln. Es gibt also eine Richtung, eine Motivation und das Handeln. Motivation und Richtung sind das Ergebnis von Entscheidungsklarheit.

Denn zum einen leite ich aus meiner Vision die Richtung ab, die oft etwas im Widerspruch zur Lösung einer Situation steht, zum anderen geben mir meine Mission und die Situation die Motivation, das Heft des Handelns in die Hand zu nehmen.

3.2 Verschwendung – Das Ergebnis mangelnder Entscheidungsklarheit

Wohin führt es uns, wenn wir keine Entscheidungsklarheit haben? Dann wird ein großer Teil unserer Entscheidung fremde Einflüsse befriedigen, die uns während der Entscheidungsfindung beeinflusst haben. Noch schlimmer: Die dann gefundene Lösung deckt unseren Bedarf nur zum Teil, denn wir kennen ihn nicht vollständig.

Das führt uns zu einem Thema, über das Manager gerne im Bereich der Produktion und Wertschöpfung sprechen. Im Bereich unserer Entscheidungen haben wir dort allerdings gerne einen blinden Fleck. Denn falsche Entscheidungen führen zu Verschwendung.

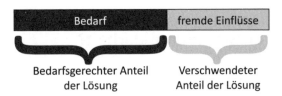

Verschwendung in Entscheidungen

„Overengineering" wird es genannt, wenn die Entwickler eines Produkts auf Details Wert legen, mit denen die Kunden nichts anfangen können. Diese Verhaltensweise finden wir allerdings auch häufig in Arbeitsanweisungen wieder. So war der Siemens-Konzern viele Jahre berüchtigt dafür, dass Mitarbeiter für die Bestellung unwesentlicher Werte, wie ein Buch, komplizierte Antragsformulare ausfüllen mussten. Deren „Durchschläge" gingen an fünf unterschiedliche Abteilungen und mussten dort genehmigt werden. Die Arbeitszeit der mit diesem Vorgang beschäftigten Mitarbeiter kostete häufig ein Vielfaches von dem eigentlich auszugebenden Betrag.

Auch bei der einschlägigen Lektüre von Stellenanforderungen an Berufseinsteiger können wir häufig nur staunen. Diese sollen promoviert haben, drei

3.2 Verschwendung – Das Ergebnis mangelnder Entscheidungsklarheit

Fremdsprachen verhandlungssicher beherrschen, ein Auslandsstudium abgeschlossen haben, über einen technischen wie auch einen betriebswirtschaftlichen Abschluss verfügen und unter 25 Jahre alt sein.

Jede Anforderung, die wir an eine Lösung stellen und die nicht unserem Bedarf entspricht, ist reine Verschwendung. Hinzu kommt allerdings, dass die so gefundenen Lösungen größere Teile unseres Bedarfs nicht abdecken.

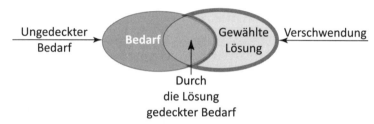

Ungedeckter Bedarf bei fehlender Entscheidungsklarheit

Der Maler und Stuckateurmeister Bernd Sager übernimmt den Auftrag für die Renovierung einer Altbauwohnung. Nachdem ein Großteil der Arbeit getan ist, fällt dem Eigentümer Franz Richter ein, dass er gerne einige zusätzliche Stuckverzierungen gehabt hätte. Im Rahmen des Auftrags hätte die Erfüllung dieses Bedarfs nur unwesentliche Mehrkosten verursacht. So aber muss Sager einen neuen Auftrag kalkulieren und kommt so auf Mehrkosten von 40 % des ursprünglichen Auftragswertes.

Wenn unsere Entscheidungen den Bedarf nicht abdecken, heißt das, wir müssen uns in einer späteren Entscheidung noch einmal damit befassen. Wenn wir dann wieder über keine Entscheidungsklarheit verfügen, kann das zu weiterer Verschwendung innerhalb unserer Entscheidung führen.

In Zeiten voller Auftragsbücher und der Hochkonjunktur mag diese Art der Verschwendung für viele Unternehmen vernachlässigbar sein. Zwar leidet die Rendite darunter, aber mangels Entscheidungsklarheit weiß das niemand.

In Krisenzeiten sind dagegen bedarfsgerechte Entscheidungen gefordert, wenn es auf jeden Cent ankommt. Viele Unternehmen erkennen dann zwar, dass sie Gelder verschwenden. Ihre Reaktion ist allerdings oft die falsche. Denn sie setzen rigoros den Rotstift an. Sie sparen, indem sie schmerzhafte Schnitte im Unternehmen vornehmen. Die Mitarbeiter fühlen sich von diesem Sparregime in ihrer Arbeit gehindert, weil oft sinnvolle Ausgaben aus Budgetgründen nicht getätigt werden. Besser wäre es dagegen, bei den Entscheidungen jedes einzelnen Managers und Mitarbeiters anzusetzen. Denn wenn jeder bedarfsgerecht entscheidet, spart das Unternehmen ein, ohne dass es vom Einzelnen so empfunden wird.

3.3 Aus Entscheidungen lernen

Handwerker wissen: Es ist noch kein Meister vom Himmel gefallen. Unzählige Erfahrungen machen aus dem einfachen Stift den Gesellen und später, wenn er gar nicht mehr weiß, was er alles schon erlebt hat, den Meister.

Genau so ist es auch beim Entscheiden. Wir sammeln unsere Erfahrungen damit von frühester Kindheit an und mit der Zeit werden wir besser darin. Um allerdings zum Meister zu werden, müssen wir unser Entscheider-Handwerk kennenlernen.

3.3.1 Entscheidungskriterien

Eine erfolgreiche Entscheidung ist immer diejenige, die unseren Bedarf in der aktuellen Situation besonders gut erfüllt. Doch woher wissen wir, was dieser Bedarf genau ist? Die meisten Entscheidungen betreffen unsere Zukunft. Manchmal können wir uns schlichtweg nicht vorstellen, wie es dort aussehen wird.

Für einen Urlaub an der Amalfiküste in Italien habe ich beispielsweise einen Mietwagen bestellt. Das mache ich meistens so. Ich bin dann unabhängig und erkunde die Gegend auf eigene Faust.

Vor Ort angekommen war das Fahren auf der wohl schönsten Küstenstraße Europas allerdings sehr herausfordernd, denn sie ist so eng, dass die entgegenkommenden Busse im Abstand von nur wenigen Zentimetern passieren.

Leider fehlte mir die Erfahrung, um mir die Situation vor Ort vorstellen zu können. Erst ein paar Mal konkret an der Begrenzungsmauer oder am Felsen zu kleben und das Beste zu hoffen, ließ mich auf Bus und Boot umsteigen. Beide Verkehrsmittel fahren häufig und sind preiswert. Legale Parkplätze gibt es nicht oder kosten ein Vermögen. Kurz gesagt: Ein Auto ist in Amalfi ein teurer Klotz am Bein.

Meine Schilderung zeigt auch: Wir können an den Erfahrungen anderer partizipieren. Wenn Sie jetzt an die Amalfiküste fahren, dann verzichten Sie nach der Lektüre dieses Abschnitts vielleicht auch auf einen Mietwagen.

Entscheidungskriterien bilden wir also mithilfe unserer Erfahrungen.

3.3.2 Urteilsvermögen

Das ist natürlich nicht alles. Denn auch unser Urteilsvermögen wird durch Erfahrungen gestärkt.

Tatsächlich war ich bereits vor 20 Jahren in Amalfi. Ich fuhr damals mit dem Bus, genoss die spektakuläre Aussicht und bemitleidete die Autofahrer. Ich hatte zu der Zeit noch keinen Führerschein. Als erfahrener Autofahrer mit Hunderttausenden von Kilometern auf dem Buckel traute ich mir dagegen ohne Weiteres zu, mit Freude über die kurvige Straße zu fliegen.

Hätte mir also jemand erzählt, wie eng die Straßen sind, wäre ich vermutlich trotzdem nicht viel einsichtiger gewesen. Ich hätte dann vielleicht in meinen Entscheidungskriterien den Punkt: „Freude am Fahren" aufgenommen und der Küstenstraße hierfür sogar die volle Punktzahl eingeräumt.

Mein Urteilsvermögen reichte an dieser Stelle nicht aus, die Alternative Mietwagen richtig zu bewerten.

3.3.3 Lernen mit Entscheidungen

Die Bildung von Entscheidungskriterien und die Urteilsfähigkeit, sie einzusetzen, machen den Kern jeder Entscheidung aus. Müssen wir Jahre warten, bis wir alle nötigen Erfahrungen gemacht haben?

In dem Sinne, dass wir uns zugestehen, Fehler machen zu dürfen, ganz sicher.

Allerdings können wir auch viel dafür tun, gezielt zu lernen.

Wie sieht das aus?

1. Fragen Sie Experten, auf welche Aspekte sie in der Entscheidungssituation achten würden.
2. Fragen Sie Personen, die einen ähnlichen Bewertungsmaßstab wie Sie anlegen, nach ihrer Einschätzung.
3. Führen Sie ein Entscheider-Tagebuch, in dem Sie sich den Luxus gönnen, Ihre Entscheidungssituationen zu dokumentieren, damit Sie nach einer Fehlentwicklung nachschauen können, was Sie dazu geführt hat.
4. Hören Sie auf Ihre Intuition. Tatsächlich hatte ich bei der Buchung des Mietwagens kein gutes Gefühl. Ich begründete das allerdings für mich mit der Sorge, dass die Sicherheitsstandards in Süditalien vielleicht nicht so ausgeprägt sind wie z. B. in Mailand.
5. Simulation: Wenn möglich, testen Sie Alternativen vorab. Vielleicht hätte ich bei meinem letzten Aufenthalt in den Alpen mehr Serpentinenstraßen fahren sollen, um ein Gefühl dafür zu bekommen.

Natürlich ist die Buchung eines Urlaubs trivial. Schließlich gibt es Wichtigeres. Bei meinem Urlaub kommt es darauf an, das richtige Maß an Entspannung und Neuem zu erleben.

Als Entscheider im Unternehmen müssen wir neue Geschäftsbereiche entwickeln, mit Konkurrenten um Kunden kämpfen, Mitarbeiter einstellen oder entlassen und operativ fallen jeden Tag Hunderte kleiner Entscheidungen.

Eigentlich ist das ideal. Denn bei der schieren Anzahl der Entscheidungen müssten wir sehr viel lernen können.

Leider haben wir nicht immer die Zeit, mit Experten zu sprechen oder gar ein Entscheider-Tagebuch zu führen. Zudem wirken unsere Entscheidungen sich oft erst nach Monaten aus. Da haben wir längst die einzelne Situation vergessen.

Das trifft zu, wenn wir uns auf die Ergebnisse der einzelnen Entscheidungen konzentrieren. Aber Entscheidungen sind richtungsgetriebenes Handeln. Sie werden uns immer irgendwo hinführen. Einige von uns haben eine langfristige Vision, wo das sein wird, und können ein lebhaftes Bild davon zeichnen.

So können wir sehr schnell abschätzen, in welche Richtung uns eine Entscheidung führt: in Richtung unserer Vision oder davon weg? Das kostet am Ende des Tages nicht viel Zeit. Aber wir lernen daraus und helfen gleichzeitig dabei, unsere Intuition zu schärfen. Denn das Zielbild unserer Vision gelangt so besser in unser Unterbewusstsein.

Idealerweise nehmen wir uns aber die Zeit, um mit den fünf genannten Punkten unsere Erfahrungen schneller zu erwerben. Denn am Ende sind es gerade die schlechten Entscheidungen, die uns Zeit kosten. Die Rückgabe des Mietwagens kostete mich am Ende einen halben Tag meines wertvollen Urlaubs.

Ein Handwerksmeister geht in seiner Arbeit völlig auf. Er muss sich keine Gedanken darüber machen, wie er es macht. Er macht es einfach. Das nennt sich unbewusste Kompetenz. Er hat sie sich für ein bestimmtes Fach, z. B. Metallbau, erworben.

Der Entscheider kann auch ein Meister werden, für seine spezielle Vision.

3.3.4 Zusammenfassung

Wir können auf einfache Weise von unseren und fremden Entscheidungen lernen. Dazu setzen wir an zwei Punkten an: unseren Entscheidungskriterien und unserem Urteilsvermögen. So verarbeiten wir z. B. eigene Erfahrungen, die wir am besten in einem Entscheider-Tagebuch notiert haben, und fragen Personen, die sich mit dem Entscheidungsthema auskennen. Was wir allerdings nie machen dürfen: nach Alternativen fragen (Vorsicht: Angebotsfalle siehe S. 242). Nicht zuletzt ist in vielen Fällen unsere Intuition ebenfalls ein guter Ratgeber. Wenn sie sich meldet, ist das ein Grund, noch gründlicher nachzuforschen.

3.4 Sinn erleben als Entscheider

Viktor E. Frankl bezeichnete einmal die Abwesenheit von Sinn als existenzielles Vakuum. Wir Menschen können ohne Sinn nicht überleben. Das Gleiche gilt natürlich auch für uns als Entscheider.

Was ist eigentlich Sinn? Sinn ist all das, was meinem Leben Bedeutung verleiht. Sinn ist der Unterschied, den es am Ende für die Welt machen würde, hätte es mich nicht gegeben.

Unsere Entscheidungen sollen für uns eine Bedeutung haben. Das ist eine der wichtigsten Anforderungen, die wir als Entscheider haben, ganz unabhängig, ob wir im privaten oder geschäftlichen Umfeld entscheiden.

Hin und wieder lerne ich Menschen kennen, die in ihrem Tun keinen Sinn erkennen können.

> Zum Beispiel ein Abteilungsleiter, der seine Mannschaft auf die Hälfte schrumpfen soll. „Ich weiß, dass es wirtschaftliche Gründe gibt. Aber ich möchte nicht derjenige sein, der die Leute vor die Tür setzt." Das ist verständlich.
>
> Ein anderer Manager sieht die gleiche Aufgabe allerdings ganz anders. „Ja, für die Leute ist es im ersten Moment nicht schön. Ich musste das auch schon einmal durchmachen. Aber auf lange Sicht war es damals gut für mich. Was nutzt es mir, wenn ich einen Job mache, der nicht gebraucht wird? Da gehe ich doch lieber dorthin, wo man händeringend nach mir sucht."

Das ist eine interessante Betrachtungsweise und wahrscheinlich werden nur wenige der betroffenen Mitarbeiter diese Sicht teilen wollen. Allerdings zeigt uns das Beispiel, dass es wahrscheinlich viel mehr Sinn in den Entscheidungen zu entdecken gibt, als wir denken. Ob eine Entscheidung sinngebend oder davon frei ist, müssen wir als Entscheider selbst wissen.

Wir sollten daher in einem Umfeld Entscheidungen treffen können, das unseren Vorstellungen von Sinn entgegenkommt. Entweder wir suchen uns daher die richtige Umgebung, oder wir schaffen sie. Dabei können wir uns an drei Prinzipien orientieren, mit deren Hilfe wir sicherstellen, Sinn in unseren Entscheidungen zu erleben.

3.4.1 Prinzip der Langfristigkeit

> *Im Gegensatz zum Tier sagen dem Menschen keine Instinkte, was er tun muss, und er hat keine Traditionen mehr, die ihm sagen, was er tun soll. Nun weder wissend, was er muss, noch was er soll, scheint er nicht mehr recht zu wissen, was er will. So will er denn nur das, was die anderen tun – Konformismus. Oder er tut nur das, was die anderen von ihm wollen – Totalitarismus.*
>
> Viktor E. Frankl

Das hatten wir schon. Entscheidungen sind richtungsgetriebenes Handeln. Wir müssen wissen, wo wir eines Tages herauskommen wollen. Wenn wir also eine ureigene Vision entwickelt haben, fällt es uns leicht, auf dieser Grundlage Sinn in unseren Entscheidungen zu entdecken.

Bernhard Raichle hat die Vision von einem Schuhhaus, das ein Stück Gesundheit in modischer Schuhform an seine Kunden verkauft. Nachdem er seine Vision entwickelt hat, erwartet er von seinen Mitarbeitern Unterstützung und Engagement bei der Umsetzung. Allerdings sind nicht alle bereit, den aufwendigen Weg mitzugehen. Denn waren sie bisher Schuhverkäufer, deren Ziel es war, keinen Kunden ohne ein neues Paar Schuhe das Geschäft verlassen zu lassen, sollen sie jetzt Gesundheitsberater für den Kunden sein. Das Ziel ist es, dass der Kunde in die Lage versetzt wird, selbst zu erkennen, wann ein Paar Schuhe gesund für ihn ist und wann nicht. Raichle setzt darauf, dass er dadurch bei den Kunden ein unangreifbares Alleinstellungsmerkmal hat. Denn neben dem Know-how hat nur er das passende Sortiment.

Für manche Mitarbeiter stellt sich das allerdings anders dar. Denn sie müssen Weiterbildungen besuchen und erwerben dabei ein Wissen, das nur in Raichles Schuhhaus von Nutzen ist. Ein Mitarbeiter fürchtet gar, das Verkaufen zu verlernen.

Für Raichle macht es dagegen keinen Sinn mehr, als klassisches Schuhhaus weiterzumachen. Auch wenn seine Mitarbeiter teilweise schon zum erweiterten Familienkreis gehören, muss er sich von ihnen trennen, soweit sie seine Vision nicht mittragen wollen. Das fällt ihm nicht leicht, aber er sieht auch die Sinnhaftigkeit dieser Entscheidung.

Entscheidungen, die für uns auf lange Sicht Sinn machen, können in einer unmittelbaren Situation mit unseren Wertvorstellungen kollidieren. Wie bei Raichle, der sich ungern von seinen Mitarbeitern trennt. Daher hat das Prinzip der Langfristigkeit eine etwas höhere Priorität als das im Folgenden besprochene Prinzip der Wertorientierung.

3.4.2 Prinzip der Wertorientierung

Werte machen unseren Charakter aus. Sie legen allerdings auch fest, wozu wir fähig sind und wozu nicht. Wer z. B. „Mitgefühl" besonders hoch auf seiner Werteskala hat, ist bestimmt ein toller Arzt, wahrscheinlich aber kein guter Unternehmer. Die Dynamik der Märkte zwingt uns häufiger, anderen wehzutun, als wir Wohltaten verteilen können. Die meisten Konflikte, die wir mit Entscheidungen haben können, entwickeln sich daraus.

Außenstehende sehen dann gerne den Konflikt zwischen sachlichen Erwägungen und Emotionen. Allerdings sind die Emotionen lediglich die Folge des Wertekonflikts.

Wie hilft uns das bei unseren Entscheidungen? Wer gegen seine Werte verstoßen soll, um eine Entscheidung zu treffen, muss einen höheren Sinn in seinem Tun sehen. Ein sehr friedliebender Unternehmer im Immobilienbereich engagiert sich einen der schärfsten Prozessanwälte der Republik, weil er weiß, dass er nur so in Frieden leben kann. Wenn seine Partner und Gegner ihn respektieren, muss er sich seltener zur Wehr setzen. Kommt es zum Streitfall, soll der Anwalt immer zum Äußersten gehen, aber seinen Klienten damit nicht behelligen. Auf diese Weise schützt der Unternehmer seinen Wert Frieden, obwohl seine organisatorischen Maßnahmen für die Außenwelt genau das Gegenteil bewirken.

Der persönliche Frieden ist für ihn wichtiger als der generelle Frieden, den die Opfer seiner Entscheidung erleiden. Unser Unternehmer gilt in der Branche auch als unnachgiebig und streitsüchtig, obwohl beides auf ihn persönlich nicht zutrifft. Denn er selbst wird niemals von sich aus den Streit suchen.

3.4.3 Prinzip der Missionsorientierung

Wie wir aus Kapitel 2 „Vision und Mission" (siehe S. 27) wissen, ist die eigene Mission der rote Faden, der sich durch unser Leben windet.

Wer sich im Rahmen seiner Mission bewegt, wird immer Sinn erleben. Das ist nicht zu verhindern. Wer also mit seinen Entscheidungen dem Pfad seiner Mission folgt, ist auf der richtigen Seite. Da die Mission der Ursprung unserer Vision und Ausdruck unserer gelebten Werte ist, kann es hier zu keiner Kollision kommen. Entscheider, die Sinn möglichst konfliktfrei erleben wollen, sollten sich darauf konzentrieren, ihre Entscheidungen in diesem Rahmen zu treffen.

> Bernhard Raichles Mission ist es, durch qualitativ hochwertige Beratung die Gesundheit seiner Kunden zu fördern und zu erhalten.
>
> Die Entscheidung, sich von Mitarbeitern zu trennen, die sich nicht im Bereich Orthopädie und Podologie weiterbilden wollen, ist in vollständiger Übereinstimmung mit seiner Mission und daher auch mit seiner Vision und seinen Werten. Denn die Mitarbeiter haben ja die Wahl. Es ist nicht so, dass Raichle aus seinem Herzen eine Mördergrube machen würde, er hat mit jedem betroffenen Mitarbeiter bereits mehrere Gespräche geführt, bevor seine Entscheidung endgültig gefallen ist.

3.4.4 Zusammenfassung

Unsere Entscheidungen müssen einen Sinn ergeben. Daher behalten wir immer im Blick, dass wir unsere Entscheidungen auf lange Sicht treffen. Da unsere Vision das Produkt unserer Mission ist, erfüllen auch alle Entscheidungen, die auf dieser Grundlage fallen, das Sinnkriterium. In vielen Fällen reicht es auch, wenn wir unsere Entscheidungen auf der Grundlage unserer Werte treffen. Dabei kann es aber durchaus zu Konflikten mit auf lange Sicht getroffenen Entscheidungen kommen. Wie in dem Beispiel, in dem der Unternehmer seiner Vision folgt und sich deshalb von dem einen oder andern langjährigen Mitarbeiter trennen muss. Unsere Werte als Sinngeber ordnen sich daher unserer Mission und Vision unter.

3.5 Bedarf – Was will ich wirklich?

Im Rahmen dieses Buches habe ich ein anderes Verständnis von Bedarf, als es die klassische Wirtschaftswissenschaft hat. Für sie ist Bedarf lediglich der Teil der Bedürfnisse der Entscheider, der in Form von Geldmitteln auf dem Markt wirksam wird.

Da wir Entscheider längst nicht nur wie Paris Hilton shoppen gehen, sondern auch ganz innovativ unsere Problemlösungen und Chancen selbst schaffen, würde der Begriff zu kurz greifen.

Bedarf nach meiner Definition ist die Summe dessen, was wir benötigen, um unsere Ziele zu verwirklichen, ganz unabhängig, ob uns im Moment dazu die zeitlichen, finanziellen und personellen Ressourcen zur Verfügung stehen.

Wir haben wohl alle einmal gelernt, dass es Dinge gibt, die wir brauchen, und andere Dinge, die überflüssig sind. Ich halte es für einen großen Entscheider-Fehler, das einfach für selbstverständlich zu nehmen.

Da ich lieber eine Runde zu viel drehe, als am Ende etwas nicht verstanden zu haben, möchte ich Sie gerne auf so eine Runde mitnehmen.

Warum also ist für den Entscheider sein Bedarf so wichtig?

Zum einen ist Bedarf individuell. Er hängt vom Entscheider ab. Angenommen drei Personen kaufen sich jeweils ein Eis in der Eisdiele. Franz kauft sich Erdbeere, Hans kauft Vanille und Siegfried kauft sich Schokolade. Wer hat die richtige Wahl getroffen? Das ist eine Geschmacksfrage, werden Sie wahrscheinlich sagen.

Damit haben Sie natürlich recht! Entscheider sind Menschen und haben daher unterschiedliche Interessen, Veranlagungen und Geschmäcker. Es wäre töricht darüber zu streiten, wer die bessere Wahl getroffen hat. Daher macht es auch keinen Sinn, jemanden für seine bedarfsorientierte Entscheidung zu kritisieren.

Die Gründe für den jeweiligen Bedarf müssen allerdings nicht immer nur im Entscheider liegen. Oft lassen wir uns auch von anderen beeinflussen. Angenommen Sie spielen in Ihrer Freizeit bei einer Fußballmannschaft mit. Alle Ihre Mitspieler tragen das Schuhwerk eines Sportartikelherstellers aus Herzogenaurach. Wie wahrscheinlich ist es da, dass Sie auf den Stollen eines amerikanischen Herstellers auflaufen?

3.5 Bedarf – Was will ich wirklich?

Wir sind allerdings nicht nur dem Einfluss anderer Menschen oder dem Gruppendruck ausgesetzt.

Viel subtiler arbeitet die ständige Bilderflut der Medien. So würden viele Männer heute Heidi Klum als den Prototyp einer schönen Frau beschreiben. Vor 100 Jahren wäre dieses Bild noch ganz anders ausgefallen. Wir müssen daher aufpassen, welche Einflüsse wir für uns akzeptieren wollen und welche nicht. Denn es ist mittlerweile harte Arbeit, herauszufinden, was tatsächlich unser eigener Bedarf ist und was andere in uns hineingepflanzt haben, um bessere Geschäfte zu machen.

Nicht alle Entscheider handeln im eigenen Auftrag. Als Manager müssen wir häufig Entscheidungen im Auftrag unserer Geschäftsführung treffen. In dem Fall machen wir unseren Entscheider-Bedarf von den Wünschen unserer Auftraggeber abhängig. Wie wir darauf am besten eingehen, finden wir im Kapitel 5 „Größtmögliche Unterstützung" (siehe S. 171).

Wenn wir allerdings im eigenen Auftrag entscheiden, dann gibt es immer einen klaren Maßstab für unseren Bedarf: unsere Werte, unsere persönliche Mission und die Ziele, die wir von unserer Vision abgeleitet haben.

Der Erfolg, den Entscheider erzielen können, fällt unterschiedlich aus. Das liegt meistens an der Qualität der Ziele, die dann auf den Bedarf abfärbt.

Aber die Hauptursachen sind Effizienz und Effektivität, mit der Entscheider ihre Ziele verfolgen. Effizienz gibt an, *wie gut* wir eine Sache erledigen, Effektivität gibt an, ob wir uns überhaupt mit den *richtigen Dingen* beschäftigen. Beides wird durch die Qualität unseres Bedarfs zum großen Teil gesteuert. Machen wir das also nicht richtig, sind unsere Chancen für den weiteren Entscheidungsweg schon einmal getrübt.

Zudem übernehmen wir die Kontrolle über unsere Entscheidungen, sobald wir unseren Bedarf kennen. Denn wer will noch kommen und uns etwas aufschwatzen, was wir nachweislich nicht brauchen? Wir sind dann immun dagegen.

Wir werden im Folgenden sehen, dass sich unser Bedarf aus vier Komponenten zusammensetzt, nämliche aus unserer Vision, aus unseren Werten und der Mission und aus der Situation. Letztere ändert sich bei jeder Entscheidung und zieht daher oft unsere ganze Aufmerksamkeit auf sich. Wir müssen daher aufpassen, dass wir das Wichtigste nicht aus den Augen verlieren, unsere Vision.

3.5.1 Bedarfsfaktor Gegenwart – Die Situation

Leider sind wir nicht immer in der Lage, unsere Entscheidungen ohne jede Vorgeschichte zu treffen. Die Entscheidungssituation hat oft einen wesentlich stärkeren Einfluss als unsere langfristige Vision. Aber was nutzt eine Vision, wenn unser Unternehmen heute schon an der Gegenwart scheitert, weil vielleicht die Liquidität im Keller ist und wir am Boden sind?

Eine Entscheidungssituation ist durch sieben verschiedene Aspekte geprägt.

1. *Die Vergangenheit.* Jede Situation hat naturgemäß eine Vergangenheit. Da wir daran allerdings nichts mehr ändern können, bleibt uns nur das Lernen für die Zukunft.
2. *Die aktuellen Ereignisse.* Was aktuell passiert, ist selten in unserer Hand, es ist Folge der Vergangenheit. Unser Einfluss darauf ist daher minimal.
3. *Die Interpretation.* Es mag zwar sein, dass unser Einfluss auf die aktuellen Ereignisse begrenzt ist, aber wir können sehr wohl bestimmen, wie wir die Ereignisse interpretieren. In vielen Fällen müssen wir die Entscheidung nicht treffen, und trotzdem machen wir es zu unserer eigenen Sache.
4. *Der Zeitrahmen.* Wenn wir auf Ereignisse reagieren müssen, spielt der Zeitrahmen eine wichtige Rolle. Zeitmangel schafft Druck und minimiert unsere entscheiderische Gestaltungsmacht.
5. *Die weiteren Ressourcen.* Wer viel Geld und Manpower einsetzen kann, der trifft andere Entscheidungen als der kleine Selbständige, der nicht weiß, wann ihm die Bank den Hahn abdreht.
6. *Die Beteiligten.* Nichts passiert ohne handelnde Personen. Diese sind auch immer unser erster Ansatzpunkt, um Gestaltungsspielräume zu sichern.
7. *Der Gestaltungsspielraum.* Wenn wir noch entscheiden dürfen, haben wir auch Spielräume zum Gestalten. Je mehr Alternativen wir uns dann schaffen können, desto größer werden die Spielräume. Da Situationen immer auch Beteiligte haben, gilt es gemeinsame Interessen zu schaffen.

3.5 Bedarf – Was will ich wirklich?

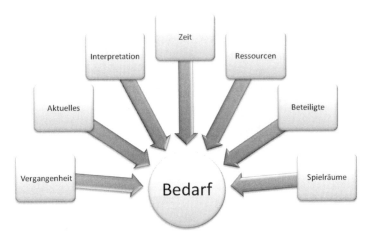

Einflüsse der Situation auf den Bedarf des Entscheiders

Inwiefern wirken sich diese Faktoren auf den Bedarf in einer Situation aus?

Vergangenheit

Alles, was wir heute erleben, ist das Resultat von Ereignissen in unserer Vergangenheit. Wenn wir unsere Hausbank nicht auf dem Laufenden gehalten haben und sie deshalb die Kreditlinie kürzt, dann haben wir die Ursachen gesetzt. Die Vergangenheit können wir nicht ändern. Aber wir haben die Möglichkeit, aus ihr zu lernen. So auch in unserem Beispiel mit der Bank. Denn auch wenn wir eventuell zukünftig unser Geld von woanders beziehen müssen, ist ein Teil der Lösung „Vertrauen", was wir herstellen müssen. Ein befreundeter Investmentbanker sagte mir einmal: „Geld ist ein scheues Reh." Hier Vertrauen herzustellen ist also Teil des Bedarfs.

Wir sollten auch niemals unterschätzen, wie sehr unsere Erfahrungen eine Entscheidungssituation beeinflussen. Was wir als relevant für unseren Bedarf einstufen, leitet sich oft direkt davon ab.

So kann es sein, dass wir das Thema „gemeinsame Wertebasis" erst richtig zu schätzen wissen, wenn wir erfahren haben, dass unser Einkäufer sich jahrelang hat schmieren lassen. Das ist schmerzhaft, wenn auf diese Weise Hunderttausende von Euro verschwendet wurden und mittelbar wichtige Aufträge nicht zustande kamen, weil wir zu teuer waren.

Wenn wir verstehen, was beispielsweise zu einer schmerzhaften Erfahrung geführt hat, dann können wir diese Fehler in der Zukunft vermeiden, ohne ihnen ein zu starkes Gewicht in unseren Entscheidungskriterien zu geben.

Als Entscheider stehen wir also in dem Spannungsfeld zwischen dem Schmerz, den eine schlechte Erfahrung ausgelöst hat, und dem Wunsch, das Gelernte bei zukünftigen Entscheidungen mit dem richtigen Augenmaß einzubringen.

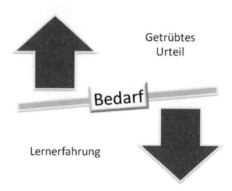

Spannungsfeld aus getrübtem Urteil und dem Wunsch, zu lernen

Aktuelles

Die Analyse der Vergangenheit führt uns direkt zu den aktuellen Ereignissen. Wir erinnern uns: Entscheidungen treffen wir nur dann, wenn uns entweder ein Problem den Weg zu unserem Ziel versperrt oder wir die Chance haben, eine Abkürzung dahin zu nehmen.

In unserem Beispiel mit der gekürzten Kreditlinie ist der Entscheidungsauslöser der Mangel an Liquidität. Unser Bedarf: genügend Liquidität, um unser Ziel zu erreichen. Viele Entscheider denken in dieser Situation eindimensional. Ihnen wurde etwas weggenommen, also müssen sie es wiederbeschaffen. Wir könnten aber auch unseren Liquiditätsbedarf senken, um unser Ziel zu erreichen. Damit wir alle denkbaren Alternativen entwickeln können, sollten wir unseren Bedarf so formulieren, dass uns alle Wege offenstehen.

Die Interpretation

Auf welche Weise wir eine Situation interpretieren, hat einen großen Einfluss darauf, ob wir unter Druck entscheiden müssen oder ob wir unsere Entscheidungen mit Überblick treffen können.

Unternehmer Fritz Lehmann wird eines Tages mit einer schwierigen Situation konfrontiert. Seine Firmengebäude stehen offensichtlich teilweise auf einem fremden Grundstück. Das eröffnet ihm die Eigentümerin der anderen Parzelle am Telefon. Natürlich ist er nicht sehr davon angetan. Er hat das Unternehmen bereits vor Jahrzehnten von seinem Vater geerbt und war sich bis dahin immer sicher gewesen, dass er auf seinem eigenen Grund und Boden arbeiten würde. Die Anruferin bot ihm das Grundstücksteil zum Kauf an. Falls

3.5 Bedarf – Was will ich wirklich?

er das Angebot nicht annehme, würde sie gerichtliche Schritte unternehmen und das Produktionsgebäude abreißen lassen. Es folgen Tage der Ungewissheit. Der Kauf wäre zwar der günstigste Weg aus der Situation, aber Lehmann will der unverschämten Anruferin nicht nachgeben müssen. Daher plant er eine Verlagerung des Produktionsgebäudes. Dabei könnte er auch gleich die Platzprobleme lösen, über die sich sein Produktionsleiter seit Jahren beschwert.

Wochen vergehen und Lehmann hört nichts mehr von der Grundstückseigentümerin. Endlich ergreift er selbst die Initiative und ruft sie an, nur um ihr mitzuteilen, dass er auf ihr Angebot dankend verzichten könne. Was er allerdings dann hört, zieht ihm fast die Schuhe aus. Offensichtlich hatte sich die Dame in der Himmelsrichtung geirrt und mit dem falschen Unternehmen telefoniert! Mit dem lehmannschen Grundstück ist und war immer alles in Ordnung.

Ein Schildbürgerstreich?

In diesem Fall hätte eine kurze Recherche beim Grundbuchamt bei Unternehmer Lehmann für Klarheit sorgen können. Diese Entscheidungssituation ist also für einen anderen Unternehmer bestimmt gewesen.

Gar nicht so selten versuchen wir Entscheidungen zu treffen, die sich nicht mehr in unserem Gestaltungsraum bewegen. Oft übernehmen wir auch Entscheidungen, die bei einem Mitarbeiter wesentlich besser aufgehoben sind oder noch schlimmer, es geht uns gar nichts an.

Daher sollten wir uns vor Beginn einer Entscheidung immer drei ganz simple Fragen stellen:

1. *Können wir die Entscheidung treffen?*
2. *Dürfen wir die Entscheidung treffen?*
3. *Müssen wir die Entscheidung treffen?*

Nur wenn wir alle drei Fragen mit einem klaren „Ja" beantworten, sind wir als Entscheider gefragt und gefordert. Dieses „Ja" sollten wir nicht auf die leichte Schulter nehmen, wie wir an Lehmanns Beispiel sehen.

Eine viel größere Rolle spielt allerdings der Druck beim Entscheiden. Am Druck entscheidet sich, ob wir eine Entscheidung überlegt in aller Ruhe treffen oder ob wir unsere Entscheidung durch den Stress der Situation prägen lassen.

Ist der Druck hausgemacht oder real?

Bevor wir das entscheiden, durchläuft die Situation bei uns drei Wahrnehmungsfilter.

Ist dies eine wichtige oder eine unwichtige Entscheidung?

Dahinter steckt natürlich eine Bewertung Ihrer eigenen Betroffenheit. Wenn Sie sich oder Ihre Interessen nicht betroffen sehen, sind alle daraus entstehenden Konsequenzen unwichtig. Mit anderen Worten: Wir stehen mit diesem Punkt vor einem potenziellen Ausstiegspunkt aus der Entscheidung. Wenn wir nicht betroffen sind, sollten das andere entscheiden.

Diese Entscheidungen delegieren wir daher typischerweise an Personen, für die es eine Rolle spielt. Richtungsgetriebenes Handeln beinhaltet auch die Motivation. Wir sollten keine Entscheidungen über Angelegenheiten treffen, die uns nicht interessieren.

Wenn die Entscheidung dagegen wichtig für uns ist, hat der Druck die erste Hürde genommen, denn wir sind in jedem Fall an den Konsequenzen der Entscheidung interessiert.

Die nächste Frage, die unseren Wahrnehmungsfilter durchläuft, ist dann:

Ist die Situation angenehm oder unangenehm?

Wenn plötzlich ganz unerwartet ein Großauftrag hereinkommt und unsere gesamte Planung für das laufende Jahr über den Haufen wirft, haben wir sicherlich einige Entscheidungen zu treffen, um die entstehenden Kapazitäts- und Organisationsprobleme in den Griff zu bekommen. Doch das ist eine angenehme Situation für uns. Der Druck, der daraus entsteht, ist positiv.

Anders sieht es aus, wenn wir unerwartet einen Großauftrag verlieren und plötzlich ungenutzte Kapazitäten haben, die täglich Geld kosten. Dieser Druck ist unangenehm.

Die letzte Frage, mit der sich unser Wahrnehmungsfilter beschäftigt, ist die entscheidende:

Wie massiv sind die Konsequenzen für uns?

Je härter die potenziellen Konsequenzen, desto größer der Druck auf uns als Entscheider. Ist die schlimmste Konsequenz der Verlust von Geld, dann ist das sicher nicht schön. Aber danach geht es weiter. In solchen Entscheidungen sollte die eigene unternehmerische Vision immer im Vordergrund stehen. Die Situation und ihre unmittelbare Auswirkung sind dann Nebenbedingungen.

Ganz anders sieht der Fall aus, wenn die Konsequenzen aus der Entscheidungssituation unsere Existenz infrage stellen. Dann dreht sich das Ganze um. Im Vordergrund steht die Bewältigung der Situation, trotzdem sollten wir dabei nicht unser Ziel aus den Augen verlieren.

Zeit

Inwiefern beeinflusst die verfügbare Zeit unseren Bedarf? Das Attribut „dringlich" verändert den Bedarf von einer *guten Lösung* für ein Problem zu dem Bedarf nach einer *schnellen Lösung*.

Meistens suchen wir dabei nicht nur eine schnelle Entscheidung, sondern auch eine schnelle Umsetzung. Soll die Entscheidung nur schnell fallen, weil jemand „endlich" mit der Umsetzung anfangen möchte, haben wir eine Pseudodringlichkeit.

Wir erinnern uns: Richtungsgetriebenes Handeln beinhaltet die gesamte Entscheidung plus die Umsetzung. Wenn wir bei der Entscheidung schludern, wird auch die Umsetzung schwierig.

Gute Entscheidungen brauchen Zeit. Wenn wir attraktive Alternativen schöpfen wollen und uns die größtmögliche Unterstützung für die Umsetzung unserer Entscheidungen sichern wollen, geht das nicht von heute auf morgen. Das heißt nicht, dass Entscheidungen sich über Jahre hinziehen müssen, aber wir sollten einen angemessenen Zeitrahmen dafür zur Verfügung haben.

Wenn uns eine Situation in ihren Bann zieht, hängt das häufig mit einem zu engen Zeitrahmen für die Entscheidung zusammen.

Anhand von drei unterschiedlichen Situationstypen möchte ich Ihnen das Problem verdeutlichen.

Verschleppte Entscheidungen

Vor einiger Zeit hat sich Unternehmer Benkert nach einer gebrauchten Maschinenanlage umgesehen, mit der er eine Lücke in seinem Angebot schließen möchte. Zu seinem Glück fand er diverse Alternativen auf dem freien Markt. Danach war das Tagesgeschäft eine Zeit lang wichtiger, er hat daher bisher noch keine Entscheidung darüber getroffen. Wie aus heiterem Himmel bietet sich ihm ein lukrativer Auftrag an, für den er dringend die gesuchte Maschinenanlage benötigt.

Nur leider sind die von ihm näher ins Auge gefassten Alternativen nicht mehr verfügbar. Einzig zwei Angebote mit Anlagen, die seine Ansprüche nicht wirklich erfüllen, sind noch verfügbar.

Durch sein Zögern hat Benkert den Zeitrahmen für seine Entscheidung nahezu auf null gesetzt und sich selbst in Zugzwang gebracht.

Verpflichtung

Franz Meier ist Vertriebsberater in einem Hard- und Softwarehaus. Als er bei einem routinemäßigen Besuch bei einem Kunden von einem neuen Projekt erfährt, will er den Schuh so schnell wir möglich in die Tür bekommen.

Er beabsichtigt daher, dem Kunden innerhalb einer Woche sein Angebot vorzulegen. So ein Angebot beinhaltet nicht nur Kostenpositionen, sondern auch eine Projektprojektion. Diese muss den Zeitrahmen vorgeben, in dem das Projekt abgewickelt wird. Dabei ist die Integration der neuen Hard- und Software immer eine Gemeinschaftsarbeit von internen und externen Beratern des Unternehmens. Die Zahlen für die Hardware und die Software hat er daher schnell zusammen. Aber ohne die Zusammenarbeit mit einem Projektleiter, der vorher mit dem Kunden das Projekt genauer abgesteckt hat, kommt kein Angebot zustande.

Vertriebsberater Meier hat es zu gut gemeint. Er wollte seinem Unternehmen einen Vorsprung verschaffen, doch jetzt kann er seinen Ankündigungen keine Taten folgen lassen. Denn der gut beschäftigte Projektleiter kann sich frühestens in zwei Wochen mit dem Kunden treffen. Im Projektgeschäft kommt es darauf an, dass Termine gehalten werden. So aber sendet Meier dem Kunden ein falsches Signal. Die Verpflichtung ist er völlig unnötig eingegangen, denn der Kunden hätte ihm bestimmt mehr Zeit eingeräumt. Jetzt, nachdem Meier sich verpflichtet hat, rechnet der Kunde intern zu diesem Termin mit dem Angebot als Entscheidungsgrundlage.

Unvorhersehbare Ereignisse

Die SAP AG ist einer der größten und erfolgreichsten Anbieter von Unternehmenssoftware. Im Rahmen der internationalen Expansionsstrategie kauft das Unternehmen das amerikanische Softwarehaus TomorrowNow. Die Integration scheint zunächst gut zu laufen, bis eines Tages aus heiterem Himmel der international größte Konkurrent, Oracle, Klage wegen Betriebsspionage vor einem amerikanischen Gericht einreicht. Offenbar hat ein Mitarbeiter von TomorrowNow sich über eine bestehende Servicevereinbarung in die Server des Konkurrenten gehackt und sich die Quellcodes neuer Entwicklungen heruntergeladen. Angesichts der vor amerikanischen Gerichten erzielbaren hohen Schadenersatzurteile und dem drohenden PR-GAU entscheidet sich die Unternehmensspitze zunächst für ein Dementi. Später stellt sich allerdings heraus, dass die Anklage berechtigt war. Zwei Jahre später schließt die SAP AG ihre Tochter TomorrowNow, denn die Prozess- und PR-Risiken sind zu diesem Zeitpunkt nicht mehr abschätzbar.

Diese Situation war für die SAP-Entscheider sicher nicht absehbar und gleichzeitig im höchsten Maße unangenehm. Was soll ein so renommiertes Unternehmen verlautbaren, wenn solche Anschuldigungen von einem Konkurrenten aufgestellt werden? Schon die Gründer der beiden Unternehmen, auf der einen Seite Hasso Plattner und auf der anderen Seite Larry Ellison, verbindet eine leidenschaftliche Feindschaft.

Hinzu kommt, dass sich die Leute von SAP unter keinen Umständen vorstellen konnten, dass einer ihrer Mitarbeiter das getan haben könnte. Also entschied Henning Kagermann, die Sache zu leugnen.

Von diesen drei Ursachen für einen kurz gesteckten Zeitrahmen ist nur eine nicht vom Entscheider im Vorfeld kontrollierbar. Ich halte das für eine sehr wichtige Feststellung. Denn Entscheidungen mit einem kurz gesteckten Zeitrah-

3.5 Bedarf – Was will ich wirklich? 95

men führen dazu, dass generell weniger Alternativen zu Verfügung stehen. Wir brauchen Zeit, um sie zu schaffen, und manchmal müssen wir auch warten können, dass eine wichtige Alternative überhaupt zur Verfügung steht.

Zum Beispiel könnte es sein, dass ein Manager, den wir gerne in unserem Unternehmen sehen würden, noch durch einen Vertrag mehrere Monate gebunden ist.

Wenn der Zeitrahmen extrem klein ist, haben wir so weder die Möglichkeit, gute Alternativen zu schaffen, noch darüber nachzudenken, wer von einer bestimmten Alternative betroffen sein könnte. Das hat massive Auswirkungen auf unseren Entscheidungsbedarf.

Wenn ein knapper Zeitrahmen so negativ ist, stellen wir uns natürlich die Frage, ob wir den Zeitrahmen nicht vielleicht gestalten können?

Den Zeitrahmen bei einer Fehlinterpretation erweitern

Am einfachsten ist es, wenn der enge Zeitrahmen aufgrund einer Fehlinterpretation entstanden ist. Angenommen Sie sind Manager in einem Unternehmen und Ihr Vorgesetzter übergibt Ihnen eine Aufgabe, die er bisher verschleppt hat. Sie sollen innerhalb von zwei Tagen eine Entscheidung treffen.

Immer wenn ein Termin in einer Delegation eine Rolle spielt, ist die wichtigste Frage: „Warum?" Dabei stellt sich zum Beispiel heraus, dass der Termin mit einem der Lieferanten vor Ewigkeiten abgesprochen wurde. Ein Telefongespräch mit diesem fördert zutage, dass er den Termin längst vergessen hat und auch nicht mehr mit der Entscheidung rechnete.

Den Zeitrahmen durch den Kauf von Zeit erweitern

Schlechte Entscheidungen können desaströse Konsequenzen haben. Daher kann es sinnvoll sein, sich die Zeit von anderen Beteiligten zu kaufen. So können wir mit Vertragspartnern eine Kostenübernahme vereinbaren, wenn sie durch die Verlängerung unseres Entscheidungszeitraums Geld verlieren.

Wenn das nicht geht, gibt es immer noch eine Möglichkeit. Wir können Zeit durch das Engagement von Spezialisten kaufen. Unternehmensberater sind in die Entscheidungen ihrer Auftraggeber involviert und kennen daher die zur Verfügung stehenden Alternativen in ihren Spezialgebieten besonders gut. So können wir die Zeit kaufen, die wir normalerweise in die Recherche nach attraktiven Alternativen investiert hätten.

Ressourcen

Ressourcen sind Nutzungs- und Lizenzrechte, unser verfügbares Geld und Mitarbeiter und Partner, die uns zur Verfügung stehen. Ressourcen erweitern ganz allgemein unsere Gestaltungsspielräume.

Inwiefern bestimmen unsere Ressourcen unseren Bedarf?

Wer mehr Möglichkeiten hat, dessen Ansprüche sind auch größer. Daher führt ein Mehr an Ressourcen auch zu einem größeren Bedarf. Denn der Entscheider erwartet durch einen Einsatz seiner Ressourcen ein entsprechendes Ergebnis.

> Ein Bettler macht sich Gedanken darüber, wie wohl sein Mittagessen aussehen wird. Mehr als ein trockenes Brötchen wird es diesmal nicht werden. Er ist zufrieden, den brennenden Hunger zu stillen. Ein Investmentbanker ist mit einem Geschäftsfreund verabredet. Der Lammrücken in dem Szenelokal ist allerdings zäh. Der Banker ist ausgesprochen unzufrieden.

Der Einbezug der eigenen Ressourcen in den Bedarf ist eine psychologische Bedarfskomponente. Denn ein Entscheider mit geringen Ressourcen kann theoretisch einen genauso hohen Anspruch haben wie einer mit unbegrenzten Ressourcen. Bezogen auf unser Beispiel wäre der Bedarf des Bettlers wie auch des Bankers eigentlich gleich. Beide sollten vielleicht ein gesundes Mittagessen als Bedarf haben. Der Bettler liegt mit seinem trockenen Brötchen unterhalb dieser Anforderung, der Banker mit seinem Lammrücken darüber.

Beteiligte

Situationen entstehen aus den Aktionen ihrer Beteiligten. Insofern sind diese auch Ursache für den Bedarf des Entscheiders.

Der Entscheider selbst

Jede Entscheidung, die wir treffen und umsetzen, verändert unsere Situation. Daher entsteht daraus auch möglicherweise ein neuer Bedarf. Wenn wir beispielsweise einen neuen Job in Frankreich annehmen, fühlen wir uns vielleicht in Französisch nicht sicher genug. Ein neuer Bedarf ist entstanden. Genauso gut hätten wir allerdings auch vor der Entscheidung für den Job feststellen können, dass unsere Sprachkenntnisse dafür nicht ausreichen, und uns daher dagegen entscheiden können. Wir schaffen die Situationen also selbst.

Andere Beteiligte

Als Entscheider berücksichtigen wir oft auch die Interessen anderer Menschen. Als ein Senior-Unternehmer seinen Betrieb verkauft, verhandelt er mit dem Käufer intensiv über die berufliche Zukunft seiner Mitarbeiter. Der Unternehmer macht deren Anliegen zu seinem. Das ist sicher eine Frage der Werte. Aber in der Situation bestimmt das seinen Bedarf.

Gegenspieler

Es reicht oft nicht aus, nur auf die gegenwärtige Situation einzugehen. Wenn wir einen Gegenspieler haben, der sich z. B. um unsere Kunden bemüht, müssen wir auch dessen Reaktion auf unser Handeln berücksichtigen.

1990 stellte General Motors (GM) fest, dass man mit Rabattschlachten keinen Blumentopf auf den amerikanischen Märkten gewinnen konnte. Denn der Hauptkonkurrent Ford würde immer wieder nachziehen. Mit dem Resultat, dass am Ende beide Unternehmen nicht mehr genügend verdienten, um ihre Kosten zu decken.

Die Idee damals: General Motors gab in Kooperation mit MasterCard eine Kreditkarte heraus. Mit jedem Einkauf verdiente sich der Kunde einen Rabatt auf den Kauf von GM-Autos. Der Kunde konnte dann zu seinem GM-Händler gehen, den besten Preis aushandeln und bekam zusätzlich noch den Sonderrabatt seines Kreditkartenkontos gutgeschrieben.

Rabatte können zwei unterschiedliche Funktionen haben. Zum einen, seinen Marktanteil auszubauen, zum anderen, um die eigenen Kunden zum Neukauf anzuregen.

Die GM-Kreditkarte war damals ein einmaliger Erfolg. Denn sie ermöglichte GM, seinen Kunden Rabatte einzuräumen, ohne dass die Konkurrenz sich gezwungen sah, nachzuziehen. Klassische Ford-Kunden würden keine GM-Kreditkarte beantragen und daher auch nicht in den Genuss des Rabatts kommen.

In der Folge stiegen die Neuwagenpreise wieder an. Das kam beiden Wettbewerbern zugute.

Spielräume

Als Entscheider brauchen wir Gestaltungsspielräume, ansonsten gibt es nichts zu entscheiden. So geht es z. B. einem Unternehmer, dessen Unternehmen in Konkurs geht. Ihm bleibt nichts anderes übrig, als das Weitere dem Konkursverwalter zu überlassen.

Gestaltungsspielräume geben die Anzahl der Möglichkeiten wieder, Alternativen zu schaffen und frei darüber zu entscheiden.

Oft unterschätzen wir auch unsere Gestaltungsspielräume. Gerade deshalb ist es aus meiner Sicht so wichtig, die Entscheidungssituation als Ganzes zu analysieren.

> Wenn ich in meinen Entscheidungen die Gestaltungsspielräume unterschätze, kostet mich das schnell meine unternehmerischen Chancen.

> Werner Kranz ist selbständiger Einzelunternehmer. Er macht Öffentlichkeitsarbeit für Unternehmensberater und die eine oder andere Softwarefirma. Seine Kunden sind sehr zufrieden mit ihm, doch gelingt es ihm nicht, mit seinem Geschäft genügend Geld für seinen Lebensunterhalt zu verdienen.
>
> Als er seinen Kunden mitteilt, dass er seinen Geschäftsbetrieb aufgeben wird, ist das Erstaunen groß. Mehrere der Berater, die ihm sporadisch einen Auftrag gegeben hatten, hätten ihn nämlich gerne auf Teilzeitbasis beschäftigt. Wenn Kranz das gewusst hätte! Dann wäre ihm mehr Zeit geblieben, sein eigenes Geschäft aufzubauen. Leider hatte er gegenüber seinen Kunden immer von angeblich vollen Auftragsbüchern vorgeschwärmt, sodass keiner auf die Idee kam, ihm ein Angebot zu machen.

Wir wissen ja, dass wir unseren Bedarf unabhängig von potenziellen Alternativen erarbeiten sollten. Was also haben Spielräume dann für einen Einfluss auf unseren Bedarf?

Der Zusammenhang ist eigentlich banal. Denn wenn wir nur geringe Gestaltungsspielräume haben, entwickeln wir einen Bedarf nach mehr.

> Hätten wir Werner Kranz gefragt, was er in seiner Situation brauchte, wäre seine Antwort gewesen: Entweder mehr Kunden oder ein sicheres Einkommen, um die eigenen Kosten zu decken. Er hat also Bedarf nach mehr Gestaltungsspielräumen gehabt, aber nicht dafür gesorgt.

Umgekehrt wirken sich zu große Gestaltungsspielräume natürlich nicht auf unseren Bedarf aus. Denn zu viele Gestaltungsspielräume können wir höchstens aus Sicht unserer Wettbewerber haben.

Wie wir zu mehr Gestaltungsspielräumen kommen, lesen wir in den Kapiteln 4 „Attraktive Alternativen" und 5 „Größtmögliche Unterstützung" (siehe S. 123 und 171).

Da jede Entscheidungssituation anders ist, starten wir jedes Mal beim Nullpunkt. Wir können hierfür keine Konserve herausholen.

Nutzen Sie daher die folgende Checkliste, wenn Sie Ihren Bedarf erarbeiten:

3.5 Bedarf – Was will ich wirklich?

Checkliste für die Entscheidungssituation

Vergangenheit
- ☐ Ursachen, die ich selbst gesetzt habe
- ☐ Erfahrungen, die mein Urteil trüben könnten
- ☐ Lernerfahrungen, die ich berücksichtigen möchte

Aktuelles
- ☐ Entscheidungsauslöser: Problem
- ☐ Entscheidungsauslöser: Chance

Interpretation
- ☐ Können wir die Entscheidung treffen?
- ☐ Dürfen wir die Entscheidung treffen?
- ☐ Müssen wir die Entscheidung treffen?
- ☐ Grad unserer Betroffenheit

Die Entscheidungssituation ist ...
- ☐ angenehm
- ☐ unangenehm
- ☐ Die Entscheidung hat für uns eine Bedeutung bzw. massive Konsequenzen.

Zeit
- ☐ Verschleppte Entscheidung
- ☐ Persönliche Verpflichtung
- ☐ Unvorhergesehene Entscheidung
- ☐ Potenzielle Zeiterweiterung

Ressourcen
- ☐ Geldmittel
- ☐ Mitarbeiter

Beteiligte
- ☐ Die Entscheidung geht auf einen Bedarf des Entscheiders zurück.
- ☐ Die Entscheidung geht auch auf den Bedarf anderer Personen zurück.

Spielräume
- ☐ Grad der Abhängigkeit
- ☐ Ereignisketten

3.5.2 Bedarfsfaktor Zukunft – Die Vision

Mit der Vision nehmen wir unsere Zukunft vorweg. Wir „wissen", wo wir stehen werden und wie es dort aussieht.

Wenn unsere Vision stimmig ist, sollte das eine Sehnsucht nach dieser Zukunft auslösen. Der Bedarf ist also, diese Zukunft möglichst bald Wirklichkeit werden zu lassen.

Jedes Mal, wenn wir unseren Bedarf in einer Situation bearbeiten, sollte unsere Vision der Richtungsgeber sein. Allerdings müssen wir aufpassen. Wenn wir es richtig machen, ist unsere Vision zehn Jahre entfernt. Wir können also schlecht Entscheidungskriterien definieren, die eine Erfüllung unserer Vision von jetzt auf gleich vorsehen. Denn damit wäre jede Alternative schlichtweg überfordert. Wenn wir alle erarbeiteten Alternativen als nicht optimal einstufen müssen, leidet darunter auf Dauer auch die Motivation. Wir brauchen daher einen konkreten Anhaltspunkt, an dem wir uns orientieren.

Will ich den Weg zu meiner Vision konkret machen, muss ich mir Ziele setzen. Ist es etwa meine Vision, eines Tages Fjordfischer in Norwegen zu sein, könnte ein Ziel lauten: Norwegisch lernen. Ein anderes könnte lauten, ein Kapitänspatent zu erwerben.

Diese konkreten Ziele schlagen sich im Bedarf nieder. So könnte ich bei der Planung meines Urlaubs den Bedarf haben, die ersten Ausbildungsschritte für das Führen eines Bootes absolvieren zu können.

Der Weg zu meiner Vision ist also durch viele kleine konkrete Ziele gepflastert. Rom wurde nicht an einem Tag erbaut und eine einzelne Entscheidung muss nicht alle Probleme dieser Welt auf einmal lösen.

3.5.3 Bedarfsfaktor Mission und Werte

Das, *was* wir tun, ist weniger wichtig, als *wie* wir es tun. Ein Lehrer sieht seine Mission darin, Menschen zu „Wissensriesen" zu machen und ihnen einen leichten Zugang zu der Anwendung ihres Wissens zu ermöglichen. Wegen einer Krankheit scheidet er aus dem Schuldienst aus und nimmt später eine Stelle als Versicherungsverkäufer an. In seinem neuen Beruf hat er jetzt keine Schüler mehr vor sich. Aber er kann immer noch seine Kunden über die Hintergründe von Versicherungen aufklären und ihnen die freie Wahl auf der Grundlage ihres Bedarfs ermöglichen. Solche mündigen Kunden kennen keine Kaufreue und bleiben den abgeschlossenen Versicherungen häufiger treu. Der „Lehrer" deutet hier seine Mission auf sein neues Arbeitsfeld um. Das funktioniert, weil er sich auf den „Wie"-Aspekt seiner Mission konzentriert. Wäre er eventuell zufriedener, wenn er weiterhin im Bildungssektor arbeiten würde? Vermutlich ja, aber auch in diesem Job kann er seine Mission leben und damit erfolgreich sein.

Es gibt eben Situationen, in denen die Vision völlig in den Hintergrund tritt, weil wir bedroht (z. B. Arbeitslosigkeit) sind und erst die gefährliche Situation auflösen müssen, bevor wir wieder langfristig entscheiden können. In solchen Momenten ist die eigene Mission ein guter Ratgeber. Denn sie zeigt uns immer den Weg an, auf dem wir am erfolgreichsten agieren.

3.5.4 Zusammenfassung

Unser Bedarf ist immer vielschichtig. Unsere Vision bzw. unsere Mission und Werte verändern sich wenig. Da jede Situation allerdings ein Produkt von so unterschiedlichen Faktoren wie Vergangenheit, aktuellen Ereignissen, unserer Interpretation, Zeitrahmen, Ressourcen, Beteiligten und der Weite unserer Gestaltungsspielräume ist, zieht sie meist den größten Teil unserer Aufmerksamkeit auf sich. Dabei dürfen wir allerdings nicht vergessen, dass es letztlich die Vision ist, zu der wir hin wollen.

3.6 Entscheidungserfolg messen

„Nachhaltigkeit des Erfolges ist das Kriterium, an dem wir Entscheidungen messen."

Bernd Pischetsrieder, VW-Vorstandsvorsitzender auf der VW-Hauptversammlung im März 2006

Wer entscheidet, will auch wissen, ob er erfolgreich dabei ist. Wie man sieht, tun sich sogar die unantastbaren Wirtschaftsgrößen unseres Landes damit schwer. Denn wie will Herr Pischetsrieder die Nachhaltigkeit des Erfolgs auf einzelne Entscheidungen zurückführen? Er versteht Erfolg dabei vornehmlich wirtschaftlich. Und wie will er daraus etwas lernen? Woher will er wissen, ob das Sanierungskonzept, das ihn seinerzeit den Kopf gekostet hat, tatsächlich ausschlaggebend für den Erfolg war oder nicht einfach nur die gute Konjunkturlage zwischen den Jahren 2005 bis 2007?

Modellentscheidungen, die in der Automobilbranche eine sehr wichtige Rolle spielen, werden erst in einem Zeitrahmen von vier bis sechs Jahren wirksam.

Die Beantwortung der Frage, woran ich den Erfolg meiner Entscheidung messen kann, ist daher nicht einfach.

Zunächst müssten wir die Frage beantworten, was „Erfolg" nach einer Entscheidung sein soll. Wie aus der Pistole geschossen kommt da häufig die Antwort: „Erfolg wird am besten in verdientem Geld gemessen." So sympathisch das sein mag, nicht bei jeder Entscheidung steht der monetäre Erfolg im Mittelpunkt.

Beispielhaft seien hier die Corporate-Responsibility-Projekte vieler angelsächsischer Unternehmen. Diese wollen ihren Ruf verbessern, indem sie mittels großzügiger Spenden zeigen, dass ihnen etwas an unserer Gesellschaft liegt. Deutsche Unternehmen sind da zurückhaltender. Insbesondere Schulen und Universitäten, aber auch hoch verschuldete Gemeinden würden es gerne anders haben. Doch bisher tut sich da nicht viel.

Was ist der Unterschied zwischen den Angelsachsen und den Deutschen? Offensichtlich haben die Amerikaner einen anderen Bedarf bezüglich ihres Rufs in der Öffentlichkeit. Und da haben wir wieder das Wort, das uns schon das gesamte Kapitel begleitet – Bedarf. Eine Entscheidung ist dann erfolgreich, wenn wir eine Alternative wählen, die unseren Bedarf in der Entscheidungssituation am besten abdeckt.

Der kann sehr unterschiedlich ausfallen und ist oft sogar völlig immateriell. Denken Sie nur an die Wahl Ihres Partners oder Ihrer Partnerin. Das ist eine wichtige, wenn auch persönliche Entscheidung, die mit schweren Konsequenzen verbunden sein könnte.

Also halten wir fest: Unsere Entscheidung ist dann erfolgreich, wenn wir sie bedarfsgerecht treffen.

3.6.1 Ausschnitt aus einem Coaching

Der folgende Ausschnitt aus einem Coaching zeigt den Erkenntnisprozess auf, der hinter der Messung des Entscheidungserfolgs stehen kann.

> „Ich weiß jetzt, dass meine *Entscheidung* von damals ein Fehler war", so Manfred Kalt (Name geändert), ein 27-jähriger Unternehmer. Er hatte in seinen Entscheidungskriterien nicht berücksichtigt, was eine Krise in Amerika für sein Geschäft bedeuten würde. Da seine Gesellschaft mit einer sehr kurzen Kapitaldecke operiert, muss er jetzt Geld nachschießen.
>
> *Der Entscheider-Coach:* Interessant, dass Sie das so sehen. Wenn ich mir Ihr Geschäft so ansehe, dann ist es keine Laune des Schicksals, dass Sie nur geringe Reserven in Ihrem Unternehmen haben. Könnte es sein, dass dies schlichtweg Ihr Stil ist?
>
> *M. Kalt:* Ja, das stimmt schon. Aber es hätte auch Wege gegeben, das Risiko klein zu halten.
>
> *Der Entscheider-Coach:* Haben Sie denn Angst, Risiken einzugehen?
>
> *M. Kalt:* Natürlich nicht! Es ist aber etwas anderes, wenn ich am Ende eine Menge Geld verliere!

3.6 Entscheidungserfolg messen

Der Entscheider-Coach: Ja, das verstehe ich. Was erwarten Sie denn, wenn Sie Risiken eingehen?

M. Kalt: Wer Risiken eingeht, ist meistens erfolgreicher als die Hasenfüße.

Der Entscheider-Coach: Meistens?

M. Kalt: Ja, okay! Manchmal geht's auch daneben. Die Konsequenzen muss ich dann selbst tragen.

Der Entscheider-Coach: Wie in der jetzigen Situation. Warum war es dann eine Fehlentscheidung?

M. Kalt: Na ja, weil sich die Dinge gegen mich entwickelt haben.

Der Entscheider-Coach: Eine gute Entscheidung beinhaltet für Sie also die perfekte Vorausschau?

M. Kalt: Wenn ich meine Entscheidungen nicht am Ergebnis messe, woran soll ich dann festmachen, ob ich ein erfolgreicher Entscheider bin?

Der Entscheider-Coach: Zumindest ist es schwer, vorab sein Entscheidungshandeln einzuschätzen, wenn ich dessen Erfolg nur nachträglich messe.

M. Kalt: Sehe ich ein. Also kann ich es gar nicht mehr einschätzen. Ist es das, was Sie mir sagen wollen?

Der Entscheider-Coach: Wenn eine Methode nicht funktioniert, dann heißt das nicht, dass ich ganz darauf verzichten muss. Woran könnten Sie denn vorab festmachen, ob Sie eine gute Entscheidung treffen oder nicht?

M. Kalt: Sagen Sie es mir!

Der Entscheider-Coach: Was bezwecken Sie denn mit Ihrer Entscheidung, außer viel Geld zu machen?

M. Kalt: Ich baue mit meinen Produkten einen Markt auf. In wenigen Jahren werden die meisten Unternehmen mich kennen und schätzen, weil ich denen sehr viel Geld einspare.

Der Entscheider-Coach: Sie haben recht! Daran könnten Sie messen, ob Ihre Entscheidung gut ist oder nicht.

M. Kalt: Was soll ... – Ach so, ich verstehe! Es kommt darauf an, ob ich mit meinen Entscheidungen einen Schritt auf mein Ziel vorankomme oder nicht.

Der Entscheider-Coach: Wenn Sie es sagen. Es sei denn, Sie haben eine Kristallkugel. Die würde ich Ihnen dann aber gerne abkaufen!

3.6.2 Messen, aber wie?

Immer wieder sitzen Entscheider vor ihren Alternativen wie das Kaninchen vor der Schlange. Einige sagen sich: „Eine Alternative ist immer besser als gar keine Entscheidung treffen." Sie lassen ihre inneren Widerstände links liegen und entscheiden einfach.

Ist die Entscheidung dann gut oder ist sie schlecht?

Das kann Ihnen weder ich noch einer der Entscheider sagen. Denn das ist das Grundproblem. Wir wissen nicht, was das sichere Ergebnis ist, und selbst wenn wir es wüssten, fehlt uns die Perspektive, es für uns einzuordnen.

Eine einfache Frage, oder?

„Das ist doch einfach!" Wird jetzt der eine oder andere von Ihnen sagen. „Mehr Geld ist besser als weniger Geld." Also versuchen wir immer die wirtschaftlich attraktivste Alternative zu wählen?

> Einem Unternehmen geht es schlecht, der Brief mit der Insolvenzmeldung liegt schon bereit. Der Unternehmer hat allerdings auch noch private Mittel, die er in das Fass ohne Boden, das sich sein Unternehmen nennt, werfen könnte. Wirtschaftlich besonders interessant: ein „heißer Abriss". Mit dem Geld von der Versicherung könnte er seinen Betrieb neu aufbauen, ohne Überkapazitäten und hochmodern.

Welche Rolle spielen andere Aspekte?

Natürlich meinen Sie „nur legale Alternativen", aber was ich damit aussagen wollte, hat nichts mit Gesetzen zu tun, sondern ihren eigenen Werten. Die wirtschaftlich interessanteste Alternative ist nicht unbedingt die beste.

Dann wäre da noch die Sache mit der Unsicherheit. Vielleicht fragen Sie sich: „Was ist schon sicher auf dieser Welt?" Wenn ich mir von meinen Entscheidungen etwas erhoffe und es nicht eintritt, war dann die Entscheidung möglicherweise überflüssig?

Besser: Am Ziel und an der Situation orientieren

Meines Erachtens gibt es vier Aspekte, die für den „Erfolg" unserer Entscheidung eine Rolle spielen: die Situation, die eigenen Werte, seine Mission und die langfristige Vision des Unternehmers.

Die wichtigste Frage für die Erfolgsmessung: Stellt meine Entscheidung einen Schritt in die richtige Richtung dar oder entferne ich mich von meiner Vision?

In seiner Vision sieht sich unser Unternehmer als Mensch mit aufrechtem Gang, der seinen Unternehmertraum lebt, ohne seine Familie in einen Albtraum zu stürzen. Er möchte den Neuanfang, aber bestimmt nicht durch einen „heißen Abriss". Daher schickt er den Brief ab und überlegt sich, wie und wo und mit wessen Geld er den Neustart machen wird.

3.6.3 Zusammenfassung

In den letzten Abschnitten haben wir gelernt, dass sich der Erfolg von Entscheidungen zum einen am Grad der Bedarfsdeckung bemisst und zum anderen daran, dass die einzelne Entscheidung einen Schritt in Richtung der eigenen Vision darstellt.

3.7 Der Entscheidungskompass

Wir wissen jetzt, was alles dazugehört, seinen Bedarf zu kennen respektive sich seine Entscheidungsklarheit erarbeitet zu haben.

In Entscheidungen hat es sich bewährt, unseren Bedarf in Form von Entscheidungskriterien abzubilden. Diese zieht der Entscheider später zur Bewertung seiner Alternativen heran. Bauchentscheider glauben häufig, darauf verzichten zu können. Allerdings benötigen wir unsere Entscheidungskriterien auch, um überhaupt Alternativen entwickeln zu können.

Wie sieht ein Entscheidungskriterium aus?

Angenommen wir wollen eine Entscheidung darüber treffen, welches Mineralwasser wir zukünftig trinken werden. Ein sinnvolles Kriterium, nach dem wir unsere Alternativen später bewerten wollen, ist der Reinheitsgrad. Ein mit Schwermetallen verseuchtes Wasser mag vielleicht interessant schmecken, aber lädt nicht dazu ein, die empfohlenen drei Liter pro Tag zu trinken.

Die meisten Menschen würden hier nicken und sagen: „Ja, das ist ein sinnvolles Entscheidungskriterium", aber nicht alle. „Wir nehmen ohnehin so viel Mist zu uns, da kommt es auf das bisschen Wasser auch nicht mehr an. Mir wäre das nicht wichtig", hat mir ein Seminarteilnehmer zu diesem Beispiel gesagt. Das war für mich ein Glücksfall. Denn es unterstreicht, dass es keine

Standardentscheidungskriterien geben kann. Jeder Entscheider muss sie für sich je Entscheidungssituation selbst erarbeiten.

Als ich vor Jahren in den Beruf des Entscheider-Coachs eingestiegen bin, fragte ich meine Kunden leichthin, was denn ihre Entscheidungskriterien sind. Mir schien das eine ganz einfache Frage zu sein, aber sie ist es nicht, wie wir inzwischen wissen.

Da es nichts bringt, wenn wir uns bei Entscheidungen nur auf die üblichen Standardkriterien wie Kosten, Rendite, Umsetzbarkeit und Risiko verlassen, habe ich zusammen mit zahlreichen Kunden einen Prozess entwickelt, der uns sicher zum Ergebnis bringt. Weil wir am Ende des Prozesses genau wissen, was wir in einer Situation wollen, heißt das Ganze Entscheidungskompass.

Wie bei allen Werkzeugen sollten Sie genau prüfen, ob es für Sie passt. Wenn Sie einen für Sie besser geeigneten Weg kennen, zu dem gewünschten Ergebnis zu kommen, dann bleiben Sie dabei. Wichtig ist nur, dass Sie sich Ihre Entscheidungsklarheit zuverlässig erarbeiten können.

Angenommen wir stünden vor der Aufgabe, die Auswahl der Mineralwässer für unser neues Lokal zu treffen. Dieses Beispiel wird die meisten Leser nicht betreffen. Das macht nichts. Denn diese Entscheidungssituation fordert wenig Fachwissen, dafür umso mehr gesunden Menschenverstand.

Im ersten Schritt müssen wir wissen, warum wir diese Entscheidung treffen. Wir erinnern uns: Wir treffen Entscheidungen immer dann, wenn ein Problem unseren Weg zum Ziel behindert oder blockiert oder wir eine Chance sehen, schneller zum Ziel zu kommen.

In diesem Fall soll das Ziel die Eröffnung eines vegetarischen Restaurants sein. Wie verhält sich dieses Ziel zu der Vision? Unsere Vision ist es, ein überregional bekanntes vegetarisches Restaurant zu haben, das jeden Tag brechend voll ist, weil das Essen schmeckt und obendrein gesund ist.

Ziele pflastern den Weg zur Realisierung der Vision. Eins der Ziele ist es, das Lokal an den Start zu bringen und zu eröffnen. Wir haben aber noch keine Getränkekarte und Mineralwasser spielt bei unserer Kundenklientel eine große Rolle. Daher lösen wir mit unserer Entscheidung ein Problem. Der Entscheidungsauslöser ist „keine Mineralwässer in der Karte".

Jeder Entscheider weiß, dass er einen Maßstab für die Beurteilung verschiedener Entscheidungsalternativen braucht. Dieser Maßstab sind unsere Entscheidungskriterien.

3.7 Der Entscheidungskompass

Wie entstehen Entscheidungskriterien?

Eher wenigen Entscheidern ist bewusst, dass wir für unsere Entscheidungskriterien auch unsere Vorstellungskraft bemühen müssen. Als ich für meinen letzten Urlaub einen Mietwagen in Neapel bestellte, konnte ich mir lebhaft vorstellen, wie ich hoch konzentriert, nur mit einer Karte vom Autoverleih ausgestattet, meinen Weg durch diese mit rücksichtslosen Neapolitanern vollgestopfte Großstadt finden wollte.

Ich kaufte mir daher ein preiswertes mobiles Navigationssystem. Im Nachhinein war das eine goldrichtige Entscheidung! Um diese Vorstellungskraft anzuregen, sollten wir im zweiten Schritt unserem Unterbewusstsein mit einem inspirierenden Satz auf die Sprünge helfen. Die inspirierende Frage hat die Machart: „Wie erreiche ich es, dass ..." oder: „Wie schaffe ich es, dass ...". Für unser Mineralwasserbeispiel lautet die Frage dann: „Wie erreiche ich es, dass meine Gäste allein schon wegen des Wasserangebots mein Restaurant ausprobieren?"

Entscheidungskriterien müssen in erster Line relevant sein. Wenn ich ein Notebook kaufe, dann ist beispielsweise das Gewicht des guten Stücks wichtig. Wenn ich dagegen einen Desktop-PC kaufe, wird mich dessen Gewicht nicht mehr interessieren als die Zeitung von vorgestern. Nehme ich diesen Aspekt trotzdem in meine Kriterien auf, so kann das bei einer knappen Entscheidung ungerechtfertigt den Ausschlag geben.

Nach meiner Erfahrung macht es auch keinen Sinn, zu viele Entscheidungskriterien zu haben. Denn dies birgt die Gefahr, einer Entscheidungsfalle ins Netz zu gehen (siehe S. 243 „Die Elefantenfalle").

Wie stelle ich sicher, dass meine verwendeten Entscheidungskriterien relevant sind und ich keine wichtigen Aspekte vergesse?

Das Schlimmste, was einem Entscheider passieren kann, ist, die Kontrolle über seine Entscheidung zu verlieren. Wie kann das passieren? Wenn wir unseren eigenen Bedarf nicht genau kennen, haben beispielsweise pfiffige Verkäufer die Möglichkeit, uns etwas aufzuschwatzen, was wir nicht brauchen.

Daher nutzen wir im dritten Schritt die sogenannten drei Kontrollelemente der Entscheidung. Diese setzen sich aus gewünschten Ergebnissen, Status-quo-Ergebnissen und unerwünschten Ergebnissen zusammen.

Gewünschte Ergebnisse sind die Konsequenzen meiner Entscheidung, die ich anstrebe. Das könnte z. B. bei der Entscheidung über einen neuen Lieferanten die Zuverlässigkeit sein.

Status-quo-Ergebnisse sind Aspekte von heute, die nach meiner Entscheidung immer noch Bestand haben sollen. Zum Beispiel könnte bei der Entscheidung über einige flippige Marketingmaßnahmen ein Status-quo-Ergebnis die Erhaltung der Kundenbasis sein. Denn wenn ich es übertreibe, könnten Altkunden aus Enttäuschung „fremdgehen". Unvergessen bleibt wohl die Schockwerbung von Benetton, die die Modekette viele Kunden und Franchisenehmer gekostet hat.

Unerwünschte Ergebnisse sind alle diejenigen Konsequenzen, die ich als Ergebnis meiner Entscheidung auf keinen Fall sehen möchte. So könnte ein unerwünschtes Ergebnis bei der Einführung einer Standardsoftware sein, dass meine Verwaltung wegen einer fehlerhaften Implementierung nicht arbeiten kann.

In letzterem Punkt schlagen sich häufig die schmerzhaften Erfahrungen aus anderen Entscheidungen nieder. Als Entscheider müssen wir daher darauf achten, dass hier nur das unbedingt Erforderliche aufgenommen wird.

Was unterscheidet Ergebnisse von Zielen?

Im Rahmen von Entscheidungen sind Ergebnisse die Bedingungen, unter denen das jeweilige Ziel erreicht werden soll. Stellen Sie sich vor, das Ziel einer Entscheidung ist es, eine neue Produktion aufzubauen. In dem Fall könnten z. B. der gewünschte Produktionsanlauftermin, die Qualität, die Kosten usw. die Ergebnisse sein. Das Ziel ist also übergeordnet und die Ergebnisse stellen die Ausgestaltung dieses Ziels dar.

Im Detail könnten die einzelnen Ergebniskategorien für das Mineralwasserproblem folgendermaßen aussehen:

Gewünschte Ergebnisse
Guter Geschmack
Reinheit
Exotik
Reputation
Aussehen der Flasche
Gute Marge
Lange Haltbarkeit

Status-quo-Ergebnisse
Gesundheit der Gäste
Neugierde der Gäste

Unerwünschte Ergebnisse
Schwermetalle im Wasser
Übelkeit
Hoher Einkaufspreis

3.7 Der Entscheidungskompass

Mit den drei Kontrollelementen ist der Entscheider bereits gut für die Gespräche mit potenziellen Lieferanten gerüstet. Deren Vertriebsleute werden versuchen, den Fokus des Gesprächs auf für sie besonders vorteilhafte Aspekte zu lenken. Wegen Ihrer guten Vorbereitung wird das den Anbietern aber nicht mehr gelingen.

*Bitte beachten: Die Ergebnisse aus den drei Kontrollelementen ziehen sich wie ein roter Faden durch alle Aspekte unserer Entscheidung. Daher ist unsere Sorgfalt bei ihrer Erstellung gut angelegt. Der bis zu diesem Punkt ausgearbeitete Entscheidungskompass nennt sich auch **Entscheidungsprofil**.*

Für Gespräche mögen die drei Kontrollelemente eine gute Grundlage sein. Allerdings wollen wir Entscheidungen treffen und dafür brauchen wir Entscheidungskriterien.

Mit den drei Kontrollelementen haben wir bereits alles, was wir brauchen, um unsere Entscheidungskriterien zu entwickeln.

Dazu bilden wir Gruppen von Ergebnissen, die von ihrer Bedeutung her sehr ähnlich sind, und finden dafür einen Oberbegriff. Wichtig ist, dass sich unsere Entscheidungskriterien später zueinander gut abgrenzen lassen. Wenn wir bei einer Investition beispielsweise die Kriterien „Anschaffungskosten" und „laufende Kosten" verwenden, ist dies nicht der Fall. Denn die Anschaffungskosten sind über die Abschreibungen wieder in den laufenden Kosten enthalten. Dadurch würden Sie dem Kostenkriterium ein viel größeres Gewicht geben, als Sie das möglicherweise beabsichtigen.

Für den Aufbau der neuen Getränkekarte bilden wir insgesamt fünf Gruppen, die ähnliche Ergebnisse zusammenfassen:

1. Gruppe: „Guter Geschmack" bleibt „guter Geschmack".
2. Gruppe: „Reinheit" und „Gesundheit", „Schwermetalle" und „Übelkeit" fassen wir zu „Qualität" zusammen.
3. Gruppe: „Exotik", „Aussehen" und „Neugierde" fassen wir zu „Attraktivität" zusammen.
4. Gruppe: „Reputation" bleibt „Reputation".
5. Gruppe: „Marge", „Haltbarkeit" und „hoher Einkaufspreis" fassen wir zu „Wirtschaftlichkeit" zusammen.

Im gleichen Schritt gibt der Entscheider den verschiedenen Gruppen einen sinnvollen Namen (Oberbegriff). Das Ergebnis sind dann unsere frisch ermittelten Entscheidungskriterien:

Entscheidungskriterien für die neue Getränkekarte

Entscheidungskriterien
Guter Geschmack
Qualität
Attraktivität
Reputation
Wirtschaftlichkeit

Wenn alle Entscheidungskriterien die gleiche Bedeutung hätten, könnten wir an dieser Stelle aufhören. Allerdings wird jeder Entscheider seine Kriterien als unterschiedlich wichtig einschätzen. Daher gewichten wir unsere Entscheidungskriterien, um unsere Präferenzen entsprechend abzubilden.

Der unterschiedlichen Bedeutung der Kriterien tragen wir über eine individuelle Gewichtung Rechnung. Wie sich in der Praxis gezeigt hat, funktioniert das über einen paarweisen Vergleich am besten. Hier zahlt es sich dann auch aus, wenn wir mit unseren Entscheidungskriterien sparsam umgehen. Denn ein paarweiser Vergleich heißt nichts anderes, als dass wir jedes einzelne Kriterium mit jedem anderen vergleichen. Wenn wir zwei Kriterien hätten, dann wäre das lediglich ein Vergleich. Bei drei Kriterien sind es bereits drei Vergleiche, bei vier Kriterien sind es sechs und bei fünf Kriterien sind es schon zehn. Angenommen wir wären so verrückt und hätten 100 miteinander zu vergleichende Kriterien, dann müssten wie 4.950 Vergleiche durchführen. Es ist daher sinnvoll, wenn wir uns hier beschränken.

Wie gehe ich bei einem paarweisen Vergleich von Entscheidungskriterien vor?

Wir müssen lediglich jedes einzelne Entscheidungskriterium mit jedem anderen vergleichen und entscheiden, welches jeweils wichtiger ist.

In unserem Beispiel würden wir daher zunächst überlegen, ob uns „guter Geschmack" bei einem Mineralwasser wichtiger ist als die „Qualität", die ja zahlreiche Auswirkungen haben kann. Wir sollten uns dabei nicht in eine Entweder-oder-Situation treiben lassen. Wir müssen z. B. nicht völlig auf „Qualität" verzichten, um „guten Geschmack" zu bekommen. Wir wollen lediglich herausfinden, was von beidem uns wichtiger ist.

Hypothetische Frage: Nehmen wir an, wir hätten bereits jeweils 90 % bei „Qualität" und „gutem Geschmack" erreicht. Würden wir eventuell ein Wasser vorziehen, das nur 89 % „Qualität" bietet, dafür aber bei „gutem Geschmack" mit 91 % abschneidet?

3.7 Der Entscheidungskompass

Dasjenige Kriterium, das den jeweiligen paarweisen Vergleich gewinnt, bekommt einen Gewichtungspunkt. Wenn Sie in einem Vergleich keinem Kriterium den Vorzug geben können, bekommen beide einen halben Punkt.

Nachdem wir „guten Geschmack" und „Qualität" miteinander verglichen haben, müssen wir das erste Kriterium noch mit den anderen Kriterien „Attraktivität", „Reputation" und „Wirtschaftlichkeit" vergleichen. Damit haben wir dann allerdings nur ein Kriterium mit allen anderen verglichen. Für einen vollständigen paarweisen Vergleich müssen wir das Gleiche noch für alle anderen Kriterien tun.

Insbesondere wenn wir mehr als nur fünf Entscheidungskriterien haben, brauchen Sie dafür ein Werkzeug. Dieses muss sicherstellen, dass wir am Ende unserer Gewichtung tatsächlich jedes einzelne Entscheidungskriterium mit jedem anderen verglichen haben.

Gewichtung	Vergleichsfelder				Entscheidungskriterien
A	A/E	A/D	A/C	A/B	Guter Geschmack
B	B/E	B/D	B/C		Qualität
C	C/E	C/D			Attraktivität
D	D/E				Reputation
E					Wirtschaftlichkeit

Schema: Werkzeug für den paarweisen Vergleich

In der grafischen Darstellung habe ich die einzelnen Entscheidungskriterien mit den Buchstaben A bis E durchnummeriert. Auf der rechten Seite sind die Vergleichsfelder zu sehen. Für das bessere Verständnis sind in den einzelnen Feldern die miteinander zu vergleichenden Kriterienpaare dargestellt. Wenn in dem Beispiel alle zehn Vergleichsfelder ausgefüllt sind, haben wir sichergestellt, dass der paarweise Vergleich erfolgreich war. Nach jeder Bewertung tragen Sie den Buchstaben des jeweils von Ihnen bevorzugten Kriteriums in das Vergleichsfeld ein. Sollten Sie sich nicht entscheiden können, tragen Sie beide Buchstaben ein. Zum Abschluss zählen Sie, wie oft A, B, C, D und E gewonnen haben, dies ist dann die Gewichtung Ihrer Entscheidungskriterien. Wenn zwei Buchstaben in einem Feld stehen, ist das jeweils nur einen halben Zähler wert.

Für unser Beispiel würde das Ergebnis vielleicht folgendermaßen aussehen:

Gewichtung	Vergleichsfelder				Entscheidungskriterien
A	A	D	C	B	Guter Geschmack
B	B	B	C		Qualität
C	C	C			Attraktivität
D	E				Reputation
E					Wirtschaftlichkeit

Ergebnis des paarweisen Vergleichs

Mit der Erarbeitung des Entscheidungsziels, des Entscheidungsauslösers und den gewichteten Entscheidungskriterien haben wir Entscheidungsklarheit geschaffen. Wir wissen jetzt sehr genau, welchen Bedarf wir haben. Als Arbeitserleichterung bilden wir gegebenenfalls aus den drei Kontrollelementen noch Ausschlusskriterien für Alternativen. Wir arbeiten dann nur mit denjenigen Alternativen, die innerhalb dieser Grenzen liegen.

Ein kleiner Hinweis: Manche Entscheider machen sich Gedanken darüber, ob sie bei den drei Kontrollelementen an alles gedacht haben. Wir müssen uns auch Fehler zugestehen, anders ist Lernen kaum möglich. Wenn Sie Ihr Bestes geben, gibt es nichts, was Sie später bereuen könnten.

3.7.1 Zusammenfassung

Der Entscheidungskompass hilft uns auf einfache Weise, unseren Bedarf zu erarbeiten. Ganz nebenbei kommen wir so zu den drei Kontrollelementen, die sich ab jetzt wie ein roter Faden durch dieses Buch ziehen werden. Mittels des paarweisen Vergleichs wird die Gewichtung von Entscheidungskriterien zum Kinderspiel. Wenn der Entscheidungskompass nicht vollständig bearbeitet wird und nach der Erarbeitung der drei Kontrollelemente endet, nennt sich das Ergebnis „Entscheidungsprofil".

3.8 In meinem Sinn – Entscheidungen delegieren

Nicht alle Entscheidungen wollen wir auf die Dauer selbst treffen. Wozu gibt es das schöne Mittel der Delegation?

Wenn wir Entscheidungen delegieren, erwarten wir, dass der Delegationsnehmer in unserem Sinne handelt und auch so entscheidet.

Genau das passiert allerdings oft nicht. Bei der Ursachensuche werden wir schnell fündig. Entweder wir haben unsere Vorstellungen bei der Delegation nicht ausreichend kommuniziert oder der Mitarbeiter bewertet die Dinge anders als wir. Ganz selten gibt es einen dritten Fall: Der Mitarbeiter hat keine Lust, in unserem Sinne zu handeln.

Ganz unabhängig von der Fehlerursache mündet eine fehlgeleitete Delegation meistens in mangelndem Vertrauen.

„Lieber mehr Arbeit als die falschen Entscheidungen aus Delegationspfusch", sagen sich daher viele Führungskräfte.

Insbesondere mittelständische Unternehmer vertreten diese Auffassung und schwingen sich zum Superentscheider auf. Das Problem: Die Führungskraft wird dadurch zum Engpassfaktor im Unternehmen. Denn alles muss über ihren Schreibtisch laufen, auch wenn dafür Fachkräfte im Unternehmen arbeiten. Das mangelnde Vertrauen ihrer Chefs reduziert sie zu Statisten.

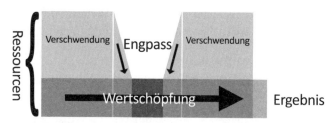

Die Wirkung von Engpässen in Unternehmen

Wir sollten daher Entscheidungen delegieren, um Engpässe zu vermeiden. Engpässe sind eine besondere Form der Verschwendung im Unternehmen. Alle anderen Bereiche arbeiten relativ zum Engpass gesehen mit einem Ressourcenüberschuss, den sie nicht nutzen können.

Wenn beispielsweise die Mitarbeiter in einem Unternehmen ständig auf die Entscheidung ihres Chefs warten müssen, können sie wichtige Projekte nicht vorantreiben. Sie beschäftigen sich dann mit weniger wichtigen Tätigkeiten, die nicht gleichermaßen zum Ergebnis oder Erfolg des Unternehmens beitragen. Um es drastisch zu machen: Eine Kette ist nur so gut wie ihr schwächstes Glied.

Wird ein solcher Engpass aufgelöst, können plötzlich alle anderen Bereiche

Produktivitätszuwächse verzeichnen. Wer einen Engpass beseitigt, sorgt daher bei geringem Einsatz meist für große Wirkung. Entscheidungsdelegation ist notwendig, um Engpässe zu vermeiden oder aufzulösen.

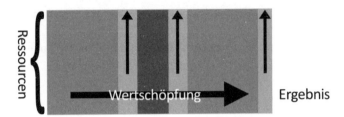

Aufgelöster Engpass

Neben der Engpassproblematik gibt es auch ein anderes Problem. Denn die zu Statisten reduzierten Mitarbeiter können bei einem Superentscheider ihr Spezialwissen nicht so gut einbringen. Oft entwickelt sich daraus sogar ein „Wer weiß es besser?"-Wettkampf. Denn der Mitarbeiter muss seine Existenz im Unternehmen rechtfertigen.

Er wird seinen Vorgesetzten daher bei jeder Gelegenheit spüren lassen, dass jener in Fachfragen nicht kompetent genug ist. Der Vorgesetzte hingegen sitzt am längeren Hebel, weiß aber, dass er fachlich nicht mithalten kann. Daher wird er den Mitarbeiter tendenziell unterbuttern. Verlierer dieses Wettkampfes ist meistens das Unternehmen. Denn die resultierenden Ergebnisse sind bestenfalls mittelmäßig.

Wie können wir es besser machen?

Wenn wir eine Aufgabe delegieren wollen, müssen wir selbst sehr genau wissen, was wir erwarten. Wir müssen also wie bei einer eigenen Entscheidung zuerst Entscheidungsklarheit herstellen. Denn wer delegiert, muss genauestens wissen, was er will. Ein häufig gelebter Fehler in Unternehmen ist der Satz gegenüber dem Mitarbeiter: „Überraschen Sie mich!" Gemeint ist natürlich nur im positiven Sinne. Der Satz drückt gleichzeitig aus, dass der Vorgesetzte keinen blassen Schimmer hat, was er will.

Denn andernfalls könnte der Mitarbeiter ihn nicht überraschen. Der Delegierende macht so die Aufgabe für den Mitarbeiter zu einer schlimmen Erfahrung. Es gibt keine Vorgaben, an denen er sich orientieren könnte, und bis zur Präsentation seiner Lösung weiß er nicht, ob er seine Sache gut oder schlecht macht. Nicht der Delegierende wird auf diese Weise überrascht, sondern der mit der Aufgabe betraute Mitarbeiter.

Wenn die Führungskraft allerdings weiß, was sie will, dann kann sie in der Regel ihren Willen auch gegenüber dem Mitarbeiter kommunizieren.

3.8.1 Regeln der Delegation

WAS soll getan werden? (Inhalt)

- Was ist überhaupt alles zu tun?
- Welche Teilaufgaben sind zu erledigen?
- Welches Ziel wird angestrebt? Was ist das Ergebnis?
- Welche Abweichungen können allenfalls toleriert werden?
- Welche Schwierigkeiten sind zu erwarten?

WER soll es tun? (Person)

- Welche Voraussetzungen muss jemand für diese Aufgabe mitbringen?
- Wer ist geeignet für diese Aufgabe?
- Wer könnte behilflich sein?

WARUM soll er es tun? (Ziel, Motivation)

- Welche Zusammenhänge bestehen?
- Gibt es Hintergründe, die man wissen sollte?
- Welche Bedeutung hat die Aufgabe für andere, für die Firma, für den Vorgesetzten?

WIE soll er es tun? (Umfang, Details)

- Wie muss bei der Ausführung vorgegangen werden?
- Gibt es Vorschriften, die zu beachten sind?
- Müssen bestimmte Verfahren angewendet werden?
- Müssen andere Stellen einbezogen werden?
- Wie verhält es sich mit den Kosten?

WOMIT soll er es tun? (Hilfsmittel, Ausrüstungen, Unterlagen)

- Welche Hilfsmittel stehen zur Verfügung?
- Welche Hilfsmittel müssen noch beschafft werden?
- Welche Unterlagen sind nötig? Müssen sie noch erstellt werden?

WANN soll es erledigt werden? (Anfangs-, Zwischen-, Endtermin)

- Wie liegen die Kundentermine?
- Wann muss die Arbeit/der Auftrag spätestens begonnen werden?
- Sollen Zwischentermine vereinbart werden?
- Wann werde ich mich vom Mitarbeiter über den Fortschritt informieren lassen?

Gefunden bei der deutschen Wikipedia unter
http://de.wikipedia.org/wiki/Delegation

Wir kennen mit dem Entscheidungskompass bereits ein Werkzeug, mit dessen Hilfe der Entscheider sich selbst Entscheidungsklarheit verschafft. Mein Vorschlag: Nutzen Sie den Entscheidungskompass, um Ihre Mitarbeiter im Rahmen der Delegation zu informieren.

Der Entscheidungskompass erfüllt alle spezifischen Anforderungen, die bei Delegationen häufig unter den Tisch fallen:

1. Das Ziel der Entscheidung.
2. Der Grund für die Entscheidung.
3 Eine Liste aller Aspekte, die der Delegierende gerne bei der Entscheidung seines Mitarbeiters berücksichtigt sehen würde.
4. Eine gewichtete Liste mit Entscheidungskriterien, nach der der Mitarbeiter die Wünsche seines Chefs berücksichtigen kann.

Der beauftragte Mitarbeiter ergänzt den Entscheidungskompass um Kriterien, die aus seiner fachlichen Sicht eine Rolle bei der Entscheidung spielen sollten.

Je nachdem, wie stark das Vertrauensverhältnis zwischen Vorgesetztem und Mitarbeiter ausgeprägt ist, stimmen beide danach den ergänzten Kriterienkatalog und die Gewichtungen ab.

Für den beauftragten Mitarbeiter ist diese Vorgehensweise ein wahrer Segen. Denn er kann sich sicher sein, dass er nach den Vorstellungen seines Vorgesetzten handelt.

Die Führungskraft ist dagegen sicher, dass der Mitarbeiter in seinem Sinne handelt, und kann sich beruhigt anderen Aufgaben zuwenden.

Sollten die Entscheidungen dann trotzdem nicht gefallen, liegt es an der unterschiedlichen Bewertung der beiden Menschen.

Dafür kann es zwei Ursachen geben. Zum einen könnte es an den unterschiedlichen Wertvorstellungen liegen. In dem Fall ist bei der Personalauswahl etwas schiefgegangen. Führungskraft und Mitarbeiter sind in dem Fall inkompatibel. Denn unterschiedliche Wertvorstellungen lassen sich in der Regel nicht

3.8 In meinem Sinn – Entscheidungen delegieren

überbrücken. Zum anderen könnte es an der mangelnden Erfahrung des Mitarbeiters liegen. Denn wie wir Informationen bewerten, hat etwas mit Erfahrung zu tun.

Die Kaufmann GmbH ist eine erfolgreiche lokale Werbeagentur und feiert ihr zehnjähriges Bestehen. Der Unternehmer Ralf Kaufmann hat seinen neuen Kreativdirektor Walter Meier mit der Planung und Durchführung beauftragt. Der will sich in seinem neuen Job natürlich profilieren.

Kaufmann hat sehr genaue Vorstellungen, wie das Ganze ablaufen soll. Dies ist sein Entscheidungsprofil:

Entscheidungsprofil von Ralf Kaufmann

Ziel	Gemeinsame Veranstaltung mit allen Mitarbeitern und Kunden
Entscheidungsauslöser	Zehnjähriges Bestehen des Unternehmens
Inspirierende Frage	Wie schaffen wir es, mit unseren Kunden einen tollen Abend zu verbringen?
Gewünschte Ergebnisse	Gutes Essen Besonderer Veranstaltungsort Innovatives Unterhaltungsprogramm Kleine Überraschungsgeschenke für die Gäste Liveband Eingehen auf die unterschiedlichen Kunden
Status-quo-Ergebnisse	Gute Beziehungen zu den Kunden Teamgefühl der Mitarbeiter Ralf Kaufmann als souveräne Führungspersönlichkeit
Unerwünschte Ergebnisse	Zu hohe Kosten Patzer in der Organisation Veranstaltung langweilt Kunden und Mitarbeiter

Der Kreativdirektor zieht bei der Veranstaltung alle Register: Catering vom Feinsten, Zauberer und Artisten, die zwischen den Gästen ihre Kunststücke vorführen, sowie ein Businesstheater, das den Agenturalltag auf die Schippe nimmt, und kleine Give-aways, die die Gäste noch lange Zeit an den unvergesslichen Abend erinnern werden. Tolle Musik und ein Feuerwerk bringen die Jubiläumsfeier furios zu Ende.

Nach der Veranstaltung ist Meier sehr zufrieden mit sich. Doch Agenturchef Kaufmann springt im Dreieck. Wie konnte der Kreativdirektor es wagen, die Rolle von Kaufmann so herunterzuspielen? Jener hätte lediglich bei der Eröffnung des Buffets ein paar Worte sagen dürfen, aber sonst wäre der Unternehmer nicht einmal erwähnt worden. Seine Leistung, über zehn Jahre diese Agentur aufzubauen, sei ja überhaupt nicht gewürdigt worden.

Der Fehler lag in den unterschiedlichen Wertvorstellungen von Kaufmann und Meier. Der Agenturchef verstand unter dem Status-quo-Ergebnis „Ralf Kaufmann als souveräne Führungspersönlichkeit", dass er im Zentrum der ganzen Show stehen würde. Meier dagegen glaubte, dass Kaufmann als souveräne Führungspersönlichkeit eben nicht zu sehr im Mittelpunkt stehen wollte. Letztlich musste er deshalb die Agentur noch in der Probezeit wieder verlassen.

Wenn wir als Führungskraft später Entscheidungen an einen vielleicht nicht so erfahrenen Mitarbeiter delegieren wollen, sollten wir ihn an unserer Erfahrung und unseren Wertvorstellungen teilhaben lassen. Es macht dann Sinn, den betreffenden Mitarbeiter schon lange vor den ersten großen Aufgaben in unsere Entscheidungen mit einzubeziehen und ihm gegenüber offenzulegen, wie wir unterschiedliche Aspekte bewerten.

Wahrscheinlich bekommen die Bauchentscheider an dieser Stelle wieder einen roten Kopf. Denn das ist es ja gerade, was sie eher implizit denn explizit tun. In diesem Fall müssen wir uns aber überwinden. Denn umgekehrt können Sie von Ihren Mitarbeitern ja auch keine Bauchentscheidung akzeptieren. Für Sie als Führungskraft muss es nachvollziehbar sein, wie die einzelnen Entscheidungen unter Delegation zustande kommen.

Ganz grundsätzlich lernt der Mitarbeiter auf diese Weise, wie der Chef aufgrund seiner Erfahrung die Bewertungskriterien anwendet.

Wenn beide eine gemeinsame Wertebasis teilen, sollte die Delegation danach gut funktionieren.

3.8.2 Zusammenfassung

- Bei der Delegation von Entscheidungen hilft Ihnen der Entscheidungskompass, Ihrem Mitarbeiter die notwendige Klarheit zu vermitteln, um in Ihrem Sinne zu handeln.
- Delegation ist notwendig, weil wir als Entscheider sonst zum Engpass im Unternehmen werden.
- Entscheidungsdelegation ist ein eleganter Weg, das Fachwissen der Mitarbeiter verantwortlich einzubinden.

3.9 Workshop: Ihr Entscheidungskompass

Sie haben gerade eine Entscheidungssituation vor sich? Bestens! Dann erarbeiten Sie doch gleich Ihren eigenen Entscheidungskompass in diesem kleinen Workshop. Am besten, Sie kopieren sich diese Seiten, dann können Sie jederzeit darauf zurückgreifen.

Arbeitsschritt 1: Ziel, Entscheidungsauslöser und inspirierende Frage festlegen

Was ist das Ziel Ihrer Entscheidung?

Tragen Sie hier Ihr Ziel ein:

....

....

Was ist der Entscheidungsauslöser? Welches Problem müssen Sie aus dem Weg räumen, um Ihr Ziel zu erreichen, oder ist es eine Chance, schneller ans Ziel zu kommen?

Tragen Sie hier den Entscheidungsauslöser ein:

....

....

Die inspirierende Frage soll Ihnen helfen, den eigenen Bedarf leichter offenzulegen und fokussiert zu sein. Die inspirierende Frage leiten wir mit „Wie erreiche ich, dass ..." oder „Wie schaffe ich, dass ..." ein.

Tragen Sie hier Ihre inspirierende Frage ein:

....

....

....

....

Arbeitsschritt 2: Gewünschte Ergebnisse und Status-quo-Ergebnisse

Wir haben jetzt die Entscheidungssituation dokumentiert. In diesem Schritt erarbeiten wir uns die positiv formulierten Kontrollelemente.

Gewünschte Ergebnisse. Welche Bedingungen möchten Sie im Zusammenhang mit der Erreichung des Ziels zusätzlich erfüllt haben?

Tragen Sie hier Ihre gewünschten Ergebnisse ein:

Status-quo-Ergebnisse. Vergessen Sie nicht die Dinge, die Ihnen bereits lieb und teuer sind. Diese wollen wir erhalten.

Tragen Sie hier Ihre Status-quo-Ergebnisse ein:

....

....

Arbeitsschritt 3: Unerwünschte Ergebnisse und Ausschlusskriterien

Unerwünschte Ergebnisse: Welche Ergebnisse wollen Sie unbedingt vermeiden?

Tragen Sie hier Ihre unerwünschten Ergebnisse ein:

....

....

Ausschlusskriterien: Unter diese Kategorie fallen Kriterien, die den normalen Rahmen sprengen würden, weil sie erheblich wichtiger sind als alle anderen, und solche, die uns helfen, eine Vorauswahl unter den Alternativen durchzuführen.

Tragen Sie hier Ihre Ausschlusskriterien ein:

....

....

....

....

3.9 Workshop: Ihr Entscheidungskompass

Arbeitsschritt 4: Entscheidungskriterien bilden und gewichten

Wie bilde ich Entscheidungskriterien aus den Kontrollelementen „gewünschte Ergebnisse", „Status-quo-Ergebnisse" und „ungewünschte Ergebnisse"?

Alle Ergebnisse, die ähnliche Aspekte beschreiben, ziehen wir jeweils unter einem Oberbegriff zusammen. Im neueren Managerdeutsch heißt das „Clustern".

Die Oberbegriffe sind unsere Entscheidungskriterien, die wir in unsere Gewichtungsmatrix eintragen.

Im Anschluss vergleichen wir alle Entscheidungskriterien paarweise miteinander und bestimmen ihr jeweiliges relatives Gewicht.

Damit ist der Entscheidungskompass komplett.

Gewichtung	Vergleichsfelder								Entscheidungskriterien
A	A/I	A/H	A/G	A/F	A/E	A/D	A/C	A/B	
B	B/I	B/H	B/G	B/F	B/E	B/D	B/C		
C	C/I	C/H	C/G	C/F	C/E	C/D			
D	D/I	D/H	D/G	D/F	D/E				
E	E/I	E/H	E/G	E/F					
F	F/I	F/H	F/G						
G	G/I	G/H							
H	H/I								
I									

Entscheidungskompass – Gewichtungsmatrix

3.10 Checkliste für Entscheidungsklarheit

- ☐ Wir kennen unsere Vision.
- ☐ Wir kennen die Ziele auf dem Weg zur Realisierung unserer Vision.
- ☐ Wir kennen unsere Mission.
- ☐ Der Entscheidungsauslöser ist bekannt.
- ☐ Wir haben eine inspirierende Frage erarbeitet.
- ☐ Wir kennen neben dem Ziel auch die damit verbundenen gewünschten Ergebnisse.
- ☐ Wir kennen unsere Status-quo-Ergebnisse, die über die Entscheidung hinaus unbedingt Bestand haben sollen.
- ☐ Wir kennen die unerwünschten Ergebnisse, die wir im Rahmen der Entscheidung unbedingt vermeiden wollen.
- ☐ Wir haben uns Ausschlusskriterien erarbeitet, die uns helfen, die Anzahl der Alternativen einzugrenzen.
- ☐ Wir haben unsere Entscheidungskriterien erarbeitet und gewichtet.

4 Attraktive Alternativen

 In diesem Kapitel geht es um alle Möglichkeiten, wie ein moderner Entscheider sich Lösungsalternativen schafft.

- Wir lesen, warum es die wichtigste Aufgabe eines Entscheiders ist, neue Alternativen zu schaffen.
- Wir lösen uns von Berührungsängsten mit der Kreativität.
- Wir lernen die Osborn-Methode kennen.
- Wir beschäftigen uns mit der Sechs-Blickwinkel-Methode.
- Lernen Sie von Subway, ohne Kreativität erfinderisch zu sein: morphologischer Kasten.
- Uns ist nichts gut genug, daher optimieren wir jede Alternative mit der Ein-Schritt-Optimierung.
- Das Beste zum Schluss: Workshops für die die Osborn-Methode, die Sechs-Blickwinkel-Methode und die Ein-Schritt-Optimierung.

4.1 Alternativen: Der Stoff, aus dem Entscheidungen sind

Wenn ich an Alternativen denke, drängt sich mir häufig das klassische Bild des Entscheiders auf. Eine Person steht leicht verwirrt vor einer großen Anzahl von Alternativen und soll eine Entscheidung treffen.

Wir wissen jetzt, dass dieses Bild falsch ist. Die Möglichkeit, unter verschiedenen Alternativen wählen zu können, muss sich der Entscheider oft selbst schaffen. Allerdings ist auch das auf gewisse Weise ein künstliches Bild. Denn wann haben wir schon einmal den Luxus, dass sich alle Wahlmöglichkeiten wie die Soldaten auf dem Kasernenhof vor uns präsentieren? Gerade wenn wir Chancen wahrnehmen wollen, bietet sich oft nur ein begrenztes Zeitfenster.

Angenommen wir haben einen Makler beauftragt, ein neues Bürogebäude für uns zu finden. Über die Zeit präsentiert er uns verschiedene Vorschläge. Aber leider nicht alle gleichzeitig und jedes dieser Gebäude ist nach kurzer Zeit wieder vom Markt. Wir können also gar keinen direkten Vergleich vornehmen. In so einem Fall haben wir nur die Chance, auf der Grundlage unseres klar formulierten Bedarfs eine Entscheidung zu treffen. Gleichwohl ist da natürlich immer die Versuchung, noch länger zu warten, ob nicht etwas Besseres auftaucht. Doch Vorsicht! Es könnte uns dann wie in dem Märchen ergehen, in dem die schöne Müller-Tochter nur mit einem Prinzen tanzen möchte und alle Bewerber abweist. Am Ende muss sie sich mit dem Bettler zufriedengeben.

> Herbert Bauer möchte ein Unternehmen kaufen. Seine Branche ist relativ klein, daher kommen nicht viele Angebote infrage. Aber jedes Mal ist ihm die Firma dann doch nicht gut genug. Nachdem er nach zwei Jahren immer noch nicht zum Zuge gekommen ist, springt ihm der Private-Equity-Partner ab, der das Geschäft mitfinanzieren sollte. Die Lage an den Finanzmärkten hatte sich dramatisch verschlechtert. Es ist jetzt sehr unwahrscheinlich für ihn, ein Unternehmen zu kaufen.

Das Problem, wie lange ein Entscheider Alternativen vorbeiziehen lassen soll, bis er damit aufhört und sich für die gerade bietende Gelegenheit entschließt, beschäftigt sogar die Wissenschaft. Es ist mathematisch berechnet worden. Wir müssen nur die genaue Anzahl der Alternativen kennen, die da draußen auf uns warten, und annehmen, dass sowohl gute wie auch schlechte Alternativen mit der gleichen Wahrscheinlichkeit auftauchen. Wenn das so ist, müssen wir die Reißleine ziehen, nachdem wir 37 % aller verfügbaren Alternativen gesehen haben. Das ist doch einmal ein praktischer Rat, den uns die Entscheidungstheorie da gibt!

Da es aber in der Regel unendlich viele Alternativen gibt und nicht nur eine bestimmte Zahl, ist dieser Rat auch wieder ein Fall für die runde Ablage. Bleiben wir lieber praxisorientiert. Wenn eine Alternative unseren Bedarf erfüllt, dann greifen wir zu.

4.1.1 Die Kernaufgabe des Entscheiders

Fragen Sie einen beliebigen Menschen auf der Straße, was die Kernaufgabe eines Entscheiders ist, wird der Ihnen vermutlich „entscheiden" sagen. Wenn dem so wäre, würden sich viel Entscheider freuen. Denn ihre Aufgabe erledigte sich dann ziemlich schnell.

Solange wir die Verantwortung für unsere Entscheidungen tragen, können wir uns nicht mit drittklassigen Alternativen zufriedengeben. Denn zwangsläufig ist unsere Entscheidung nur so gut wie die Qualität unserer Wahlmöglichkeiten.

Wir können diese Qualität gerne dem Zufall überlassen. Aber ratsam ist es nicht.

Unser Bedarf als Entscheider ist einzigartig. Daher müssen wir viele Frösche küssen, bis wir uns für die richtige Alternative entscheiden können.

Ergo brauchen wir möglichst viele Alternativen. Das allein reicht natürlich nicht. Denn wenn sich alle Alternativen darin ähnlich sind, dass sie unseren Bedarf nicht erfüllen, dann hilft uns das wenig. Wir brauchen also Vielfalt.

4.1 Alternativen: Der Stoff, aus dem Entscheidungen sind

Wodurch drückt sich Vielfalt aus? Was Vielfalt ist, definieren wir als Entscheider und zwar in Form der Entscheidungskriterien, die wir aufgestellt haben. Die Vielfalt äußert sich in den unterschiedlichen Arten, wie verschiedene Alternativen unsere Entscheidungskriterien erfüllen. Dabei sollten wir nicht vergessen, dass unsere Entscheidungskriterien lediglich die Oberbegriffe zu den drei Kontrollelementen sind, die wir auf dem Weg zur Entscheidungsklarheit definiert haben.

Gustav Franz ist Einkaufsleiter bei einem Automobilzulieferer. In den letzten Jahren haben die Rohstoffpreise stark angezogen, ohne dass sein Unternehmen die Mehrkosten an seine Kunden weitergeben konnte. Damit stehen auch die Entscheidungskriterien für die Lieferantenauswahl auf dem Prüfstand. Eines seiner Kriterien, nämlich „Preis", setzte sich aus den gewünschten Ergebnissen „Rabattstaffel", „Grundpreis" und „Preisstabilität" zusammen. Zufrieden stellt er fest, dass er an diesem Kriterium und an dem, was dahintersteht, doch nichts ändern muss, weil er damit immer noch die neuen Marktanforderungen abbildet.

Es liegt also im Auge des Entscheiders, was Vielfalt ist und was nicht.

Kennen Sie Merci-Schokolade? Der Hersteller bietet z. B. eine „Herbe Vielfalt" an. Wenn der Entscheider ein Schokoladenliebhaber ist, dann wird er das als Vielfalt ansehen. Wenn er dagegen an Süßem im Allgemeinen interessiert ist, sieht er das vermutlich anders.

Dann stellt eine Anzahl verschiedener Schokosorten keine echte Vielfalt für ihn dar.

Wollen wir also Vielfalt, dann muss sie sich in Ausprägungen passend zu unseren Ergebnissen aus den drei Kontrollelementen äußern.

Kleiner Hinweis: Falls es Ihnen noch nicht aufgefallen ist: Diese drei Kontrollelemente ziehen sich wie ein roter Faden durch den gesamten Entscheidungsprozess!

Viele Menschen können sich nicht vorstellen, dass es in jeder Entscheidungssituation eine unendliche Anzahl von Alternativen gibt. Dafür ein kleines Zahlspiel: Bei nur fünf unterschiedlichen Entscheidungskriterien und angenommen zehn Ausprägungen pro Ergebnis gibt es eine potenzielle Alternativenanzahl von 10 · 10 · 10 · 10 · 10 = 100.000 Stück!

Das ist doch alles Theorie! Dieser Auffassung mag der eine oder andere sein. In der Realität sieht es anders aus. Daher hier ein kleiner Exkurs über Gestaltungsspielräume:

Je größer unser Gestaltungsspielraum ist, desto bessere Alternativen können wir entwickeln. Berater sprechen immer ganz natürlich von diesen Spielräumen, aber selten genug sehen wir jemanden „spielen".

Für die einen gut genug

Was hat es also damit auf sich? Ich kann hier nur für mich sprechen. Aus meiner Sicht ist der Gestaltungsspielraum der Bereich meiner Möglichkeiten, den ich nutzen kann.

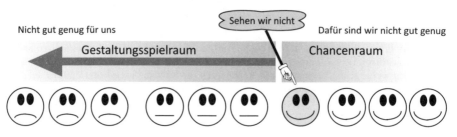

Ungenutzter Gestaltungsspielraum

In der Grafik ist der Bereich links von den fröhlichen Smileys unser Gestaltungsspielraum. Angenommen wir suchen eine neue Wohnung. Die Alternativen, die infrage kommen, die mittleren Smileys, begeistern uns nicht. Aber für unser Budget gibt es eben nichts Besseres. Die Alternativen (fröhliche Smileys) im Chancenraum sind außerhalb unserer Möglichkeiten.

Geht mehr?

Bei den fröhlichen Smileys müssten wir nicht lange überlegen. Leider sind *wir nicht gut genug* dafür.

Links von unseren leicht mürrischen Smiley-Alternativen befinden sich Möglichkeiten, wie unter der Brücke schlafen oder ein Abbruchhaus besetzen usw. Eben alles, was andere vielleicht machen, aber ganz klar *nicht gut genug für uns* ist.

Allerdings wäre ein Teil der Alternativen im Chancenraum durchaus für uns leistbar. Wir sehen diese Chancen nur nicht und machen unseren Gestaltungsspielraum daher kleiner als notwendig. So könnte bei der Wohnungssuche unser Nachbar oder Arbeitskollege die richtige Info haben, wenn er nur wüsste, was wir genau suchen. Oder während wir uns vergeblich abmühen, in unserer Abteilung befördert zu werden, wird in der Nachbarabteilung ohne unser Wissen der Nachfolger für den Abteilungsleiter gesucht.

Das kennen wir ja alle, wir strengen uns an, das Beste zu bekommen, und ein anderer ist einfach zum richtigen Zeitpunkt am richtigen Ort und ergreift die Chance. Nachher fragen wir uns: Wie hat er das nur gemacht?

4.1 Alternativen: Der Stoff, aus dem Entscheidungen sind

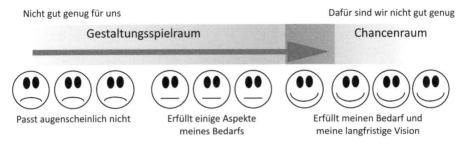

Gestaltungsspielraum erweitert

Die Sünden der Vergangenheit ...

Gestaltungsspielräume eröffnen sich z. B. über Reputation, Geld, Stellung und Einfluss im Sinne von Netzwerken. Damit ist auch klar, dass Entscheidungen, die wir heute treffen, immer auch die Gestaltungsspielräume der Zukunft öffnen oder schließen. Wenn ich heute einen Kontakt schlecht behandle, wird der mir morgen nicht helfen, einen wichtigen Auftrag zu bekommen.

Als ich 2006 die Wahl hatte, mein erstes Buch relativ zeitnah im Eigenverlag herauszubringen oder mit einem von drei namenhaften Wirtschaftsverlagen zusammenzuarbeiten und dafür ein Jahr auf die Veröffentlichung zu warten, ging es um mehr als nur den Erscheinungstermin. Mit meiner Entscheidung habe ich etwas für meine Reputation getan. Denn der Carl Hanser Verlag hat einen exzellenten Ruf, der mir heute viele Türen öffnet.

Aber die Entscheidungen der Vergangenheit kann ich nicht mehr verändern. Mein Fokus für heute muss es sein, meinen Gestaltungsspielraum so zu erweitern, dass ich eine gute Lösung für meinen aktuellen Bedarf bekomme.

Ein größerer Spielplatz

Entscheidungen sind richtungsgetriebenes Handeln. Daher muss ich meine Richtung kennen, sonst macht alles Handeln keinen Sinn. Im konkreten Einzelfall lege ich daher so genau wie möglich fest, was ich möchte, bevor ich mir die Alternativen ansehe. Denn wenn ich genau weiß, was ich will, öffne ich meinen Blick (Bewusstseinsfilter) für die richtigen Lösungen und nehme sie dann auch wahr.

Auf diese Weise gelingt es mir, meinen Gestaltungsspielraum um das entscheidende Stückchen zu erweitern, und am Ende bin ich es, über den die anderen sagen: „Wie macht er das nur?"

Es ist also sehr unwahrscheinlich, dass wir bei zwei oder drei Alternativen gleich einer bedarfsgerechten Lösung begegnen, wenn die Anzahl unserer potenziellen Alternativen unendlich groß ist.

Für den Entscheider bedeutet das:

- Die Alternativen dürfen nicht auf der Grundlage von Zufall zur Verfügung stehen.
- Der Entscheider sollte sich möglichst viele Alternativen erarbeiten.

Dann ist die Wahrscheinlichkeit groß, dass eine bedarfsgerechte Alternative dabei ist.

Es gibt allerdings eine Ausnahme

Wie wir bereits wissen, ist der Entscheidungsauslöser immer ein Problem oder eine Chance. Im ersteren Fall werden mehr Alternativen gebraucht, als wenn der Entscheidungsauslöser eine Chance ist.

Woran liegt das? Wenn wir aufgrund einer Chance in die Entscheidungssituation kommen, dann haben wir bereits meistens eine richtig gute Alternative im Blick. Wir müssen nur vorher feststellen, ob sie auch unserem Bedarf entspricht.

Entscheidungen, die durch ein Problem ausgelöst wurden, zeichnen sich dagegen oft durch die Abwesenheit brauchbarer Ad-hoc-Alternativen aus.

> Manfred Wilke ist Spediteur. Die meisten seiner Fuhren sind profitabel. Aber immer wenn es in die Region Ostwestfalen geht, hat er so wenig Fracht in seinen Lkws, dass er regelmäßig Verluste schreibt. Ablehnen kann er sie auch nicht, weil ein wichtiger Kunde dorthin liefern muss. Eines Tages bekommt er einen interessanten Anruf von einem Wettbewerber. Der bietet ihm an, Fuhren für Ostwestfalen in Frankfurt zu übernehmen und für ihn zu transportieren. Der Vorteil des Konkurrenten: eine Steigerung seiner Deckungsbeiträge. Wilke muss da nicht lange nachdenken. Nach so einer Lösung hatte er schon lange Ausschau gehalten. Er entscheidet sich dafür. Vielleicht gäbe es noch bessere Alternativen. Aber diese eine erfüllt seinen Bedarf voll und ganz.

4.1.2 Neue Alternativen schaffen

Wer Alternativen schaffen will, muss vorher Entscheidungsklarheit entwickelt haben.

Denn solange ich nicht genau weiß, was ich will, ist eine hohe Alternativenanzahl schlecht für mich. Denn sie verschärft das Entscheidungsproblem. Wofür soll ich mich denn entscheiden, ohne Entscheidungsklarheit?

Einesteils können wir viele Alternativen nur deshalb schaffen, weil wir genau wissen, was wir wollen. Anderenteils können wir ohne Entscheidungsklarheit auch nicht damit umgehen.

Wenn wir Alternativen schaffen wollen, haben wir drei Möglichkeiten:

- RAS – retikuläres Aktivierungssystem,
- allgemeine kreative Methoden,
- Alternativenoptimierung.

Was sich im Einzelnen dahinter verbirgt, erfahren wir im Folgenden.

4.1.3 Retikuläres Aktivierungssystem

Das retikuläre Aktivierungssystem (RAS) ist ein Nervengewebe in unserem Gehirn, das die Stimulation unseres Neokortex steuert. Was so kompliziert klingt, ist in der Praxis ganz einfach. Der Mensch kann nicht alle Informationen verarbeiten, die ständig auf ihn einströmen. Wissenschaftler haben herausgefunden, dass wir jeden Moment mit 50 Millionen Bits konfrontiert sind. Verarbeiten können wir davon allerdings nur 50 Bits. Das erfordert eine drastische Auswahl.

Das RAS ist ein Filter, der nur relevante Informationen durchlassen soll. Leider funktioniert das nicht immer. Denn wer hat sich beispielsweise nicht schon beim Autofahren ablenken lassen, anstatt sich auf den Straßenverkehr zu konzentrieren?

Unser RAS gibt allen Informationen Priorität, die für unser Überleben wichtig sind. Wenn also in grauer Vorzeit ein Säbelzahntiger auf unseren Vorfahren zustürzte, war das wichtiger als eine attraktive Steinzeitdame. Neben den für unser Überleben wichtigen Informationen können wir unser RAS auch dazu bringen, für uns aktuell besonders interessante Informationen durchzulassen.

Wenn Sie beispielsweise gerade vorhaben, sich mit einer besonderen Uhr zu belohnen, nehmen Sie überall in Ihrer Umgebung Uhren mit ganz besonderen Augen wahr. Sollten Sie dann schon eine besondere Marke ins Auge gefasst und Prospekte dazu gewälzt haben, wird es spannend. Denn bisher ist Ihnen nie aufgefallen, dass Ihr Vermögensberater, einer Ihrer Kollegen, ja sogar der Nachbar von Gegenüber eine Uhr von genau dieser Marke trägt.

Was ist passiert? Unser RAS hat ein neues Programm für seinen Filter bekommen. Wir haben ihm konkret mitgeteilt, was uns beschäftigt.

Denn wenn wir uns mit einer hohen Intensität einer Sache widmen, lernt unser Filtersystem daraus, dass bestimmte Informationen für uns wichtig sind. Genau diesen Umstand machen wir uns zunutze, wenn wir uns Entscheidungsklarheit erarbeiten.

Vielleicht fragen Sie sich jetzt, warum das RAS Sie in der Vergangenheit so schlecht unterstützt hat. Schließlich wussten Sie zumindest ungefähr, was Sie in Ihren Entscheidungssituationen wollten.

Wie viele Dinge gibt es, für die wir uns nur halbherzig interessieren? Nahezu unzählbar viele. Auf wenig konkrete Zielvorstellungen und Ideen kann das RAS nicht reagieren, denn unser Aufnahmevermögen ist begrenzt. Nur wenn wir uns unseren Bedarf ganz konkret erarbeitet haben, können wir auf die Hilfe dieses nützlichen Bewusstseinsfilters setzen.

Stellen Sie sich Ihr Bewusstsein als einen äußerst exklusiven Klub vor. Und vor der Tür steht Ihr RAS und weist alle unerwünschten Gäste ab.

Erfahren Sie es selbst!

Sie sollten mir das nicht einfach nur glauben. Probieren Sie es aus! Sie werden überrascht sein – garantiert!

4.1.4 Kreativität – Schlüsselqualifikation für gestaltende Entscheider

Die meisten Entscheider in den Unternehmen würden sich nicht als „kreativ" bezeichnen. Oft versteckt sich dahinter die Furcht, von Kollegen nicht ernst genommen zu werden.

Aber wie sollen wir uns als Entscheider neue Gestaltungsspielräume sichern? Der Begriff „Kreativität" kommt aus dem lateinischen „creare", was so viel heißt wie erschaffen. Insofern ist der Begriff vielleicht auch irreführend. Denn oft heißt kreativ sein lediglich, eine Lösung zu sehen, die vorher übersehen wurde.

Niemand erwartet von uns, dass wir die wildesten und abstrusesten Ideen wälzen.

Was wir brauchen, sind pragmatische Lösungen, die sich gut umsetzen lassen. Wie kreativ eine Lösung ist, legen wir bereits fest, wenn wir unseren Bedarf formulieren. Angenommen wir wollen unseren Umsatz durch den Zukauf eines Wettbewerbers vergrößern. Dann könnte es einige Kreativität erfordern, wenn unser Bedarf eine Verdreifachung unserer Umsatzrendite vorsieht. Wir brauchen dagegen keine revolutionären neuen Ideen, wenn wir uns damit begnügen, die wichtigsten Synergieeffekte zu heben und dabei die Gesamtkosten um 7 % zu senken.

Die Sorge ist also unbegründet, dass Sie ins Lager der durchgeknallten Kreativen wechseln müssten, nur um ein guter Entscheider zu sein.

Ich an Ihrer Stelle wäre allerdings bereit, den Preis zu bezahlen, wenn es anders wäre. Denn wer bessere Entscheidungen trifft, verbessert seine Lebensqualität massiv.

4.1.5 Vorbereitung für Kreativstrategien

In der griechischen Mythologie haben alle Helden sich erst einmal nach Delphi begeben, um sich dort den Spruch des Orakels abzuholen. Was der geneigte Leser der antiken Literatur dabei lernt: „Die Qualität des Orakelspruchs hängt von der Qualität der Frage ab." Mit anderen Worten: „Wer dumme Fragen stellt, bekommt ebensolche Antworten."

Wenn wir mit Kreativstrategien arbeiten, erhoffen wir uns gute Antworten auf unsere Probleme. Ähnlich wie der Besucher von Delphi. Daher sollten wir uns vorher intensiv Gedanken darüber machen, welche Frage oder welche Fragen wir beantwortet haben wollen.

So funktioniert übrigens auch unser Denken. Wer denkt, beantwortet dabei immer Fragen, die er sich vorher selbst gestellt hat.

Angenommen wir haben als Unternehmenschef bei den zahlreichen Anforderungen keine Zeit mehr für strategische Überlegungen. Wenn wir uns dann mit der Überschrift „Keine Zeit für Strategie" in eine Kreativsitzung begeben, kommen dabei so interessante Einsichten heraus wie:

- Der Chef muss seine persönliche Effizienz erhöhen.
- Der Chef besucht ein Zeitmanagementseminar.
- Der Chef muss die einfachen Aufgaben an seine Mitarbeiter abgeben.
- …

Mit anderen Worten: Der Chef ist unfähig und seine Mitarbeiter sind es auch.

Anders sieht die Sache aus, wenn wir uns in die Kreativsitzung begeben und dabei folgende Frage stellen: „Wie schaffe ich es, Prozesse, Strukturen und Verantwortungen so zu ändern, dass der Chef den Kopf für seine strategischen Aufgaben freibekommt?"

Sie erkennen das Format der Frage wahrscheinlich wieder. Es ist die inspirierende Frage, die wir eingangs unseres Prozesses zur Entscheidungsklarheit stellen. Diese Frage ist sehr konkret. Sie schränkt zwar den kreativen Geist etwas ein. Aber damit können wir leben, denn das Ergebnis einer unkonkreten Frage ist selten eine konkrete Antwort. Wir suchen nach umsetzbaren Lösungen, und das sind sie nur, wenn sie konkret sind.

Wer konkrete Lösungen sucht, muss konkrete Fragen stellen

Ein zweiter wichtiger Punkt bei Kreativität ist Toleranz. Wir müssen es aushalten können, eine Idee erst einmal nicht zu kritisieren. Kreative müssen immer einen Überfluss produzieren. Wer aus dem Vollen schöpft, kann später umso rigoroser sein, wenn es um die Auslese geht.

Aber zunächst sollten wir Vielfalt zulassen und uns im Gegenteil auch von unmöglichen Lösungen inspirieren lassen. Das ist die dritte wichtige Regel: Inspiration.

Bei jeder Kreativmethode gibt es einen toten Punkt. Als Macher sind wir dann versucht, direkt in die Auslese der besten Lösungen zu gehen. Doch das ist falsch. Denn der tote Punkt signalisiert, dass wir alle Lösungen produziert haben, die aus unseren eingefahrenen Denkspuren kommen. Ab diesem Punkt müssen wir das Gewohnte verlassen und dann wird es spannend. Wer hier bereits abbricht, wird am Ende nichts wirklich Neues erfahren haben. Zwingen Sie sich, weiterzugehen. Es lohnt sich!

Nachdem wir nach dem toten Punkt eine reiche Beute eingefahren haben, sind viele Lösungen dabei, die in einer realen Welt schlecht umsetzbar sind. Diese werden in der letzten Phase, der Auslese, heraussortiert. Am Ende sollten nur noch Lösungen im Kreativportfolio sein, die unserem Bedarf gerecht werden.

Kreativregeln: Konkrete Fragen, Toleranz, Inspiration, über den toten Punkt hinaus arbeiten und Auslese

Wenn wir uns daran halten, dann bleiben die besten Lösungen in Zukunft nicht mehr unentdeckt.

4.1.6 Kreativstrategie I: Flüssiges Denken

Eine der besten Kreativitätsmethoden ist für mich die Osborn-Methode. Sie stammt von dem Marketingexperten Alexander Osborn. Er hat sie in den 50er-Jahren des letzten Jahrhunderts entwickelt, um uns aus unseren eingefahrenen Problemlösungsmustern zu befreien.

Wann immer wir eine Aufgabe zu lösen haben, wenden wir immer wieder die gleichen Strategien an, um die Spannung der ungelösten Aufgabe loszuwerden. In gut geübten Mustern sind wir sehr erfolgreich und finden fast immer eine schnelle Lösung. Leider sind diese selten kreativ. Nachträglich kann niemand sagen, welche anderen Lösungen wir hätten finden können, mit denen wir heute vielleicht erfolgreicher wären.

Die Osborn-Methode stellt sicher, dass wir alle denkbaren Problemlösungsmuster einsetzen. Am Ende dieses Prozesses können wir daher mit Fug und Recht sagen: Wir haben keine Denkrichtung ausgelassen.

Wer das erste Mal außerhalb seiner bisherigen Denkmuster arbeitet, könnte das Gefühl haben, das alles sei umständlich oder mühsam.

Das ist ganz natürlich und sollte Sie nicht davon abhalten, weiterzumachen. Das Ergebnis rechtfertigt in jeder Hinsicht die Mühe der Einarbeitung. Ich erlebe regelmäßig, wie begeistert Entscheider über die zahlreichen vielversprechenden Lösungen sind, die die Osborn-Methode ermöglicht. Voraussetzung ist allerdings, dass wir uns voll und ganz auf das Verfahren einlassen.

Die Osborn-Methode

Die Osborn-Methode setzt auf neun Denkmuster, die wir nacheinander auf eine Problemstellung anwenden:

1. Verwenden
2. Kombinieren
3. Anpassen
4. Vergrößern oder etwas hinzufügen
5. Verändern
6. Verkleinern oder etwas weglassen
7. Umgruppieren oder neu anordnen
8. Umkehren
9. Ersetzen

Der Anwender der Methode macht sich also Gedanken, was er alles mit Aspekten des Problems oder auch der Problemfrage anstellen kann und welche Inspirationen ihm dadurch kommen.

Ohne Beispiel wirkt es auf den Kreativitätsinteressierten öde. Daher ein Beispiel aus meinem eigenen Geschäft.

Ein Beispiel

Der Entscheider-Coach Kai-Jürgen Lietz hat mit seinem Entscheider-Blog eine sehr gut frequentierte Internetseite. Der Entscheider-Blog ist die Publikation des Entscheider-Coachs, er macht dort keine Werbung, produziert aber ständig neue Inhalte über sein Spezialthema, das Entscheiden. Sein Ziel ist es, die Website noch attraktiver zu machen und so von derzeit 40.000 Besuchern auf 100.000 Besucher pro Monat zu wachsen. Entscheidungsauslöser ist eine Stagnation der

Besucherzahlen, nachdem sie vorher jeden Monat jeweils um 10 bis 15 % gewachsen ist.

Die inspirierende Frage für ihn ist: Wie schaffe ich es, meine Nutzerbasis innerhalb eines Jahres auf 100.000 Besucher monatlich auszubauen?

1. *Wie kann ich meine Website noch verwenden, um meine Nutzerbasis zu steigern?*

- Ich könnte sie als Entscheidungsdatenbank verwenden. Wenn irgendwo im Internet über eine Entscheidung berichtet wird, dann gibt es einen Eintrag nach bestimmten Kriterien in der Datenbank und eine Würdigung der Entscheidung sowie Verbesserungsvorschläge des Entscheider-Coachs.
- Ich kann mein nächstes Buch komplett im Voraus im Web veröffentlichen in Form einzelner Blogbeiträge. Besucher des Blogs lesen dann schon exklusiv vorab, was ein Jahr später im Buch erscheinen wird.
- Die Website kann ein Austauschforum für Entscheider werden, über ihre verwendeten Methoden, Erfahrungen und drängenden Fragen sowie mit Livechats und Rätseln etc.
- Plattform für Entscheider-Werkzeuge. Ich habe verschiedene Methoden entwickelt, die als Programme auf der Plattform angeboten werden könnten, um sie noch attraktiver für Entscheider zu machen.
- Als Problemlösungsplattform. Entscheider können ihre besonders kniffligen ungelösten Probleme präsentieren. Die Besucher der Plattform lösen zusammen die schwierigen Problemstellungen mittels „wisdom of the crowds".
- Unterstützervermittlung. Eines der drei Schlüsselelemente erfolgreicher Entscheidungen ist die Sicherung der größtmöglichen Unterstützung. Wie bei einer Partnervermittlung mit Profilen usw. könnte die Site dafür sorgen, dass Entscheider und Unterstützer zueinanderfinden.
- Plattform über Entscheider-Nachrichten. Neben meinen Tipps fürs bessere Entscheiden veröffentliche ich Nachrichten über Entscheider. Also welcher Geschäftsführer die Firma X verlässt, wer jetzt am Steuer von Firma Y sitzt usw.
- Verwendung als Testbild für neue Bildschirme.

2. Kombinieren. Womit kann ich meine Website kombinieren? Wie kann ich meine Nutzer kombinieren?

- Ich suche mir einen Verlag und verlege eine Zeitschrift für Entscheider, nenne sie *Wirtschaftswoche* und kann mich vor Lesern nicht mehr retten.
- Ich könnte ein kombiniertes Wirtschaftsportal mit anderen gut besuchten Businessbloggern bilden. So kann ich auch Entscheider zu mir locken, die z. B. vornehmlich an Persönlichkeitsentwicklung interessiert sind.
- Ich könnte die Site mit einem virtuellen Online-Entscheider-Spiel kombinieren. Das führt zu süchtigen Spielern, die meine Website aufsuchen müssen.
- Ich könnte mit einem Shop für Entscheider-Bedarf kooperieren und meine Beiträge mit Produktangeboten kombinieren. Jetzt habe ich nicht nur Leser, die an meinen Beiträgen interessiert sind, sondern auch an den Entscheider-Produkten.
- Ich könnte meine Website mit einer Fernsehshow oder Radioshow kombinieren. Anstatt Gewinnspiele übers Telefon anzubieten, müssen die Leute lediglich meine Website aufsuchen.
- Ich könnte mein nächstes Buch nur teilweise in gedruckter Form veröffentlichen. Alle Workshops und Checklisten gibt es dagegen nur auf meiner Website.

3. Anpassung. Wie kann ich meine Website anpassen, woran könnte ich meine Website anpassen? Wie kann ich meine Nutzer anpassen? Wie kann ich die Zahl meiner Nutzer anpassen?

- Ich könnte meine Website zur Business-Community umbauen und mich damit dem Trend der Social- und Business-Communitys im Web 2.0 anpassen.
- Ich könnte den Inhalt der Beiträge kürzen und so mehr die Ad-hoc-Konsumenten ansprechen.
- Ich könnte das Format der Website anpassen, damit es sich problemlos auch mit BlackBerry und anderen mobilen Geräten ansurfen lässt.
- Ich könnte den Stil der Beiträge anpassen. Durch eine Nutzerbefragung bei anderen Business-Websites erfahre ich, wie.

4. Vergrößern oder etwas hinzufügen.

- Ich könnte die Anzahl der potenziellen Leser vergrößern, wenn ich den Entscheider-Blog in Deutsch und Englisch erscheinen lasse. Ich füge also eine neue Sprache hinzu.
- Ich könnte die Anzahl der Themen vergrößern und somit weitere Leser anziehen.
- Ich könnte die Beiträge länger machen und mehr ins Detail gehen. So erreiche ich mehr Leser, die auf der Suche nach Fachinformationen sind.
- Ich könnte weitere Autoren aufnehmen und so die Veröffentlichungsfrequenz erhöhen.
- Ich könnte die Anzahl der Links auf meinen Blog vergrößern, indem ich in anderen Blogs mitkommentiere, in denen ich sonst keine Kommentare hinterlasse.
- Ich könnte die Schrift vergrößern, damit die älteren Entscheider den Blog ohne Brille lesen können.

5. Verändern. Was kann ich am Entscheider-Blog verändern? Was könnte ich an der Zielgruppe verändern?

- Ich könnte ein neues, noch benutzerfreundlicheres Design haben.
- Ich könnte die Schreibweise noch einfacher machen und die Ansprache umgangssprachlicher gestalten.
- Ich könnte die Zielgruppe verändern.
- Veränderung der Marketingstrategie: Ich könnte Werbung auf anderen Sites schalten und meiner Site dadurch mehr Besucher bescheren. Bisher wird die Site allein durch Mund-zu-Mund-Propaganda und Suchmaschinen bekannt gemacht.

6. Verkleinern oder etwas weglassen. Was kann ich verkleinern oder weglassen?

- Ich könnte Nachfrage durch Verknappung schaffen. Wer auf der Website lesen und mitdiskutieren will, muss sich bewerben. Zugelassen wird nur eine eingeschränkte Gruppe von Entscheidern. Aber durch die Empfehlung eines anderen Entscheiders kann ein Bewerber Zugang bekommen.
- Ich könnte die Bilder kleiner machen und so die Ladezeit der Website verringern.
- Ich könnte die Beträge noch kürzer machen, damit die Leser die Essenz in noch kürzerer Zeit erfassen können.

4.1 Alternativen: Der Stoff, aus dem Entscheidungen sind

- Ich könnte die Zielgruppenfokussierung weglassen und mir so neue Leser erschließen.
- Ich könnte den Anspruch an die Beiträge verringern und so eine größere Zielgruppe ansprechen.
- Ich könnte mich als Autor weglassen und die Site einem erfahrenen Redaktionsteam überlassen.

7. Umgruppieren oder neu anordnen. Könnte ich etwas an der Reihenfolge ändern?

- Ich könnte die große Zahl der Besucher heute besser zu schätzen wissen und darauf vertrauen, dass die Besucherzahlen bald wieder steigen werden.
- Ich könnte die Veröffentlichung eines Beitrags von der Besucherzahl abhängig machen. Also ein kompetitives Element hinzufügen. Nach dem Motto: „Noch 15.000 Besucher bis zum nächsten Beitrag".
- Ich könnte meine Besucher die Beiträge schreiben lassen und diese dann nur noch kommentieren.
- Umgruppierung der Frage: Wie schaffe ich es, 100.000-mal monatlich den Nutzen für meine Besucher auszubauen?
  - Sammlung aller Links im Internet zum Thema „Entscheidung".
  - Eine How-to-Sammlung für Entscheidungssituationen. Zum Beispiel: Wie gehe ich vor, wenn ich über eine Kooperation entscheiden will?
  - Sammlung aller Entscheidungsmethoden, die die Welt je erdacht hat.
  - Kostenlose Livecoaching-Sprechstunde über Voice-over-IP-Telefonkonferenz und spätere Archivierung als Podcast.
  - Dr. Kai antwortet. Besucher können öffentlich Fragen stellen, die der Entscheider-Coach ebenso öffentlich beantwortet.

8. Umkehren. Kann etwas umgekehrt gesehen werden oder umgedreht werden?

- Fragenumkehr: Wie schaffen 100.000 Besucher es, dass ich monatlich meine Website in einem Jahr ausbaue?
  - Jeder Nutzer darf etwas beitragen. Alle Ideen und Verfahren der Nutzer werden über ein Eingabeformular allen anderen Lesern zur Verfügung gestellt.
  - Jeder Besucher spendet pro Monat einen Euro. Damit finanziere ich Programmierer und Designer, die ständig an der Website weiterarbeiten.
  - Entscheidungskalender mit 365 Tagen Entscheidungen und Entscheider-Inspiration.

- Ich könnte Bereiche meiner Website in Spiegelschrift darstellen. Das macht es geheimnisvoll und führt zu Berichten auf anderen Sites.

9. *Ersetzen. Kann etwas ersetzt werden?*

- Ich könnte Teile der Website mit einem Geheimcode codieren. Die Nutzer müssten täglich ein neues Entscheider-Rätsel lösen, um die wirklich interessanten Inhalte lesen zu können. In einem öffentlichen Bereich der Website (Forum) können die Nutzer zusammenarbeiten, um das jeweilige Rätsel zu lösen.
- Ich könnte Inhalte als Podcasts veröffentlichen.
- Ich könnte Inhalte als Videocasts veröffentlichen.
- Ich könnte die herkömmlichen Blogbeiträge durch Comics ersetzen. Dann lese ich nicht nur meinen Daily Dilbert, sondern auch noch meinen Daily Kai in der Welt der Entscheider.

Innerhalb einer sehr kurzen Zeit sind viele frische Ideen entstanden. Im nächsten Schritt kann der Entscheider dann diejenigen Alternativen für sich herausfiltern, die realistisch sind und dem eigenen Bedarf entgegenkommen. Doch dazu später mehr.

Sechs-Blickwinkel-Methode

Aus den beim Entscheidungskompass bearbeiteten Aspekten habe ich eine weitere Methode entwickelt. Die Sechs-Blickwinkel-Methode. Damit wir mit ihr arbeiten können, brauchen wir alle Teile des Entscheidungskompasses für unser Beispiel:

Profildaten der Entscheidungssituation

Ziel	Durch höhere Attraktivität die Besucherzahl von 40.000/Monat auf 100.000/Monat innerhalb eines Jahres steigern
Entscheidungsauslöser	Stagnation der Besucherzahlen
Inspirierende Frage	Wie schaffe ich es, meine Nutzerbasis innerhalb eines Jahres auf 100.000 Besucher monatlich auszubauen?
Gewünschte Ergebnisse	Monatliche Zuwachsrate von knapp 8 % Interessierte Leser Leser, die aktiv Kommentare hinterlassen Leser, die offen für das Thema „Entscheidung" sind Hohe Leserbindung Synergieeffekte zwischen meinen Büchern, Trainings, Coachings und der Website Sollte mich selbst motivieren Macht den Entscheider-Coach noch bekannter

4.1 Alternativen: Der Stoff, aus dem Entscheidungen sind 139

Status-quo-Ergebnisse	Guter und seriöser Ruf des Entscheider-Coachs Soll attraktiv für die bestehende Leserbasis bleiben Aufwand soll sich im bisherigen Rahmen bewegen
Unerwünschte Ergebnisse	Hohe Kosten Abschreckend für meine Kundenzielgruppe Zugangsbeschränkungen für Leser Elitäre Tendenzen Masse statt Klasse

Blickwinkel 1: Am Ziel orientieren

Was kann ich tun, um durch höhere Attraktivität die Besucherzahl auf 100.000 Nutzer pro Monat zu steigern?

- Trainings, Coachings, Geld- und Sachwertpreise verlosen.
- Ich kann Bilder von leicht bekleideten Models als Teaser für meine Beiträge nutzen.
- Nutzung besonders angenehmer Farben für die Website.

Blickwinkel 2: Am Entscheidungsauslöser orientieren

Der Entscheidungsauslöser ist die Stagnation der Benutzerzahlen. Was kann ich tun, um die Benutzerzahlen wieder steigen zu lassen?

- Empfehlungsmarketing durch entsprechende Software verbessern. Nutzer, die meine Site erfolgreich weiterempfehlen, bekommen Bonuspunkte gutgeschrieben. Diese können beim Kauf von Trainings, Coachings und Entscheidungskompassen eingesetzt werden.
- Teilnahme an Blogparaden (dabei schreiben viele Fachblogs über ein Thema und verlinken sich gegenseitig).
- Kooperation mit anderen Businessblogs, gegenseitig Gastbeiträge zu veröffentlichen und dabei aufeinander zu verweisen.

Blickwinkel 3: An der inspirierenden Frage orientieren

Die inspirierende Frage lautet: Wie schaffe ich es, meine Nutzerbasis innerhalb eines Jahres auf 100.000 Besucher monatlich auszubauen?
  Das könnte ich bewerkstelligen, indem ich ...

- ... die Nutzer kaufe, das heißt, z. B. bei Google Textanzeigen schalte.
- ... die Aufmerksamkeit einer Publikation wie der *Bild*-Zeitung errege. Daher

muss ich über eine Aktion einen verrückten Effekt erzeugen, der von der *Bild*-Zeitung als News verstanden wird. Zum Beispiel einen Politiker oder Vorstandsvorsitzenden zum Rücktritt veranlassen, indem seine verderbten Entscheidungsgrundlagen öffentlich gemacht werden.

Blickwinkel 4: An den Bestandsalternativen orientieren

Bestandsalternativen sind Alternativen, die sich quasi wie von selbst anbieten. Lösungen also, die wir haben, ohne groß darüber nachdenken zu müssen. Wie z. B. Anzeigenplätze kaufen, wenn wir mehr Kunden haben wollen. Wir suchen uns die Merkmale, die diese Alternative beschreiben, und überlegen uns, welche anderen Lösungen diese Merkmale auch aufweisen, gleichzeitig aber unseren Bedarf besser erfüllen als die Bestandsalternativen.

Merkmale der Alternative „Internetanzeigen kaufen"

Kosten	2.000 Euro/Monat
Zeit	Zwölf Monate
Inhalt	Nutzenversprechen
Gestaltung	Seriös
Ausrichtung	Zielgruppenorientiert
Aufnahmebereitschaft beim Nutzer	Gering
Know-how	Durch Dienstleister
Glaubwürdigkeit	Gering

Das Profil aus Merkmalen führt mich zu der Idee, Fachartikel zu veröffentlichen. Diese heben sich gegenüber Anzeigen schon einmal dadurch ab, dass sie ein hohes Maß an Glaubwürdigkeit besitzen. Denn der Verleger wird zumindest theoretisch darauf achten, dass kein Blödsinn unter seinem Namen veröffentlicht wird. Eine Anschlussidee daraus ist eine vermehrte Pressearbeit, die auf den enormen Wissensschatz im Entscheider-Blog aufmerksam macht. Wenn ein Journalist im Rahmen eines Artikels darüber schreibt, gilt das als eine Empfehlung.

Blickwinkel 5: An den Kontrollelementen orientieren

Unsere drei Kontrollelemente dienen der Ausgestaltung unserer Zielsetzung. Sie sind die Anforderungen, die wir an jede Lösung stellen. Unter diesem Blickwinkel konzentrieren wir uns ganz unabhängig von der eigentlichen Zielsetzung auf alle Lösungen, die unseren Anforderungen annäherungsweise gerecht werden.

4.1 Alternativen: Der Stoff, aus dem Entscheidungen sind

Anforderungen aus den Kontrollelementen

Zuwachsrate	Monatliche Zuwachsrate von 8 %.
Qualität der Leser	Interessierte und aktive Leser, Entscheider aus Unternehmen.
Hohe Leserbindung	Leser kommen mindestens einmal pro Woche auf den Entscheider-Blog.
Synergieeffekte zwischen meinen Produkten	Wer den Blog liest, kauft auch meine Bücher, Trainings, Coachings und den Entscheidungskompass.
Motivation für mich	Ich veröffentliche sehr gerne meine Beiträge im Entscheider-Blog.
Macht bekannt	Regelmäßig finden mich Kunden und Journalisten über die Suchmaschinen, weil mein Blog gut positioniert ist, und nehmen mich als den führenden Experten zum Thema wahr.
Guter, seriöser Ruf	Der Blog und seine Inhalte unterstützen meinen guten Ruf in den Augen der Öffentlichkeit und meiner Zielgruppe.
Attraktivität	Meine bisherigen Leser finden auch weiterhin das wieder, was sie bereits heute schätzen.
Kosten	Der Aufwand in Zeit und Geld bleibt gleich.
Zielgruppenorientierung	Der Entscheider-Blog ist für die Zielgruppe der Entscheider in Deutschland geschrieben und positioniert sich auch so.
Offenheit	Der Entscheider-Blog ist für jeden Unternehmer, Selbständigen und Manager da. Ganz unabhängig von seinem Geschäftsgegenstand. Bei mir ist er richtig, solange er Entscheidungen trifft.

Eine passende Alternative: Ich nehme an einem Training teil, in dem ich lerne, meine Texte noch besser und attraktiver zu gestalten.

Blickwinkel 6: An brancheninternen oder -externen Vorbildern orientieren

Mit Vorbildern sind in der Regel keine Einzelpersonen gemeint, sondern wir orientieren uns an vergleichbaren Unternehmen in unserer Branche, die vermutlich vergleichbare Probleme bereits lösen mussten.

Interessant ist es aber auch, sich ganz fremde Branchen und deren Problemlösungen anzusehen. Insbesondere, wenn unser Unternehmen bereits Marktführer ist, wollen wir uns keine zweitklassigen Lösungen der Konkurrenz ansehen, sondern befassen uns mit den Marktführern in den anderen Märkten.

In meinem Fall könnte ich mich z. B. am Erfolg des Business-Weblogs von Jochen Mai orientieren. Jochen Mai ist hauptberuflich Journalist und leitet bei der *Wirtschaftswoche* das Ressort Beruf und Karriere. Nebenberuflich hat er den Weblog „Karrierebibel" ins Leben gerufen und macht damit Werbung für seinen Bestseller gleichen Namens. Sein Weblog gehört im Bereich Karriere zu den meistgelesenen Publikationen Deutschlands.

Seine Erfolgsprinzipien sind:

- Mindestens ein Artikel pro Tag.
- Keine Selbstreflexion, sondern immer Tipps für den Karrierealltag.
- Er rezensiert Bücher.
- Führt Interviews.
- Bietet Platz für interessante Beiträge von Gastautoren.

An diesem Blog kann ich mich orientieren, auch wenn Jochen Mai kein Trainer oder Coach ist. Er ist in seinem Bereich Marktführer.

Zusammenfassung

Aus diesem Abschnitt mit zwei Kreativmethoden zum flüssigen Denken sollten Sie mitgenommen haben:

- Wer gute Lösungen sucht, muss dazu eingefahrene Wege verlassen.
- Oft hilft es schon, einfach einen anderen Blickwinkel einzunehmen.
- Jede Idee ist gut. Im Kreativprozess ist Kritik nicht angebracht. Kreativität heißt, aus der Fülle zu arbeiten und sich von der Fülle inspirieren zu lassen. Kritik bedeutet in erster Linie Einschränkung. Sie hat uns dahin gebracht, wo wir jetzt sind. Und jetzt brauchen wir neue Lösungen.
- Der tote Punkt ist ein gutes Zeichen, dass wir demnächst die eingefahrenen Wege verlassen.

4.1.7 Kreativstrategie II: Kombinatorisches Denken

Morphologischer Kasten

Unser Geist ist limitiert. Denn wann immer wir in eingefahrenen Denkspuren arbeiten können, sparen wir Energie. Wie greifen daher immer gerne auf dieselben Schemata zurück.

Spätestens seit die Energiepreise weltweit steigen, will jeder sparen. Das ist schön, wenn sie weniger Geld an der Zapfsäule lassen wollen. Aber ich versichere Ihnen, wenn Sie Ihren Kopf zur Energiesparbirne machen, wird der Markt das nicht belohnen.

Aber auch die Meister der Kreativität haben ein Einsehen gehabt und eine Methode für Denkfaule geschaffen, die quasi fast von selbst ohne große Anstrengung zu Lösungen außerhalb jeglicher Denkspur führt.

Das klingt nicht nur gut, sondern ist es auch. Das Zauberwort heißt hier „Kombination". Das kennen wir doch noch von der Osborn-Methode, wird hier vielleicht der eine oder andere Leser bemerken. Ja, das stimmt. Ein Teilbereich wird hier zur Methode erhoben, weil wir durch die Kombination mehrerer Aspekte eine Vielzahl von Lösungen schaffen können. Wir müssen allerdings aufpassen, dabei nicht den Überblick zu verlieren.

Angenommen wir wollen eine Salatkarte für ein neues Restaurant zusammenstellen. Wir wollen unseren Gästen etwas Besonderes bieten und schreiben einfach in die Karte: „Sagen Sie uns, was Sie wollen, und wir bereiten es direkt für Sie zu." Was hier ganz kundenorientiert klingt, führt dazu, dass unsere Küche wahrscheinlich in der Mehrzahl einen Salat mit grünen Blättern, Gurke und Tomaten zubereitet oder den allseits beliebten grünen Salat mit Putenbruststreifen und Balsamico oder allenfalls noch einen Caprese-Salat.

Sehr viel kreativer werden die Gäste sein, wenn wir Ihnen folgende Tabelle offerieren:

Speisekartenvorschlag

Dressing	Salat	Gemüse	Spezial	Größe
Olivenöl	Eisberg	Bohnen	Putenbrust	Klein
Balsamico	Kopfsalat	Kraut	Hähnchen	Mittel
Walnussöl	Lollo rosso	Karotte	Grillsteak	Groß
Kürbiskernöl	Tomate	Kartoffel	Heilbutt	Servierplatte
Joghurt	Gurke	Zwiebel	Lachs	
Senf	Rucola	Artischocke	Thunfisch	
Vinaigrette	Feldsalat	Erbsen	Ohne	

Der Gast darf sich pro Kategorie eine oder mehrere Optionen auswählen. Damit hat er die Wahl aus mehr als 8.300 Kombinationen und er muss dazu nicht einmal sonderlich kreativ sein.

Zum Beispiel könnte er einen Eisbergsalat mit Zwiebeln, Artischocken, Tomate, Gurke und Putenbrust in der mittleren Größe wählen.

Genau dieses System zur Wahl des eigenen Sandwichs setzt übrigens die Fast-Food-Kette Subway ein. Auf diese Weise bekommt jeder Kunde ein individuell nach seinen Vorstellungen zubereitetes Gericht.

Das geschilderte Verfahren wurde von dem Schweizer Physiker Fritz Zwicky entwickelt. Die Idee: Jede Spalte der Matrix, die unterschiedliche Ausprägungen eines Merkmals abbildet, stellt eine weitere Lösungsdimension dar. So ist die Salatkarte ein fünfdimensionaler Lösungsraum. Würden wir eine weitere Spalte hinzufügen, vervielfacht sich die Anzahl der möglichen Kombinationen.

Auf mein letztes Buch hin, in dem ich bereits den morphologischen Kasten geschildert habe, schrieben mir einige Leser und meinten, dass sich diese Methode wohl ausschließlich auf ein Produkt anwenden ließe und nicht auf andere Lösungen, wie z. B. mein Website-Problem.

Dem widerspreche ich am besten mit dem Gegenbeweis. Damit der morphologische Kasten funktioniert, muss ich lediglich dafür sorgen, dass ich geeignete Merkmale finde, die meine Lösungen ausreichend beschreiben. Es hilft dem Entscheider wenig, wenn er zur Interpretation seiner Matrixlösungen mehr Fragen als Lösungen aufwirft.

Daher bietet sich eine verkürzte Version der sieben W-Fragen an, die Journalisten im ersten Absatz ihrer Meldungen beantworten.

Nicht jede Kombination von Merkmalen wird dabei einen Sinn ergeben. Aber durch die willkürliche Kombination kommen wir zu Lösungen, an die wir vielleicht nie gedacht hätten. Der morphologische Kasten für das Website-Problem des Entscheider-Coachs öffnet für uns 4.096 frische Kombinationen. An viele davon hätten wir wohl nie gedacht.

Morphologischer Kasten für Website-Problem

Wer?	Mit wem?	Was?	Wo?
Unternehmer	PR-Agentur	Pressemitteilung	Pressedienst
Journalisten	Blogger	Links setzen	Businessblogs
Autoren	Fachzeitschrift	Fachartikel	Internetpublikation
Blogger	Anzeigenagentur	Anzeige	Suchmaschine
Kunden	Kontaktnetzwerk	Empfehlung	E-Mail
Besucher	Besucher	Diskussion	Entscheider-Blog
Partner	Selbst	Entscheidungs-DB	Partner-Website
Schauspieler	Passanten auf der Straße	Video	Videoplattform

Ein Beispiel: Journalisten (Wer?) erarbeiten zusammen mit den Besuchern des Entscheider-Blogs (Mit wem?) Produktempfehlungen für Entscheider (Was?). Das Ganze wird dann auf der Videoplattform YouTube (Wo?) vorgestellt.

Zusammenfassung

Was Sie aus diesem Abschnitt für sich mitnehmen können:

- Kreative Lösungen können wir auch systematisch erarbeiten.
- Die Anzahl der potenziellen Möglichkeiten steigt exponentiell an, wenn wir neue Kategorien und Merkmale in einem morphologischen Kasten hinzufügen.
- Einen morphologischen Kasten können wir sowohl für Produkte als auch für Dienstleistungen einsetzen.
- Die einzelnen Kategorien, die wir in einem morphologischen Kasten verwenden, sollten unabhängig voneinander sein.

4.1.8 Bestehende Alternativen optimieren

Alternativen sind Lösungsvorschläge. Als Entscheider müssen wir ganz am Ende den besten dieser Vorschläge auswählen. Wie bei einem Schönheitswettbewerb.

Darf ich vorstellen: Miss „beste Handlungsalternative"!

Vor einer echten Misswahl bereiten sich die Kandidatinnen in der Regel sehr intensiv vor. Sie machen Fitness, Diäten, nehmen Ballett- und Gesangsunterricht und trainieren, auf die Fragen der Jury immer eine schlagfertige Antwort zu haben.

Dadurch kommen die Damen den Entscheidungskriterien der Jury näher und verbessern ihre Chance, gewählt zu werden.

Was spricht dagegen, unsere Alternativen genauso zu behandeln? Holen wir aus jeder Alternative das Beste heraus, verbessert das unser Entscheidungsergebnis insgesamt.

Wenn wir unsere Alternativen optimieren und besser machen, müssen wir wissen, wo wir ansetzen. Wenn das optimierte Merkmal für uns so überflüssig wie ein Kropf ist, haben wir am Ende unsere Zeit vertan.

Zum Glück haben wir bereits eine Liste mit Merkmalen erarbeitet, die für uns sogar eine besondere Bedeutung haben: die drei Kontrollelemente, also „gewünschte Ergebnisse", „unerwünschte Ergebnisse" und Status-quo-Ergebnisse.

Optimieren müssen wir nur da, wo die einzelne Alternative von unserem Bedarf abweicht.

Ich prüfe also, wo mein Bedarf erfüllt ist und wo ich die Alternative noch etwas bedarfsgerechter hätte.

Es gibt zwei ganz einfache Testfragen, die wir uns beantworten müssen, wenn es um die Optimierung von Alternativen geht:

Gibt es physische Gründe, die eine Flexibilität in diesem Merkmal verhindern?

Wenn Sie ein Haus kaufen möchten, ist das Haus, das nach einem Architektenentwurf gebaut werden soll, im Merkmal Standort flexibel. Ein bereits gebautes Haus ist dagegen immobil. Beide sind im Merkmal Preis flexibel.

Gibt es psychologische Gründe, die eine Flexibilität in diesem Merkmal verhindern?

Wie viele Entscheider stehen sich da oft selbst im Weg? Wir sollten nichts als gegeben hinnehmen. Denn wenn wir erst einmal fest davon überzeugt sind, finden wir aus Gründen der eigenen Glaubwürdigkeit immer Mittel und Wege, die uns recht geben.

Fragen kostet nichts und ein „Nein" zu kassieren ist allenfalls dann schmerzhaft, wenn alte Kindheitsprogramme in uns hochkommen.

Im Gegenteil. Wenn ein Anbieter sich uns gegenüber als inflexibel erweisen muss, gibt uns das in der Regel einen Vorteil. Denn er hat kein gutes Gefühl dabei und wird versuchen, das durch Kulanz in einem anderen Bereich aufzulösen.

Also, freuen wir uns über das „Nein", denn es verbessert unsere zukünftige Verhandlungsposition. Mit anderen Worten: Wir können nur gewinnen, egal ob es ein „Ja" oder „Nein" gibt. Wenn das kein guter Deal ist?

Nicht jede Alternative stammt von externen Anbietern. Oft genug werden interne Stäbe mit der Suche nach geeigneten Lösungen beauftragt. Diese verlieben sich gerne in eine Lösung, auch wenn diese nicht 100%ig dem Bedarf des Entscheiders entspricht.

Da zeigt sich dann, wie gut der Entscheider bei der Delegation vorgearbeitet hat. Wenn er es mit der Formel für lustlose Führungskräfte – „überraschen Sie mich" – getan hat, darf er jetzt die faule Ernte dafür einfahren. Wenn der Entscheider dagegen schon vorab seinen Bedarf klar kommunizieren konnte, dürfte auch die interne Arbeitsgruppe bereit sein, ihre Lösung noch zu optimieren.

Natürlich können wir als Entscheider auch immer die disziplinarische Peitsche herausholen. Doch spätestens wenn wir einmal damit in der Luft knallen müssen, haben wir für lange Zeit unsere natürliche Autorität eingebüßt.

4.1 Alternativen: Der Stoff, aus dem Entscheidungen sind

Kommen wir zurück zu unseren Optimierungen. Möglicherweise werden Sie jetzt sagen, dass das alles ein alter Hut ist und Sie natürlich immer und überall über den Preis verhandeln.

Allerdings ist der Preis der kleinste gemeinsame Nenner zwischen allen Entscheidern. Hier zu optimieren verbessert nicht die Lösung, sondern lediglich die Kaufvoraussetzungen. Wenn Sie in diesem Fall nicht allein entscheiden, könnte es Ihnen passieren, dass ein Gremium sich für eine Lösung entscheidet, die Ihr Problem nicht löst und am Bedarf vorbeigeht. Dann dürfen Sie sich ein Jahr später rechtfertigen, warum Sie das zugelassen haben.

Der Preis ist eine Größe, die lediglich zum Einkaufszeitpunkt eine Rolle spielt. Zwar geht dieser über Abschreibungen in die langfristige Erfolgsrechnung ein, wenn die Alternative aber konstant Probleme verursacht, weil alle anderen Merkmale nur schlecht ins Unternehmen passen, dann entstehen auf Dauer viel größere Probleme als nur erhöhte Kosten!

Oft werde ich zu einer Entscheidung gerufen, wo genau das bereits passiert ist. Der Unternehmer hat eine Entscheidung aufgrund des Preises getroffen und steht plötzlich mit abgeschnittenen Hosen da:

- So wurde z. B. eine moderne Maschine preiswert aus einer Konkursmasse gekauft, aber die Tragkraft des Bodens am Aufstellplatz reichte nicht aus. Der Unternehmer baute also ein zusätzliches Gebäude dafür. Leider hat er innerhalb der letzten 18 Monate keinen einzigen Auftrag gehabt, bei dem die Maschine im Einsatz war. Seine Mitarbeiter nennen das neue Gebäude „Taj Mahal".
- Eine aufwendig einzuführende Unternehmenssoftware bringt alle Prozesse so durcheinander, dass der Betrieb zum Stillstand kommt und der Ausgangszustand wieder hergestellt werden muss.
- Der ehemalige Entwicklungsleiter eines Großunternehmens heuert für ein niedrigeres Gehalt bei einem Mittelständler an. Sechs Monate später ist klar, dass er ohne seinen Mitarbeiterstab nichts auf die Beine stellt.
- Der neue Lieferant ist preiswert und hat eine hohe Qualität. Daher beendet der Einkauf die langjährige Zusammenarbeit mit dem bisherigen Lieferanten. Dabei entsteht viel böses Blut. Die Brücke ist ein für alle Mal abgebrochen. Aber leider hat der neue Lieferant auch eine Konkurrenzverbotsklausel mit einem Wettbewerber abgeschlossen. Er darf das Unternehmen also nicht beliefern.

Mein Tipp: Optimieren Sie Ihre Alternativen. Denn es öffnet Ihnen auch die Augen für die Aspekte, auf die es ankommt. Im Folgenden stelle ich Ihnen die von mir entwickelte Ein-Schritt-Optimierung vor.

Wie gehen wir vor?

Im ersten Schritt stellen wir unsere Kontrollelemente der jeweiligen Alternative gegenüber.

Margot Franke möchte einen weiteren Kosmetiksalon eröffnen. Ihr erstes Geschäft läuft gut. Allerdings hatte es das Manko, nicht in einer Top-Lage zu liegen. Stammkunden stört das nicht, aber die Neukundenakquise ist ungleich schwerer, da ihr die Laufkundschaft fehlt. Sie weiß genau, was sie möchte.

Profildaten der Entscheidungssituation

Ziel	Standort für neuen Kosmetiksalon
Entscheidungsauslöser	Expansion
Inspirierende Frage	Wie schaffe ich es, mit meinem neuen Salon ständig neue Kunden anzulocken?
Gewünschte Ergebnisse	Bessere Sichtbarkeit für Laufkundschaft Bequemlichkeit für die Kunden Höheres Wertempfinden der Kunden Neue Kundengruppen Besserer Service Zentrale Lage
Status-quo-Ergebnisse	Gute und persönliche Beziehung zu den Kunden Rendite
Unerwünschte Ergebnisse	Hohe Kosten Geringere Kundenbindung wegen vieler Einmalkunden Snobismus des Personals wegen guter Lage

Die Makler bieten der Unternehmerin einige interessante Gewerbeimmobilien an. Aber der gesuchte Traumladen ist nicht dabei.

Das Angebot „Preuereck" liegt zwar in einer Toplage, wurde aber seit Monaten nicht vermietet. Da muss doch etwas faul sein? Zudem sind die Räumlichkeiten etwas heruntergekommen. Grundsätzlich sollte das kein Problem sein, denn der neue Salon soll später ohnehin das Look und Feel der Stammfiliale erhalten. Frau Franke rechnet daher mit einer gründlichen Renovierung. Bei einer Besichtigung fällt ihr allerdings auf, dass die Kunden zum Betreten des Geschäfts drei Stufen erklimmen müssen und direkt danach wieder drei Stufen ins Geschäft hinabsteigen müssen. Viele der wohlhabenden Kundinnen sind bereits im reiferen Alter und da wäre eine solche Konstruktion eine echte Verkaufsbremse.

Ein anderer Standort „Miesbach-Gasse" liegt nicht direkt an der Einkaufsstraße, sondern in einer Nebengasse. Das ist natürlich nicht das, was sich die Unternehmerin vorstellt. Zumal eine Wand des Geschäfts durchaus zur Einkaufsstraße zeigt, dort sind aber lediglich zwei schmale Fenster. Was für eine Verschwendung!

Das dritte Geschäft „Laurel-Salon" ist eigentlich keines. Ein Friseursalon möchte gerne den hinteren Teil seines Ladenlokals an eine Art Untermieter vermieten. Von außen wäre quasi überhaupt nicht zu sehen, dass sich ein „Franke Kosmetiksalon" hinter der Ladenfront des Friseurs verbirgt. Allerdings ist die Miete dieser Lokalität erheblich niedriger als an den anderen beiden Standorten.

4.1 Alternativen: Der Stoff, aus dem Entscheidungen sind

Damit Unternehmerin Franke die drei Kontrollelemente den Alternativen gegenüberstellen kann, muss sie zunächst die unerwünschten Ergebnisse positiv formulieren.

Neuformulierung von Margot Frankes unerwünschten Ergebnissen

Unerwünschte Ergebnisse	Positive Neuformulierung
Hohe Kosten	Realistische Miete
Geringere Kundenbindung wegen vieler Einmalkunden	Hohe Stammkundenquote
Snobismus des Personals wegen guter Lage	Freundliches Personal

Die beiden unteren Punkte „hohe Stammkundenquote" und „freundliches Personal" haben nichts mit der Standortentscheidung zu tun. Sie können also wegfallen. Das Gleiche gilt auch für das Status-quo-Ergebnis „gute und persönliche Beziehung zu den Kunden". Ein ähnliches Schicksal ereilt auch die „Rendite", da sie mit der „realistischen Miete" gut abgedeckt wird.

Im nächsten Schritt schaut sich die Unternehmerin an, inwiefern sie die Alternativen noch optimieren kann.

Optimierung der Alternative „Preuereck"

Kontrollelemente	„Preuereck"	Optimierung
Sichtbarkeit für Laufkundschaft	Die Sichtbarkeit ist exzellent.	Keine Optimierung.
Bequemlichkeit für die Kunden	Der Auf- und Abgang drückt den Nutzen.	Nach Verhandlung: Der Vermieter wird einen modernen Hochwasserschutz einbauen und so den Zugang bequemer gestalten.
Höhere Wertigkeit des Salons	Die Räumlichkeiten sehen heruntergekommen aus.	Nach Verhandlung: Der Vermieter übernimmt 60 % der Renovierungskosten.
Neue Kundengruppen	Die Lage des Geschäfts führt automatisch zu neuen Kundengruppen.	Keine Optimierung.
Bessere Services	Die zentrale Lage kann als Service am Kunden verstanden werden.	Keine Optimierung.
Zentrale Lage	Anforderung erfüllt.	Keine Optimierung.
Realistische Miete	Die Miete fällt ortsüblich hoch aus.	Nach Verhandlung: Die Miete wird reduziert, da die Mieterin sich an den Renovierungskosten beteiligt.

Auf die gleiche Weise kann Frau Franke alle drei Alternativen optimieren und wird erst danach eine abschließende Entscheidung fällen.

4.1.9 Zusammenfassung

Entscheider müssen in der Lage sein, neue Alternativen zu schaffen. Ob wir es Kreativität, Erfindergeist oder Innovation nennen, am Ende des Tages brauchen wir attraktive Alternativen. Dazu gibt es eine Reihe von Methoden: zum einen aus dem „flüssigen Denken", die Osborn-Methode und die Sechs-Blickwinkel-Methode, zum anderen aus der Kombinatorik im Subway-Stil, der morphologische Kasten. Keine Alternative geht über unseren Schreibtisch, ohne dass wir sie optimiert haben. Dazu haben wir die Ein-Schritt-Optimierung kennengelernt.

Wir haben natürlich noch andere Möglichkeiten, zu neuen Alternativen zu kommen. Im nächsten Abschnitt delegieren wir daher die Schöpfung von Alternativen.

4.2 Alternativen schaffen lassen: Delegation

Wenn uns die Zeit oder Sachkenntnis fehlt, selbst für die richtigen Alternativen zu sorgen, können wir jederzeit Mitarbeiter oder externe Berater damit beauftragen.

Gerade externe Berater kennen oft schon eine große Anzahl von Lösungsmöglichkeiten für Problemstellungen. Damit besteht allerdings auch die Gefahr, dass unser individueller Bedarf nicht ausreichend berücksichtigt wird.

Daher ist es wichtig, dass wir bereits vorher unseren Bedarf erarbeitet haben.

Im Delegationsfall sollte der Entscheider bei der Bedarfsbestimmung auf die Fachkenntnisse seiner Berater zurückgreifen.

In einem ersten Schritt erarbeitet er seinen Entscheidungskompass bis zu den drei Kontrollelementen. Damit hat er bereits alle wichtigen Aspekte herausgearbeitet, die ihn bewegen. Was fehlt, ist die Fachkenntnis und Erfahrung der Spezialisten, an die er die Alternativenschöpfung delegieren möchte.

4.2.1 Spezialistenwissen bei der Bedarfsbildung einbeziehen

Spezialisten könnten den Entscheider beeinflussen und seinen Bedarf usurpieren. Die Kernfrage lautet also: Wie schaffen wir es, dass der Entscheider an dem Wissen der Spezialisten partizipiert und nicht über Gebühr beeinflusst wird?

Eine gewisse Beeinflussung gibt es immer. Denn oft sorgt der Einfluss der Spezialisten dafür, dass der Entscheider eine neue Idee aufgreift. Wichtig ist nur, dass er sich weitgehend ungeleitet Gedanken darüber machen kann.

4.2 Alternativen schaffen lassen: Delegation

In der Praxis hat sich daher der folgende Prozess bewährt:

Die Spezialisten stellen vorab eine Liste mit Aspekten auf, die aus ihrer Erfahrung in der Entscheidung eine Rolle spielen könnten. Nachdem der Entscheider seine bisher entwickelten Kontrollelemente dargelegt hat, gehen wir zu der Liste über.

Die Spezialisten fragen ihn nacheinander für jeden Aspekt, ob dieser eine Rolle in der Entscheidung spielen könnte. Verneint der Entscheider, gibt es keinen Druck durch den Spezialisten. Aufgrund seiner fehlenden Fachkenntnis könnte der Entscheider sich nicht klar darüber sein, warum dieser Aspekt von den Spezialisten angesprochen wird. Daher fragt er nach, welche Konsequenzen mit diesem Punkt verbunden sind.

Kommt der Entscheider zu der Auffassung, dass der Aspekt sich in seinem Bedarf niederschlagen sollte, nimmt er ihn in seinen Kontrollelementen auf.

Am Ende stellt der Entscheider seinen Bedarf noch einmal ausführlich dar und begründet ihn. Seine Spezialisten fassen noch einmal zusammen, welche Aspekte er in seinen Bedarf aufgenommen hat und welche Aspekte er unberücksichtigt lassen möchte. Für die unberücksichtigten Aspekte stellen sie dann auch noch einmal potenzielle Konsequenzen dar. Zum Abschluss fragen sie den Entscheider, ob er an seinem Bedarf noch etwas ändern möchte oder ob dazu alles gesagt ist. Damit steht der Entscheidungskompass fest. Die Aufgabe, neue Alternativen zu finden, kann delegiert werden.

4.2.2 Formale Delegation

Wenn wir wollen, dass die beauftragten Spezialisten unseren Bedarf bei den entwickelten Lösungen richtig berücksichtigen, sollten wir den Auftrag schriftlich formulieren. Nur dann können alle Beteiligten jederzeit noch einmal nachlesen, worauf es ankommt.

Hier hat es sich bewährt, ein kleines Formular zu entwickeln. Auf diese Weise vergessen wir nichts und die Profis auf der anderen Seite finden die wichtigen Informationen immer an der gleichen Stelle. Schauen wir zunächst in die einzelnen inhaltlichen Blöcke:

Organisatorische Elemente

Am Anfang jeder Delegation stehen die Terminplanung, die involvierten Personen und ein Budget.

- Abgabedatum/Deadline,
- Datum für Zwischenberichte,
- personelle Ressourcen,
- sonstige Ressourcen (z. B. Räume),
- Budget.

Inhaltliche Elemente

Wie vermitteln wir unseren Bedarf? Mein Vorschlag: mit dem Entscheidungskompass! Das allein reicht allerdings nicht. Denn die Bewertungsmaßstäbe unterschiedlicher Menschen sind nie gleich. Daher sollten wir uns die Mühe machen, unsere Bewertungsmaßstäbe zum Teil der Delegation zu machen. Wie Bewertungsmaßstäbe gebildet werden, lesen Sie in Kapitel 6 „Bewertung" (siehe S. 221).

- Ziel,
- Entscheidungsauslöser,
- gewünschte Ergebnisse,
- Status-quo-Ergebnisse,
- unerwünschte Ergebnisse,
- Ausschlusskriterien,
- gewichtete Entscheidungskriterien,
- Bewertungsmaßstäbe.

Sonstige Elemente

Wenn jemand in unserem Auftrag Alternativen entwickeln soll, dann statten wir ihn natürlich mit allem aus, damit er seine Aufgabe bestmöglich erfüllen kann:

- Hilfen,
- Informationen,
- Kontakte,
- Ideen.

4.2.3 Formale Ergebnisrückmeldung

Die Delegation spart uns Zeit. Damit wir diese nicht gleich wieder beim Studieren der gefundenen Alternativen verbrauchen, sollten die von uns beauftragten Mitarbeiter und Berater sich an eine bestimmte Form halten, um die neuen Handlungsalternativen zu kommunizieren. Mit einem einzelnen Formular kommen wir dabei natürlich nicht weiter. Optimal ist aus meiner Sicht die folgende inhaltliche Aufteilung:

- Executive Summary (Gesamtüberblick),
- Zusammenfassung jeder einzelnen Lösung/Alternative (Überblicksinformation zu jeder einzelnen entwickelten Alternative),
- zusätzliche, fachlich motivierte Entscheidungskriterien (Entscheidungskriterien, die aus der Arbeitsgruppe heraus entwickelt wurden),
- Gewichtung der Entscheidungskriterien,
- Bewertungsmaßstäbe,
- Kriterienerfüllung der einzelnen Lösungen/Alternativen,
- Umsetzungsabschätzung,
- Empfehlung der Arbeitsgruppe.

Der letzte Punkt birgt eine Gefahr. Denn er nimmt dem Entscheider möglicherweise das Denken ab. Andererseits ist es eine Vergeudung von Informationen und Ressourcen, nicht auf die Fachkenntnis der involvierten Mitarbeiter zurückzugreifen.

In vielen Unternehmen liefern die Arbeitsgruppen ihre Einschätzung in Form einer sogenannten SWOT-Analyse (Strengths/Stärken, Weaknesses/Schwächen, Opportunities/Chancen, Threats/Risiken) ab. Das ist sehr unglücklich. Denn SWOT ist ein exzellentes Werkzeug zur Beurteilung von Situationen und ist irreführend bei Entscheidungen. Denn für die Entscheidung sollten die bereits erarbeiteten Entscheidungskriterien herangezogen werden. Wenn wir SWOT für Entscheidungen verwenden, tappen wir auf hohem Niveau in eine Entscheidungsfalle – die Vorteil-Nachteil-Falle (siehe S. 241).

4.2.4 Zusammenfassung

Wer gerne auf das Wissen von Fachleuten zurückgreift oder in chronischer Zeitnot ist, wird die Schöpfung neuer Alternativen delegieren. Dabei sollten wir darauf achten, dass es dafür einen formalen Prozess gibt. Schon die Delegation erfolgt am besten mit dem Entscheidungskompass als Kern. Wenn die beauftragte Arbeitsgruppe ihre Ergebnisse dann zurückliefert, macht es für uns Sinn, alle Informationen ebenfalls in standardisierter Form vorzufinden. Denn sonst würden wir viel Zeit einbüßen, während wir uns in die neuen Lösungen einarbeiten.

4.3 Zeitmanagement für Entscheider

Als Entscheider stehen wir meistens permanent unter Strom. Wir müssen nicht nur Entscheidungen treffen, sondern andere Menschen koordinieren, Gespräche führen und Vereinbarungen treffen.

Wo sollen wir als Entscheider die Zeit dafür hernehmen? Wir sollen Entscheidungsklarheit schaffen und attraktive Alternativen entwickeln. Außerdem sollen wir für jede dieser Alternativen auch noch die notwendige Unterstützung schaffen. Vermutlich fragen Sie sich, wie das alles gehen soll.

Bei den folgenden Betrachtungen bin ich mir bewusst, dass bei Ihnen natürlich alles ganz anders ist und Sie meine Empfehlungen daher möglicherweise nicht umsetzen können. Aber gehen wir für die Dauer dieses Kapitels einmal davon aus, dass Sie es könnten.

4.3.1 Das Zeitprofil von Entscheidungen

In jeder Entscheidung gibt es drei Hauptphasen: die Entscheidungsphase, die Umsetzungsphase und die Ergebnisphase. Die Entscheidungsphase ist abgeschlossen, sobald die Umsetzungsphase beginnt, und die Umsetzung ist abgeschlossen, wenn wir die Früchte unserer Entscheidung in Form eines Ergebnisses erleben.

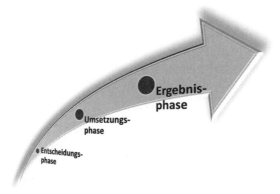

Die drei Hauptphasen einer Entscheidung

4.3 Zeitmanagement für Entscheider

So weit, so gut. Diese Erkenntnis ist so banal, dass Sie dafür bestimmt kein Entscheider-Buch hätten lesen müssen. Vergleichen wir die Längen der einzelnen Phasen, kommen wir zu einer schockierenden Erkenntnis. Die Ergebnisphase ist mit Abstand die längste.

Wenn Sie sich z. B. ein neues Auto kaufen, geht dem erst eine Entscheidung voraus. Sie prüfen diverse Modelle, sichten die Angebote unterschiedlicher Händler und geben schließlich die Bestellung auf. Hier in Deutschland müssen Sie einige Monate warten, bis das Auto dann auf Ihrem Hof steht. Wir müssen uns allerdings noch an das neue Auto gewöhnen, die richtigen Einstellungen finden und uns insgesamt mit dem Fahrzeug vertraut machen. Erst dann beginnt die Ergebnisphase. Wenn Sie Ihr Auto so lange fahren, wie das durchschnittliche Flottenalter aller Autos in Deutschland beträgt, erstreckt sich Ihre Ergebnisphase über sieben Jahre. Da fällt die Zeit der Entscheidung und Umsetzung verhältnismäßig kurz aus, oder?

Aber das ist auch nicht der Kern unseres Zeitproblems. Denn die Entscheidungsphase und die Umsetzungsphase bedeuten Aufwand, während wir uns vom Ergebnis einen irgendwie gearteten Nutzen erwarten.

Am besten wäre es für uns, wenn wir lediglich Ergebnisse hätten. Daher versuchen wir gerne die Entscheidungsphase kurz zu halten und möglichst bald in die Umsetzung zu gehen.

Dabei unterschätzen wir gerne, dass die einzelnen Phasen voneinander abhängig sind. Wenn wir die falsche Entscheidung treffen, wird uns das Ergebnis nicht gefallen, ganz gleich, wie gut die Umsetzung ist. Wenn wir in der Entscheidungsphase nicht für die notwendige Unterstützung sorgen, kann die Umsetzung durch die vielen Widerstände zur Qual werden und im schlimmsten Fall ganz scheitern.

Im Ergebnis verlieren wir viel Zeit. Eine falsche Entscheidung zu treffen heißt, am eigenen Bedarf vorbeizuentscheiden. Das Ergebnis stellt uns nicht zufrieden. Also müssen wir weitere Entscheidungen treffen, bis unser Bedarf schließlich erfüllt ist.

Angenommen wir haben einen Mitarbeiter eingestellt, der zum einen nicht die richtige Qualifikation für seine Arbeit mitbringt und zum anderen schlecht mit den Kollegen auskommt. Dann müssen wir ihn entlassen. Wenn das nach der Probezeit passiert, kann sich die Umsetzung hinziehen, weil die Sache unter Umständen vor dem Arbeitsgericht landet.

Die Entscheidung für den falschen Bewerber

Ganz unabhängig davon müssen wir wieder Bewerberprofile ansehen, vielversprechende Kandidaten einladen, Interviews führen und schließlich eine Entscheidung treffen. Das alles kostet viel Zeit. Viel mehr Zeit, als wenn wir uns von Beginn an intensiv mit der Entscheidung auseinandergesetzt hätten.

Die Umsetzungsphase ist länger als die Entscheidungsphase

In der überwiegenden Anzahl der Entscheidungen ist die Umsetzungsphase länger als die Entscheidungsphase.

> Wenn ein Unternehmen eine Sanierung durchläuft, muss die Geschäftsführung am Anfang die Entscheidungen treffen und sie danach mit aller Konsequenz umsetzen. Sanierungsmaßnahmen betreffen immer sehr viele Mitarbeiter eines Betriebes. Sei es, dass sie ihren Arbeitsplatz verlieren, sei es, dass sie eine höhere Arbeitsbelastung tragen müssen. Wenn die Unternehmensführung sich dafür nicht frühzeitig die Unterstützung gesichert hat, wird sie womöglich an der Umsetzung scheitern, weil die Widerstände zu groß sind.

Gerade bei Projekten, wie der Sanierung eines Unternehmens, scheint der Zeitdruck übermächtig zu sein. Will man die notwendigen Schritte doch möglichst schon gestern gegangen sein. Jeder Tag, an dem aktiv nichts unternommen wird, kostet das Unternehmen Geld, das es nicht hat.

4.3 Zeitmanagement für Entscheider

Aber eine Sanierung zieht sich meist über Jahre hin. Die Entscheidungsphase dagegen kann nach wenigen Monaten, wenn nicht Wochen abgeschlossen werden.

Der Entscheider darf sich dann fragen, ob er lieber 10 % der verhältnismäßig kurzen Entscheidungsphase einspart oder durch eine gute Vorbereitung 10 % der Umsetzungszeit. Leider sehen wir das in der Situation oft so nicht. Es geht ums Überleben, und das Planen und das Wälzen von Alternativen allein bringen uns nicht weiter. Wir brauchen Taten! Kennen Sie ähnliche Gedankengänge vielleicht von jemandem, der Ihnen sehr nahe steht?

Typische Entscheidungen – relativer Zeitaufwand von Entscheidung und Umsetzung

Entscheidung	Entscheidungsphase	Umsetzungsphase
PC-Kauf	Lang	Mittel
Autokauf	Lang	Lang
Insolvenzanmeldung	Kurz	Sehr lang
Mitarbeiterentlassung	Kurz	Lang
Sanierung	Kurz	Sehr lang
Mittagessen	Kurz	Kurz
Einstellung eines neuen Mitarbeiters	Kurz	Lang
Produktentwicklung	Kurz	Lang
Bau eines neuen Kraftwerks	Kurz	Sehr lang
Entscheidung über Betriebsverlagerung	Lang	Lang
Entscheidung, ein Buch zu schreiben	Kurz	Lang
Entscheidung über gefährliche Operation	Lang	Kurz
Entscheidung über neuen Lieferanten für Spot-Teile	Kurz	Kurz
Entscheidung über Zulieferer von Sonderteilen	Kurz	Lang
Neue Preisliste	Lang	Kurz
Entscheidung über Weiterbildung	Kurz	Lang
Entscheidung über Projektressourcen	Kurz	Kurz

Vielleicht entspricht diese Darstellung nicht exakt Ihren Erfahrungen. Allerdings werden Sie vermutlich bei Ihrer eigenen Tabelle den gleichen Trend sehen wie in meiner Tabelle. Im Großteil der Fälle fällt die Entscheidungsphase gegenüber der Umsetzungsphase sehr viel kürzer aus.

Mein Tipp: Die Zeit, die wir am Anfang in Sorgfalt investieren, zahlt sich am Ende mehrfach wieder aus. Jede Entscheidung, bei der wir uns das eine oder andere sparen, um schneller zur Umsetzung zu kommen, wird uns dagegen sehr teuer zu stehen kommen.

4.3.2 Der Schwerpunkt in der Entscheidungsphase

Es macht also Sinn, Zeit in die Entscheidungsphase zu investieren. Wie wir seit den ersten Kapiteln dieses Buches wissen, gibt es in jeder Entscheidung drei Schlüsselelemente.

1. Entscheidungsklarheit,
2. attraktiven Alternativen,
3. größtmögliche Unterstützung.

Für jedes dieser Elemente müssen wir Zeit aufbringen. Wenn wir unendlich viel Zeit hätten, bräuchten wir uns keine Gedanken zu machen, wie wir unsere Zeit auf diese Elemente aufteilen. Leider ist das aber nie der Fall.

Daher fragen sich Entscheider im ganzen Land, wo ihre Zeit innerhalb der Entscheidungsphase am besten investiert ist.

Ich sehe das ganz pragmatisch. Die Qualität unserer Entscheidungen kann nie besser sein als die Qualität unserer besten Alternative. Gleichzeitig müssen wir unseren Bedarf kennen, um überhaupt zu wissen, dass diese Alternative gut für uns ist.

Wenn wir dann aber wie Don Quichotte unnötig gegen Windmühlen (Widerstände) kämpfen, könnten wir trotzdem scheitern.

In einer normalen Entscheidungssituation liegt der Zeitaufwand für den Punkt „Entscheidungsklarheit" bei etwa 10 %. Für das Schaffen neuer Alternativen liegt er bei 75 % und für die Suche der größtmöglichen Unterstützung bei etwa 15 %. Wenn wenig Zeit zur Verfügung steht, müssen wir das bei der Alternativensuche einsparen. Der Anteil der beiden anderen Schlüsselelemente steigt dann relativ gesehen. Wenn dagegen einmal mehr Zeit zu Verfügung steht, sollte das ebenfalls in die Alternativenschöpfung investiert werden. Relativ gesehen sinkt dann der Anteil der beiden anderen Elemente. Der Grund dafür ist, dass wir entweder unseren Bedarf kennen oder nicht. Mehr Zeit zu investieren lohnt da nicht. Genauso verhält es sich mit der Sorge für die größtmögliche Unterstützung. Wenn ich mit den Betroffenen gesprochen habe, weiß ich, ob ich deren Unterstützung genieße oder nicht. Weitere Gespräche nutzen dann oft wenig.

Zeitaufwand

■ Entscheidungsklarheit ■ Alternativen ■ Unterstützung

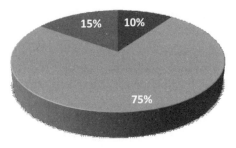

Beste Zeitverteilung in der Entscheidungsphase

4.3.3 Zusammenfassung

Die Zeit ist für uns Entscheider häufig das knappste Gut. Gerade deshalb sollten wir darauf achten, genügend Zeit für unsere Entscheidungen zur Verfügung zu haben. Denn von den drei Phasen Entscheidungsphase, Umsetzungsphase und Ergebnisphase bestimmt die erste die Qualität der beiden anderen Phasen. Wenn wir also keine Zeit haben, dann können wir es uns gerade *nicht* leisten, sie bei unseren Entscheidungen einzusparen. Innerhalb der Entscheidungsphase wenden wir die meiste verfügbare Zeit auf die Schöpfung von Alternativen auf. Wir werden dabei allerdings nicht darauf verzichten, uns Entscheidungsklarheit zu verschaffen und für die größtmögliche Unterstützung zu sorgen.

4.4 Kreativitätsworkshops

Bisher haben Sie nur die Beispiele für Kreativität gesehen. Das ist allerdings so nah an der Praxis wie der Schwimmunterricht im Trockenen. In diesem Teil finden Sie mehrere Workshops zur Osborn-Methode, der Sechs-Blickwinkel-Methode und der Ein-Schritt-Optimierung. Also krempeln wir die Ärmel hoch und erfahren ganz persönlich, wie kreativ wir sein können.

4.4.1 Osborn-Methode

Nehmen Sie sich ein Blatt Papier und schreiben Sie Ihre Problemstellung in der Form eines Entscheidungskompasses auf. Sie kennen damit Ihren Bedarf und können im nächsten Schritt auf die Jagd nach kreativen Lösungen gehen.

Beantworten Sie die Fragen, auch wenn diese anfänglich merkwürdig klingen und nicht immer eindeutig und direkt beantwortet werden können.

Die Prinzipien der Osborn-Methode (Verwendung, Kombination, Anpassung, Vergrößerung, Veränderung, Verkleinerung, Umgruppierung, Umkehrung und Ersetzung) haben sich seit den 50er-Jahren bewährt. Versuchen Sie auch eigene Fragen zu den einzelnen Prinzipien zu formulieren.

1. Verwendung
- Kann es anders eingesetzt oder verwendet werden?
- Können wir es verändern, um es anders einzusetzen?
- Können wir es in einem anderen Kontext verwenden?
- Was wird derzeit verschwendet, das wir verwenden könnten?

2. Kombinieren
- Können wir verschiedene Einheiten miteinander kombinieren?
- Wie könnte eine neue Kombination von Materialien und Inhaltsstoffen aussehen?
- Wie können wir unterschiedliche Personen und Qualifikationen kombinieren?
- Wie können wir unterschiedliche Probleme hier kombinieren?
- Können wir verschiedene Bedarfe miteinander kombinieren?
- Wie sähe eine Kombination von Aspekten, die sich gegenseitig ausschließen, aus?

3. Anpassen
- Können wir Ideen aus der Natur auf unser Problem anpassen?
- Können wir die Lösungen anderer Branchen auf unser Problem anpassen?
- Ist das Problem in einem anderen Kontext bereits gelöst worden? Wie könnte man das bei uns anwenden?
- In welchem Kontext wäre unser Problem leichter lösbar und warum? Können wir das auf unseren Kontext anpassen?
- Welche Aspekte unseres Problems könnten wir anpassen, um damit eine Lösung zu schaffen?

4. *Vergrößern oder etwas hinzufügen*
- Was können wir hinzufügen?
- Können wir es vergrößern, ausbreiten oder verlängern?
- Können wir mehr Stärken entwickeln oder bestehende Stärken ausbauen?
- Können wir etwas schneller machen oder mit größerer Häufigkeit?
- Können wir etwas duplizieren, verdoppeln, wiederholen oder multiplizieren?

5. *Verändern*
- Was können wir verändern, um das Problem zu lösen?
- Können wir die Regeln ändern und neue aufstellen?
- Können wir die Bedeutung des Problems ändern, Einsatzfelder, Dimensionen, Grenzen, Prozesse oder den Charakter?
- Wie könnten wir das Problem lösen, indem wir das Aussehen unserer Lösungen ändern?
- Können wir das Problem lösen, indem wir die Perspektive ändern? Wie würde ein Atomwissenschaftler, ein Philosoph, ein Priester, ein Staatsoberhaupt oder ein Kind das Problem sehen?
- Könnten wir die Verpackung des Problems oder unserer Lösung ändern?
- Was könnten wir allgemein anders machen?

6. *Verkleinern oder etwas weglassen*
- Wie wäre es, wenn das Thema oder Problem kleiner wäre?
- Welche Funktionen oder Teile sind nicht wirklich notwendig?
- Was können wir weglassen?
- Welche Prozesse können wir umgehen und weglassen?
- Können wir es aufteilen oder zersplittern?
- Können wir es auseinandernehmen, um Dinge wegzulassen?
- Können wir das Problem oder die Lösung vereinfachen?
- Können wir die Lösung miniaturisieren?
- Können Regeln weggelassen werden?
- Was ist das Problem nicht? Worauf kommt es an?

7. *Umgruppieren*
- Lässt sich das Problem in eine andere Reihenfolge bringen?
- Gibt es Gruppen oder Klassen von Aspekten, die neu zusammengesetzt werden könnten?
- Was würde passieren, wenn wir die Merkmale des Problems und unserer Lösungen teilweise gegeneinander austauschen?
- Lassen sich die Worte der Problemstellung neue gruppieren?

8. Umkehren
- Können wir die Problemfrage umkehren?
- Listen Sie drei Annahmen über das Problem auf. Was passiert, wenn Sie diese der Bedeutung nach oder den Worten nach umkehren?
- Was sind die negativen Seiten des Problems? Wie könnten wir sie positiv verstehen?
- Was wäre das Gegenteil von dem Problem? Was wäre das Gegenteil der Lösung?
- Können wir das Problem umgekehrt sehen? Was würde passieren, wenn wir uns als das Problem sehen?
- Können wir unser Ziel oder den Entscheidungsauslöser umkehren?

9. Ersetzen
- Können wir das Problem durch ein anderes ersetzen?
- Können wir Personen, Materialien oder Mittel durch etwas anderes ersetzen?
- Können wir unsere Herangehensweise ersetzen?
- Können wir die Art unserer Problemlösung ersetzen? Wie würde eine Lösung als Gedicht, als Bild, als Kleidungsstück usw. aussehen?
- Können wir Worte in der Problemstellung durch andere ersetzen?

Im letzten Schritt müssen wir die große Vielfalt unserer Lösungen auf die umsetzbaren reduzieren.

1. Wir fassen mehrere Ideen zu einzelnen, umsetzbaren Lösungspaketen zusammen.
2. Wir streichen alle Lösungen, die nicht umsetzbar sind.
3. Wir streichen alle Lösungen, die für die Umsetzung zu lange brauchen werden.
4. Wir streichen alle Alternativen, die an unseren Ausschlusskriterien scheitern.

Wir verfügen jetzt über eine große Anzahl von Alternativen, die gut umsetzbar sind.

4.4.2 Sechs-Blickwinkel-Methode

Im ersten Schritt erstellen wir zunächst unseren Entscheidungskompass ohne Gewichtung der Entscheidungskriterien. Denn die darin enthaltenen Aspekte führen uns zu neuen Ideen.

Profildaten der Entscheidungssituation

Ziel	
Entscheidungsauslöser	
Inspirierende Frage	
Gewünschte Ergebnisse	
Status-quo-Ergebnisse	
Unerwünschte Ergebnisse	

Blickwinkel 1: Am Ziel orientieren

Was kann ich tun, um mein Ziel zu erreichen?

....
....
....
....

Blickwinkel 2: Am Entscheidungsauslöser orientieren

Was kann ich tun, um den Entscheidungsauslöser verschwinden zu lassen?

....
....
....
....

Blickwinkel 3: An der inspirierenden Frage orientieren

Mit welchen Lösungen kann ich die inspirierende Frage beantworten?

....
....
....
....

4.4 Kreativitätsworkshops

Blickwinkel 4: An den Bestandsalternativen orientieren

Gibt es bereits Alternativen, die sich als potenzielle Lösungen anbieten? Welche Merkmale haben sie?

Merkmale der Alternative _____

Welche Ideen fallen uns dazu ein? Gibt es mögliche Alternativen, die ähnliche Merkmale aufweisen?

Unsere Ideen

....

....

....

....

Blickwinkel 5: An den Kontrollelementen orientieren

Anforderungen aus den Kontrollelementen

Unsere Ideen

....
....
....
....

Blickwinkel 6: An brancheninternen oder -externen Vorbildern orientieren

Vorbilder in unserer und fremden Branchen

....
....
....
....

4.4 Kreativitätsworkshops

Unsere Ideen

....

....

....

....

Im letzten Schritt müssen wir die große Vielfalt unserer Lösungen auf die umsetzbaren reduzieren.

1. Wir fassen mehrere Ideen zu einzelnen umsetzbaren Lösungspaketen zusammen.
2. Wir streichen alle Lösungen, die nicht umsetzbar sind.
3. Wir streichen alle Lösungen, die für die Umsetzung zu lange brauchen werden.
4. Wie streichen alle Alternativen, die an unseren Ausschlusskriterien scheitern.

Wir verfügen jetzt über eine große Anzahl von Alternativen, die gut umsetzbar sind.

4.4.3 Ein-Schritt-Optimierung

Als Vorbereitung brauchen wir wieder einmal die Kontrollelemente aus unserem Entscheidungskompass. Die Vorlage dafür finden wir im Workshop „Sechs-Blickwinkel-Methode" im letzten Abschnitt (siehe S. 163).

Wir formulieren zunächst alle gewünschten Ergebnisse positiv um. Diese tragen wir in der Optimierungstabelle in die Spalte Kontrollelemente ein. In der mittleren Spalte tragen wir die Ausprägungen der betrachteten Alternative bezüglich der Kontrollelemente ein. In die Spalte „Optimierung" tragen wir die Optimierungen ein, die wir erreichen konnten.

Optimierungstabelle

Kontrollelemente	Alternative	Optimierung

4.5 Checkliste für bedarfsgerechte Alternativen

- ☐ Vor der Beschäftigung mit den Alternativen habe ich für Entscheidungsklarheit bei mir gesorgt.
- ☐ Ich habe meine inspirierende Frage so formuliert, dass ich meine Gestaltungsspielräume möglichst groß wahrnehme.
- ☐ Ich habe mir meine Alternativen selbst erarbeitet oder nach erfolgreicher Delegation erarbeiten lassen.
- ☐ Alle erarbeiteten Alternativen orientieren sich an meinem Bedarf.
- ☐ Ich habe mindestens drei gute Alternativen für meine Entscheidung zur Verfügung.
- ☐ Ich habe meine neuen Alternativen unter Zuhilfenahme meines retikulären Aktivierungssystems (RAS) und/oder flüssigen Denkens und/oder kombinatorischen Denkens entwickelt.
- ☐ Ich bin mit der Vielfalt meiner Alternativen sehr zufrieden.
- ☐ Ich habe meine Alternativen in allen wichtigen Kriterien noch einmal optimiert.
- ☐ Im gesamten Entscheidungsprozess habe ich die meiste Zeit in die Schaffung neuer Alternativen investiert.

5 Größtmögliche Unterstützung

 In diesem Kapitel geht es um den wichtigsten Erfolgsfaktor für Entscheidungen – Menschen. Angefangen vom Entscheider über seine Mitarbeiter bis hin zu Verhandlungspartnern und Gegenspielern, für alle müssen wir das richtige Konzept haben, damit wir unsere Entscheidungen ohne großen Widerstand umsetzen.

- Wir werden sehen, dass der Entscheider sich häufig ebenso oft im Weg steht, wie es seine Unterstützer tun.
- Nicht das Wie, sondern das Wann, lernen wir, ist die Kernfrage für Unterstützung.
- Wir finden heraus, dass wir Betroffene zu Beteiligten machen, wenn wir sie dazu bringen, sich unsere Ziele anzuhören.
- Und wir entdecken, dass Maßnahmen Betroffene schaffen und Ziele nicht.
- Wir stellen fest, warum die eigene Vision fast automatisch für die notwendige Unterstützung sorgt.
- Wir finden heraus, warum es meistens schlecht ist, als Sieger aus einer Verhandlung hervorzugehen.
- So sorgen Sie in Verhandlungen für Win-win-Situationen.
- Wir werden uns damit beschäftigen, wie wir Entscheidungen am besten kommunizieren.

5.1 Entscheider brauchen Unterstützer

Wenn wir einen beliebigen Entscheider in der Umsetzungsphase fragen, was er am meisten braucht, lautet die Antwort fast immer: Mehr Unterstützung, weniger Widerstände und viel mehr Zeit.

Widerstände gibt es, weil er nicht genügend Unterstützung hat, und genau deshalb ist auch die Zeit knapp. Mit anderen Worten: Dreh- und Angelpunkt ist die richtige Taktik zur Sicherung der Unterstützung durch andere.

Wenn ich das so schreibe, wissen Sie es wahrscheinlich schon. Das ist die Untertreibung des Jahrhunderts!

Bis zur Umsetzung steht der gesamte Entscheidungsprozess unter der Kontrolle des Entscheiders. Selbst mittelmäßig begabte Menschen werden bis zu diesem Punkt verhältnismäßig erfolgreich sein. Die Herausforderung: Mit der Umsetzung geht in der Regel ein zumindest teilweiser Kontrollverlust einher.

Das allein ist allerdings nicht dafür verantwortlich, warum wir als Entscheider oft keine Unterstützung erhalten oder uns sogar Widerstand entgegenschlägt.

- *Veränderung.* Menschen nehmen Veränderungen selten positiv wahr. Auch wenn die Ausgangssituation selbst als negativ empfunden wird, so macht die Ungewissheit hinter einer Veränderung vielen Menschen Angst.
- *Betroffenheit.* Wen eine Entscheidung aus heiterem Himmel trifft, der fühlt sich betroffen. Das ist ein sehr ichbezogener Zustand. Als Entscheider finden wir dann kein Gehör, wenn wir unsere Beweggründe und Ziele nachträglich offenlegen. Die Adressaten empfinden das eher als Rechtfertigung denn als Erklärung.
- *Mangelnde Überzeugung.* Warum sollte die angestrebte Veränderung gut sein? Das ist die Frage, die viele Menschen im Umfeld einer Entscheidung bewegt. Wir müssen unser Umfeld für die Sache, die wir vertreten, auch einnehmen. Versäumen wir das, wird keiner auch nur einen Finger krümmen, um uns zu unterstützen.
- *Fehlende Strahlkraft des Entscheiders.* Wenn wir selbst schon nicht von der Notwendigkeit und dem Nutzen unserer Entscheidung überzeugt sind, warum sollte es dann unsere Umgebung sein?
- *Innere Widerstände beim Entscheider selbst.* Wenn wir in die Umsetzung unserer Entscheidung gehen, sollten wir selbst dazu in der Lage sein. Das ist leider nicht immer der Fall. So soll es schon vorgekommen sein, dass der Entscheider eine Roadshow mit öffentlichen Vorträgen geplant hat. Sobald er aber vor einer Gruppe von Menschen stand, brachte er kein Wort mehr heraus. Solche Widerstände sind schlimmer als jeder noch so aufgeblasene Gegenspieler!
- *Unkooperative Partner.* Mancher Entscheidungsprozess kommt nicht allein zustande. Verhandlungen sind gemeinsame Entscheidungen von Parteien, die unterschiedliche Interessen verfolgen. Fühlt sich ein Partner überfahren, wird er bei der Umsetzung nicht grenzenlos kooperativ sein.
- *Gegenspieler.* Wer hat schon keinen inneren oder externen Wettbewerber. Nach innen sind das häufig Menschen, die ihre Wichtigkeit unter Beweis stellen müssen. Nach außen hin sind es die Unternehmen, die sich um dieselben Kundengruppen kümmern.

Das alles sind Gründe, warum wir häufig keine Unterstützung bekommen. In dem folgenden Kapitel arbeiten wir uns von innen nach außen vor. Wir beginnen beim Entscheider und seinen inneren Widerständen und enden mit den Steinen, die uns unsere Gegenspieler eventuell in den Weg legen.

5.2 Innere Widerstände

In einem reinen Ökonomiebuch würden wir dieses Kapitel nie finden. Denn im klassischen Bild der Betriebswirtschaft hat die psychische Qualität des Entscheiders keinen Platz. Allenfalls ist von begrenzter Rationalität die Rede.

Der Entscheider hat niemals alle Informationen zu Verfügung. Seine Entscheidungen basieren daher auf einem eingeschränkten Weltbild und können auch falsch sein. Diese Erkenntnis ist dem Praktiker nicht fremd. Wir sind froh, dass die Wissenschaft uns da bestätigt.

5.2.1 Motivation

Wenn wir innere Widerstände gegen die Umsetzung unserer eigenen Entscheidung haben, dann liegt das oft an fehlender Motivation.

Vielleicht wird sich der eine oder andere fragen, was das Treffen und Umsetzen von Entscheidungen mit Motivation zu tun hat. Schließlich gibt es Notwendigkeiten, denen wir uns fügen müssen. Wenn vom Mutterkonzern die Anweisung kommt, 10 % der Belegschaft „freizusetzen", muss ich nicht motiviert sein, sondern lediglich meinen Job machen. So hat es ein Manager mir gegenüber einmal ausgedrückt. Interessanterweise hat er dann nachgesetzt: „Ich bin vermutlich am falschen Platz oder im falschen Unternehmen, wenn ich meine Arbeit nicht motiviert machen kann."

Wenn Sie für Ihre Arbeit kein gutes Motiv mehr haben oder nie eines hatten, kann Ihnen auch kein finanzieller Anreiz helfen. Es gibt aus meiner Sicht drei Elemente, die für jeden Entscheider Grundvoraussetzung sind, damit er ausreichend motiviert ist.

Eigeninteresse

Stellen Sie sich mal vor, Sie müssten eine Entscheidung darüber treffen, welcher Brotzeitlieferant in Ihrer Firma seine Waren verkaufen darf. Gehören Sie selbst zu den potenziellen Kunden, haben Sie ein vitales Interesse an dieser Entscheidung. Wenn nicht, könnten Sie der Meinung sein, dass diese Entscheidung so ziemlich das Unwichtigste ist, was ein Unternehmer oder Manager entscheiden kann. Doch weit gefehlt. Denn wenn Ihre Mitarbeiter sich ständig über den Lieferanten ärgern müssen, dann übertragen sie das mit der Zeit auf ihren Chef.

Gut verstanden haben das die Verantwortlichen bei dem Suchmaschinengiganten Google, der das Internet für alle Benutzer verschlagwortet hat.

Denn einer der Erfolgsfaktoren von Google liegt darin, dass alle Mitarbeiter Frühstück, Mittagessen und Abendessen gratis bekommen. Zusätzlich gibt es in den Teeküchen der Abteilungen viele Snacks und kostenlose Getränke. Bei Microsoft würden sie einiges mehr verdienen, aber Googles Rundumversorgung sorgt bei den Mitarbeitern für eine wesentlich bessere Stimmung, als es ein höherer Gehaltsscheck tun würde.

Angesichts dessen wird aus einer unwichtigen Entscheidung die Gleichung: „Qualität des Brotzeitlieferanten = Mitarbeiterzufriedenheit".

Wir als Entscheider brauchen dieses Eigeninteresse. Fehlt es, werden wir entscheidungsschwach.

Denken Sie nur einmal an Entscheider, die wissen, dass sie nur noch kurze Zeit in ihrer gegenwärtigen Position arbeiten. Das ist für alle Mitarbeiter, Partner und Kollegen oft eine echte Belastung. Warum wohl dreht der neue Entscheider meistens so viele Entscheidungen seines Vorgängers zurück?

Die Krux beim fehlenden Entscheidungsinteresse ist, dass wir die Entscheidung nicht treffen *wollen*.

In diesem Fall sollte es doch leicht für uns sein, die Entscheidung an jemanden abzugeben, der ein hohes Eigeninteresse an der Entscheidung hat.

Manchmal können wir das nötige Interesse bei anderen schaffen. Ein Kunde von mir wurde immer wieder von Stromanbietern und Telekommunikationsanbietern angeschrieben. Er solle doch Kosten sparen und Vorteile realisieren. Angesichts seines erfolgreichen Unternehmens interessierten ihn die Einsparmöglichkeiten im Privathaushalt wenig.

Gleichzeitig störte ihn das geringe wirtschaftliche Interesse seines Sohnes. Denn der soll später ja mal die Nachfolge des Unternehmers antreten. Mein Kunde bot seinem Filius also an, dass er zukünftig alle Entscheidungen über Strom, Telefon, DSL usw. treffen dürfe. Alle Einsparungen gegenüber dem bisherigen Budget würde der neue Entscheider zur Hälfte als Taschengelderhöhung erhalten. Mit Feuereifer stürzte sich der damals 15-Jährige auf die Aufgabe. Er verglich Angebote und rechnete versteckte Kosten hoch, antizipierte Verbrauchswerte und potenzielle Verbrauchsspitzen und baute eine eindrucksvolle Analysetabelle in Excel darüber auf. Diese setzte er zwei Jahre später auch dazu ein, um die Strompreiserhöhungen aus seiner individuellen Erfolgsrechnung herauszufiltern. Dabei blieb es aber nicht. Heute geht der Sohn meines Kunden in der Nachbarschaft von Haus zu Haus und berechnet auf Erfolgsbasis die beste Anbieterkombination. An den Einsparungen lässt er sich beteiligen und hat damit ein erkleckliches Nebeneinkommen aufgebaut.

5.2 Innere Widerstände

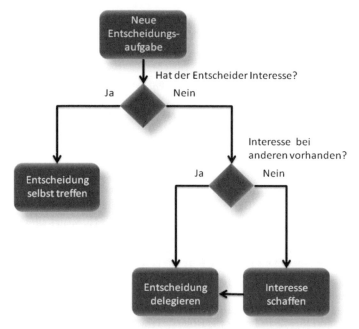

Test auf Entscheidungsinteresse

Wenn wir also feststellen, dass diese Entscheidung bei uns nicht gut aufgehoben ist, suchen wir jemanden, in dessen Interesse die Entscheidung entweder schon liegt, oder wir sorgen dafür, dass er Interesse dafür entwickelt.

Das wissen natürlich auch die mit allen Wassern gewaschenen Sanierer von Unternehmen. Wenn eine Führungskraft den Aufstand wagt, dann heißt das Angebot meist: „Uns ist nur an den Personalkosten gelegen. Sie haben die Wahl. Entweder Sie suchen zwei Mitarbeiter aus, die gehen müssen, oder Sie reichen selbst Ihre Kündigung ein." Da trennt sich dann oft die Spreu vom Weizen und die zwei Mitarbeiter sind schnell benannt. Es gibt allerdings auch die prinzipienfesten Führungskräfte, die tatsächlich kündigen. Damit spart sich das Unternehmen dann auch deren Abfindung und der Nachfolger findet spielend zwei Mitarbeiter, die gehen müssen.

Ziele

Der Lifemanagementtrainer Tony Robbins hat einmal gesagt: „Es gibt keine faulen Menschen, nur schwache Ziele." Damit hat er zweifellos recht. Wenn wir uns nicht zu einer Entscheidung und deren Umsetzung motivieren können, liegt das häufig daran, dass wir entweder gar keine Ziele haben oder die Entscheidung mit unseren Zielen wenig zu tun hat.

Entscheidungen sind richtungsgetriebenes Handeln, und wenn ich meinem Handeln bewusst keine Richtung geben kann, dann führt das zu einer geringen Motivation.

Herbert Mayer tut sich mit seinen Entscheidungen immer sehr schwer. Was sind die Risiken? Wie stehe ich nachher da? Ist das wirklich ein so vorteilhaftes Angebot, wie der Verkäufer behauptet? Was wird meine Frau dazu sagen? Was werden die Leute denken?

Das sind Fragen, die ihm regelmäßig durch den Kopf gehen. Hat er dann endlich eine Entscheidung getroffen, kreisen die Gedanken wieder: „Habe ich einen Fehler gemacht?"

Mayer hat wirklich keine große Freude im Leben. Doch eines Tages ändert sich alles. Das ist der Tag, an dem ein kleiner Gastank auf dem Firmengelände des Handwerkers explodiert und seine bisherige wirtschaftliche Existenz in Flammen aufgehen lässt.

Zum Glück zahlt die Versicherung schnell und unbürokratisch. Später wird er sagen, dass dieser Schicksalsmoment im Feuer geschmiedet wurde.
Mayer plant schon den Wiederaufbau, da meldet sich ein Investor. Das großzügig geschnittene Gelände in Innenstadtlage wäre wie geschaffen für ein kleines Einkaufszentrum und ist sehr wertvoll.

Mayer findet das Projekt reizvoll und verkauft sein Grundstück nicht. Im Gegenteil, er steigt als Geschäftspartner mit ein. Denn mit einem Schlag ist ihm klar geworden. Das ist seine Zukunft! Er will als Investor aufregende Projekte entwickeln und umsetzen.

Natürlich kennt er das Geschäft überhaupt nicht. Daher fragt er bei zahlreichen Unternehmen an, ob er eine Art Praktikum machen könne, um das „Handwerk" zu erlernen. Warum sollte ein Unternehmen seine zukünftige Konkurrenz schlau machen? Ehrlich gesagt weiß ich das bis heute nicht.

Aber Mayer war so überzeugend, dass er alles bekam, was er wollte. Heute ist er ein „alter Hase" im Geschäft und trotzdem spürt er bei jedem neuen Projekt das gleiche aufregende Kribbeln. In seinem Büro hängen die Bilder seiner Projekte und es gibt keinen, der so stolz auf seine Arbeit ist, wie Herbert Mayer.

Nachdem er wusste, was seine Berufung ist, hatte Mayer keinerlei Probleme mehr, seine Entscheidungen zu treffen. Denn er hatte eine Vision und jederzeit Ziele, sie in die Tat umzusetzen.

Ich denke, dieses Beispiel zeigt eindrucksvoll, worum es geht. Wenn wir nicht motiviert sind, unsere Entscheidungen umzusetzen, dann liegt das vermutlich daran, dass wir noch nicht die richtigen Ziele entwickelt haben.

Sinn

Viktor E. Frankl, den Begründer der sinnzentrierten Psychologie, habe ich bereits mehrfach in diesem Buch erwähnt. Er sagt, der Mensch hat den Willen zum Sinn und dieser ist existenziell. Fehlt der Sinn, müssen die Menschen ihn durch Ersatzhandlungen oder Drogen ersetzen. Das meiste Suchtverhalten rührt aus der empfundenen inneren Leere der Betroffenen.

5.2 Innere Widerstände

Entscheidungen zu treffen hat sehr viel mit Sinn zu tun. Denn wenn unsere Entscheidungen für uns keinen Sinn ergeben, dann wollen wir sie nicht umsetzen. Der Sinn in unseren Entscheidungen ist wiederum eng an unsere Mission und Vision gekoppelt. Wenn Sie also mehrfach das Gefühl haben, sinnlose Entscheidungen treffen zu müssen, empfehle ich die Bearbeitung des Kapitels 2 „Vision und Mission" (siehe S. 27).

Wie wir aus einer Sinnkrise herausfinden können, zeigt das folgende Beispiel.

Franz Maler ist mit seiner Arbeit als Marketingleiter in einem mittelständischen Unternehmen nicht zufrieden. Denn er kann seine kreativen Ideen nicht so umsetzen, wie er das möchte.

Sein Traum war es schon immer, eine eigene Agentur aufzubauen. Den „Entschluss" dazu hat er bereits vor fünf Jahren gefasst. Aber nach wie vor geht er jeden Morgen um 9:00 Uhr zur Arbeit und verlässt das Büro um 17:00 Uhr (!). Dabei fühlt er sich unbeschreiblich leer.

Was hält ihn ab?

Maler hat Angst. Angst, seine relative Sicherheit aufzugeben und eventuell zu scheitern und am Ende zu dem Heer von arbeitslosen Hartz-IV-Empfängern zu gehören, von denen wir in der Presse immer wieder hören.

Genau genommen hat Maler nicht wirklich einen „Entschluss" gefasst. Eine Entscheidung ist immer richtungsgetriebenes Handeln. Aber das Handeln fehlt hier völlig.

Fehlendes Motiv

Ist Maler deshalb ein „Loser"? Ein „Verlierer", wie sein Chef ihn laut Malers eigener Vermutung sehen muss? Nein, natürlich nicht. Wer eine Entscheidung trifft, muss dazu ein Motiv haben.

Maler „möchte" zwar gerne eine eigene Werbeagentur aufbauen, aber es ist kein Ziel für ihn. Dazu ist es zu unbestimmt. Eine Vision wäre es, wenn er sich in Zukunft als der Chef der Agentur sehen würde, wie er interessante, kreative Projekte an Land zieht und mit seinen Mitarbeitern zum Erfolg führt. Wenn er das Glück und den Stolz, die Erfüllung spüren würde, die ihm das vermittelt, das wäre eine Vision. Und dann bräuchten wir die Frage nach dem Motiv nicht zu stellen.

Die Arbeit als Marketingleiter liegt fernab jeden Weges zur Realisierung seiner Vision. Aber was ist mit seiner Angst? Ist die dann einfach weg, wenn er den richtigen Entschluss gefasst hat?

Die Angst wird ihn deshalb nicht verlassen. Wer die Droge der trügerischen Sicherheit eines Jobs erlebt hat, kommt davon in der Regel nicht so einfach frei. Der Schlüssel für Maler ist eine Entwöhnung davon.

Bei den Anforderungen in seinem aktuellen Job dürfte es ihm nicht schwerfallen, erst einmal in der Freizeit ein gutes Agenturkonzept zu entwickeln. Vielleicht kann er sogar mit seinem Arbeitgeber vereinbaren, drei Tage in der Woche für ihn und vier Tage (mit Wochenende) für den Aufbau seiner Agentur zu arbeiten. Vielleicht ist sein Arbeitgeber gleichzeitig auch sein erster Auftraggeber?

Das Entwöhnungsprogramm

Maler kann also seinen Weg in vielen kleinen Schritten graduell ändern und auf Zielkurs gehen. Seine Angst, die relative Sicherheit aufzugeben, entspringt ja auch einer Vorsicht, die uns von der Natur mitgegeben wurde. Bevor wir uns darum kümmern können, Sinn in unser Leben zu bringen, müssen wir zunächst dafür sorgen, dass wir überleben.

Wenn wir eine wichtige Entscheidung nicht treffen können, dann liegt das möglicherweise daran, dass wir uns den Sinn in unserem Handeln nicht vorstellen können. Möglicherweise tragen die Entscheidungsalternativen unseren persönlichen Bedürfnissen (z. B. Sicherheit) auch nicht ausreichend Rechnung.

Für Maler war die Sache danach klar. Inzwischen beschäftigt er zwölf Mitarbeiter, zahlt zu viele Steuern und ist endlich glücklich mit seiner Berufung.

5.2.2 Hemmungen

Hemmungen spielten ja bereits auch im letzten Beispiel von Franz Maler eine Rolle. Wir leben zwar alle (noch) in einer freien Gesellschaft, aber wir sind trotzdem nicht immer frei in dem, was wir tun.

Viele Menschen haben Ängste, die sie davon abhalten, ihre Fähigkeiten zu entfalten. Es gibt unzählige Selbständige, die eigentlich potenzielle Kunden per Kaltakquise anrufen müssten, um sie für ihre Leistungen zu interessieren. Das steht auch in fast jedem Businessplan. Geht es aber an die Umsetzung, dann scheitern viele an sich selbst.

Es gibt zahlreiche Möglichkeiten, seine Ängste zu reduzieren, z. B., indem wir viele positive Erfahrungen sammeln. Aber als Entscheider-Coach empfehle ich Ihnen, keine Alternativen in die engere Wahl zu nehmen, die bei Ihnen den Angstschweiß ausbrechen lassen.

Angst ist ein mächtiger Gegner, den wir als Entscheider nicht unterschätzen sollten. Gleiches gilt übrigens beim Thema „Delegation". Viele Chefs drücken ungeliebte Aufgaben an ihre Mitarbeiter weiter, obwohl diese damit auf emotionaler Ebene überfordert sind. Wenn wir unsere Mitarbeiter häufig scheitern lassen, treiben wir sie in einen Zustand der erlernten Hilflosigkeit. Wir sollten uns sicher sein, dass die Mitarbeiter, mit denen wir eine Umsetzung planen, der Aufgabe auch gewachsen sind.

Neben der Angst können uns auch Skrupel hemmen. Der Unternehmer Max Gregor hat sich so an seinen Wettbewerber gewöhnt, dass er am Ende Skrupel hatte, ihm den letzten Großkunden wegzuschnappen. Er wusste, sein Mitbewerber würde das wirtschaftlich nicht überleben, und zog deshalb sein Angebot an dessen Kunden wieder zurück.

Wirtschaftlich war das keine gute Entscheidung, denn er verzichtete dadurch auf Skalenvorteile, die er gegen andere Wettbewerber gut hätte brauchen können. Natürlich hat er sich später darüber geärgert. Allerdings hat er eine wertegetragene Entscheidung getroffen. Seine Werte machen ihn als individuellen Unternehmer aus und deshalb war es keine schlechte Entscheidung.

Gefährlich werden Skrupel erst dann, wenn wir uns ihrer nicht bewusst sind. Dann treffen wir Entscheidungen und können sie nicht umsetzen. In dem Fall ist das eine fantastische Zeitvernichtungsmaschine!

Zum Urteilsvermögen eines Entscheiders gehört es, sich zutreffend selbst einschätzen zu können. Dazu gehört nicht viel, nur etwas Selbstkritik und Beobachtungsvermögen. Und dazu gehört die Unabhängigkeit, uns selbst einzugestehen, dass wir nicht immer Supermann oder Superfrau sind, sondern ganz normale Menschen, die durch Ängste und Skrupel gehemmt werden.

5.2.3 Fähigkeiten

Viele Aufgaben sehen leichter aus, als sie es am Ende sind. Ein Erfinder macht eine aus seiner Sicht bahnbrechende Entdeckung. Mit ein paar gutgläubigen Freunden schustert er auf die Schnelle eine Aktiengesellschaft zusammen.

„Das Kaufmännische kann doch gar nicht so schwer sein", denkt er sich und übernimmt auch diese Aufgabe.

Doch die Umsetzung ist schwieriger als gedacht. So simple Sachen wie die Trennung von privaten und geschäftlichen Ausgaben belasten den Vorstand zumindest in internen Gremien mit dem Vorwurf der Untreue.

Betriebswirtschaftlicher Sachverstand geht ihm ab. Aber da er als Erfinder so erfolgreich ist, meint er, auch ein guter Kapitän für sein Unternehmen sein zu können. Das Ende ist absehbar und bis zum Schluss wird er nicht verstehen, was er falsch macht und warum die Umsetzung seines „genialen" Plans scheitert.

Bei jeder Entscheidung sollte sich der Entscheider darüber im Klaren sein, ob er über das richtige Bündel an Fähigkeiten für die Umsetzung im Unternehmen verfügt oder ob er auf andere Weise dafür Sorge tragen muss.

Das ist weniger trivial, als Entscheider gerne annehmen. Denn manchmal ist das Wissen so gering, dass der Entscheider noch nicht einmal weiß, dass er nichts weiß – wie bei unserem Erfinder.

5.3 Einfach umsetzen

Wenn andere uns unterstützen sollen, müssen wir sie zunächst für uns gewinnen. Das fängt bei unserer eigenen Überzeugung an, geht weiter über das Wissen, wer zukünftig betroffen sein wird, bis hin zu dem richtigen Ansatz, wie wir unsere Veränderungsprozesse und Gespräche im Unternehmen professionell führen.

5.3.1 Strahlkraft des Entscheiders

Ein Entscheider muss von seiner Entscheidung überzeugt sein. Nicht nur nach innen, sondern auch nach außen. Dabei geht es nicht nur darum, mit gutem Beispiel voranzugehen. Wenn wir eine Entscheidung treffen, dann stehen wir als Entscheider vollständig dahinter.

Wie kommt wohl die folgende Aussage bei potenziellen Unterstützern an? „Wir machen es jetzt mal so, und wenn es nicht klappt, machen wir etwas anderes." Wie kommt der Satz denn bei Ihnen an? Meine Prognose: Wir könnten gleich etwas anderes machen und alle in den Prozess Involvierten denken wohl ähnlich. Sie werden vermutlich nur halbherzig an die Sache herangehen.

Der Unterschied zwischen gewinnen oder verlieren liegt meist nur in kleinen Details, buchstäblich in Millimetern: Wenn wir einen Schreibfehler in unserem Angebot haben oder eine Kennzahl hauchdünn verpassen; wenn der Container gerade noch rechtzeitig im Hafen ankommt, um verladen zu werden; der Patentantrag Minuten vor dem des Konkurrenten beim Patentamt eingeht. Die Beispiele dafür sind unendlich. Es lohnt sich daher, um den Millimeter oder um die Sekunde zu kämpfen, denn es ist manchmal alles, was uns von Sieg oder Niederlage trennt.

Genau diesen Millimeter und diese Sekunde bekommen wir nur, wenn alle unsere Unterstützer das Gefühl haben, dies ist wichtig.

Es geht ums Ganze. Der Entscheider muss das ausstrahlen. Was noch viel wichtiger ist, er muss davon selbst überzeugt sein. Ist er es nicht, erhält er nicht die Unterstützung, die er zur Umsetzung seiner Entscheidungen benötigt.

Selbstverständlich gibt es keinen methodischen Weg, sich selbst diese Strahlkraft zu verordnen. Ich denke allerdings, dass wir lediglich das Bewusstsein haben müssen, dass es immer um alles geht. Andy Grove sagte einmal, das Rezept seines Erfolgs war es, immer paranoid zu sein und immer davon auszugehen, dass der Wettbewerb einem auf den Fersen ist. Andy Grove ist einer der Gründer und langjähriger CEO des Computerchipgiganten Intel. Im Bereich der Prozessoren für PCs hat Intel seit vielen Jahren die marktbeherrschende Stellung. Der nächstgrößere Wettbewerber AMD fristet in vielerlei Hinsicht ein Nischendasein.

Es ist wohl kein schlechter Rat, bei jeder Entscheidung davon auszugehen, dass es um alles geht. Denn manchmal kommt es auf die Kleinigkeiten an und wir wissen nie im Voraus, wann das sein wird.

5.3.2 Mangelnde Überzeugung

Der Kern jeder Entscheidung ist ihr Sinn. So mancher Manager glaubt, dass seine Mitarbeiter ohnehin nie verstehen würden, warum eine bestimmte Maßnahme umgesetzt werden soll. Manchmal kommt noch hinzu, dass er einem Konzept folgt, das er nicht selbst ausgearbeitet hat, und daher auch nicht die Zusammenhänge versteht. Das kann beispielsweise passieren, wenn sich eine Unternehmensberatung tüchtig austoben durfte, ohne die Umsetzungsverantwortung wahrzunehmen.

Meine Philosophie dabei ist ganz einfach. Wenn der gesunde Menschenverstand dem Sinn hinter einer Entscheidung nicht auf die Spur kommt, dann wird sie wahrscheinlich auch sinnlos sein.

Niemand wird uns bei der Umsetzung unserer Entscheidungen unterstützen, nur weil wir es so wollen. Entweder das Konzept ist in sich selbst überzeugend oder nicht. Wenn es das nicht ist, haben wir wahrscheinlich im Rahmen unserer Entscheidung den Überblick oder den Kopf verloren.

Beides steht einem Entscheider nicht gut zu Gesicht. Daher prüfen wir bei jeder Entscheidung vorab: Macht die Entscheidung auch für andere Sinn oder nicht?

Woran lässt sich festmachen, ob unsere Entscheidung überzeugend ist?

1. Das angestrebte Ziel lässt sich durch die Maßnahmen tatsächlich erreichen.
2. Die geplanten Maßnahmen stellen einen wirtschaftlich sinnvollen Weg zur Umsetzung des Ziels dar.
3. Die Maßnahmen verteilen Lasten und Ertrag fair zwischen Entscheider und Unterstützern.
4. Zu dem Ziel gibt es keinen offensichtlich besseren Weg.
5. Das Ziel verletzt nicht die vitalen Interessen der potenziellen Unterstützer.
6. Das Ziel und die geplanten Maßnahmen sind gesellschaftlich zustimmungsfähig, also moralisch, ethisch und legal.

Sollte eine dieser Bedingungen nicht erfüllt sein, lässt sich auch niemand davon überzeugen, uns zu unterstützen. Allerdings gibt es niemals nur eine Wahrheit. Daher sind wir als Entscheider auch gefragt, unsere Sichtweise so zu vermitteln, dass unsere potenziellen Unterstützer diese sechs Bedingungen erfüllt sehen. Dazu müssen wir individuell auf die Situation des Einzelnen eingehen.

So werden Mitarbeiter ihre Entlassung selten als fair betrachten. Auf der anderen Seite kann es auch nicht in ihrem Interesse liegen, bei einem Unternehmen zu arbeiten, das ihre Arbeit nicht braucht. Denn damit wäre ihr Einsatz sinnlos. Fair könnte es sein, wenn das Unternehmen dem Mitarbeiter alle erdenkliche Hilfe gibt, wieder eine neue Aufgabe bei einem Unternehmen zu finden, das auf dessen Mitarbeit dringend angewiesen ist.

5.3.3 Betroffene zu Beteiligten machen

Entscheidungen schaffen immer Betroffene. Wenn nicht bei unseren Mitarbeitern, dann unter unseren Kunden oder unserem Wettbewerb. Bei Letzterem kann uns das egal sein, bei allen anderen müssen wir dafür sorgen, dass die Betroffenheit nicht zu Widerstand führt. Wer sich betroffen fühlt, führt das immer auf einen Verursacher zurück. Und wer wird das wohl sein?

Als Entscheider sind wir die „bösen" Verursacher. Oft merken wir erst am Unmut unserer Umgebung, dass wir Betroffene geschaffen haben. Erklären wir dann, warum wir unsere Entscheidung so und nicht anders treffen mussten, empfinden die Betroffenen das meistens nur als Rechtfertigung. Ob das ein Vorurteil ist oder nicht, wissen wir als Entscheider selbst am besten.

In der Konsequenz hören uns Betroffene nicht zu. Damit ist nicht automatisch jeder Versuch, doch noch deren Unterstützung zu erlangen, zum Scheitern verurteilt. Aber es wird dann meistens sehr teuer für den Entscheider.

Die Rebroff GmbH liefert Schalter und Baugruppen für Schalter für die verschiedensten Branchen. Die Geschäftsführung möchte sich einen neuen Markt erschließen und an Kunden im Automobilsektor liefern. Doch bisher erfüllt das Unternehmen nicht die hohen Qualitätsanforderungen der Branche. Daher hat Wladimir Rebroff eine Unternehmensberatung damit beauftragt, für mehr Qualität im Unternehmen zu sorgen. Nach einer mehrwöchigen Analyse empfiehlt die Beratung, die Prozesse im Unternehmen zu reorganisieren. Wie sich herausstellt, ist es insbesondere die mangelnde Informationsweitergabe zwischen verschiedenen Schlüsselabteilungen, die immer wieder zu Qualitätsproblemen führte.

Zum Beispiel hat in einem Fall der Kleber für eine Verbindung nicht die nötige Prozesstemperatur gehabt. Dadurch wurde eine ganze Palette fehlerhafter Teile produziert. Weil der Gruppenleiter noch nicht darüber entschieden hatte, was mit der Palette geschehen sollte, heftete er ein handschriftliches Schild mit dem Wort „Prüfung" an die Ware. Der zuständige Transportarbeiter wusste nicht, dass er die Ware nicht weiterleiten durfte. In der nächsten weiterverarbeitenden Abteilung dachten die Mitarbeiter, dass die Palette „geprüft" sei, und verarbeiteten sie ohne schlechtes Gewissen weiter. Der Gruppenleiter, bei dem das Qualitätsproblem entstanden ist, dachte dagegen, dass die Palette inzwischen entsorgt worden war, und machte sich keine weiteren Gedanken darüber.

Der Plan der Beratung sieht vor, zwei Abteilungen zusammenzulegen und insgesamt 15 Mitarbeiter in andere Abteilungen und Arbeitsgruppen zu versetzen. Nachdem die Entscheidung für die Reorganisation bekannt wird, melden sich einzelne Mitarbeiter bei Rebroff und beschweren sich darüber, dass sie indirekt für die Qualitätsprobleme verantwortlich gemacht würden. Andere bitten darum, dass Rebroff für sie eine Ausnahme macht, denn sie sind mit ihrem jetzigen Arbeitsplatz zufrieden.

Rebroffs beschwichtigende Erklärungen scheinen auf keinen fruchtbaren Boden zu fallen. Nach der Reorganisation verschlimmern sich die Qualitätsprobleme sogar. Ganze Kundenvorgänge gehen verloren und das Unternehmen muss wegen der Lieferverzögerungen sogar Vertragsstrafen zahlen. Ein Verantwortlicher ist nicht zu ermitteln. Sechs Monate später macht Rebroff die Reorganisation wieder rückgängig, weil das Unternehmen jetzt tatsächlich ernsthafte Probleme hat. Die Ankündigung wird vom großen Beifall der Belegschaft begleitet.

Erst die Unterstützung sichern und dann entscheiden

Solange zwischen dem Entscheider und seinem Gesprächspartner noch keine Betroffenheit steht, ist die Kommunikation erheblich einfacher. Je nach Vorgeschichte kann es natürlich Misstrauen geben, aber der Fokus des Zuhörers liegt mangels Betroffenheit nicht auf sich selbst, sondern auf dem Thema.

Wie hätte Rebroff handeln können?

Die Mitarbeiter in der konkreten Situation sind von der Entscheidung des Chefs negativ betroffen. Sie können nichts dagegen tun, fühlen sich vielleicht unfair behandelt und beantworten das Ganze mit geringer Arbeitsmotivation, im Extremfall sogar bis zur Sabotage.

Rebroff hätte *vor* seiner Entscheidung, also bevor er Tatsachen geschaffen hat, mit potenziell betroffenen Mitarbeitern über diese Inhalte sprechen können:

- Rebroff ist mit der Arbeit seiner Mitarbeiter sehr zufrieden.
- Es würde ihn stolz machen, wenn sie alle zusammen die hohen Qualitätsanforderungen der Automobilindustrie erfüllen.
- Die Ursachen für die Qualitätsprobleme liegen nicht bei dem einzelnen Mitarbeiter, sondern beim Unternehmer. Er hat einige Abläufe in der Vergangenheit falsch organisiert.
- Wird der Mitarbeiter ihn bei seinen Maßnahmen unterstützen, es jetzt richtig zu machen?

Wohlgemerkt, der Mitarbeiter ist zu diesem Zeitpunkt noch nicht betroffen. Daher ist die Wahrscheinlichkeit hoch, dass er Rebroff seine Unterstützung zusagt.

Durch diese Gespräche macht er seine Mitarbeiter zu Beteiligten. Denn sie haben zumindest innerlich die Wahl zwischen dem Stolz auf die eigene Arbeit oder Egoismus. Sie verstehen die Beweggründe und missverstehen den Hinweis auf die Qualitätsprobleme nicht als impliziten Vorwurf an ihrer eigenen Arbeit.

Die Erfahrung lehrt, dass es sehr viel einfacher ist, die Betroffenen im Vorfeld für eine Sache zu gewinnen, als wenn die Entscheidung bereits gefallen ist. Ich vermute, es liegt daran, dass zu diesem Zeitpunkt noch kein Gegensatz zwischen Entscheider und Betroffenen entstanden ist und wir gemeinsame Interessen so leichter entdecken.

Woher nehmen wir die Grundlage für gemeinsame Interessen?

Menschen haben immer ein Interesse daran, etwas zu verteidigen, was sie bereits haben, oder sich dafür einzusetzen, mehr davon zu bekommen. Bei Mitarbeitern ist die Aufgabe daher relativ einfach. Sie haben z. B. ein berechtigtes Interesse an Arbeitsplatzsicherheit und sie werden vieles dafür tun, diese Sicherheit zu bewahren bzw. sie sogar zu verbessern.

Bei Außenstehenden, auf deren Unterstützung wir auch oft angewiesen sind, ist der Fall meistens nicht so simpel. Es gibt zwar den kleinsten gemeinsamen Nenner, der in jedermanns Interesse liegt – Geld. Aber der Ausdruck „kleinster gemeinsamer Nenner" sagt auch, dass wir dadurch zwar eine Leistung bekommen, aber keine Begeisterung. Zum Glück haben wir als Entscheider etwas, das viel besser ist, unsere Vision. Wir müssen uns nur überlegen, inwiefern es im Interesse unseres Gesprächspartners liegen könnte, dass unsere Vision oder ein Teil davon Wirklichkeit wird.

Das Schöne ist, dass die meisten Menschen keine klare, selbst geschaffene Vision haben. Daher bewundern sie Menschen, die sehr genau wissen, wohin es gehen soll. Wenn wir sie dann zum Teil unserer Vision machen, füllt das eine unbewusst empfundene Leere.

Hat der andere dagegen auch eine Vision, dann müssen wir feststellen, wo unsere Schnittmengen liegen, und in unserer Kommunikation speziell darauf eingehen. Im Ergebnis kommt es darauf an, dass unser Gesprächspartner über die gemeinsamen Interessen zu dem Schluss kommt, dass es für ihn richtig ist, uns zu unterstützen. Selbst dann, wenn es ihm Arbeit kostet bzw. sogar das eine oder andere Opfer abnötigt.

Sehr wichtig: Die Vision, die Sie vermitteln, muss für Ihren Gesprächspartner zustimmungsfähig sein.

Und da sind wir schon wieder bei der Vision, die wir in Kapitel 2 erarbeitet haben. Ohne Vision fehlt uns als Entscheider eine wesentliche Erfolgsvoraussetzung.

Ihre Vision hilft Ihnen auch, sich die notwendige Unterstützung für die Umsetzung Ihrer Entscheidungen zu sichern.

5.3 Einfach umsetzen

Wenn Sie die Flamme Ihrer eigenen Vision in sich tragen, dann werden Sie auch andere dafür entzünden können. Denn auf dieser Basis finden Sie immer ausreichend gemeinsame Interessen, um sich genügend Unterstützung zu sichern.

Wie finde ich heraus, wer ein potenziell Betroffener ist?

Es ist ausgesprochen selten, dass die Realisierung eines Zieles Betroffenheit auslöst. Wer ist betroffen, wenn die Rendite steigt? Wer ist betroffen, wenn das Unternehmen gerettet wird? Allerdings säumt so manchen Weg zum Ziel ein ganzer Berg von Betroffenen. Denn Maßnahmen schaffen Betroffene. Wenn wir wissen wollen, mit wem wir vor unserer Entscheidung sprechen müssen, brauchen wir für jede betrachtete Alternative einen Umsetzungsplan.

Der Umsetzungsplan gibt in Form von Maßnahmen den Weg an, den wir zum Ziel einschlagen werden. Für jede Maßnahme lässt sich relativ leicht ermitteln, wer ein Betroffener sein könnte.

Vielleicht fragen Sie sich jetzt, ob es nicht sehr aufwendig ist, bereits vor der Entscheidung für jede Alternative einen Umsetzungsplan zu erstellen.

Nur was nutzt es, wenn wir uns jede nur erdenkliche Mühe geben, unseren eigenen Bedarf zu ermitteln und attraktive Alternativen zu entwickeln, wenn wir unsere Entscheidung nicht umsetzen können? Die Umsetzbarkeit einer Alternative ist ein wichtiges Entscheidungskriterium, das bei keiner Entscheidung fehlen sollte. Wenn Sie beispielsweise Ihr Unternehmen aus einer Krise retten wollen, müssen Sie schnell handeln können. Da ist es nicht sinnvoll, erst nach einer Entscheidung zu merken, dass es nicht funktioniert, und wieder zurück auf Los zu gehen.

Wie so ein Umsetzungsplan erstellt wird, sehen wir im Folgenden exemplarisch und natürlich verkürzt anhand unseres Beispiels der Reorganisation der Rebroff GmbH.

Schritt 1 für den Umsetzungsplan: Der Ausgangspunkt

Jeder Umsetzungsplan beginnt mit dem Ausgangspunkt. Die Rebroff GmbH ist mit ihren Produkten in vielen Branchen vertreten, kann aber die hohen Qualitätsanforderungen der Automobilbranche nicht erfüllen. Somit bleibt dieser umsatzträchtige Markt für das Unternehmen verschlossen. Die Analyse einer externen Beratung hat erbracht, dass ein Hauptteil der Qualitätsprobleme durch den mangelhaften Informationsfluss verursacht wird. Denn die Mitarbeiter, die den Prozess kontrollieren, sind häufig nicht diejenigen, die über die nötigen Informationen verfügen.

Schritt 2 für den Umsetzungsplan: Das Ziel

Das Ziel ist es, Prozesse so intelligent zu gestalten, dass sie der Rebroff GmbH ermöglichen, die hohen Qualitätsanforderungen der Automobilbranche zu erfüllen.

Wenn Sie bereits an dieser Stelle dieses Buches angekommen sind, dann wissen Sie, dass gute Entscheider zu diesem Zeitpunkt bereits Entscheidungsklarheit für sich hergestellt haben. Rebroff hat daher auch die drei Kontrollelemente erarbeitet. Diese brauchen wir jetzt.

Entscheidungsprofil von Rebroff

Ziel	Intelligente Prozesse, die uns ermöglichen, die hohen Qualitätsforderungen der Automobilbranche zu erfüllen
Entscheidungsauslöser	Chance, Kunden in der Automobilbranche beliefern zu können, wenn die Qualität stimmt
Inspirierende Frage	Wie schaffen wir es, die Qualitätsanforderungen der Automobilbranche zu erfüllen?
Gewünschte Ergebnisse	Kostenersparnis Hohe Mitarbeitermotivation Stolz auf die gemeinsame Arbeit Schnellere Durchlaufzeiten Modernisierung der Abläufe Noch besseres Image bei allen Kunden Geringere Kapitalbindung durch Lagerhaltung Höherer Umsatz, mehr Gewinn Einstieg in die Automobilbranche
Status-quo-Ergebnisse	Das Vertrauen der Mitarbeiter Gute Auftragslage Reputation als zuverlässiger Lieferant
Unerwünschte Ergebnisse	Widerstand der Mitarbeiter Erhöhung der Stückkosten Beeinträchtigung der Lieferfähigkeit

Alle Ausprägungen unseres Ziels in Form der drei Kontrollelemente sollen voll erfüllt werden.

5.3 Einfach umsetzen

Schritt 3 für den Umsetzungsplan: Das Delta

Der Unterschied (griechisch: Delta) zwischen dem Ist und dem Soll liegt in der Zusammenlegung der zwei Abteilungen und der Versetzung der 15 Mitarbeiter in andere Abteilungen und Arbeitsgruppen.

Schritt 4 für den Umsetzungsplan: Die Ausgestaltung

- Mit den jeweiligen Abteilungsleitern und Gruppenleitern gibt es gemeinschaftliche Sitzungen, um die gegenseitigen Erwartungshaltungen abzuholen und Ängste abzubauen.
- Jeder Mitarbeiter bekommt ein Qualitätshandbuch über seinen Arbeitsplatz ausgehändigt und eine Einweisung, wo seine individuelle Verantwortung für die Qualität zum Tragen kommt.
- Ein Abteilungsleiter geht planmäßig in Rente.
- In den beiden Abteilungen, die zusammengelegt werden, ist ein Abteilungsleiter zu viel. Er wird die bisherige Abteilung des zukünftigen Ruheständlers übernehmen.
- Der Abteilungsleiter für die zukünftige zusammengelegte Abteilung bekommt eine Assistentin auf Zeit, damit er in den Koordinationsaufwand der größeren Abteilung hineinwachsen kann. Eventuell wird die Assistenz bleiben, sollte die Administration den Abteilungsleiter ansonsten zu stark belasten.
- Jeden Freitagnachmittag gibt es eine Sitzung der beim Projekt Betroffenen und Beteiligten, um die Fortschritte und Probleme zu besprechen.

Schritt 5 für den Umsetzungsplan: Die Maßnahmen

- Erstellung eines Kommunikationsplans für die Information der Belegschaft über das Projekt.
- Information der Belegschaft über die geplanten Veränderungen.
- Erarbeitung der Qualitätshandbücher für eine spätere ISO-9000-Zertifizierung.
- Vorausplanung von zwölf Sitzungen für Abteilungsleiter bzw. Gruppenleiter und deren zukünftige Mitarbeiter.
- Trainer für die Vermittlung der Qualitätshandbücher buchen.
- Trainingstermine mit den Mitarbeitern absprechen.
- Abschiedsfeier für den scheidenden Abteilungsleiter.
- Informationsgespräch mit den beiden Abteilungsleitern, deren Abteilungen zusammengelegt werden.

- Assistentin für den Leiter der neuen großen Abteilung einstellen.
- Einrichtung des Freitagnachmittag-Termins.

Schritt 6 für den Umsetzungsplan: Die Betroffenen

Wer ist von diesen Maßnahmen betroffen? Der hier dargestellte Umsetzungsplan ist natürlich stark verkürzt, trotzdem gibt es einige Weg-Punkte, an denen Betroffene entstehen.

Zunächst wären da die 15 Mitarbeiter, die grundsätzlich versetzt werden. Wir reißen sie aus ihrer gewohnten Umgebung heraus und konfrontieren sie mit neuen Anforderungen. Sie tragen künftig mehr Verantwortung für die Qualität im Unternehmen.

Insgesamt sind auch drei Abteilungsleiter betroffen. Der angehende Ruheständler wollte einen Mitarbeiter aus seiner eigenen Abteilung zum Nachfolger vorschlagen. Der Abteilungsleiter, der den Ruheständler ablöst, muss sich neu einarbeiten. Noch schwieriger wird es für den Leiter der zusammengelegten Abteilungen. Er muss in Zukunft doppelt so viele Mitarbeiter führen und organisieren. Auch die Arbeit mit einer Assistentin will gelernt sein, wenn man gewohnt ist, alles selbst zu organisieren.

Die Einführung des Qualitätshandbuchs betrifft alle Mitarbeiter im Betrieb und wird zu einigen Fragen führen. Schließlich sind Termine an Freitagnachmittagen nicht beliebt. Aber Rebroff möchte auftretende Probleme ohne Druck an den Wochenenden durchdenken und die Lösungen gleich am folgenden Wochenanfang testen können.

Betroffene zu Beteiligten machen

Wir haben jetzt die Information, wer potenziell durch die Maßnahmen im Rahmen der Realisierung der Alternativen betroffen wäre. Der nächste Schritt ist daher, Gespräche mit den Betroffenen zu führen. Der Grad der Betroffenheit schwindet, wenn die erforderlichen Schritte vorher richtig erklärt werden. Das ist einfach, solange die Entscheidung noch nicht endgültig feststeht. Die Erklärungen haben so mehr Glaubwürdigkeit. Denn oft werden nachgereichte Erklärungen eher als Rechtfertigung des Entscheiders aufgefasst, der dem Betroffenen die Sache schönreden will.

Mit den richtigen Betroffenen reden

Häufig gibt es mehr Betroffene, als wir ökonomisch sinnvoll Gespräche führen können. Es ist dann wichtig, mit den richtigen Personen zu sprechen. In jeder

Gruppe gibt es Meinungsbildner und Mitläufer. Erstere sind nicht nur diejenigen, die Ihre Botschaft weitertragen. Sie sind auch die verlässlicheren Gesprächspartner, weil sie weniger beeinflussbar sind als die typischen Mitläufer.

Am Ende jedes Gesprächs sollte der Entscheider sich die sichtbare Unterstützung seines Gesprächspartners abholen.

Das kann in Form eines gemeinsamen „Wir machen das!" oder durch Handschlag besiegelt werden. Wichtig ist nur, dass der oder die Betroffene offen gegenüber dem Entscheider seine Unterstützung erklärt.

In dem Beispiel ist es lediglich für die Maßnahme „Qualitätshandbuch" sinnvoll, mit Meinungsbildnern zu sprechen. Alle anderen Maßnahmen klären wir in Einzelgesprächen vorab mit den möglichen Betroffenen.

Bitte beachten Sie: Das ist lediglich die Sicherung der Unterstützung für eine Alternative. Die Beratung hat mehrere Vorschläge erarbeitet, wie das gewünschte Ergebnis erreicht werden soll. Für jede in Betracht kommende Alternative brauchen wir einen Umsetzungsplan und klärende Gespräche mit potenziell Betroffenen.

Was ist, wenn die Betroffenen die Alternative nicht unterstützen wollen?

Ein indianisches Sprichwort sagt: „Wenn dein Pferd tot ist, steig ab!" So würde ich es auch mit meinen Gesprächen mit den Betroffenen halten. Es gibt einen Punkt, ab dem klar ist, dass ich für mein Anliegen keine Unterstützung bekomme. Das heißt dann nicht, dass ich die Alternative verwerfen muss. Nur ist mir dann klar, dass ihre Umsetzung wahrscheinlich nicht so reibungslos wie bei einer anderen Alternative funktioniert.

Trotz allem sind Sie der Entscheider. Wenn Sie der Meinung sind, dass die umstrittene Alternative einfach die bessere ist, dann werden Sie sich trotz aller Widerstände dafür entscheiden. Dies aber dann im vollen Bewusstsein, einen schweren Weg einzuschlagen.

5.3.4 Veränderungen

Macher sind immer große Fans von Veränderung, während „Mitmacher" respektive Mitarbeiter darüber meistens nicht glücklich sind. Seit Langem werden große Veränderungen daher durch eigens dafür ausgebildete Spezialisten im Veränderungsmanagement begleitet. Da wir allerdings nicht jede Entscheidung durch ein dezidiertes Veränderungsmanagement unterstützen können, müssen wir selbst wissen, worauf es ankommt.

Organisationswissenschaftler haben herausgefunden, dass Veränderungen am besten in drei Phasen zerlegt werden.

Phase 1: Es gibt einen Veränderungsbedarf. Die ursprünglichen Bedingungen haben sich so weit geändert, dass Strukturen, Verhaltensweisen und/oder Prozesse keinen Sinn mehr machen. Würden wir bei null anfangen und alles neu aufbauen, wäre das Ergebnis ein ganz anderes als der heutige Status quo. Die wichtige Aufgabe des Veränderungsmanagements ist es, nicht nur über den Missstand zu informieren, sondern alle Beteiligten davon zu überzeugen, dass sich etwas ändern muss. Diese Phase nennt sich auch die Auftauphase. In ihr müssen wir alte lieb gewonnene Überzeugungen über Bord werfen und die Bereitschaft zur Flexibilität aufbauen.

Phase 2: Wir besprechen neue Lösungen und probieren sie aus. Insgesamt gerät die Organisation in Bewegung. Der Entscheider schafft neue Alternativen. Wir bestimmen für die unterschiedlichen Lösungen die potenziell Betroffenen (siehe vorigen Abschnitt) und machen sie zu Beteiligten. Das Veränderungsmanagement nennt dies die Bewegungsphase.

Phase 3: Wir haben die richtige Lösung identifiziert. Jetzt geht es um die Umsetzung. Naturgemäß sind alle verunsichert. Denn vieles ist neu und noch ist nicht allen klar, welche Prozesse und Strukturen aus welchem Grund entwickelt wurden. Sogenannte Change Agents (Veränderungsagenten) klären die Detailfragen mit den Mitarbeitern, coachen sie und vermitteln den Sinn hinter dem Ganzen. Die Veränderungsmanager nennen das die Einfrierphase. Da ein neuer Status quo geschaffen wird.

Damit ist auch klar, welche Rolle uns Entscheidern im Alltag zufällt. Wir sind nicht nur die Entscheider, sondern auch gleichzeitig die Change Agents, an denen der Erfolg der Umsetzung hängt. Um dieser Doppelrolle gerecht zu werden, brauchen wir ein hohes Maß an Vertrauen und natürlicher Autorität bei den Betroffenen.

5.3.5 Das Unterstützungsgespräch

Wenn wir bei unseren Entscheidungen ein leichtes Spiel haben wollen, dann brauchen wir meistens die Unterstützung unserer Umgebung und von Personen, die über den richtigen Einfluss verfügen.

In diesem Kapitel lesen Sie daher, wie Sie ein solches Gespräch führen können.

Es ist kein großes Geheimnis, dass wir uns diese Unterstützung am besten sichern, bevor wir durch unsere Entscheidungen Tatsachen geschaffen haben. Denn sonst winselt der Entscheider vor verschlossenen Türen wie ein hungriger Hund vor der Küchentür.

5.3 Einfach umsetzen

Gemeinsame Interessen

Auch die Gespräche vor einer Entscheidung müssen wir mit Fingerspitzengefühl führen. Zunächst geht es nur um die Zielsetzung der Entscheidung. Dafür lassen sich meist zahlreiche gemeinsame Interessen finden. Wenn ein Unternehmen seit Jahren immer um die schwarze Null herumkrebst, dann wird wahrscheinlich auch der hartgesottenste Betriebsratschef für mehr Rendite votieren. Das ist also recht einfach.

Noch ist nichts entschieden

Im nächsten Schritt muss ich meinem Gesprächspartner vermitteln, dass es noch keine Entscheidung gibt, aber natürlich verschiedene Lösungsansätze auf dem Tisch liegen. Wir suchen das Gespräch ausdrücklich, um die Unterstützung des anderen für teilweise schmerzhafte Maßnahmen zu finden und das gemeinsame Ziel zu erreichen. Natürlich hängt es von der Art der Entscheidung ab, ob Maßnahmen schmerzhaft sind oder einfach ein besonderer Einsatz unseres Gesprächspartners notwendig wird.

Manipulation verboten

Etwas manipulativere Zeitgenossen packen an dieser Stelle gerne ein Horrorszenario aus, also eine Scheinalternative. Sie blicken dem Gesprächspartner treuherzig in die Augen und versichern dabei, dass sie alles in ihrer Macht tun würden, damit die Entscheidung nicht in diese Richtung fällt. Aber der Gesprächspartner müsse seinen Anteil dafür leisten, sonst könne man für nichts garantieren.
 Ich persönlich halte von dieser Vorgehensweise sehr wenig. Denn die Manipulation fliegt ganz sicher irgendwann auf. Danach kann der Manipulator seinen Einfluss in den Wind schreiben.
 Entscheider sollten immer über die einzelne Situation hinausdenken und das große Ganze im Blick behalten.

Gestaltungsspielräume gewinnen

Also packen wir unsere tatsächlichen Alternativen aus, die auf die Unterstützung unseres Gesprächspartners angewiesen sind. Sollte es noch andere Handlungsalternativen geben, bei denen er keine Rolle spielt, erwähnen wir sie nicht. Denn sie liegen außerhalb seiner Einflusssphäre.
 Wichtig: Wir beraten uns nicht mit ihm, welche die bessere Alternative ist. Ihr Ziel ist es, den anderen zu überzeugen und zu gewinnen. Wenn er seine Mei-

nung für einzelne Alternativen und gegen andere ausdrückt, sind Ihre Wahlmöglichkeiten danach eingeschränkt. Denn mit einer Entscheidung gegen ihn verlieren Sie seine Unterstützung.

Wichtig ist vielmehr, dass wir die jeweiligen Gründe erklären, die aus Sicht unserer gemeinsamen Interessen für die jeweilige Alternative sprechen, und uns genau dafür eine Bestätigung bei ihm holen. Er sollte uns bestätigen, dass grundsätzlich jede der angesprochenen Alternativen auch in seinem Interesse ist.

Die Hand drauf!

Am Ende des Gesprächs lassen wir uns von ihm die Hand darauf geben, dass wir auf seine Unterstützung zählen können, egal wie unsere Entscheidung ausfallen wird.

Wir müssen allerdings auch die Möglichkeit akzeptieren, dass unser Gesprächspartner sich dann noch einmal für oder gegen einzelne Alternativen ausspricht. Wir haben dann die Möglichkeit, ihm zu versichern, dass wir seine Bedenken berücksichtigen. Denn das tun wir ja tatsächlich!

Sollten wir durch unsere Gespräche erfahren, dass wir für eine Handlungsalternative auf wenig Unterstützung hoffen dürfen, ist dieses Wissen sehr wertvoll für uns.

Kritische Erfolgsfaktoren

Letztlich kommt es darauf an, dass unser Gesprächspartner das Gefühl hat, dass wir offen und ehrlich mit ihm umgegangen sind. Wie überzeugt wir selbst von den einzelnen Handlungsalternativen sind, ist ein weiterer kritischer Erfolgsfaktor. Denn wenn wir jemandem etwas geben wollen (Überzeugung), dann müssen wir es zuerst selbst haben.

5.3.6 Zusammenfassung

Die Unterstützung unserer Umgebung ist nicht selbstverständlich. Wir müssen sie uns verdienen. Wir sollten für jede Alternative wissen, welche Menschen potenziell davon betroffen sind. Mit diesen müssen wir rechtzeitig vor einer Entscheidung gesprochen haben. Denn dann interessieren sie sich noch für die Ziele und nicht so sehr für die Maßnahmen. Allerdings müssen wir als Entscheider selbst von dem, was wir tun, überzeugt sein. Denn wir können niemandem etwas geben, was wir nicht selbst schon haben. Veränderungsmanagement ist ein professioneller Prozess, für den jeder einzelne Entscheider verantwortlich ist.

5.4 Spielpraxis

Bisher haben wir nur den Entscheider betrachtet. Andere Akteure, die wir zu unserer Unterstützung gewinnen wollen, haben wir als feste Größe angesehen, die nach bestimmten Regeln funktionieren. Wenn wir es mit Gruppen von Menschen zu tun haben, können wir mit diesem Bild auch sehr gut arbeiten. Betrachten wir allerdings einen einzelnen Akteur, erkennen wir darin ebenfalls einen anderen Entscheider wieder.

Alle Menschen treffen Entscheidungen, also sind auch alle Entscheider. Damit stellt sich die Frage, wie wir damit umgehen sollen. Die Antwort ist einfach. Jeder Mensch nimmt bestimmte Rollen wahr. Meistens allerdings ist es nicht die des Entscheiders. Wenn wir die Arbeitsplatzsicherheit erhöhen, indem wir unser Unternehmen wettbewerbsfähiger machen, fragen wir die einzelnen Mitarbeiter nicht nach einer Entscheidung, sondern bitten sie um ihre Unterstützung. Denn in ihrer Rolle als Mitarbeiter können sie das nicht entscheiden. Sie haben zwar die Wahl, mitzuziehen oder nicht. Wenn wir es aber richtig machen, dann müsste der einzelne Mitarbeiter bei einer abwehrenden Haltung gegen seine eigenen Interessen verstoßen. Also hat er genau betrachtet keine Wahl.

Anders sieht es dagegen mit einem Betriebsrat aus. Zum einen gibt ihm die betriebliche Mitbestimmung mächtige Störwerkzeuge in die Hand, zum anderen hat er die Möglichkeit, seine Wähler zum Widerstand aufzufordern. Er hat andere Interessen als nur seine Arbeitsplatzsicherheit. Beim Betriebsrat können Machtspiele im Hintergrund stehen. Ähnliches gilt für Lieferanten, Kooperationspartner, Kunden, Verbände usw. In einem solchen Fall zahlt es sich aus, wenn wir die Interessen der Akteure kennen und ihr Verhalten voraussahen können.

5.4.1 Entscheider lesen

Was hat unser Wettbewerber vor? Was will der Kunde mit seinem unkooperativen Verhalten erreichen? Gegen welche Schwierigkeiten sollte ich mich in meinem Vertrag wappnen?

Menschen tun nicht immer das, was sie sagen. Manche sagen sogar das eine und machen nachher das andere. Das kennen wir alle und wir rechnen auch zum Teil damit. Allerdings bin ich immer wieder überrascht, wie es einzelnen Menschen gelingt, das bedingungslose Vertrauen ihrer Verhandlungspartner zu gewinnen.

Später, wenn dann das Kind in den Brunnen gefallen ist, heißt es: „Aber er hat doch versprochen ...", und in den Verträgen und Vereinbarungen steht kein Wort darüber, weil man sich ja gegenseitig vertrauen konnte.

Es gibt nur eine einigermaßen zuverlässige Methode, die wahren Absichten meiner Gegenüber zu erfahren. Ich muss mir ihre Entscheidungen ansehen und sie interpretieren.

Worte kosten selten Geld und auch nicht viel Zeit, Entscheidungen dagegen schon. Daher investieren unsere Gegenspieler selten in allzu kostspielige Nebelkerzen.

Ich nenne diese Disziplin „Entscheider lesen".

Wo muss ich beim „Entscheider lesen" ansetzen?

Die offensichtlichen Gestaltungsspielräume und Erträge, die aus einer Entscheidung erwachsen, sagen etwas über die Interessenlage eines Entscheiders aus. Die Kosten und Einschränkungen aus einer Entscheidung verraten dagegen etwas über seinen Bewertungsmaßstab.

Wie sieht das in der Praxis aus?

Robert Kranich baut ein Charterunternehmen ohne eigene Flugzeuge auf. Er ist quasi der Makler, der Piloten und Maschinen für mittelständische Geschäftsreisende vermittelt. Vor einiger Zeit haben ihm seine Kunden den Verbesserungsvorschlag gemacht, doch eine zertifizierte Wartungsfirma für alle Maschinen einzusetzen, um darüber noch mehr Sicherheit und Qualität zu signalisieren. In der bundesweit vertretenen Firma Rademann KG findet er den richtigen Partner.

Seit einem halben Jahr arbeitet Kranich probeweise mit dem Unternehmen zusammen. Mit den Leistungen und Preisen ist er sehr zufrieden und möchte jetzt Nägel mit Köpfen machen und eine langfristige Vereinbarung abschließen.

In den letzten Monaten ist die Wartungsfirma auf zahlreiche Sonderwünsche Kranichs eingegangen. Dem Unternehmer ist klar, dass dies nicht ohne Kosten für die Rademann KG abgelaufen ist.

Aus diesem Verhalten zieht er richtigerweise den Schluss, dass er seinen langfristigen Vertrag zu guten Konditionen aushandeln kann.

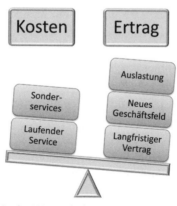

Interessen des Entscheiders in der Waagschale

5.4 Spielpraxis

Wie hätte Kranich den Fall gesehen, wenn die Rademann KG „unwillig" mit den Sonderwünschen umgegangen wäre? Der Umkehrschluss ist hier nicht möglich. Denn jeder Unternehmer wird versuchen, Kosten von seinem Unternehmen abzuwenden oder zumindest durch den Verursacher decken zu lassen. Kranich hätte lediglich annehmen können, dass Rademann ein guter Geschäftsmann ist.

Anders sieht der Fall allerdings aus, wenn Rademann die Sonderwünsche mit dem Hinweis abgelehnt hätte, dass der mögliche Ertrag die Umstände nicht rechtfertige.

Solche Aussagen kosten zwar weder Zeit noch Geld, aber möglicherweise die Fortführung des Geschäfts. Wenn Rademann diese Konsequenzen bereitwillig in Kauf nimmt, bewertet er den Auftrag wohl als nicht sinnvoll für sein Unternehmen.

Aus Rademanns Aussagen könnte Kranich in dem Fall entnehmen, dass er ein „Kunde ohne Potenzial" zu sein scheint. Die Rendite aus ihrem gemeinsamen Geschäft wäre Rademann dann wohl zu klein.

Daher neigt sich die Waagschale der Interessen der Wartungsfirma zu anderen Seite.

Waagschale der Interessen, im Negativfall

Während Interessen aus Entscheidungen relativ einfach herauszulesen sind, ist das bei Zielen nicht so einfach. Denn in diesem Bereich haben wir bei vielen Entscheidern ein Konsistenzproblem. Mit anderen Worten: Viele Entscheider haben einfach keine bewusst gesetzten langfristigen Ziele.

Das macht ihn nicht erfolgreicher und erschwert dabei auch die Arbeit des Beobachters, den Entscheider einzuschätzen.

Rademann erwirbt die Lizenz, zweistrahlige Jets eines bestimmten Herstellers warten zu dürfen. Dazu muss er mindestens 10 % seiner Mechaniker auf entsprechende Kurse schicken.

Den Kurs besucht aber nur sein Chefmechaniker am Flughafen Frankfurt. Der kann damit in Zukunft zwar für eine andere Firma die Jets warten, aber nicht unter der Flagge von Rademann, da der Firma die Voraussetzungen fehlen, die Lizenz auszuüben. Wollte sie das, müsste sie noch zehn weitere Mechaniker zur Schulung schicken.

Hintergrund für Rademann war ein sehr preiswertes Bundle-Angebot des Flugzeugherstellers. Er hat zwar keine Planung, in dieses Wartungssegment einzusteigen, aber man weiß ja nie.

Hätte Kranich einen Bedarf in der Zukunft, zweistrahlige Jets dieses speziellen Herstellers warten zu lassen, wäre er einem Irrtum aufgesessen, wenn er Rademanns Entscheidungsverhalten beobachtet. Denn aus der einen Entscheidung gewinnen wir leicht ein falsches Bild von dessen Zielen.

Hätten wir dagegen gewusst, dass Rademann geschäftlich ein Schnäppchenkäufer ist, wäre uns dieser Irrtum nicht passiert. Orientiert sich ein Entscheider nicht an klaren Zielen, müssen wir uns mehrere Entscheidungen ansehen, damit wir schließlich hinter dessen gewohnheitsmäßige Entscheidungsschemata kommen.

Entscheider dagegen, die ein bestimmtes Ziel verfolgen, können dieses nicht dauerhaft verbergen. Im Gegensatz zu netten Worten kosten Entscheidungen Geld und Zeit. Daher machen sich die meisten Entscheider nicht die Mühe, den Beobachter mit inkonsistenten Entscheidungen in die Irre zu führen.

Wie unterscheiden wir den gewohnheitsmäßigen Entscheider vom zielorientierten Entscheider?

Der zielorientierte Entscheider ist ein Anhänger des richtungsgetriebenen Handelns, auch wenn er diesen Begriff vermutlich noch nicht kennt. Jede einzelne Entscheidung lässt sich auf seine Ziele zurückführen.

Kranich möchte mit seinem Unternehmen die Taxizentrale für den deutschen Luftverkehr werden. Daher hat er vor Gründung seines Unternehmens in jeder Region Piloten unter Vertrag genommen, die daran ein Interesse haben. Jeder Pilot ist am Unternehmen beteiligt und hat eine Kapitaleinlage geleistet. Auf diese Weise schützt sich Kranich vor Wettbewerbern. Der derzeit über ein Callcenter abgewickelte Service soll in einem Jahr durch ein Internetportal ergänzt werden.

5.4 Spielpraxis

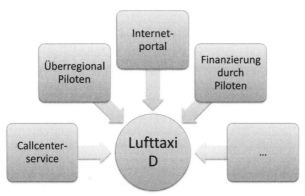

Alle Entscheidungen zeigen auf ein Ziel

Kranichs Entscheidungsverhalten lässt wenig Raum für Ambivalenz. Sein Ziel lässt sich in jeder seiner Entscheidungen ablesen. Rademann erkennt daran, dass er mit einem Kunden mit großem Potenzial zusammenarbeitet. Vorausgesetzt, er traut Kranich zu, seine Ziele zu erreichen.

5.4.2 Verhandlungen führen

Verhandlungen sind gemeinsame Entscheidungen, die Menschen mit unterschiedlichen Interessen treffen. Die meisten Menschen, die ich kenne, gehen dabei grundsätzlich von einem Nullsummenspiel aus. Das heißt, was der eine bekommt, kann der andere nicht haben.

Das stimmt aber nur im Ausnahmefall. Denn jeder Mensch hat unterschiedliche Wertvorstellungen. Daraus ergeben sich große Verhandlungsspielräume. So könnte es für einen Kunden sehr viel wert sein, seine Ware etwas früher zu erhalten. Für den Anbieter dagegen sind die Kosten einer vorzeitigen Lieferung vielleicht nicht so groß. Bietet der Lieferant daher statt eines niedrigen Preises einen früheren Liefertermin an, sind am Ende beide glücklich.

Unterschiedliche Bewertungen in Verhandlungen

Das Geheimnis solcher erfolgreichen Verhandlungen liegt darin, dass beide genau wissen, was sie wollen und was ihnen die jeweiligen Verhandlungsfortschritte wert sind.

Gefährlich dagegen könnte es werden, wenn meine Gegenüber exakt darüber Bescheid wissen, wie hoch wir bestimmte Aspekte bewerten.

Der Investmentfonds Money Maker ist mit einem kleinen Betrag an einem jungen Unternehmen, der Jungbrunnen AG, beteiligt, das ein sehr innovatives Produkt entwickelt hat. Die Ratz Fatz GmbH hat sich die exklusiven Vermarktungsrechte daran gesichert. Das war für Money Maker ein Grund, mit fünf Millionen Euro eine Mehrheitsbeteiligung an der Ratz Fatz GmbH zu erwerben. Als die Jungbrunnen AG in vorübergehende finanzielle Schwierigkeiten gerät, kann sie eine bereits bestellte Spezialmaschine nicht mehr bezahlen. Der Hersteller nimmt's locker und droht mit dem Verkauf der Maschine an ein anderes Unternehmen, wenn nicht innerhalb von 48 Stunden das Geld bereitstünde. Ohne die Maschine kann die Jungbrunnen AG an die Ratz Fatz GmbH nicht liefern. Der Vorstand wendet sich daher an den Exklusivkunden mit der Bitte um eine Zwischenfinanzierung.

Money Maker sieht seine Chance gekommen und nimmt Einfluss. Die Ratz Fatz GmbH würde die Zwischenfinanzierung übernehmen. Als Sicherheit müsste die Jungbrunnen AG 51 % ihrer Anteile hinterlegen. Sollte die Jungbrunnen AG zum vereinbarten Zeitpunkt das Darlehen nicht zurückzahlen können, gehen die Anteile auf die Ratz Fatz GmbH über.

Die Jungbrunnen AG hat zu dem Zeitpunkt eine Bewertung von drei Millionen Euro und das Darlehen würde über 150.000 Euro gehen. Wenn die Jungbrunnen AG nicht zahlen kann, hätte die Ratz Fatz GmbH nur ein Zehntel des tatsächlichen Wertes für die Mehrheit bezahlt.

Das haben sich Money Maker und ihr Werkzeug, die Ratz Fatz GmbH, fein ausgedacht, denkt man sich bei der Jungbrunnen AG. Denn wenn die Ratz Fatz GmbH ihre Zahlungen aus dem Exklusivvertrag verzögert, kann sie es der Jungbrunnen AG unmöglich machen, ihren Zahlungsverpflichtungen nachzukommen. Die Jungbrunnen AG kann also nicht auf diesen „Deal" eingehen.

Stattdessen legt sie offen, dass die Lieferzeit für eine neue Spezialmaschine acht Monate beträgt. Gleichzeitig ist der Exklusivvertrag mit der Ratz Fatz GmbH an bestimmte Abnahmemengen gekoppelt. Daher sieht es im schlimmsten Fall für die Ratz Fatz GmbH so aus: Sie kann vermutlich Schadensersatz für die nicht gelieferte Ware einklagen. Dieser wird allerdings nicht sehr hoch ausfallen, da es noch keine Abverkaufserfahrung mit den Jungbrunnen-Produkten gibt.

Der schlimmere Schaden liegt im Verlust des Exklusivrechts. Denn damit würde die Bewertung der Ratz Fatz GmbH rapide sinken und damit auch der Wert der Mehrheitsbeteiligung des Money-Maker-Fonds. Die Ratz Fatz GmbH zeichnet sich nur durch eines aus: Sie hat europaweit einen guten Zugang zu alten Menschen. Erst in der Kombination mit den innovativen Jungbrunnen-Produkten im Exklusivvertrieb steigt der Wert des Unternehmens von 1,2 Millionen Euro auf ca. 9,2 Millionen Euro. Money Maker bewertet also das Exklusivvertriebsrecht mit acht Millionen Euro.

Wohingegen die Jungbrunnen AG den Vertrag mit ca. 300.000 Euro bewertet, weil die garantierten Abnahmemengen dem Unternehmen eine öffentliche Finanzierung über diese Höhe erlaubten. Zum jetzigen Stand gäbe es auch andere Unternehmen, die den Vertrieb der einzigartigen Produkte übernehmen würden.

5.4 Spielpraxis

Es steht also der Kopf der Money-Maker-Geschäftsführung zur Debatte. Wohl wissend, dass die Jungbrunnen AG am längeren Hebel sitzt, wiederholt daher der Vorstand der Jungbrunnen AG immer wieder dasselbe Angebot, lediglich 5 % der Anteile als Sicherheit für die Finanzierung zu hinterlegen. Das Angebot hat damit den Charakter einer gewöhnlichen Wandelschuldverschreibung. Kurz vor dem Verstreichen des Ultimatums geht die Ratz Fatz GmbH auf die Bedingungen ein und die Jungbrunnen AG kann die Spezialmaschine rechtzeitig vom Hersteller kaufen.

Das „Unglück" des Duos aus Ratz Fatz GmbH und Money-Maker-Fonds bestand darin, dass der Vorstand der Jungbrunnen AG die asymmetrische Verteilung der Risiken genau kannte. Wenn der Deal geplatzt wäre, hatte die Jungbrunnen AG eine Menge Zeit verloren und einen Vertrag über 300.000 Euro, aber die Ratz Fatz GmbH hätte ihre exklusiven Vertriebsrechte verloren, die sie mit acht Millionen Euro bewertet. Der Vorstand der Jungbrunnen AG musste sich daher nur stur stellen. Allerdings ist diese Strategie nicht risikolos.

Der Geschäftspartner Ratz Fatz GmbH nimmt den Vorstand der Jungbrunnen AG jetzt anders wahr. Die Wahrnehmung hat sich von einem risikobereiten Gründer hin zu einem potenziellen Hasardeur verändert. Unter anderen Umständen hätte der Jungbrunnen-Vorstand das lieber vermieden. Insbesondere da der Money-Maker-Fonds auch ein Investor in das eigene Unternehmen ist und über die Hauptversammlung unangenehme Fragen einbringen kann.

Unter normalen Umständen geht es bei Verhandlungen zivilisierter zu. Ein Schlüsselelement erfolgreicher Verhandlungen ist die genaue Kenntnis der unterschiedlichen Bewertungsmaßstäbe der Parteien.

Als Entscheider in der Verhandlungssituation haben wir es mit unterschiedlichen Typen von Gegenübern zu tun.

Manche von ihnen haben bereits etwas vom kooperativ orientierten Harvard-Konzept beim Verhandeln gehört, andere nicht. Einige verfolgen eine harte Linie, andere dagegen sind an der Aufrechterhaltung guter Beziehungen interessiert.

Manche von ihnen wissen sehr genau, was sie wollen, andere wiederum feilschen nur um den Preis. Wer sich bei Verhandlungen auf den Preis konzentriert, hat meistens keine genaue Vorstellung von dem, was er will. Daher wird der Preis zur wichtigsten Größe. Denn Verkäufer wissen: „je mehr, desto besser", und Einkäufer wissen: „je weniger, desto besser". Die Erfahrung lehrt: Die Gewinner in solchen Verhandlungen sind immer die, die genauestens wissen, was sie wollen, und eine kompromisslose Verhandlungstaktik führen. Entscheider dieses Kalibers setzen nicht nur alle Bedingungen durch, die ihnen wichtig erscheinen, sondern auch noch einen guten Preis. Wenn er allerdings auf ein ähnlich gut vorbereitetes Gegenüber trifft, müsste es zu einem Unentschieden kommen, bei dem beide Seiten entweder lediglich das Gesicht wahren, oder die Verhandlungen scheitern. Beides ist natürlich nicht wünschenswert.

Denn beide Entscheider haben die besten Chancen zu einem Win-win in den Verhandlungen zu kommen. Wer über die nötige Entscheidungsklarheit verfügt, weiß sehr genau, welche einzelnen Interessen seiner Verhandlungslinie zugrunde liegen. Er weiß, worauf er Wert legt und worauf er problemlos verzichten kann, weil er dem Aspekt wenig oder gar keinen Wert einräumt.

Der Berater Herbert Frenzen ist an einem jungen Unternehmen finanziell beteiligt. Nachdem die erste Finanzierungsrunde gelaufen ist, teilt er dem Gründer Franz Krotzer mit, dass er zukünftig ein Honorar für seine Mitarbeit verlangen wird. Nach kurzer Diskussion einigen sich die beiden auf ein Honorar, das aus Sicht von Berater Frenzen eher eine Schutzgebühr gegen eine zu starke Inanspruchnahme darstellt.

Am Ende des Jahres stellt Frenzen sein Honorar über einige Tausend Euro in Rechnung. Krotzer hatte die Höhe der Forderung unterschätzt („Kleinvieh macht auch Mist") und verlangt ein Treffen, um noch einmal über die Höhe des Honorars zu verhandeln. Der Berater ist von dieser Absicht naturgemäß nicht angetan. Er hat in das Unternehmen viel Arbeitszeit investiert und hat andere Klienten in der Zeit nicht beraten können. Das vereinbarte Honorar ist für ihn eher symbolisch als ein wirtschaftlicher Ausgleich. Im anschließenden Treffen steigt der Unternehmensgründer mit der Eröffnung ein, dass er nunmehr kein Honorar zahlen möchte. Die in dem Jahr erfolgte weitere Finanzierung des Unternehmens sei im Wesentlichen der Bereitschaft des Gründers zu verdanken, für die Gelder privat geradezustehen. Er habe dadurch den Wert der Anteile des Beraters gesteigert, ohne dass dieser ein vergleichbares Risiko eingegangen wäre. Für Frenzen ist das eine erstaunliche Entwicklung. Denn hätte er Krotzer nicht vor Dummheiten bewahrt, gäbe es das Unternehmen vermutlich nicht mehr. Zu der reinen wirtschaftlichen Komponente addiert sich eine persönliche Belastung. Berater Frenzen empfindet Krotzers Vorschlag als den Gipfel der Undankbarkeit. Schnell wechselt ein Wort das andere und die Situation ist am Kochen. In dieser Situation kann es nur ein Verhandlungsergebnis geben: keine Einigung.

Beide haben gemeinsam erfolgreich ein hartes Stück Weg zurückgelegt. Daher will keiner von beiden das Ganze vor Gericht enden lassen. Sie schalten einen Vermittler ein. Es stellt sich heraus, dass Krotzer mit seinem Geld sehr vorsichtig umgehen möchte und daher auf keinen Fall seine Liquidität um Frenzens Honorar reduzieren will.

Frenzen dagegen geht es vor allen Dingen um die symbolische Anerkennung seiner Leistung für das Unternehmen. Er braucht die wenigen Tausend Euro nicht, um die es geht. Daher fällt eine Einigung nicht so schwer, wie es am Anfang ausgesehen hat. Krotzer sichert Frenzen die Zahlung seiner Rechnung inklusive Zinsen zu, sobald das Unternehmen mehr als drei Quartale in Folge Gewinne abwirft. Das wird in frühestens zwei Jahren der Fall sein. Auf diese Weise ist Frenzen auch am unternehmerischen Risiko beteiligt. Frenzen ist mit dieser Lösung einverstanden, denn seine Arbeit wird gewürdigt, wie es ihm persönlich wichtig war.

Was ist hier passiert? Der Vermittler hat mit beiden Parteien jeweils erarbeitet, was sie in dieser Situation möchten. Bei Krotzer ging es vor allen Dingen um die Liquidität, die er als Gründer immer im Blick behält. An dem Wert von Frenzens Arbeit bestand kein Zweifel für ihn. Er meinte nur, dass er sich das nicht leisten könne. Auf die Frage des Vermittlers, wann er denn sicher das Gefühl haben würde, sich das leisten zu können, antwortete Krotzer: „Wenn ich drei Gewinnquartale in Folge hinter mir habe."

5.4 Spielpraxis

Frenzen wiederum machte dem Vermittler klar, dass es ihm nicht wirklich um das Geld gehe, sondern um die Anerkennung seiner Leistung. Er müsse das Geld daher auch nicht bar auf die Hand bekommen, sondern würde es dem Unternehmen auch als Kredit oder sogar als weitere Einlage zur Verfügung stellen.

Mit diesen beiden Aussagen war die Einigung nicht mehr schwer. In der Regel sind Verhandlungen komplizierter als in diesem einfachen Fall. Wir erkennen sehr schön, dass mit der nötigen Klarheit über den jeweiligen Bedarf der Verhandlungspartner Einigungen viel leichter erreicht werden können als ohne diese Klarheit. Nicht jede Verhandlung braucht einen Vermittler, die Entscheider müssen nur darauf achten, dass sie dem Gegenüber keine Vorschläge machen, die dieser als Beleidigung empfinden muss.

Bei einem harten Verhandlungsstil ist das allerdings Teil der Strategie. Da wir unsere Position im Verlauf einer harten Verhandlungslinie nur verschlechtern können, geben wir am Anfang möglichst wenig preis.

> Machen wir die Probe aufs Exempel. Wir gehen an einem Samstag in ein Autohaus und lassen uns einige exklusive Modelle zeigen. Schließlich fragt der Verkäufer: „Wollen Sie diesen fantastischen Wagen kaufen?" „Ja, aber nicht für 56.000 Euro." „Wir finden beim Preis bestimmt eine Lösung", signalisiert der Verkäufer.
>
> Wir leiten die Verhandlung ein: „Das ist gut. Was können Sie mir denn anbieten?" Der Schwarze Peter liegt jetzt beim Verkäufer. Er muss mit seinem Preis Entgegenkommen ausdrücken und gleichzeitig noch Spielraum für eine weitere Verhandlungsrunde haben. „Wenn Sie den Wagen über uns finanzieren, kann ich Ihnen einen Rabatt von 3 % einräumen. Das Prachtstück können Sie dann bereits für 54.320 Euro haben." Das ist uns natürlich immer noch zu viel.
>
> „Nein, ich haben mir einen anderen Preis vorgestellt. Ich stelle mir vor, Sie nehmen meinen zehn Jahre alten Mercedes für 10.000 Euro in Zahlung und ich lege noch 14.000 drauf. Dann bekommen Sie 24.000 für die Karre und das sollte doch völlig ausreichen."

Diese Verhandlungstaktik hat einen enormen Vorteil. So schnell wie nach diesem Angebot haben wir den Ausgang in einem Autohaus bestimmt noch nie gefunden.

Das Beispiel ist natürlich überspitzt dargestellt. Aber das ist das grundsätzliche Problem bei einem harten Verhandlungsstil. Er nimmt keinerlei Rücksicht auf die Gefühle unserer Gegenüber.

Verhandlungen sind gemeinsame Entscheidungen von Parteien mit unterschiedlichen Interessen. Daher gelten für sie die gleichen Regeln wie für Entscheidungen. In Verhandlungen suchen die Entscheider gemeinsam nach Alternativen, nachdem sie separat für sich herausgearbeitet haben, was sie in dieser Situation für sich wollen. Ich finde Verhandlungen deshalb enorm spannend, weil wir die Kreativität unserer Gegenüber mit nutzen können, um zu besseren Lösungen zu kommen.

Ein wichtiger Punkt dabei ist reine Psychologie. Klären Sie gemeinsam mit Ihrem Verhandlungspartner so viele Punkte wie möglich gleich zu Anfang. Das heißt, die strittigen Punkte werden auf das Ende verschoben.

Der kleine Kniff dabei: Wenn Sie bereits Einigkeit über zehn Punkte erzielt haben und es sind nur noch zwei offen, dann streben beide Entscheider nach Komplettierung. Daher sind harte Verhandlungslinien zu diesem Zeitpunkt eher unwahrscheinlich.

Viele Politiker und Unternehmenschefs machen einen grundsätzlichen Fehler. Sie schicken Verhandlungsdelegationen vor, um die „kleinen" Punkte zu klären, in denen wenig Konfliktpotenzial steckt. Am Ende treffen sie sich dann nur noch für die „großen" offenen Punkte.

Das Problem dabei: Ohne eine gemeinsame Verhandlungsgeschichte fehlt beiden Entscheidern eine wichtige Voraussetzung zur Einigung. Das Ergebnis ist am Ende reine Glückssache. Meiner Meinung nach sollten entweder die jeweiligen Delegationen die Verhandlungen zu Ende führen und die Chefs nur noch unterschreiben lassen oder die Entscheider führen die Verhandlungen von Anfang bis Ende selbst.

In der folgenden Tabelle ist die Erfolgswahrscheinlichkeit bei unterschiedlichen Strategien dargestellt. Jede Verhandlung kann grundsätzlich in vier Ergebnissen enden:

1. W = Win-win. Die Zusammenarbeit wird für beide ein großer Gewinn sein.
2. G = gewonnen. Wir haben unsere Interessen auf Kosten unseres Verhandlungspartners durchgesetzt.
3. V = verloren. Wir haben gegenüber dem anderen den Kürzeren gezogen. Der andere triumphiert und wir warten auf eine Gelegenheit, es ihm heimzuzahlen.
4. U = unentschieden. Keiner hat seine Interessen durchsetzen können. Entweder die Verhandlungen sind gescheitert oder das Geschäft ist für beide Seiten nachteilig.

Klarheit bringt Vorteile mit sich. Mit ihr verlassen wir den Verhandlungstisch viel häufiger als Gewinner. Langfristig allerdings ist es nicht nur vorteilhaft, der Gewinner zu sein.

Andere Menschen empfinden uns häufig als unsympathisch, wenn wir nach eisenharter Linie am Verhandlungstisch auch bekommen, was wir wollen. Wenn sich später einmal die Möglichkeit ergibt, werden sich die Unterlegenen nur zu gerne revanchieren.

5.4 Spielpraxis

		Verhandlungs-Stil		Zustand						
				Klarheit			Ohne Klarheit		
				KWV	KHV	KI	OWV	OHV	OI
Zustand	Klarheit	Weicher Verhandler	KWV	U	V	W	G	G	G
		Harter Verhandler	KHV	G	U	V	G	G	G
		Interessenausgleich	KI	W	G	W	G	G	G
	Ohne Klarheit	Weicher Verhandler	OWV	V	V	V	U	V	V
		Harter Verhandler	OHV	V	V	V	G	U	V
		Interessenausgleich	OI	U	V	V	U	G	U

Legende: U = unentschieden, V = verloren, G = gewonnen, W = Win-win
Gewinnerstrategien bei unterschiedlichen Verhandlungsstilen

Langfristig werden wir also nicht so gut dastehen, wenn wir mit großer Klarheit und ausschließlich harter Verhandlungslinie arbeiten. Besser ist da schon eine auf Interessenausgleich gerichtete Strategie. Denn immer dann, wenn es einen Win-win-Abschluss gibt, haben wir gemeinsam einen Mehrwert geschaffen. Der Respekt für uns als Partner steigt und in Zukunft wollen viel mehr Akteure mit uns zusammenarbeiten als vorher.

Wie wir in der Tabelle sehen, produziert aber selbst die auf Interessenausgleich gerichtete Strategie Verlierer. Angenommen wir wissen genau, was wir wollen, unser Verhandlungspartner aber nicht, gewinnen wir fast automatisch. Denn weder wir noch unser Gesprächspartner wissen, was ihm einen Nutzen bringt. Er wird dann im Nachhinein feststellen, dass der Deal für ihn schlecht ausgegangen ist, und vermuten, wie hätten ihn über den Tisch gezogen.

> Franz Lang kauft sich einen gebrauchten Kombi. Der Preis war für ihn annehmbar und er ist in den ersten Tagen ausgesprochen zufrieden damit. Als er allerdings das erste Mal an die Tankstelle fährt, bekommt er einen kleinen Schock. Sein neuer Lasttesel hat einen ziemlich großen Tank und den braucht er auch. Denn auf 100 Kilometer gehen um die neun Liter Diesel in Rauch auf. Der Verkäufer hatte ihm zwar gesagt, dass der Verbrauch wohl etwas über dem Durchschnitt liegt. Aber leider hatte Lang sich dafür nicht eingehender interessiert. Seine Meinung: Der Verkäufer hat ihn über den Tisch gezogen!

So gesehen macht es Sinn, unserem Gegenüber zu mehr Klarheit zu verhelfen. Für den ganz konservativen Verhandler klingt das zunächst befremdlich. Denn alle Verhandlungspartner, die nicht so recht wissen, was sie erreichen wollen, schneiden durch die Bank bei Verhandlungen schlecht ab. Warum sollten wir den „Gegner" beim Aufrüsten helfen?

Einer meiner Kunden, ein begeisterter Jäger, meinte dazu, dass es keinen Spaß macht, auf am Boden sitzende Enten zu schießen. Das ist eine sportliche Sicht, wird aber bei Verhandlungen nicht unbedingt im Vordergrund stehen.

Wettbewerbsvorteile müssen wir uns erarbeiten und deshalb wollen wir sie auch nicht ohne Grund verschenken. Letztlich ist es eben so, dass wir auf kooperative Weise zu langfristigen Erfolgen kommen, und diese sind den kurzfristigen überlegen. Entscheidungen sind richtungsgetriebenes Handeln und egal wie unsere Vision aussieht, Erfolg wollen wir bestimmt auch in der Zukunft haben.

Also macht es Sinn, den Verhandlungspartner schlauer über sich selbst zu machen. Damit stehen wir allerdings vor einem Dilemma. Bei Verhandlungen will jeder ein gutes Ergebnis erzielen. Daher darf in der klassischen Verhandlung unser Gegenüber nicht wissen, wozu wir gerade noch bereit wären, um die Verhandlungen nicht platzen zu lassen. Denn nicht nur ein harter Verhandler würde uns dann ein Angebot unterbreiten, das genau an dieser Grenzlinie verläuft.

> Wenn der Autohändler uns sagen würde, dass er bei dem „Prachtwagen" bis zu einer Grenze von 46.000 Euro gehen könnte. Wie sähe dann wohl unser Angebot aus? Hätten Sie ein Herz für den Verkäufer und würden ihm 50.000 Euro bieten? Wahrscheinlich nicht. Wir würden uns wohl eher über das Schnäppchen freuen und kalt lächelnd den Grenzpreis zahlen.

Unsere Verhandlungsgrenzen offenzulegen ist also tabu. Was machen wir dann? Es kommt darauf an. Preise spielen eine wichtige Rolle. Allerdings können wir über einen Preis erst ein Urteil bilden, wenn wir wissen, was wir dafür bekommen. Ein intelligenter Entscheider wird daher ohnehin bis zum vorläufigen Ende der Verhandlungen warten, bis er seine eigenen Preisgrenzen festsetzt. Alles andere wäre ein Schuss ins Blaue ohne Grundlage.

Es könnte also eine vertrauensbildende Maßnahme sein, die eigenen Interessen offenzulegen und im Rahmen eines gemeinsamen Workshops die Interessen des Verhandlungspartners zu erarbeiten. Preise bleiben dabei außen vor, da noch niemand weiß, inwieweit die Anforderungen der jeweiligen Seite erfüllt werden. Wenn dann gemeinsam die beste Win-win-Alternative erarbeitet ist, gibt es neben dem Preis immer noch die Möglichkeit, in der einen oder anderen Bedingung einen Ausgleich zu schaffen.

Diese Vorgehensweise hat allerdings auch einen Pferdefuß. Wenn einer der Verhandlungspartner seine Interessen nicht vollständig auf den Tisch legt, eröffnet ihm das Möglichkeiten, Vorteile in den Verhandlungen herauszuhandeln, ohne dass er entsprechend entgegenkommen muss. Er würde einfach den Wert der Zugeständnisse seines Gegenübers systematisch herunterspielen. Ein Winwin entsteht nur, wenn beide eine langfristige Sichtweise haben und daher nicht auf den kurzfristigen Vorteil bedacht sind. Leider können wir uns nicht darauf verlassen.

Um einer Enttäuschung vorzubeugen, schalten wir daher einen neutralen Berater ein. Jede der beiden Seiten erarbeitet mit seiner Hilfe ihre Interessen. Der

Berater ist dabei zu strengster Verschwiegenheit verpflichtet. Im nächsten Schritt finden die Verhandlungen wie gehabt statt, nur diesmal mit relativer Waffengleichheit.

Im Konfliktfall können beide Seiten auf den Berater in der Rolle als Vermittler zurückgreifen. Denn er kennt die potenziellen Verhandlungsspielräume besser als jeder andere.

5.4.3 Gegenspieler berücksichtigen

Bisher haben wir in diesem Buch mögliche Gegenspieler nicht berücksichtigt. Das macht häufig auch Sinn. Wenn ich mich z. B. damit beschäftige, wie der gesamte Wettbewerb auf meine Entscheidungen reagiert, könnte ich meine Rolle überschätzen. Auf der anderen Seite gibt es Situationen, wo der Wettbewerb tatsächlich sehr schnell reagiert.

American Airlines startete 1981 sein Vielfliegerprogramm AAdvantage und war damit besonders für Geschäftsreisende attraktiv. Es dauerte gerade einmal zwei Wochen, bis United Airlines sein eigenes Vielfliegerprogramm unter dem Titel Mileage Plus einführte. Wer im harten Wettbewerb steht, beobachtet seine Konkurrenten genau. Daher konnte American Airlines auch nicht damit rechnen, langfristig das einzige Vielfliegerprogramm zu haben. Mehr als 25 Jahre später gibt es die Vielfliegerprogramme immer noch. Das sagt etwas darüber aus, dass der Hauptnutzen gar nicht darin liegt, neue Kunden zu gewinnen. Nein, diese Programme werden heute als Kundenbindungsinstrumente bezeichnet. Denn ein Vielfliegerprogramm erhöht meine Kosten als Kunde, „fremd" zu fliegen. Denn dann müsste ich länger auf meinen Freiflug nach Mallorca sparen.

Manche Entscheidungen zwingen unsere Konkurrenz zu einer Reaktion. Vielleicht haben Sie schon einmal einem Konkurrenten einen Kunden abgeworben. Wie haben Sie das gemacht? Viele Unternehmen machen das über einen niedrigeren Preis.

Preiswettbewerb gibt es in fast jeder Branche. Zum Beispiel gibt es Trainer, die Verkaufstrainings für 50 Euro pro Teilnehmer anbieten. Da stellt sich natürlich gleich die Frage, was man dort lernen könnte, wenn der Trainer seine Seminare billiger anbietet, als uns der Besuch mit der Familie im Kino kostet.

Wenn eine Branche in einen Preiskampf einsteigt, dann passiert das Gleiche wie in einem Fußballstadion, wenn einer aufsteht, um besser sehen zu können. Weil jetzt einer die Sicht versperrt, müssen die Leute hinter ihm ebenfalls aufstehen, um etwas sehen zu können. Das zieht wiederum andere mit, die ebenfalls aufstehen. Am Ende stehen alle Zuschauer in dem betreffenden Abschnitt. Keiner sieht besser als zuvor, aber alle haben es jetzt weniger bequem.

Wenn ein Wettbewerber in einem hart umkämpften Markt die Preise senkt, folgen alle anderen kurze Zeit später. An den Marktanteilen verändert sich dabei wenig, aber alle verdienen jetzt weniger oder machen sogar Verluste.

Eine gute Regel für solche Entscheidungen nenne ich die „Mehrwertregel von Entscheidungen". Generell sollten unsere Handlungen unabhängig von der Reaktion des Marktes einen Mehrwert schaffen. Also nicht nur den Entscheidungskuchen anders verteilen.

5.4.4 Zusammenfassung

Zwischen dem, was uns Menschen sagen, und dem, was sie denken, gibt es häufig einen großen Unterschied. Da ist es sehr praktisch, dass unsere Entscheidungen vieles über uns verraten, was wir vielleicht sonst nicht offen ausgesprochen hätten. Aus Entscheidungen können wir also die Absichten der Entscheider ablesen. Das ist insbesondere für Verhandlungen sehr praktisch. Dabei geht es nicht immer nur ums Gewinnen, denn wir wollen mit vielen Partnern langfristig zusammenarbeiten und „man begegnet sich immer zweimal", heißt es in einem Sprichwort. Daher sollten wir immer auf ein Win-win zusteuern.

Nicht unbedingt in diese Kategorie fällt das Verhalten unserer Gegenspieler. Sie beobachten uns genau. Daher sollten wir uns sehr genau überlegen, welche Reaktionen wir provozieren. Denken Sie dabei an die „Mehrwertregel" unserer Entscheidungen. Solange wir den Kuchen vergrößern, werden wir nicht negativ überrascht werden können.

5.5 Entscheidungen kommunizieren

Vielleicht wundern Sie sich, warum wir über die Kommunikation von Entscheidungen in diesem Kapitel sprechen, obwohl doch noch gar keine Entscheidung gefallen ist. Sie haben natürlich recht! Die Kommunikation unserer Entscheidung liegt zeitlich nach der Entscheidung. Dennoch gehört die Kommunikation immer noch zu dem Bereich „Unterstützung sichern".

Angenommen wir haben uns Entscheidungsklarheit verschafft, viel Zeit damit verbracht, die richtigen Alternativen zu entwickeln, uns vorab die Unterstützung von Betroffenen gesichert und endlich eine Entscheidung getroffen. Dann muss diese natürlich noch „unters Volk" gebracht werden.

Die richtige Strategie ist dabei sowohl von der Zielgruppe der Kommunikation als auch vom Kommunikationsinhalt abhängig.

Als Wendelin Wiedeking 1992 den Vorstandsvorsitz der Porsche AG übernahm, leitete er als seine erste Amtshandlung umfangreiche Umstrukturierungen des gesamten Unternehmens ein. Marktbeobachter sahen es damals als die letzte Chance für Porsche. Scheiterte Wiedeking, wäre Porsche am Ende. Wenn es einem Unternehmen nicht gut geht, dann stehen meistens auch Entlassungen an. Eine oft erzählte Geschichte über die Kommunikation von Entscheidungen erzählt von der Porsche-Betriebsversammlung von 1993. Wendelin Wiedeking tritt dabei vor die Belegschaft von 8.000 Mitarbeitern und informiert sie darüber, dass er 2.000 Mitarbeiter entlassen müsse, um Porsche überhaupt eine Überlebenschance zu verschaffen. Wiedeking kündigte den harten Schritt von Angesicht zu Angesicht mit den Betroffenen an. Das brachte ihm den Respekt der gesamten Belegschaft ein. Viele andere Vorstandsvorsitzende haben ähnlich schlechte Nachrichten durch ihre Kommunikationschefs überbringen lassen und gelten bei ihrer Belegschaft seither als nicht Manns genug, den Konsequenzen ihrer Entscheidungen in die Augen zu blicken.

Wir lernen daraus, dass wir Entscheidungen mit hohem Betroffenheitsgrad am besten selbst von Angesicht zu Angesicht kommunizieren. Allerdings gibt es dafür wohl auch eine Grenze. Denn was sollte der IBM-Chef machen, wenn er eines Tages einschneidende Maßnahmen für seine 360.000 Mitarbeiter weltweit ankündigen wollte?

Aus Zielgruppen und Kommunikationsinhalten lässt sich eine Matrix herstellen, die uns einen groben Überblick gibt, wie wir bei der Kommunikation unserer Entscheidungen verfahren können. Der italienische Ökonom Vilfredo Pareto hat bereits im 19. Jahrhundert herausgefunden, dass sich mit 20 % Arbeitseinsatz nahezu 80 % des Ergebnisses erzielen lassen. Diese Verteilung hat sich auch in anderen Bereichen immer wieder bestätigt. In der Praxis finden wir das in der ABC-Analyse wieder.

So gilt z. B.:

- A-Kunden sind jene 20 % der Kunden, mit denen wir 80 % des Umsatzes erwirtschaften.
- B-Kunden sind jene 15 % der Kunden, mit denen wir 15 % des Umsatzes erwirtschaften.
- C-Kunden sind jene 65 % der Kunden, mit denen wir die restlichen 5 % des Umsatzes erzielen.

Entsprechend können wir auch unseren Aufwand auf verschiedene Kategorien von Zielgruppen in der Kommunikation verteilen:

		Zielgruppe				
		Kontakte	Lieferanten	Kunden	Führungskräfte	Mitarbeiter
Positive Entscheidung		schriftlich	schriftlich	schriftlich	schriftlich	schriftlich
Leichte Betroffenheit		schriftlich	schriftlich	schriftlich	schriftlich	schriftlich
Mittlere Betroffenheit		Pareto: B und C schriftlich, A durch Repräsentanten	Pareto: B und C schriftlich, A durch Repräsentanten	Pareto: B und C schriftlich, A durch Repräsentanten	Repräsentant	Repräsentant
Schwere Betroffenheit		Pareto: B und C durch Repräsentant, A persönlich	Pareto: B und C durch Repräsentant, A persönlich	Pareto: B und C durch Repräsentant, A persönlich	persönlich	persönlich

Kommunikationsmatrix

Nicht berücksichtigt habe ich in der Matrix die modernen Mittel des Internets, wie Blogs, Podcasts oder sogar Videocasts. Der ehemalige Wahlkampfberater von Hillary Clinton Mark Penn ist der CEO des PR-Agentur-Netzwerks Burson-Marsteller. Er schreibt in einem internen Blog für seine Mitarbeiter über seine Entscheidungen und seine Wahrnehmung des Marktes. Auf diese Weise erreicht er seine Mitarbeiter weltweit auf einer persönlichen Ebene. Denn die Mitarbeiter erfahren so, wie Penn „tickt".

Unabhängig vom verwendeten Kommunikationskanal sollten wir die folgenden Zutaten bei unserem Kommunikationskonzept berücksichtigen:

Offenheit

Die Adressaten unserer Kommunikation wollen in erster Linie Respekt. Insbesondere wenn sie massiv betroffen sind, dürfen wir nichts zurückhalten und müssen in aller Offenheit darstellen, was wir vorhaben, was die Gründe dafür sind und womit wir rechnen.

5.5 Entscheidungen kommunizieren

Am Ziel orientiert

Die Maßnahmen, mit denen wir unsere Entscheidung umsetzen, sind für die Adressaten zwar wichtig. Verständnis können wir allerdings nur über die Ziele herstellen, die wir damit erreichen wollen. Diese müssen daher in unserer Kommunikation prominent dargestellt werden.

Die Einzelmaßnahmen

Die Einzelmaßnahmen stellen die Verbindung zu unseren Adressaten her. Denn aus den Zielen und der Entscheidung können sie das sonst nur mutmaßen. Diese Punkte explizit zu erwähnen zeigt auch den Mut des Entscheiders, die Dinge offen anzusprechen.

Die Betroffenen ansprechen

Bevor wir eine breitere Öffentlichkeit ansprechen, müssen wir mit den Betroffenen sprechen. Wenn wir bereits das Gespräch gesucht hatten, als noch nichts sicher feststand, sollten diese Gespräche zu keinen großen Überraschungen führen.

Konsequenzen zu Ende denken und verdeutlichen

Der Entscheider sollte selbst alle Konsequenzen bis zum Ende durchdacht haben und in seiner Kommunikation ansprechen. Nichts ist peinlicher, als wenn uns jemand auf eine potenzielle Konsequenz hinweist, die uns noch völlig neu ist.

Klarheit – Unmissverständlich kommunizieren

Die Menschen wissen genau, was hinter schönen Worten steckt. Der Entscheider nimmt sich selbst die Glaubwürdigkeit und den Respekt, wenn er die Dinge nicht in aller Klarheit kommuniziert.

Mündlich und schriftlich – Gleichzeitig über alle Kanäle kommunizieren

Wenn wir mehrere Kanäle bedienen, dann sollten wir darauf achten, dass die Kommunikation zeitgleich erfolgt. Denn wir können uns die Kommunikation von Angesicht zu Angesicht schenken, wenn unsere Adressaten bereits zwei Stunden vorher ein entsprechendes Memo gelesen haben. Verzichten dürfen wir aber auf den schriftlichen Kanal auch nicht. Denn oft wollen die Betroffenen eine Entscheidung nachlesen können. Daher müssen wir immer darauf achten, dass eine Entscheidung auf allen genutzten Kanälen gleichzeitig zur Verfügung steht.

Autorität

Wenn wir eine Entscheidung kommunizieren, dann auf der Basis unserer natürlichen Autorität. Wir müssen dafür sorgen, dass selbst in einer schwierigen Lage weder unsere Souveränität noch unsere Integrität eingeschränkt ist. Fehlt beides, wird uns niemand zuhören oder vertrauen.

Loyalität

Wenn wir die Entscheidung nicht getroffen haben und nur der Überbringer der schlechten Nachricht sind, dürfen wir uns nicht dahinter verstecken. Wir handeln entweder im Sinne der Geschäftsführung oder nicht. Ein Dazwischen gibt es nicht. Wir sind als Führungskraft zur Loyalität verpflichtet.

Ein Kommunikationsplan

Für den einzelnen Entscheider reicht eine Checkliste, um alle wichtigen Aspekte nicht gleich wieder aus den Augen zu verlieren. Im Kontext von Unternehmen und ihren Abteilungen sollten Entscheidungen auf eine abgestimmte Weise kommuniziert werden. Was passiert, wenn die Mitarbeiter von Abteilung A früher über eine Umstrukturierung informiert werden als die Mitarbeiter von Abteilung B? Vermutlich werden einige Mitarbeiter ihren Wissensvorsprung nutzen, um sich wichtig zu machen. Wir haben dann nicht mehr in der Hand, wie über unsere Entscheidung informiert wird. Denn die Mitarbeiter sprechen in erster Linie über die geplanten Maßnahmen und weniger die dahinter stehende Zielsetzung.

Daher macht es aus meiner Sicht Sinn, einen Kommunikationsplan zu entwickeln, der auf eine über alle Abteilungen abgestimmte Weise abgearbeitet wird.

Bestandteile des Kommunikationsplans

In einem solchen Kommunikationsplan könnten folgende Aspekte berücksichtigt sein:

- Zeitpunkt und Datum der Bekanntgabe,
- Zeitpunkt, zu dem die schriftlichen Informationen bereitstehen müssen,
- das gemeinsame Ziel als Hauptgrund für die Entscheidung,

5.5 Entscheidungen kommunizieren

- weitere Gründe, wie Status des Unternehmens, eventuell bestehender Veränderungsdruck,
- Maßnahmen,
- Umsetzungsplan,
- persönliche Erklärung über die eigene Verantwortung für die Entscheidung,
- eingeplante Sprechstunde für persönliche Gespräche,
- Abstimmung mit anderen Abteilungen,
- Unterstützer, die im Vorfeld eingebunden werden,
- in der Abteilung Betroffene, mit denen vorab zu sprechen ist,
- Störungen, die für die Kommunikation im Vorfeld unterbunden werden sollen,
- Personen, die aufgrund Krankheit, Urlaub, Geschäftsreise nicht informiert werden können.

Mit dem Kommunikationsplan können wir rechtzeitig vor der geplanten Bekanntgabe unserer Entscheidung alle Führungskräfte involvieren und ein gemeinsames Vorgehen abstimmen.

Auch wenn so ein Formular auf den ersten Blick nach mehr Bürokratie aussicht, so handelt es sich hier ja nicht um ein paar Extraschleifen, die der Entscheider-Coach Kai-Jürgen Lietz sich ausgedacht hat. Im Gegenteil, das sind die Vorkehrungen, die viele professionelle Firmen treffen, damit am Ende alles glattgeht.

Viele Firmen geben viel Geld dafür aus, dass die öffentliche Meinung positiv über das eigene Unternehmen ausfällt. Das Kernproblem: Die Kommunikation in der Öffentlichkeit ist nicht zu kontrollieren.

Dabei ist die Meinung der Mitarbeiter über ihr Unternehmen oft viel wichtiger und mit ein wenig Mühe viel leichter zu beeinflussen. Neuere Studien zeigen, dass über 70 % der Belegschaften eine schlechte Meinung vom eigenen Unternehmen haben. Lediglich 30 % haben eine „neutrale" oder „positive Haltung" zum eigenen Unternehmen.

Aus meiner Sicht ist das ein Armutszeugnis. Denn wir als Entscheider haben es ja in der Hand, wie unser Handeln kommuniziert wird, und damit haben wir es zumindest teilweise in der Hand, wie unsere Belegschaften über unser Unternehmen denken.

Habe ich Sie jetzt zum Nachdenken gebracht? Auf der Folgeseite sehen Sie beispielhaft, wie so ein Kommunikationsplan für ein mittelständisches Unternehmen aussehen könnte.

Kommunikationsplan

http://www.entscheidercoach.de

Entscheidung — Was soll kommuniziert werden?

Zeitpunkt der Veröffentlichung ☐☐ : ☐☐ Uhr

Fertigstellung der schriftlichen Informationen bis zum ☐☐

Alle Gespräche sind geführt bis zum ☐☐

Sprechstunde
Tag — Zeit

Abstimmung mit anderen Abteilungen

Bis	Abstimmungsbedarf	Verantwortlicher	Erledigt

Von der Entscheidung Betroffene

Bis	Erklärungsbedarf/Ansatzpunkt	Betroffener	Erledigt

Gespräche mit potentiellen Unterstützern

Bis	Erklärungsbedarf/Ansatzpunkt	Unterstützer	Erledigt

Bei Information nicht anwesende Personen

Rückkehr	Name	Erledigt	Rückkehr	Name	Erledigt

Ein Kommunikationsplan

5.5.1 Zusammenfassung

Kommunikation sollte immer so persönlich wie möglich sein. Leider haben wir dazu nicht immer die Zeit. Daher müssen wir darauf achten, dass jede Kommunikation zumindest einen angemessenen Kommunikationsweg nutzt.

Studien zeigen, dass viele Mitarbeiter von ihren Unternehmen ein schlechtes Bild haben. Das zeugt davon, dass die interne Kommunikation oft unzulänglich ist. Kommunikation ist daher nichts, was wir dem Zufall überlassen sollten. Wir brauchen einen Kommunikationsplan, mit dessen Hilfe wir unsere Entscheidungen im ganzen Unternehmen abgestimmt bekannt geben.

5.6 Die Sandwichstrategie für Führungskräfte

Unter den Entscheidern sind Manager die Hochleistungssportler. Nicht weil sie so gut trainiert sind, sondern weil die Anforderungen so hoch sind.

Selbständige und Unternehmer können für sich selbst entscheiden. Sie sind niemandem Rechenschaft schuldig außer sich selbst. Für Manager ist das Spiel eine Stufe schwieriger, weil sie ihre Entscheidungen gegenüber einem Vorgesetzten, im Zweifelsfall sogar gegenüber dem Topmanagement rechtfertigen müssen.

5.6.1 Die Situation des Managers

Heinrich Fritzer ist Einkaufsmanager in einem bedeutenden Pharmaunternehmen. Er trifft die Entscheidungen, bei welchen Lieferanten die Rohmaterialien für die Schmerzmittelsparte eingekauft werden. Dabei ist seine Entscheidungsfreiheit begrenzt. Denn die Liste der Lieferanten ist vorgegeben. Spricht bei ihm ein Lieferant vor, der nicht auf der Liste steht, gibt es allerhöchstens eine Tasse Filterkaffee. Zweimal im Jahr allerdings ist Fritzer nahezu sein eigener Herr. Denn sein Chef Fred Wilde ist dann im Urlaub. Das hat sich allerdings bisher noch nie ausgewirkt. Denn was sollte es in der Urlaubszeit schon Besonderes zu entscheiden geben?

Doch diesmal ist es anders. Denn der bisherige Vitaminlieferant steht plötzlich in der Öffentlichkeit am Pranger. Die Grundstoffe, die er einem Wettbewerber lieferte, sind verunreinigt. Einige Verbraucher klagten über schwerwiegende Nebenwirkungen, von unkontrollierbarem Gliederzittern bis hin zu kurzzeitigen Lähmungserscheinungen. Die Geschichte ist natürlich ein gefundenes Fressen für die Presse. Denn es gibt nur wenige Anlässe, die ein Sommerloch so gut stopfen, wie ein Pharmaskandal. Fritzer reagiert schnell und vereinbart mit dem Leiter der Qualitätskontrolle eine Sonderprüfung der von dem Lieferanten gelieferten Grundstoffe und der für den Verkauf bestimmten Tabletten. Seine Ahnung bewahrheitet sich. Die Tabletten sind in Ordnung, aber die Grundstoffe zeigen starke Verunreinigungen auf. Was ist zu tun? Der nächstbeste Lieferant auf der Liste ist ein chinesisches Unternehmen. Der könnte innerhalb einer Woche liefern, wenn Fritzer bereit ist, einen Expressaufschlag zu bezahlen. Auch in der Pharmabranche ist der Einkaufspreis ein heiliger Gral. Fritzer sieht zwar ein, dass dies eine besondere Situation ist, aber sein bisheriger Lieferant schuldet ihm noch eine Charge reiner Grundstoffe. Daher fragt er auch bei dem Skandalunternehmen an. Wie sich herausstellt, hatte bei dem Lieferanten ein Reinigungsprogramm versagt. Daher war das Produkt für eine gewisse Zeit mit den Resten anderer Arzneistoffe verunreinigt worden. Inzwischen sei das Problem behoben und Fritzer könne binnen zwei Tagen mit der Ersatzlieferung rechnen.

Das ist doch mal eine gute Nachricht! Eine Woche später allerdings ist der Tag des Weltuntergangs. Zumindest für Fritzer. Denn die zuständige Bundesaufsicht entzieht dem Lieferanten die Zulassung und nimmt die Verarbeiter in Sippenhaft. Alle Unternehmen, die seit der Aufdeckung des Skandals noch weiter Produkte des Lieferanten verarbeiten, werden ebenfalls stillgelegt, bis zweifelsfrei nachgewiesen ist, dass dort keine verunreinigten Produkte hergestellt oder verarbeitet werden. Dies ist auch just der Tag, an dem Fritzers Chef, der Produktionsleiter, aus dem Urlaub zurückkehrt.

Der hat natürlich überhaupt kein Verständnis dafür, dass seine Produktion für einige Tage lahmgelegt ist. Jede Stunde Stillstand kostet Tausende von Euros.

Er macht Fritzer die Hölle heiß. Er hätte sich als völlig unfähig erwiesen, Entscheidungen zu treffen. Der Expresszuschlag der Chinesen ist ihm nicht so wichtig wie die unterbrechungsfreie Produktion. Zumal man den Lieferanten ja hätte schadensersatzpflichtig machen können. 18 Monate später kommt es zu einem ähnlichen Zwischenfall, diesmal in der Winterurlaubszeit des Chefs. Fritzer entscheidet diesmal auf Nummer sicher und bestellt die heillos übertuerte Expressware eines Lieferanten aus Indonesien.

Aber auch diesmal hat er alles falsch gemacht. Denn die Bundesaufsicht entscheidet viel kulanter als beim letzten Mal. Selbst die Presse möchte zu Weihnachten keine Nachrichten über einen erneuten Pharmaskandal in der Öffentlichkeit breitwalzen. Aber die erhöhten Einkaufskosten bringen die Leistungszulagen des Managements in Gefahr. Fritzers Chef überlegt bereits laut, ob er wohl eine Abmahnung aussprechen kann, wenn seine Mitarbeiter zu blöd sind, gute Entscheidungen zu treffen. Was Fritzer auch in Abwesenheit seines Chefs entscheidet, es ist falsch.

In diesem Beispiel kann Fritzers Chef jede Entscheidung seines Mitarbeiters kritisieren, weil er sie am Ergebnis misst. Fritzer hat keine Kristallkugel und muss daher mit einer unsicheren Zukunft umgehen. Das sind natürlich ungleiche Voraussetzungen. Wenn Fritzer dagegen einmal Glück hätte, würde niemandem auffallen, dass er eine gute Entscheidung getroffen hat. Denn es funktioniert ja alles.

Auch wenn dieser Fall ein wenig extrem erscheint, so ist er doch beileibe kein Einzelfall. Das Topmanagement hat häufig die Befürchtung, dass im Linienmanagement nicht im Sinne der Führung gehandelt wird und Entscheidungen getroffen werden. Das führt zum einen zu übertriebenem Kontrollwahn und zum anderen zu der Suche nach der sich selbst erfüllenden Prophezeiung. Manager treffen dann Entscheidungen in einem vorauseilenden Gehorsam, die ihnen selbst nicht sinnvoll erscheinen, und stehen daraufhin berechtigt in der Kritik. Gleichzeit führt sie das in eine zunehmende Ratlosigkeit. Eigentlich sollte die Unternehmensführung eine solche Entwicklung verhindern. Aber auch der einzelne Manager hat die Möglichkeit, mittels der Sandwichstrategie gegenzusteuern.

Die Hauptursache für das Entscheidungsdilemma der Manager in den mittleren und unteren Führungsetagen ist meines Erachtens häufig eine unklare, im besten Fall nebulöse Vorstellung des Topmanagements über die Umsetzung der

Ziele des Unternehmens. Was mir selbst nicht klar ist, kann ich auch nicht klar kommunizieren.

Damit fehlt allen Beteiligten das klare, gemeinsame Zielbild. Ohne das wird der Linienmanager immer wieder wegen Kleinigkeiten nachfragen müssen, denn er kann so nicht entscheiden, was richtig ist.

5.6.2 Die Sandwichstrategie

Aus Sicht eines Managers macht es keinen Sinn, darüber zu lamentieren, dass die Unternehmensführung sich kein genaues Bild von dem macht, was sie erreichen will. Die Unternehmensführung würde das auch vehement bestreiten. Denn natürlich gibt es eine genaue Vorstellung, welche Zahlen die einzelnen Bereiche und Abteilungen des Unternehmens erreichen sollen.

Nicht ganz zufällig enthalten die für die Öffentlichkeit formulierten Unternehmensvisionen immer den Hinweis darauf, wo sich das Unternehmen im Verhältnis zu seinen Wettbewerbern positioniert sehen möchte. Legende sind Sprüche, wie: „Wir sind die Nummer eins in unseren Markt ...", „Wir gehören auf allen Weltmärkten zu den Top drei Unternehmen in unserer Branche ...".

Wo es in der unternehmerischen Vision schon an Genauigkeit fehlt, wird die Unternehmensführung auch keine klareren Vorstellungen haben.

Wie es so schön heißt: Viele Wege führen nach Rom. Die Frage ist nur, ob der gewählte Weg dem Verantwortlichen in der Unternehmensführung gefällt.

Damit wir den richtigen Weg wählen, lohnt ein Blick auf die Sandwichstrategie. Als Manager sind Sie quasi die Salamischeibe zwischen den beiden Brothälften „Topmanagement" und „Mitarbeiter". Damit das Sandwich schmeckt, müssen Sie das verbindende Element zwischen den beiden Hälften sein.

Schritt 1: Das Gespräch mit dem Vorgesetzten

Wenn ein Unternehmer seine Entscheidung trifft, wird er für sich selbst Entscheidungsklarheit schaffen. Er findet für sich heraus, was er in dieser Entscheidungssituation wirklich will.

Der Manager kann das zwar auch machen, aber er setzt sich dem Risiko aus, dass der von ihm favorisierte Weg zum Ziel auf wenig Gegenliebe bei seinem Vorgesetzten stößt.

Daher brauchen wir wieder unserer drei Kontrollelemente:

- gewünschte Ergebnisse,
- Status-quo-Ergebnisse,
- unerwünschte Ergebnisse.

Wie Sie sich vielleicht erinnern, stellen die Kontrollelemente die Ausgestaltung unseres zu erreichenden Ziels dar. Mit anderen Worten: Wenn Sie bei Ihrem Vorgesetzten diese drei Themenkomplexe abfragen können, wissen Sie sehr genau, was dieser sich vorstellt.

Allerdings hat man die Entscheidung nicht von ungefähr an Sie delegiert. Ihre Fachkompetenz ist gefragt und es kann durchaus sein, dass Sie in einem Gespräch auch die Vorstellungen Ihres Chefs geraderücken müssen, z. B. was sinnvoll ist und was sich zwar schön anhört, aber für das Unternehmen keinen Sinn macht.

Es ist also nicht nur unsere Aufgabe, die Kontrollelemente abzufragen, sondern auch in einem konstruktiven Dialog mit unserem Chef weiterzuentwickeln. Innerhalb des Entscheidungsprozesses ist dieser Schritt der schwerste. Denn wir haben nur ein gemeinsames Interesse mit unserem Gesprächspartner: Wir wollen unsere Entscheidungen in seinem Sinne treffen, damit er uns nicht hinterher kontrollieren muss. Gleichzeitig verhindern wir, dass er vor vollendeten Tatsachen feststellt, wir hätten ihn völlig falsch verstanden.

Wenn wir das erste Mal ein solches Gespräch führen, dann können wir sicher sein, dass unser Vorgesetzter positiv überrascht sein wird. Das müssen wir für uns nutzen, um vorab den Sinn des Ganzen zu klären und in ihm die Bereitschaft zu schaffen, sich auf unsere Fachkenntnis einzulassen.

Wenn wir das erfolgreich gemeistert haben, wird unser Vorgesetzter dieses Gespräch in den meisten Fällen von selbst suchen, da die Vorteile für ihn als Führungskraft auf der Hand liegen.

Allerdings ist auch ein wenig Vorsicht angebracht. Denn der Inhalt dieses Gesprächs gehört eigentlich zu den Grundregeln der Delegation, die manche Vorgesetzten leider zu selten beherzigen.

In unserem Gespräch sollten wir unbedingt im Blick behalten, dass die Zielsetzung und ihre Ausgestaltung auch für unsere Mitarbeiter nachvollziehbar sein müssen. Sonst erleben wir später Reibungsverluste in der Umsetzung.

Die Argumentation, „es ist der Herzenswunsch unseres Chefs", zieht vermutlich nur ein- oder zweimal.

Jeder Mensch möchte in seiner Arbeit Sinn erleben. Nur dann wird er sich auch mit seiner ganzen Persönlichkeit in seine Aufgabe einbringen.

Angenommen wir haben tatsächlich die Kontrollelemente einer Entscheidung mit unserem Chef erarbeitet. Dann sind wir noch lange nicht fertig. Denn wir müssen auch noch herausfinden, welche davon ihm besonders wichtig sind. Also eine Art Gewichtung, bevor wir unsere Entscheidungskriterien gebildet haben.

Diese „Herzpunkte" unseres Chefs lassen wir später bei der Gewichtung unserer eigenen Entscheidungskriterien mit einfließen.

Warum bilden wir nicht gleich zusammen mit dem Chef die Entscheidungskriterien?

Da wir ja nicht nur Entscheider, sondern auch Umsetzer der getroffenen Entscheidung sind, werden wir später noch eigene Kontrollelemente hinzufügen, die der Entscheidung unsere Fachkenntnis und daraus abgeleiteten Wertvorstellungen aufdrücken.

Für den Vorgesetzten sind die von ihm erfragten Kontrollelemente wahrscheinlich bereits die Entscheidungskriterien. Das sollte kein Problem sein, da Sie ja in seinem Auftrag die Entscheidung treffen werden.

Eine kleine Warnung: Versuchen Sie niemals Ihrem Chef zu erklären, wie man bessere Entscheidungen trifft! Es gibt wenige Themen, mit denen man so effektvoll Schiffbruch erleiden kann, wie mit diesem!

Schritt 2: Alternativen vorstellen

Wenn es nicht gerade um Standardentscheidungen geht, macht es Sinn, die zur Verfügung stehenden Entscheidungsalternativen mit unserem Vorgesetzten zu besprechen. Vermeiden Sie es dabei, Vorteile und Nachteile der verschiedenen Alternativen zu vergleichen. Dieser Weg führt uns direkt in die Vorteil-Nachteil-Falle (siehe S. 241). Wenn wir eine Einschätzung abliefern müssen, dann auf der Grundlage der mit unserem Chef erarbeiteten Kontrollelemente.

Im Regelfall verschaffen wir ihm so auch noch ein Erfolgsgefühl, denn mit dem unverbrauchten Blick des Unbeteiligten wird er uns auf Anhieb ein oder zwei weitere Alternativen beisteuern können.

Schritt 3: Die Entscheidung transparent machen

Wenn wir unsere Entscheidung getroffen haben, erstellen wir einen Bericht, in dem wir die drei Alternativen vorstellen, die aus unserer Sicht das meiste Potenzial versprechen. Im Anschluss erklären wir, wieso die von uns gewählte Alternative die beste Wahl für das Unternehmen ist.

Da wir für die Sicherung der größtmöglichen Unterstützung für die Umsetzung ohnehin einen Umsetzungsplan erstellen müssen, fügen wir diesen bei.

Über diesen Bericht führen wir dann noch ein Abschlussgespräch mit unserem Vorgesetzten. Sie können sich sicher sein, dass Sie ab jetzt wesentlich weniger Probleme mit Ihren Entscheidungen im Firmenumfeld haben werden als zuvor.

Wie löst Heinrich Fritzer das Problem? Sein Chef war ja für die Entscheidungen nicht verfügbar. Fritzer hat mit dem Produktionsleiter eine Prioritätenliste erarbeitet, die er allen seinen Entscheidungen zugrunde legt. Bei der Rückkehr des Chefs kann er ihm so immer wieder nachweisen, dass er in seinem Sinne entschieden hat. Das macht seinen Chef sehr zufrieden.

5.6.3 Zusammenfassung

Manager haben es schwerer als Unternehmer. Denn sie müssen sich nicht nur die Unterstützung ihrer Mitarbeiter sichern, sondern auch noch ihre Vorgesetzten glücklich machen. Solange sich diese im Rahmen der Delegation nicht deutlich äußern, bleibt das ein Glücksspiel. Aber das Glück ist auf der Seite der Tüchtigen. Daher kann der Manager sich mithilfe des Entscheidungskompasses ein Bild von dem Bedarf seines Vorgesetzten machen und auf dieser sicheren Basis die Entscheidungen im Sinne des eigenen Chefs treffen.

5.7 Checkliste für reibungslose Umsetzungen

- ☐ Bevor ich für die größtmögliche Unterstützung sorge, habe ich Entscheidungsklarheit und attraktive Alternativen geschaffen.
- ☐ Die Gespräche mit potenziellen Unterstützern führe ich, bevor eine Entscheidung gefallen ist.
- ☐ Über gemeinsame Ziele schaffe ich gemeinsame Interessen mit meinen Gesprächspartnern.
- ☐ Ich habe ein starkes Eigeninteresse an dieser Entscheidung.
- ☐ Das Ziel der geplanten Entscheidung deckt sich mit meiner persönlichen Vision.
- ☐ Ich habe keine Angst, einzelne Maßnahmen meiner Entscheidung umzusetzen.
- ☐ Ich habe keine Skrupel, einzelne Maßnahmen meiner Entscheidung umzusetzen.
- ☐ Ich verfüge über alle Fähigkeiten, um alle Maßnahmen meiner Entscheidung umzusetzen.
- ☐ Die Entscheidung vermittelt mir Sinn.
- ☐ Das angestrebte Ziel lässt sich durch die geplanten Maßnahmen erreichen.
- ☐ Die geplanten Maßnahmen stellen einen wirtschaftlich sinnvollen Weg zur Umsetzung des Ziels dar.
- ☐ Die geplanten Maßnahmen verteilen die Lasten und den Ertrag fair zwischen Entscheider und Unterstützern.
- ☐ Für das zu erreichende Ziel gibt es keinen offensichtlich besseren Weg.
- ☐ Das Ziel verletzt keine vitalen Interessen meiner potenziellen Unterstützer.

5.7 Checkliste für reibungslose Umsetzungen

- ☐ Das Ziel und die geplanten Maßnahmen sind gesellschaftlich zustimmungsfähig, also moralisch, ethisch und legal.
- ☐ Für jede Alternative gibt es einen Umsetzungsplan, um potenziell Betroffene zu identifizieren.
- ☐ Bei Verhandlungen sorge ich dafür, dass neue Verhandlungsspielräume entstehen.
- ☐ Bei Verhandlungen setze ich auf die langfristige Erfolgsformel: Win-win.
- ☐ Ich rechne mit Gegenspielern und plane ihr Verhalten ein.
- ☐ Ich kenne (wenn existent) das Ziel und die drei Kontrollelemente meiner Vorgesetzten.

6 Bewertung

 Wir haben es geschafft! Nachdem wir für Entscheidungsklarheit, attraktive Alternativen und die größtmögliche Unterstützung gesorgt haben, sind wir am Entscheidungspunkt angekommen. Viele Menschen glauben, dass es beim Entscheiden allein darum gehen würde. Doch wenn Sie es bis an diese Stelle in meinem Buch geschafft haben, dann wissen Sie es jetzt besser. Die eigentliche Entscheidung ist am Ende nur noch ein formaler Akt, der keine großen Probleme mehr bereiten sollte.

6.1 Die Situation

Wir haben unsere Entscheidungskriterien, unsere Alternativen und wir haben uns auch bereits die Unterstützung für unsere potenzielle Umsetzung besorgt. Jetzt ist die entscheidende Frage: Wie treffen wir unsere Wahl? Stellen Sie sich vor, Ihr imaginäres Ferienhaus soll eine Heizmöglichkeit (in Ihren Träumen) erhalten.

Wie erkennen wir, ob z. B. die Alternative „Kamin" oder die Alternative „Zentralheizung" unser Kriterium „Bequemlichkeit" besser erfüllt? Was passiert, wenn wir zusätzliche gewünschte Ergebnisse wie Wirtschaftlichkeit und Umweltfreundlichkeit mit in unsere Betrachtung nehmen?

Wir wollen die Zukunft mit unseren Entscheidungen gestalten, trotzdem gibt es viele Möglichkeiten, wie eine Entscheidung ausgehen kann. Wie beziehen wir diese Unsicherheit in unsere Entscheidungen mit ein?

Diese Fragen werden wir in diesem Teil klären.

6.2 Kriteriengewichtung

Entscheidungskriterien sind uns nicht neu. Spätestens seit dem Abschnitt über den Entscheidungskompass kennen wir einen systematischen Weg, wie wir sie uns erarbeiten können. Am Ende des Entscheidungskompasses steht die Gewichtung der einzelnen Kriterien zueinander. Dazu haben wir einen paarweisen Vergleich eingesetzt (siehe S. 110). Das heißt, jedes einzelne Kriterium wurde gegen jedes andere abgewogen. Das nennt sich relativer Vergleich. Denn welches Gewicht ein Kriterium hat, hängt von der Konkurrenz mit anderen Entscheidungskriterien ab. So hat das Kriterium „Kosten" bei einer Investition in eine Maschine gegenüber dem Kriterium „Aussehen/Optik" sicherlich ein anderes Gewicht, als wenn es um den Kauf eines Ferrari geht. Mit dem gleichen Beispiel wird auch klar, dass der Kontext für unseren Bedarf eine wichtige Rolle spielt.

Die Gewichtung der Entscheidungskriterien spielt eine zentrale Rolle im Zusammenspiel mit der eigentlichen Bewertung. Denn es macht einen großen Unterschied, ob wir für ein unwichtiges Kriterium die Bewertung „Bedarf voll erfüllt" geben oder für das wichtigste Entscheidungskriterium. In jeder systematischen Entscheidungsmethodik wird daher das Gewicht mit der Bewertung multipliziert.

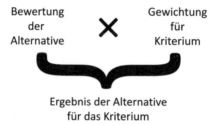

Zusammenhang von Gewichtung und Bewertung

Für uns als Entscheider hat das zur Folge, dass es die gleiche Auswirkung hat, ob wir bei der Gewichtung der Entscheidungskriterien schludern oder bei der Bewertung der einzelnen Alternativen.

6.2.1 Absolute Gewichtung

Bei einer absoluten Gewichtung nutzen wir einen Maßstab, den wir außerhalb unserer Kriterien bilden. Das ermöglicht uns, auch später noch weitere Kriterien in unsere Entscheidung aufzunehmen. Zum Beispiel können wir so auch im Nachhinein vergleichen, wie ein anderes bzw. andere Kriterien die Entscheidung verändert hätten.

Wenn wir einen Maßstab bilden, müssen wir uns Gedanken darüber machen, wie viele Stufen unsere Skala haben soll. Aus meiner Erfahrung heraus rate ich Ihnen, wenige grobe Stufen zu verwenden. Denn je feiner der Maßstab, desto trennschärfer muss auch unser Urteil sein. Ob ein Maßstab funktioniert oder nicht, können wir allerdings ganz einfach testen. Zunächst bilden wir eine Liste mit zehn Kriterien. Diese gewichten wir mithilfe unseres Maßstabs und stecken das Ergebnis in einen Umschlag. Nach 30 Minuten wiederholen wir die Gewichtung und vergleichen die Ergebnisse. Solange wir bei diesem Test zwischen dem ersten und dem zweiten Durchgang Unterschiede haben, ist der Maßstab für uns noch zu fein. Unser Urteilsvermögen kann diese feinen Unterschiede dann nicht auflösen.

6.2 Kriteriengewichtung

Meiner Erfahrung nach funktioniert eine Skala von eins bis fünf bei ca. 90 % der Entscheider. Hier ein Beispiel, wie sie aufgebaut sein könnte:

Absoluter Gewichtungsmaßstab

Bedeutung	Gewichtung
Nicht wichtig	1
Wenig wichtig	2
Wichtig	3
Sehr wichtig	4
Strategische Bedeutung	5

Wir müssen jetzt nur noch jedes einzelne Entscheidungskriterium anhand des Maßstabs gewichten. Wie sieht das in der Praxis aus?

Unternehmer Bernd Hammer will eine Entscheidung über die richtige Hausbank treffen. Dazu hat er verschiedene Kriterien entwickelt, die aus seiner Sicht den Bedarf beschreiben: Service, unternehmerisches Denken, günstige Konditionen, gute Reputation, feste Ansprechpartner, kooperatives Verhalten.

Unternehmer Hammer gewichtet seine Entscheidungskriterien nach der schon beschriebenen Fünferskala:

Gewichtung nach absolutem Maßstab

Entscheidungskriterium	Bedeutung	Gewicht
Service	Nicht wichtig	1
Unternehmerisches Denken	Sehr wichtig	4
Günstige Konditionen	Wichtig	3
Gute Reputation	Strategische Bedeutung	5
Feste Ansprechpartner	Wenig wichtig	2
Kooperatives Verhalten	Wichtig	3

Der absolute Maßstab ist theoretisch genauso gut wie unser paarweiser Vergleich, den wir in Kapitel 3 beim Entscheidungskompass kennengelernt haben (siehe S. 110). Es gibt allerdings eine Einschränkung. Wir riskieren dabei, der Randfalle auf den Leim zu gehen. Diese Entscheidungsfalle ist schon hinlänglich aus der Personalbewertung bekannt. Der Entscheider vermeidet gerne besonders niedrige und besonders hohe Bewertungen. So bleibt ein Rand im unteren und oberen Bewertungsspektrum, der nicht genutzt wird. Unwichtige Kriterien erhalten so eine unverdient hohe Gewichtung und besonders wichtige Kriterien werden systematisch unterschätzt.

Halten wir also fest: Ein absoluter Gewichtungsmaßstab ist gut, wenn wir später noch weitere Entscheidungskriterien hinzufügen wollen, bietet aber das Risiko der Randfalle.

6.2.2 Relative Gewichtung

Bei der relativen Gewichtung legt das wichtigste Kriterium das obere Ende und das unwichtigste Kriterium das untere Ende der Skala fest, denn die verfügbaren Kriterien sind das Maß aller Dinge. Damit kann dabei auch kein ungenutzter Bewertungsrand entstehen.

Einfacher paarweiser Vergleich

Im Entscheidungskompass hatten wir bereits den einfachen paarweisen Vergleich kennengelernt. Dabei hatten wir einfach jedes einzelne Kriterium mit jedem anderen verglichen und jeweils entschieden, welches uns davon wichtiger ist.

In unserem Beispiel aus dem letzten Abschnitt sähe die Gewichtung vermutlich folgendermaßen aus:

	Gewichtung	Vergleichsfelder				Entscheidungs-Kriterien
A	0	F	E	D	C	B	Service
B	4	B	B	D	B		Unternehmerisches Denken
C	3	C	C	D			Günstige Konditionen
D	5	D	D				Gute Reputation
E	1	F					Feste Ansprechpartner
F	2						Kooperatives Verhalten

Gewichtung aus dem einfachen paarweisen Vergleich

Hin und wieder kommt dabei die Frage auf, wie denn mit einem Gleichstand zu verfahren sei. Also wenn der Entscheider keines der beiden Kriterien dem anderen vorzieht. Zur Auswahl stehen drei Möglichkeiten.

1. Kein Kriterium erhält einen Punkt.
2. Beide Kriterien erhalten jeweils einen Punkt.
3. Beide Kriterien erhalten jeweils einen halben Punkt.

Möglichkeit 1 würde beide Kriterien so stellen, als hätten sie verloren. Das widerspricht aber den Tatsachen und sie wären damit untergewichtet. Wenn beide Möglichkeiten jeweils einen Punkt erhalten würden, dann hätten wir plötzlich ein System der wundersamen Punktevermehrung. Denn ursprünglich

war ja nur ein einzelner Punkt für den Sieg eines Kriteriums über das andere zu vergeben. Möglichkeit 3 trifft es daher am besten.
Diese einfache Gewichtungsmethode reicht allerdings dem einen oder anderen nicht aus.
Daher gibt es noch den differenzierten paarweisen Vergleich.

Differenzierter paarweiser Vergleich

Bisher konnten wir lediglich entscheiden, ob ein Kriterium wichtiger ist als ein anderes. Das ist zwar schön einfach, aber bildet die Sache ein wenig zu einfach ab. Denn es macht natürlich schon einen Sinn, ob ein Kriterium nur ein wenig mehr Bedeutung hat oder ob der Unterschied sehr groß ist. Beim differenzierten paarweisen Vergleich können wir also eine differenziertere Bewertung abgeben. Dadurch steigen auch die möglichen Gewichtsunterschiede der einzelnen Kriterien.

In diesem Fall kommen wir allerdings um einen Maßstab für den Unterschied zwischen zwei Kriterien nicht umhin.

Maßstab für differenzierten paarweisen Vergleich

Bedeutung	Gewichtung
Völlig irrelevant	1/5
Erheblich niedrigere Bedeutung	1/4
Sehr viel niedrigere Bedeutung	1/3
Etwas niedrigere Bedeutung	1/2
Gleiche Bedeutung	1
Etwas größere Bedeutung	2
Sehr viel größere Bedeutung	3
Erheblich größere Bedeutung	4
Absolut dominant	5

Im Rahmen des differenzierten paarweisen Vergleichs müssen wir nicht nur trennschärfer gewichten. Wir müssen auch mehr Vergleichsergebnisse eintragen. Denn wenn beispielsweise das Kriterium „Kosten" gegen das Kriterium „Aussehen" einen Skalenwert von „3" erhält, dann müssen wir bei der Umkehrung, also bei dem Vergleich „Aussehen" im Verhältnis zu „Kosten" den Wert „1/3" eintragen.

Unser Entscheidungskompass würde dadurch erheblich komplizierter ausfallen. Im Beispiel wurde die Summe für jede Zeile noch einmal durch die Anzahl der Einzelwerte geteilt. Damit fallen später die gewichteten Bewertungen nominal nicht so hoch aus.

Gewichtung	Vergleichsfelder						Entscheidungs-Kriterien
	F	E	D	C	B	A	
A	0,44	1/3	1/2	1/5	1/3	1/4	1	Service
B	1,72	1	2	1/3	2	1	4	Unternehm. Denken
C	1,33	1	2	1/2	1	1/2	3	Günstige Konditionen
D	3,33	3	4	1	2	5	5	Gute Reputation
E	0,79	1/2	1	1/4	1/2	1/2	2	Feste Ansprechpartner
F	1,39	1	2	1/3	1	1	3	Kooperatives Verhalten

Entscheidungskompass mit differenziertem paarweisen Vergleich

Tatsächlich kann diese erweiterte Form zu anderen Entscheidungsergebnissen führen. Ich würde es von der Bedeutung der Entscheidung abhängig machen, was ich am Ende einsetze. Persönlich möchte ich die Entscheidungsorganisation immer möglichst einfach halten. Denn die behandelten Themen sind meist komplex genug.

Zudem nutzt uns die Genauigkeit wenig, solange wir aufgrund unserer eingeschränkten Wahrnehmung ohnehin keine allzu große Genauigkeit in den Entscheidungsprozess einbringen können. Da dies ein Buch über Entscheidungen ist, lasse ich Ihnen die Wahl. Entscheiden Sie, wie Sie zukünftig innerhalb Ihrer Entscheidungen gewichten wollen!

6.3 Bewertungsmaßstab

Worum geht es hier? Als Entscheider müssen wir wissen, inwiefern ein Kriterium, z. B. „Kosten", durch die verschiedenen zur Wahl stehenden Alternativen erfüllt wird. Dazu brauchen wir einen Maßstab, der uns dabei hilft.

Wenn wir uns über das Thema „Bewertungsmaßstab" unterhalten, fangen alle intuitiven Entscheider an, mit den Augen zu rollen. Denn Bauchentscheider müssen sich damit nicht beschäftigen. Alle anderen, die auch die Endauswahl unter ihren Alternativen systematisch treffen wollen, brauchen einen Maßstab.

6.3.1 Absolute Bewertung

Wie auch bei der Gewichtung von Entscheidungskriterien haben wir für die Bildung von Bewertungsmaßstäben die grundsätzliche Wahl zwischen absoluter oder relativer Bewertung. Die Argumente für das eine oder dagegen sind die gleichen. Allerdings spricht der Pragmatismus in diesem Fall für den absoluten Maßstab. Doch dazu später mehr.

Geschätzt

Meiner Erfahrung nach schätzen viele Menschen in den Entscheidungssituationen einfach ab, inwiefern ihre Entscheidungskriterien erfüllt werden. Nach dem Motto: „Der Ferrari für 300.000 Euro erfüllt mein Kostenkriterium nur zu 10 %, bei dem VW Golf für 28.000 Euro gelingt das zu 100 %." Das können wir gerne so machen, schließlich spart es Zeit und letztlich ist es unsere Entscheidung. Allerdings sind solche Bewertungen selten belastbar. Wenn wir für solche Bewertungen den Umschlagtest machen, können wir dreimal bewerten und dreimal ein unterschiedliches Ergebnis erhalten.

Systematische Bewertung

Besser ist es da, die Bewertung systematisch anzugehen. Das heißt, ich bilde einen schriftlichen und damit nachvollziehbaren Bewertungsmaßstab.

Allgemeiner Maßstab

Ein allgemeiner Maßstab ist ein guter Schritt in die Richtung nachvollziehbarer Entscheidungen. Worum geht es? Ich will im konkreten Fall wissen, inwieweit meine Entscheidungskriterien durch eine Alternative erfüllt werden. Bevor ich dazu eine Aussage treffen kann, muss ich mir (wieder) Gedanken darüber machen, wie fein mein Maßstab sein soll. Theoretisch könnte ich den Erfüllungsgrad in Prozent angeben. Zum Beispiel: „Frau Müller erfüllt die Anforderungen zur Teamfähigkeit zu 43 %." Damit kommen wir natürlich beim gleichen Problem an wie schon beim Maßstab zur Gewichtung von Entscheidungskriterien. Uns fehlt oft schlichtweg die Urteilsfähigkeit, um mit so einem feinen Maßstab zu arbeiten. Entscheiden wir allein, werden wir jedes Mal eine leicht veränderte Einschätzung treffen, bei Entscheidungen in der Gruppe kommt es zum Streit, ob es nun 38, 43 oder 45 % sind. Mein Tipp: Machen Sie den Umschlagtest, bis Sie einen Maßstab gefunden haben, der Ihrer Urteilsfähigkeit entspricht. Erfahrungsgemäß klappt ein Maßstab von null bis vier bei jedem Entscheider.

Allgemeiner Maßstab für die Bewertung von Entscheidungskriterien

Wert	Bedeutung
0	Das Kriterium wird nicht erfüllt.
1	Das Kriterium wird kaum erfüllt.
2	Das Kriterium wird durchschnittlich gut erfüllt.
3	Das Kriterium wir fast vollständig erfüllt.
4	Das Kriterium wird voll erfüllt.

Ein allgemeiner Maßstab hat den Vorteil, dass er wenig Arbeit bereitet, aber er lädt den Entscheider auch zum Schätzen ein. Das mündet dann in der Infofalle, einer weiteren Entscheidungsfalle, die nicht selten zu schlechten Entscheidungen führt.

Spezieller Maßstab

Der Entscheider bildet speziell für jedes Kriterium einen eigenen Maßstab. Wichtig dabei: Die Skala aller verwendeten speziellen Bewertungsmaßstäbe muss gleich sein. Wenn also der spezielle Maßstab für „Teamfähigkeit" von null bis fünf geht, muss auch der Maßstab für „fachliche Kompetenz" von null bis fünf gehen.

Tendenziell kommen spezielle Bewertungsmaßstäbe der Urteilsfähigkeit entgegen und führen zu einer feineren Skala. Das liegt daran, dass wir in ihnen angeben, was z. B. genau bedeuten soll, dass ein Kriterium durchschnittlich erfüllt ist.

So könnte z. B. der Maßstab für das Kriterium „Service" folgendermaßen aussehen:

Punktwert	Bedeutung
0	Die Mitarbeiter in der Bank behandeln die Kunden von oben herab, denken nicht mit und scheuen sich, mehr als nur irgend nötig zu tun.
1	Die Mitarbeiter grüßen zwar freundlich, sie denken aber nicht mit und scheuen sich, mehr als nur irgend nötig zu tun.
2	Die Mitarbeiter grüßen freundlich und sind auch bereit, etwas für den Kunden zu tun, wenn der sie freundlich darum bittet.
3	Die Mitarbeiter grüßen freundlich und behandeln die Kunden sehr zuvorkommend. Sie sind gerne bereit, das kleine bisschen Mehr für den Kunden zu machen.
4	Die Mitarbeiter grüßen freundlich und behandeln die Kunden sehr zuvorkommend. Sie denken mit und voraus und scheinen ständig das Wohl ihrer Kunden im Blick zu haben. Sie gehen gerne auch die berühmte Extrameile.

Ein solcher spezieller Maßstab lässt sich leichter anwenden als ein allgemeiner Maßstab. Allerdings ist es aufwendig, ihn zu entwickeln. Denn bei dem einzelnen Maßstab bleibt es ja nicht. Der Entscheider hat ja sechs unterschiedliche Entscheidungskriterien, anhand derer er seine neue Bank wählen möchte.

Das zeigt auch die Grenzen in der Feinheit der Maßstabsskala auf. Wir könnten zwar mehr unterschiedliche Bewertungsstufen schaffen, da der spezielle Maßstab einfacher anzuwenden ist, aber es macht schlichtweg zu viel Arbeit, beispielsweise einen zehnstufigen Maßstab für jedes einzelne Entscheidungskriterium auszuarbeiten.

Ich persönlich nutze spezielle Maßstäbe für jedes Entscheidungskriterium, halte aber gleichzeitig die Auflösung niedrig.

6.3.2 Relativer Maßstab

Im Abschnitt über Gewichtung habe ich dargestellt, welche Vorteile ein relativer Maßstab im Verhältnis zu einem absoluten bietet. Das stimmt von der Tendenz auch für den Bewertungsmaßstab von Entscheidungskriterien. Allerdings scheitert die Anwendung – zumindest ohne dezidiertes Computerprogramm – an der schieren Anzahl der Vergleiche, die durchzuführen wären. Angenommen wir haben eine Entscheidung mit nur fünf Alternativen und sechs Entscheidungskriterien. Dann müssten wir für jedes Kriterium jede Alternative paarweise miteinander vergleichen: Das wären $5 \cdot 5 \cdot 6 = 150$ Vergleiche! Das ist zwar machbar, aber für den einzelnen Entscheider schlichtweg kaum zumutbar.

Daher rate ich davon ab.

Wer sich dennoch nicht abschrecken lässt, sollte sich mit der computergestützten Entscheidungsmethode AHP (siehe S. 334) befassen.

6.4 Die unsichere Zukunft

Die Zukunft ist für uns als Entscheider immer unsicher. Wir wissen nicht genau, was passieren wird. Wir wünschen uns, dass wir sie wie geplant gestalten, aber eine Kristallkugel haben wir nicht. Die Verfasser von Businessplänen gehen daher von Szenarien aus. Im schlimmsten Fall (Worst Case) und im besten Fall (Best Case) zeichnen die beiden Extreme, zwischen denen sich voraussichtlich das Geschäft bewegen wird.

Wenn wir unsere Entscheidungen auf der Grundlage unserer langfristigen Vision treffen, wissen wir natürlich nicht sicher, wann wir sie erreichen werden und wie die Schritte dazwischen aussehen werden.

Ich habe Sie in diesem Buch nicht mit Wahrscheinlichkeitsrechnung malträtiert und habe das auch nicht vor. Trotzdem möchte ich Ihnen ein paar Ansätze aus der Entscheidungstheorie zeigen, wie wir mit der Unsicherheit in Entscheidungssituationen umgehen können. Der Aufwand ist allerdings hoch und, wie wir später sehen werden, der Nutzen fragwürdig.

Angenommen wir müssen über eine Investition in die Zukunft unseres Unternehmens entscheiden. Geld kann leider immer nur einmal ausgegeben werden, daher können wir nur eine von drei möglichen Alternativen wählen.

Alternative 1 ist eine neue Produktreihe, die wir auf den Markt bringen könnten.

Alternative 1

Schlimmster Fall	Mittlerer Fall	Bester Fall
−300.000 Euro	+120.000 Euro	+360.000 Euro

Alternative 2 ist die Investition in den bestehenden Maschinenpark, um mit niedrigeren Kosten zu produzieren.

Alternative 2

Schlimmster Fall	Mittlerer Fall	Bester Fall
0 Euro	+60.000 Euro	+90.000 Euro

Alternative 3 ist die Standardalternative, nichts zu tun und das zu investierende Kapital von 300.000 Euro zum Zinssatz von 5 % pro Jahr anzulegen.

Alternative 3

Schlimmster Fall	Mittlerer Fall	Bester Fall
+15.000 Euro	+15.000 Euro	+15.000 Euro

Aus der Entscheider-Perspektive ist das eines dieser Lehrbuchbeispiele, die wir in der Praxis so gut wie nie antreffen. Denn die Entscheidung wird hier lediglich auf einen Zahlenwert reduziert, den erwarteten Ertrag. Im Normalfall spielen beispielsweise auch unsere Vision, die Unternehmensstrategie, erwartete Ergebnisse und die möglichen Widerstände im Unternehmen eine Rolle. Das einfache Beispiel soll uns helfen, die verschiedenen Methoden kennenzulernen.

6.4 Die unsichere Zukunft

6.4.1 Sicherheit

Angenommen wir hätten tatsächlich eine Kristallkugel und wüssten genau, wie das Ergebnis der potenziellen Investitionen aussehen wird. In dem Fall gäbe es keine verschiedenen Szenarien. Wir wüssten einfach, wie das Ergebnis aussieht.

Ergebnisse bei Sicherheit

Alternative 1	Alternative 2	Alternative 3
+120.000 Euro	+60.000 Euro	+15.000 Euro

In diesem Fall fällt die Entscheidung nicht weiter schwer. Wir entscheiden uns natürlich für Alternative 1.

Um das zu wissen, brauchen wir kein Buch über Entscheidungen. Wir sollten uns allerdings darüber im Klaren sein, dass wir genau von diesem Entscheidungsfall ausgehen, wenn wir unsere Alternativen anhand von Entscheidungsmatrizen bewerten und so unsere Entscheidungen treffen. Denn wir machen keinerlei Unterscheidung, welches Szenario vorliegt.

6.4.2 Unsicherheit

Was ist aber, wenn wir nicht wissen, wie sich die Konjunktur entwickelt und wie die Kunden auf unsere Produkte reagieren? Noch schlimmer, wir können noch nicht einmal sagen, was „wahrscheinlich" passieren wird. Diesen Zustand nennt man in der Entscheidungstheorie ganz pragmatisch „Ungewissheit". Wie können wir mit Ungewissheit umgehen?

Die wichtigste Person bei einer Entscheidung ist der Entscheider. Daher habe ich für Sie keine Patentlösung, sondern eine Reihe von möglichen Bewertungsmethoden, die sich nach der Persönlichkeit des Entscheiders richten.

Der Pessimist

Pessimisten gehen immer vom schlimmsten Fall aus. Dadurch können sie ihre Verluste begrenzen. Denn sie suchen sich einfach diejenige Alternative aus, die im schlimmsten Fall immer noch gegenüber den anderen Alternativen am besten abschneidet.

Ergebnisse im schlimmsten Fall

Alternative 1	Alternative 2	Alternative 3
–300.000 Euro	0 Euro	+15.000 Euro

Für den Pessimisten fällt die Wahl auf Alternative 3. Denn er wird im schlimmsten Fall 15.000 Euro damit verdienen. Es wird zwar auch im besten Fall nicht mehr sein, aber das zählt für ihn an dieser Stelle nicht.

In der Entscheidungstheorie läuft diese Entscheidungsregel unter dem Namen „Maximin-Regel". Denn der Entscheider wählt die Alternative, deren minimaler Wert am höchsten ausfällt.

Der Optimist

Der Optimist ist aus einem ganz anderen Holz geschnitzt. Denn er geht davon aus, dass der bestmögliche Fall eintreten wird. Daher schaut er sich die jeweils besten Fälle der unterschiedlichen Alternativen an und wählt das höchste Ergebnis.

Ergebnisse im besten Fall

Alternative 1	Alternative 2	Alternative 3
+360.000 Euro	+90.000 Euro	+15.000 Euro

Der Optimist wählt hier Alternative 1. In der Entscheidungstheorie ist diese Regel auch unter dem Namen „Maximax-Regel" bekannt.

Der Gleichmacher

Wer sich weder zu den übertriebenen Pessimisten noch Optimisten zählt, wird vermutlich eine ausgewogenere Betrachtungsweise einnehmen wollen. Dafür wurde die Laplace-Regel entwickelt. Der Entscheider weiß ja nicht, wie wahrscheinlich die verschiedenen Ausgänge, wie „schlimmster Fall", „bester Fall" und „mittlerer Fall" sind. Daher geht er davon aus, dass jeder Fall gleich wahrscheinlich ist. Wir können dann alle Ergebnisse der unterschiedlichen Fälle aufaddieren und durch die Anzahl der Ergebnisse teilen. Mit anderen Worten: Wir ermitteln schlichtweg den Durchschnittswert.

	Schl. Fall	Mittlerer Fall	Bester Fall	Durchschnitt
Alternative 1	–300.000 Euro	120.000 Euro	360.000 Euro	60.000 Euro
Alternative 2	0 Euro	60.000 Euro	90.000 Euro	50.000 Euro
Alternative 3	15.000 Euro	15.000 Euro	15.000 Euro	15.000 Euro

Nach der Laplace-Regel würde sich Alternative 1 durchsetzen, weil sie den höchsten Durchschnittswert hat.

6.4.3 Zusammenfassung

Es ist eine Tatsache, dass wir nicht wissen, was die Zukunft exakt bringt. Wir können daher auf der Grundlage unserer eigenen Erwartungen gegenüber der Zukunft verschiedene Bewertungsmethoden verwenden.

Wenn wir uns aber unsere Bewertungen ansehen, die wir im Normalfall (unter Sicherheit) anstellen, dann passiert das ohnehin, ganz ohne starre Regeln. Diese Regeln machen das Entscheiden nur komplizierter, ohne einen Mehrwert zu schaffen. Denn wollten wir auf deren Grundlage unsere Entscheidungen treffen, müssten wir unsere Alternativen bezüglich aller Entscheidungskriterien über jeweils mindestens drei Szenarien bewerten. Das erhöht den Aufwand erheblich, ohne einen entsprechenden Mehrwert zu schaffen.

6.5 Checkliste

- ☐ Die Gewichtung meiner Entscheidungskriterien entspricht meinem Bedarf.
- ☐ Ich habe getestet, ob die Auflösung der Gewichtungsskala meinem Urteilsvermögen entspricht.
- ☐ Ich habe mich bewusst zwischen einer absoluten und relativen Gewichtung entschieden.
- ☐ Ich habe mich bewusst zwischen einer allgemeinen und einem speziellen Bewertungsmaßstab entschieden.
- ☐ Ich habe getestet, ob die Auflösung meines Bewertungsmaßstabs meinem Urteilsvermögen entspricht.

7 Entscheider-ABC

 In diesem Kapitel finden Sie einige schnelle Nachschlagehilfen, die für die eine oder andere Entscheidung wichtig sein könnten. Gleich am Anfang haben wir die häufigsten Fragen, die zum Thema „Entscheidungen" gestellt werden, zusammengestellt. Im Anschluss folgt eine Kurzbeschreibung jener 15 Entscheidungsfallen, über die mein erstes Buch handelt. Kernstück des Entscheider-ABC ist eine Sammlung von Entscheidungssituationen. Denn obwohl die drei Schlüsselelemente auf jede Entscheidung anwendbar sind, gibt es doch je nach Situation die eine oder andere Besonderheit zu beachten. Für viele Anlässe gibt es inzwischen Entscheidungsmethoden, die wichtigsten bespreche ich im Abschnitt 7.5 „Entscheidungsmethoden" (siehe S. 326).
Am Ende schließlich finden Sie den großen Entscheider-Test mit Selbstauswertung.

7.1 Entscheider-FAQ

1. Wie viel Zeit muss ich für eine gute Entscheidung aufwenden?

Das kommt darauf an, wie schnell wir Entscheidungsklarheit und attraktive Alternativen schaffen können und uns die größtmögliche Unterstützung sichern. Eins ist sicher, jede Stunde, die wir in eine Entscheidung vorab investieren, sparen wir bei der Umsetzung exponentiell wieder ein. Gutes Entscheiden heißt also in Wahrheit Zeit einsparen.

2. Muss ich bei jeder Entscheidung methodisch vorgehen?

Nein. Wir treffen jeden Tag 20.000 Entscheidungen. Die meisten davon so unbewusst, dass wir keine methodische Hilfe in Anspruch nehmen können. Allerdings werden unsere unbewussten Entscheidungen von dem inneren Bild geleitet, das wir uns von der Zukunft machen. Daher sollten wir eine Vision entwickeln, damit wir diese Kraft von 20.000 Entscheidungen zu unserem Nutzen einsetzen. Wir setzen genau dann methodisch unsere drei Schlüsselelemente „Entscheidungsklarheit", „attraktive Alternativen" und „größtmögliche Unterstützung" für uns ein, wenn unsere Entscheidungen eine Bedeutung für uns haben.

3. Entscheiden intuitive Entscheider (Bauchentscheider) nicht automatisch richtig?

Unter zwei Bedingungen stimmt das.

1. Die Entscheidung gehört in den Routinebereich des Entscheiders. Das Unterbewusstsein kann also auf sämtliche Erfahrungen zurückgreifen.
2. Der Entscheider hat vorher für attraktive Alternativen gesorgt. Denn er kann seine Intuition nur auf ihm vorliegende Alternativen anwenden. Fehlen die besten Alternativen, dann kann auch der intuitive Entscheider keine guten Entscheidungen treffen.

4. Macht es nicht Sinn, möglichst viele Menschen an einer Entscheidung zu beteiligen?

Wer am Ende die Verantwortung trägt, muss die Entscheidung treffen. Es ist natürlich sinnvoll, das Fachwissen anderer mit einzubeziehen. Vorher muss der Entscheider allerdings für Entscheidungsklarheit gesorgt haben, das heißt, er muss genau wissen, was er mit dieser Entscheidung will. Ansonsten läuft er Gefahr, von den Fachleuten beeinflusst zu werden.

Bevor die Entscheidung fällt, sollte der Entscheider sich die Unterstützung potenziell Betroffener sichern.

5. Ich werde häufig für meine Entscheidungen kritisiert. Wie kann ich damit umgehen?

Nur der Entscheider kann wissen, ob es eine gute Entscheidung war. Denn es sind seine Werte und Präferenzen, die in die Entscheidung einfließen. Sie treffen Ihre Entscheidungen nicht nach Lust und Laune, sondern weil Sie sich Klarheit über den Bedarf verschafft haben, für die attraktivsten Alternativen gesorgt haben und sich die nötige Unterstützung gesichert haben.

Wie will sich ein Außenstehender ohne dieses intime Verhältnis zu der Entscheidung ein Urteil erlauben können? Das Einzige, was er auf seiner Seite hat, ist sein Wissen um das nachträgliche Ergebnis. Doch selbst der schärfste Kritiker kann nicht in die Zukunft sehen.

6. Mein Chef ist ein grottenschlechter Entscheider – wie kann ich ihn bessern?

Wie gut Ihr Chef als Entscheider ist, das sei dahingestellt. Aber als Mitarbeiter haben Sie natürlich die Möglichkeit, Ihren Vorgesetzten bei seinen Entscheidungen zu unterstützen. Sorgen Sie durch geeignete Fragen (siehe „Entscheidungskompass" S. 105) dafür, dass er sehr genau weiß, was er will, und unterstützen Sie ihn dabei, neue Alternativen zu schaffen.

Angenommen Sie erstellen dann noch für jede Alternative eine Liste mit potenziell Betroffenen, dann kommt er vermutlich auch auf die gute Idee, das Gespräch mit diesen zu suchen. Wenn Sie auf diese Weise oft genug mit ihm zusammenarbeiten, wird sich sein Entscheidungsverhalten automatisch verändern.

Sie dürfen ihm allerdings auf keinen Fall an irgendeiner Stelle erzählen, wie er gute Entscheidungen treffen könne. Denn es gibt nichts, was ein Vorgesetzter seinen Mitarbeitern übler nimmt, als wenn diese ihn belehren, wie man Entscheidungen trifft.

7. Ich weiß nie, wie die Dinge sich entwickeln werden. Auf welcher Grundlage soll ich meine Entscheidungen treffen?

Wir alle haben keine Kristallkugel. Daher wissen wir nie, wie sich alles entwickeln wird. Aber wir können bei unseren Entscheidungen unsere Vision im Blick behalten. Machen wir mit der Entscheidung einen Schritt auf sie zu, dann ist alles gut. Führt uns die Entscheidung davon weg, dann machen wir einen Fehler. Die Ungewissheit bestimmt letztlich nur, wie groß dieser Schritt auf die Vision ausfallen wird. Mehr liegt nicht in unserer Hand. Aber wenn wir immer darauf achten, dass es zumindest in die richtige Richtung geht, werden wir zwangsläufig dort ankommen.

8. Wann ist eine Entscheidung eine gute Entscheidung?

Eine Entscheidung ist dann gut, wenn die gewählte Alternative von allen möglichen Alternativen meinen Bedarf am besten erfüllt und wenn ich gleichzeitig die größtmögliche Unterstützung für ihre Umsetzung in der Tasche habe.

9. Welche Entscheidungsmethode ist die beste?

Die beste Entscheidungsmethode ist die, die Sie anwenden. Jede Entscheidungsmethode kann uns ans Ziel bringen. Aber sie muss mit unserer Arbeitsweise vereinbar sein. Was nutzt es, wenn ich die besten Entscheidungsmethoden kenne, sie aber nicht anwende? Suchen Sie sich daher eine Methode heraus, die gut zu Ihnen passt, und lernen Sie deren Stärken und Schwächen kennen. Dann sollte entspannten, methodischen Entscheidungen nichts mehr im Weg stehen.

10. Gibt es Computerprogramme, die mich bei meiner Entscheidung unterstützen können?

Ja, es gibt eine Vielzahl von Programmen, die Entscheidern helfen, ihre Entscheidungen nach standardisierten Methoden zu strukturieren. Dabei besteht allerdings die Gefahr, dass der Entscheider sich vom Programm leiten lässt und nicht wirklich weiß, was er gerade macht. Entscheider, die das wiederum wissen, sind für ihre Entscheidungen meistens nicht auf Computerprogramme angewiesen. Es ist daher fraglich, ob wir die Programme wirklich brauchen.

11. Wann sind Bauchentscheidungen besser als bewusste Entscheidungen?

Bauchentscheider werden antworten, dass sie immer besser entscheiden als bewusste Entscheider. Während bewusste Entscheider vermutlich das Gegenteil sagen. Meiner Meinung nach ist es eher eine Stilfrage.

12. Ich habe vor Kurzem über die wissenschaftlichen Forschungen zur Intuition gelesen. Danach sind intuitive Entscheidungen bewussten Entscheidungen generell überlegen. Stimmt das?

Die Gehirnforschung hat herausgefunden, dass z. B. Spezialisten wie Feuerwehrleute und Polizisten in Gefahrensituationen blitzschnell die verfügbaren Lösungen sehen und Entscheidungen treffen. Ein strukturierter Entscheidungsprozess wäre in diesem Fall fehl am Platz, denn die Qualität der Entscheidung würde eher abnehmen. Manche Zeitgenossen folgern daraus, dass wir alle besser daran wären, unsere Entscheidungen intuitiv zu treffen. Sie übersehen dabei allerdings, dass wir hier einen Spezialfall betrachten.

Kaum ein Entscheider würde eine Entscheidungsmatrix hervorholen, um eine Entscheidung zu erarbeiten, die er schon Hunderte Male (als Spezialist) getroffen hat. Der Feuerwehrmann, genauso wie der Polizist, wird sich an seinem ersten Einsatztag nicht gleichermaßen auf seine Intuition verlassen können.

Mit anderen Worten: In für uns ungewohnten Entscheidungssituationen bringt uns unsere Intuition außer einem warmen Gefühl in der Magengegend nicht viel.

13. *Ist es richtig, dass es viel schlimmer ist, keine Entscheidung zu treffen als einfach irgendeine?*

Diesen Satz höre ich häufig. Er ist allerdings falsch. Denn irgendeine Entscheidung deckt nur durch Zufall unseren Bedarf. Wenn ich keine Entscheidung treffe, kann es ja sein, dass mein Bedarf in der Situation bereits ausreichend bedient wird und ich mir nicht sicher bin, dass eine Entscheidung mich besserstellen würde.

14. *Ich habe gehört, Entscheidungen fallen deshalb so schwer, weil man sich mit seiner Entscheidung immer gegen alle anderen Alternativen entscheiden muss. Ist das richtig?*

Entscheidungen sind richtungsgetriebenes Handeln. Wer sich schwer tut, sich von seinen anderen Handlungsalternativen zu verabschieden, um seinen Weg zu gehen, der weiß schlichtweg noch nicht, wo er hin will. Das hat also nicht wirklich etwas mit den Alternativen zu tun.

15. *Warum können manche Menschen sich einfach nicht entscheiden?*

Der gleiche Grund wie bei Frage 14: Sie wissen nicht, wo sie langfristig hin wollen, oder sie können nicht erkennen, wie die verfügbaren Alternativen sie dort hinbringen sollen. Im zweiten Fall muss sich der Entscheider erst eine oder mehrere passende Alternativen schaffen oder an seiner Urteilsfähigkeit arbeiten.

16. *Warum habe ich so viel Gegenwind, obwohl ich meine Entscheidungen doch immer genau erkläre?*

Es kommt auf den Zeitpunkt an, wann ich meine Entscheidungen erkläre. Mache ich das, bevor ich Tatsachen durch die Entscheidung schaffe, dann hören mir die möglicherweise Betroffenen eher zu, als wenn sie bereits betroffen sind.

17. Wie soll ich gute Entscheidungen treffen, wenn mir das Schicksal immer nur schlimme Alternativen anbietet?

Das geht nicht! Deshalb sollten wir auch nicht auf das Schicksal warten, sondern die Dinge selbst in die Hand nehmen und neue attraktive Alternativen schaffen.

18. Warum reicht es nicht, zu wissen, wo es ungefähr langgeht?

Angenommen ich hätte Ihnen in diesem Buch beschrieben, wie Sie ungefähr eine Entscheidung zu treffen haben. Würde Ihnen das wirklich weiterhelfen? Wir brauchen für zielgerichtetes Handeln ganz konkrete Anhaltspunkte. Daher sollten wir uns vor einer Entscheidung ganz genau erarbeiten, was wir tatsächlich wollen.

19. Was ist eine Fehlentscheidung?

Im klassischen Sinne ist es eine Fehlentscheidung, wenn Sie sehenden Auges eine der schlechteren Alternativen wählen. Dieser Fall kommt allerdings ziemlich selten vor. Die Presse versucht uns das zwar zu suggerieren, aber sogenannte „Fehlentscheidungen" werden ja immer dann aufgedeckt, wenn alle schon schlauer sind und das Ergebnis kennen.

Die wahre Fehlentscheidung liegt in den Alternativen, die wir zum Zeitpunkt der Entscheidung zwar wählen könnten, aber nicht sehen. So aber lassen wir unternehmerische Chancen aus, obwohl sie verfügbar wären.

20. Für gute Entscheidungen habe ich einfach keine Zeit. Sie etwa?

Zeitmangel hat häufig etwas mit schlechten Entscheidungen in der Vergangenheit zu tun. Denn manche Entscheidungsprobleme sind wie Kaugummi, sie bleiben an uns kleben und wir müssen uns immer wieder damit beschäftigen. Ich behaupte, dass wir uns ca. 30 % unserer Arbeitszeit mit Problemen beschäftigen, die aus ungelösten Entscheidungen herrühren.

21. Ich habe keinerlei Gestaltungsspielräume, wie sollte ich da Entscheidungen treffen können?

Mit unseren Entscheidungen sorgen wir für die Gestaltungsspielräume der Zukunft. Wenn sie Ihnen heute fehlen, haben Sie die Ursache dafür in der Vergangenheit gesetzt. In der Gegenwart können Sie nichts verändern, aber Sie können dafür sorgen, dass Sie in Zukunft wieder Gestaltungsspielräume haben.

22. Ich habe schon Ziele. Wieso brauche ich da noch eine Vision?

Die Gesamtheit meiner Ziele ist meine Vision. Oder umgekehrt, der Weg zu meiner Vision ist durch meine Ziele gepflastert. Die Vision ist die übergeordnete Klammer, die meinen Zielen einen Sinn gibt und dafür sorgt, dass es keine Zielkonflikte gibt.

23. Wen würden Sie als Vorbild für Entscheider nennen?

König Salomon.

24. Warum heißt dieses Buch Entscheider-Bibel?

Der Titel *Das Entscheider-Buch* war schon belegt.

7.2 In aller Kürze: 15 Entscheidungsfallen

Über das Thema „Entscheidungsfallen" habe ich bereits ein ganzes Buch geschrieben. Ich denke aber, dass es für Sie ganz nützlich sein könnte, wenn ich Ihnen in aller Kürze die Essenz der Entscheidungsfallen vermittle.

Entscheidungsfallen sind erlerntes Fehlverhalten, das wir in der Vergangenheit von Eltern, Lehrern, Kollegen usw. angenommen haben und heute nicht mehr infrage stellen. Wir haben daher keine Chance, die sich daraus ergebenden Fehler im Nachhinein zu erkennen. Die Folge: Wir wiederholen sie immer wieder. Deshalb nenne ich es eine Falle.

Die Vorteil-Nachteil-Falle

Wenn Sie die letzten 2.000 Jahre nicht auf dem Mond verbracht haben, dann kennen Sie diese Falle. Wie wir sehen werden, ist jeder von uns in der Schule damit zumindest in Berührung gekommen. Selbst in Fernsehsendungen wird dieses Verhalten ohne schlechtes Gewissen empfohlen und kiloweise Bücher können auch nicht irren, möchte man meinen.

Ich rede von der Unart, bei wichtigen Entscheidungen die Vor- und Nachteile der Alternativen gegeneinander abzuwägen und auf dieser Basis eine Entscheidung zu treffen. Ich gehe jede Wette ein, dass Sie diese Pseudomethodik auch kennen. Vornehm sprechen manche dann auch davon, „eine Entscheidung abzuwägen".

Warum ist das schädlich für meine Entscheidung?

Zunächst einmal macht der Entscheider sich keine Mühe, seinen eigenen Bedarf kennenzulernen. Viel zu verlockend stehen die Alternativen vor Augen, mit denen wir arbeiten wollen. Das ist auch schon der zweite Fehler. Wir schöpfen keine neuen Alternativen. Denn wir sollen aus dieser beschränkten Auswahl ja unsere Entscheidung treffen.

Kommen wir noch einmal zurück zum Bedarf. Mit jedem Vor- bzw. Nachteil erzeugen wir völlig unreflektiert Entscheidungskriterien. Diese sollten eigentlich unseren Bedarf abbilden und nicht einfach nur eine Sammlung von Merkmalen der Alternativen sein. So haben wir schließlich keine Chance, Lücken zwischen unserem Bedarf und dem Angebot zu entdecken.

Der dritte Fehler schließlich liegt in der mangelnden Zielorientierung. Der Entscheider macht sich Gedanken darüber, wie er die relativ beste Alternative identifiziert. Eigentlich sollte es aber seine Aufgabe sein, die Alternative zu finden, die seinen Zielen am besten dient.

Sollten Sie sich jetzt ertappt fühlen, brauchen Sie sich nicht in Grund und Boden zu schämen, denn selbst Topmanager fallen regelmäßig auf diese Falle herein. Dort heißt das Ganze SWOT. Diese Methodik, bei der Stärken (Strengths), Schwächen (Weaknesses), Chancen (Opportunities) und Risiken (Threats) analysiert werden, eignet sich hervorragend zur Situationsanalyse. Nicht ganz selten versuchen Entscheider damit ihre Alternativen zu bewerten. Dafür ist SWOT nicht geeignet. Es führt den Entscheider direkt in die Vorteil-Nachteil-Falle. SWOT ist zur Alternativenanalyse etwa genauso gut geeignet wie ein Hammer, um eine Schraube festzuziehen.

Die Angebotsfalle

Entscheider sollten erst ihren Bedarf erarbeiten, bevor sie sich den Alternativen widmen. Denn sonst droht die „Verankerung" auf die Merkmale der ersten halbwegs funktionierenden Lösung. Das Angebot „diktiert" so unseren Bedarf.

Verkäufer nutzen diese Falle sehr gerne. Denn der frühe Vogel fängt den Wurm. Erwischt er uns möglichst früh im Entscheidungsprozess, dann hat er die Definitionsmacht über unseren Bedarf. Wir als Kunden tappen auch deshalb gerne in die Falle, weil es für uns bequem ist. Wir müssten mehr Arbeit investieren, wenn wir uns unseren Bedarf ohne Vorlage erarbeiteten.

Existenzbedrohlich ist diese Entscheidungsfalle nicht. Denn die Anbieter versuchen mit ihren Produkten einen Großteil des Marktbedarfs abzudecken. Ihr Angebot bildet daher den mittleren Bedarf eines Durchschnittskunden ab. Wenn wir uns darauf einlassen, dann bekommen wir also keine grundsätzlich schlechte Lösung, sondern lediglich eine mittelmäßige.

Entscheiden Sie selbst, ob Ihnen das reicht oder ob Ihre Entscheidungen doch lieber über das reine Mittelmaß hinausgehen sollten.

Die Elefantenfalle

Dieser Falle gehen meist die besonders akribischen Entscheider auf den Leim. Denn sie möchten gerne jeden Aspekt ihres Bedarfs in der Entscheidung abbilden. So kommt es, dass bei einer Investition die Anschaffungskosten, die laufenden Kosten, der ROI und die Einhaltung des Budgets als eigene Entscheidungskriterien genutzt werden. Die Anschaffungskosten sind in den laufenden Kosten jedoch genauso enthalten wie in der Einhaltung des Budgets, und der ROI setzt die Anschaffungskosten ins Verhältnis zum Ertrag. Angenommen bei der Investition geht es strategisch eigentlich um die Qualität unserer Produkte. Die neue Anlage soll das durch besonders sensible Sensoren und Justagemöglichkeiten ermöglichen. Wenn wir unsere Entscheidungskriterien gewichten, dann geben wir den Kostenpositionen z. B. ein Gewicht von jeweils „1", während unser Kritcrium „Qualität" aufgrund seiner strategischen Bedeutung „4" erhält. Da die Kosten im unterschiedlichen Gewand viermal vorkommen, haben sie auf unsere Entscheidung unbeabsichtigt den gleichen Einfluss wie das strategische Ziel.

Die Elefantenfalle ist gefährlich, weil sie den Entscheider gerade wegen seiner Mühe, alle diese unterschiedlichen Aspekte zu berücksichtigen, zu Fehlentscheidungen führt.

Abhilfe: Fassen Sie ähnliche Aspekte zu einem einzelnen Kriterium zusammen. Damit vermeiden Sie die Elefanten in Ihrer Entscheidung.

Die Faktenfalle

Stellen Sie sich vor, wir müssten einen Menschen allein auf der Grundlage messbarer Fakten beurteilen. Das wäre sehr schwer. Das fängt schon bei der Ausbildung an. Unsere Hochschulen behaupten ja, dass ihre Testverfahren messbar den Bildungserfolg der Studenten wiedergeben. Oft genug erleben wir aber, wie „Bildungsversager" im Berufsleben außerordentlich erfolgreich sind und sehr wohl in der Lage, ihr Wissen einzusetzen. Wir sehen am Beispiel dieser Testverfahren, dass wir Hilfskonstrukte benötigen, um etwas nicht Messbares behelfsweise messbar zu machen.

Etwa 10 % der Entscheider wollen in ihren Entscheidungen nur messbare Fakten berücksichtigen. Damit fallen alle nicht messbaren und dennoch sinnvollen Entscheidungskriterien heraus. Faktenentscheidungen sind aufgrund ihrer Messbarkeit zwar immer nachvollziehbar, sie geben aber nie den Bedarf des Entscheiders wieder.

Wer dieser Falle zum Opfer fällt, muss oft gewaltige Verrenkungen machen, um seine Entscheidungen überhaupt treffen zu können.

Haben Sie nur messbare Kriterien in Ihrer Entscheidung, oder kommt es auch auf Ihre Einschätzung an? Fehlt Letzteres, könnte es sein, dass Sie für die Faktenfalle empfänglich sind.

Die Randfalle

Die Randfalle ist vielen aus einer anderen Disziplin bekannt, der Personalbeurteilung. Der Entscheider soll seine Mitarbeiter nach bestimmten Kriterien wie Leistung, Teamfähigkeit, Sozialkompetenz, Qualifikation usw. beurteilen. Überprüfen wir im Anschluss die Beurteilungen, fällt auf, dass so gut wie nie die jeweils niedrigste oder höchste Note vergeben wurde. Als gäbe es am unteren bzw. oberen Beurteilungsspektrum einen Rand. Besonders schwache Mitarbeiter werden so besser bewertet, als sie es verdienen, und besonders leistungsfähige Mitarbeiter sehen sich um die Früchte ihrer Arbeit betrogen.

Beim Entscheider läuft das ähnlich. Nur geht es dabei um die Gewichtung der Entscheidungskriterien.

Im Verhältnis unwichtige Kriterien erhalten so eine viel zu große Bedeutung, während die Bedeutung sehr wichtiger Kriterien untertrieben wird. Die Folge für unsere Entscheidung: Eigentlich schwache Alternativen sieht der Entscheider dann in einem viel zu positiven Licht. Gleichzeitig unterschätzt er die wirklich relevanten Alternativen.

So trifft der Entscheider Fehlentscheidungen, ohne dass er eine Chance hätte, es zu bemerken.

Die Entweder-oder-Falle

Wie soll ich als Entscheider meine Entscheidungskriterien gewichten? Sie geben meinen Bedarf wieder, also sollte ich wissen, was mir wichtig ist. Für die meisten Entscheider stellt das kein größeres Hindernis dar. Aber einige nehmen eine Extremposition ein. Bei der Frage, was ihnen wichtiger ist, Rendite oder Umsatz, sagen sie dann: „Ich kann ohne Umsatz kein Geschäft machen und ohne Rendite macht der Umsatz keinen Sinn. Ich kann auf keines von beiden verzichten!" Das ist auch nicht die Frage gewesen. Denn wir können durchaus Umsätze haben und gleichzeitig eine Rendite erwirtschaften. Nichts ist einfach nur schwarz oder weiß. In der Bewertung fehlt dem Entscheider hier das Maß für die Grautöne. Denn wir können durchaus auf etwas Umsatz verzichten, um mehr Rendite zu erzielen oder umgekehrt.

Die Gewichtung von Entscheidungskriterien wird so zum Spießrutenlauf für den Entscheider. Seine Antworten sind häufig angstgeprägt und geben nicht den eigenen Bedarf wieder.

Die Entweder-oder-Falle lässt den Entscheider so handeln, als wäre er einem permanenten Mangel ausgesetzt.

Abhilfe: Stellen Sie sich vor, wo Sie heute in Prozentzahlen stehen. Vielleicht haben Sie ja bereits 91 % des gewünschten Umsatzes und 52 % der gewünschten Rendite? Wären Sie dann bereit, auf 1 % Umsatz zu verzichten, um sich auf 53 % der Wunschrendite zu verbessern?

Die Wahllosfalle

Die Grundsituation der Wahllosfalle kennt jeder von uns. Denn wir begegnen ihr täglich auf die eine oder andere Weise.

Stellen Sie sich vor, Sie werden angerufen. Eine sympathische Stimme bietet Ihnen eine Anzeige in einem Branchenmagazin zum Bruchteil des normalen Preises an. Es handelt sich um Restanzeigenplätze. Der Anrufer lässt Ihnen einen halben Tag Bedenkzeit. Sie legen auf und denken sich: „Das ist kein schlechter Preis. So preiswert bekomme ich in dem Magazin bestimmt keine Anzeige mehr. Soll ich das machen oder nicht?" Und schon sind Sie in der Wahllosfalle gelandet! Der Anrufer hat das Entscheidungsproblem vernebelt. Denn die Entscheidung geht ja nicht über die Frage, ob Sie das machen sollen oder nicht. Vielmehr geht es darum, wofür Sie Ihr knappes Marketingbudget einsetzen, um Ihre Kunden bestmöglich zu erreichen. Durch diese etwas andere Fragestellung haben Sie mit einem Schlag zahlreiche Alternativen mehr zur Auswahl als in der Wahllosfalle. Die Anzeige in dem Branchenmagazin ist sicherlich auch dabei. Aber vielleicht ist es nicht die beste.

Die Wahllosfalle heißt deshalb so, weil eine Entscheidung erst ab drei Alternativen anfängt. Die Art der Fragestellung sorgt dafür, dass alle anderen Konkurrenten unter den Alternativen wegfallen.

Übrigens stellen uns unsere Mitarbeiter auch laufend vor die Wahllosfalle. „Chef, wir haben ein Problem und wir können nicht weiterarbeiten. Aber ich habe mir eine Lösung ausgedacht und die sieht so aus ... – machen wir das so, oder nicht?" Die wenigsten Entscheider sind sich bewusst, dass sie gerade eine Entscheidung treffen. Denn sie sind fest überzeugt, ein Problem zu lösen.

Abhilfe: Stellen Sie sich die richtige Frage. Nur wenn wir uns mit dem richtigen Entscheidungsproblem befassen, können wir auch eine gute Entscheidung treffen. Sonst fehlen uns die attraktiven Alternativen dazu.

Die Verwechslungsfalle

Bei dieser Falle verwechselt der Entscheider das Entscheidungsziel und das zu lösende Problem. Wenn z. B. bei der Auslieferung an einen Kunden der Lkw liegen bleibt, wird sich der Entscheider in vielen Fällen damit beschäftigen, wie er seinen Wagen wieder flott bekommt. Das eigentliche Ziel ist es aber, die Ware zum Kunden zu bekommen. Das Problem ist der defekte Lkw. Aber zu lösen ist es wahrscheinlich am besten durch einen Ersatz-Lkw und nicht durch die zeitfressende Reparatur des havarierten Transporters.

Gegenmittel: Stellen Sie sich die Frage, was das Ziel war, *bevor* das Problem auftrat.

Die Treibjagdfalle

Kennen Sie das Prinzip einer Treibjagd? Sie brauchen eine Anzahl von Treibern, eine Hundemeute und Jäger. Die Beute wird durch laute Rufe, das Klopfen der Treiber und die bellenden Hunde aufgeschreckt und läuft in die vermeintlich sichere Richtung.

Leider lauert da die einzig echte Gefahr, denn die Treiber sind gar nicht bewaffnet. Von ihnen droht keine Gefahr. Die Beute möchte sich aus der Situation befreien und läuft dorthin, wo es sicher erscheint. Ein Trugschluss, wie sich herausstellt. Denn die Jäger erwarten die Beute bereits.

Im übertragenen Sinne kennen wir diese Situation auch. Wir setzen uns selbst unter Stress oder lassen es zu, dass andere uns unter Druck setzen. Plötzlich muss eine Entscheidung in Windeseile getroffen werden, obwohl wir nicht einmal wissen, ob es notwendig ist.

Diese Falle machte sich z. B. eine betrügerische Firma zunutze. Sobald ein neues Unternehmen sich beim Amtsgericht eintragen ließ, schickte sie eine Rechnung über 800 Euro für den Eintrag in das „amtliche Register". Was so amtlich klang, war nichts anderes als ein billiger Abklatsch der Gelben Seiten. Da die Rechnung sehr offiziell aussah, bezahlten viele Adressaten sie. Denn sie wollten keinen Ärger mit den Behörden. Die geschickten Betrüger waren damit am Ziel. Durch die Zahlung kam der Vertrag zustande und die Rechnung war damit nachträglich rechtens.

Besser wäre es sicherlich gewesen, wenn sich die Unternehmensgründer erst einmal informiert hätten, ob die Eintragungspflicht, die der Absender ihnen suggeriert hatte, tatsächlich bestand.

Abhilfe: Beantworten Sie sich die folgenden Fragen: Was sind die Treiber für diese Entscheidung? Welche Treiber sind echt? Ist der Druck wirklich da oder täusche ich mich? Muss ich wirklich diese Entscheidung so schnell treffen?

Die Akzeptanzfalle

Die Akzeptanzfalle wird von ihren Opfern gerne bestritten. Zum Beispiel von dem Unternehmer, der 80 % der Verbesserungsvorschläge seiner Mitarbeiter ablehnte, „weil sie nicht ins Unternehmen passen".

Im Kapitel 4 über attraktive Alternativen (siehe S. 123) haben wir bereits gesehen, was wir mit einfachen Optimierungen erreichen können. Bei der Akzeptanzfalle macht der Entscheider den Fehler, immer nach einer perfekten Lösung Ausschau zu halten und alles, was dem nicht entspricht, abzulehnen.

Vielleicht ist eine Alternative gar nicht so weit davon entfernt und wir müssten nur eine entsprechende Optimierung vornehmen. Denken Sie nur an die Gäste im Restaurant, die sich immer eine Extrawurst braten lassen. Sie nehmen die Speisekarte als „Vorschlag" auf und lassen den Kellner wissen, was die Küche optimieren muss, damit Sie als Gast zufrieden sind.

Zurück zu unserem Unternehmer: Auf die Ablehnung der vielen wertvollen Verbesserungsvorschläge angesprochen, konnte er darin nicht die Akzeptanzfalle erkennen. Zwar hatte er in keinem einzigen Fall den Vorschlag optimiert, aber das war aus seiner Sicht auch nicht nötig, „weil es Zeitverschwendung gewesen wäre".

Die Akzeptanzfalle führt zu einer systematischen Nichtnutzung unternehmerischer Chancen. Entscheiden Sie selbst, ob Sie sich das leisten möchten.

Die Enigmafalle

Das Wort Enigma heißt so viel wie Rätsel, Geheimnis. Bei der Enigmafalle legt der Entscheider seine Entscheidungskriterien nicht vollständig offen. Ihm zuarbeitende Mitarbeiter und Dienstleister wissen daher nie, wie seine Entscheidungen ausfallen werden. Er ist ihnen ein Rätsel.

Der Entscheider hat dabei oft die Angst, ausgenutzt zu werden, wenn seine Entscheidungskriterien allen bekannt sind.

Diese Angst ist unbegründet, denn was sollte daran falsch sein, wenn mir ein Dienstleister ein Angebot macht, das sämtliche meiner Entscheidungskriterien vollständig abdeckt? Wenn ich mich dagegen bedeckt halte, kann keiner es mir jemals recht machen oder ich habe einfach Glück gehabt. Die Enigmafalle wird in Ausschreibungen bewusst eingesetzt, um nicht zwangsläufig einen bestimmten Anbieter wählen zu müssen. Bestimmte Aspekte werden ausgespart, sodass die Anbieter nicht darauf eingehen. Im Projekt muss der Auftraggeber dann seinen wahren Bedarf offenlegen. Dies ist mit einer der Gründe, warum viele Projekte teurer kommen als zuvor in einer Ausschreibung ermittelt.

Die Schneckenfalle

Ein unangenehmes Problem ist zu lösen. Daher möchte der Entscheider sich nicht damit beschäftigen und verschiebt die Entscheidung auf unbestimmte Zeit. Eines Tages kann er der Entscheidung nicht mehr ausweichen. Leider ist keine Zeit mehr, für attraktive Alternativen zu sorgen, geschweige denn sich die Unterstützung seiner Umgebung zu sichern.

Das Ergebnis: Der Entscheider hat nur schlechte Lösungen zur Auswahl. Solche Entscheidungen belasteten ihn für das nächste Mal.

Die Schneckenfalle ist so bekannt, dass daraus ein Spruch geprägt wurde, der allerdings auch nicht beherzigt werden sollte: „Irgendeine Entscheidung ist besser als keine Entscheidung!" Beides ist etwa gleich falsch. Denn je nach Bedarf kann es richtig sein, keine Entscheidung zu treffen. Wohingegen „irgendeine Entscheidung" nur zufällig dem Bedarf entsprechen kann.

Die Schneckenfalle führt direkt in die Bärenfalle.

Die Bärenfalle

Der Entscheider trifft eine Entscheidung, obwohl er nur negative Entscheidungsalternativen hat. Es ist ein Naturgesetz, dass aus schlechten Alternativen niemals gute Entscheidungen entstehen können.

Eine der Hauptaufgaben eines Entscheiders ist es, eigene attraktive Alternativen zu schaffen. In der Bärenfalle nimmt der Entscheider das, was kommt, und entscheidet darüber. Da er meint, er könne daran nichts ändern.

Das ist natürlich falsch. Denn in jeder beliebigen Entscheidungssituation gibt es immer unendlich viele Alternativen, darunter auch viele positive. Wir sehen sie nur nicht immer, weil wir uns vielleicht die falschen Fragen stellen.

Wer immer wieder der Bärenfalle aufsitzt, hat nicht viel zu lachen. Die Bärenfalle gehört zu den sehr gefährlichen und zerstörerischen Entscheidungsfallen. Wir sollten sie unbedingt meiden! Wer häufiger in der Bärenfalle sitzt, tendiert auch zu einer Vermeidungshaltung, die direkt in die Schneckenfalle führt. So entsteht ein Teufelskreis.

Die Vorwärts-Falle

Die Vorwärts-Falle liegt vor, wenn eine der wichtigsten Alternativen im Entscheidungsprozess außer Acht gelassen wird, die Ausgangssituation. Egal, welche Alternativen zur Wahl stehen, sie müssen sich immer erst an der Ausgangssituation messen lassen. Denn es kann ja nicht Sinn einer Entscheidung sein, sich danach schlechter zu stellen als zuvor.

Wie kommt es zur Vorwärtsfalle? Opfer sind in der Regel Entscheider, die etwas bewegen wollen und sich daher nicht vorstellen können, den Status quo beizubehalten.

Der neue Chef will alles anders organisieren als sein Vorgänger. Da er die informellen Organisationsstrukturen noch nicht kennt, geht aber alles schief. Die neue Organisation berücksichtigt nicht die Besonderheiten, die „der Neue" noch nicht kennt. Besser wäre es gewesen, wenn er seinen Plan zunächst am Status quo gemessen hätte. Dazu sollte er sich die Zeit nehmen, den Status quo wirklich kennenzulernen.

Eine gute Entscheidung besteht daher mindestens aus zwei neuen Alternativen und der Pflichtalternative „Status quo".

Die Infofalle

Wenn es an die Entscheidung geht, müssen wir als Entscheider unsere Alternativen anhand der Entscheidungskriterien bewerten. Das kann mitunter schwierig werden, wenn belastbare Informationen fehlen. Im Gegensatz zu messbaren Kriterien, wie Preis, Temperatur und anderen, ist die Versuchung groß, trotz fehlender Informationen einfach zu schätzen.

„Wir haben zwar noch nie mit dem Lieferanten X zusammengearbeitet, aber der wird unsere Ware bestimmt schnell genug liefern können, da müssen wir gar nicht nachfragen." Solche Schätzung ohne Information kann dann schnell zu Fehlentscheidungen führen. In dem Beispiel wählen wir vielleicht den falschen Lieferanten, weil wir uns nicht die Zeit nehmen wollten, weitere Informationen zu besorgen.

In manchen Fällen kann es sein, dass wir zu einem Entscheidungskriterium keine Informationen bekommen können. Dann sollten wir lieber auf das Kriterium verzichten, als mit Falschannahmen unsere Entscheidung zu verfälschen.

7.3 Entscheidungssituationen von A bis Z

Sie kennen die drei Schlüsselelemente guter Entscheidungen:

- Entscheidungsklarheit,
- attraktive Alternativen,
- größtmögliche Unterstützung für die Umsetzung.

Sie lassen sich auf alle denkbaren Entscheidungssituationen anwenden. Allerdings kommt es in der Praxis immer wieder darauf an, dies auch in dem richtigen Kontext zu tun. Im folgenden Abschnitt sehen wir uns daher eine Vielzahl praktischer Entscheidungssituationen an, die immer wieder auftreten können. Wir legen beispielhaft Profile an und überlegen uns, worauf wir jeweils besonders achten müssen, um den Entscheidungen gerecht werden zu können.

7.3.1 Aufgeben

Ein Geschäftszweig entwickelt sich nicht so, wie wir uns das vorgestellt haben. Die Konkurrenz hat den Markt durch einen Preiskrieg zerstört oder der Markt ist noch nicht reif für unser Angebot. Als Unternehmer beschäftigen wir uns lieber mit proaktiven Entscheidungen, aber hin und wieder holt uns die Wahrscheinlichkeit ein und wir müssen aufgeben.

Entscheidungsklarheit

Wenn wir über das Aufgeben eine Entscheidung treffen wollen, ist das nicht anders, als wenn wir eine beliebige andere Sache entscheiden. Wir müssen zunächst für Entscheidungsklarheit sorgen. Was wollen wir wirklich? Was ist unser Bedarf in dieser Situation?

Wir erinnern uns: Die drei Kontrollelemente sind gewünschte Ergebnisse, unerwünschte Ergebnisse und Status-quo-Ergebnisse.

Natürlich könnten wir in erster Linie mit den Ergebnissen arbeiten, die wir bewahren wollen, und Dingen, die wir vermeiden wollen.

Manfred Gräber ist Malermeister und hat sich verkalkuliert. Sein Malerbetrieb ist auf „sanftes Malen" für die Zielgruppe Allergiker und Kinder spezialisiert. Leider gibt es zu wenig Kunden dafür und seine Zielgruppe kennt ihn nicht. Langsam geht ihm das Geld aus und er steht vor der bitteren Erkenntnis, gescheitert zu sein.

Beispiel-Entscheidungsprofil eines verzweifelten Entscheiders

Ziel	Ein Ende des frustrierenden Verlustgeschäfts
Entscheidungsauslöser	Auftragsmangel über mehrere Jahre
Inspirierende Frage	Wie erreiche ich, dass mir meine Schulden nicht mein restliches Leben versauen?
Gewünschte Ergebnisse	Alle Chancen genutzt, das Geschäft erfolgreich zu machen
Status-quo-Ergebnisse	Mein Ruf als Maler Weiterhin Zugriff aufs Girokonto
Unerwünschte Ergebnisse	Pleite Kündigung der Hypothek Unbezahlte Gläubiger Verlust der Familie Als „Loser" dastehen Versteigerung des Privathauses

7.3 Entscheidungssituationen von A bis Z

Ich glaube, dass dies zu keinem richtungsgetriebenen Handeln führt. Wir sollten uns zunächst mit den Ursachen unseres Scheiterns in dem speziellen Fall beschäftigen. Als Malermeister Gräber das Geschäft gründete, hatte er klare Vorstellungen, was er damit erreichen wollte. Wir hatten also bereits einen Bedarf. Wie sich jetzt herausstellt, können wir mit dem eingeschlagenen Weg den Bedarf nicht decken. Das kann zwei verschiedene Gründe haben. Zum einen könnte die Alternative insgesamt nicht tauglich gewesen sein. Zum anderen könnten die Widerstände zu groß gewesen sein, könnte uns also intern wie auch extern die notwendige Unterstützung gefehlt haben. Im ersten Fall müssen wir ohne jeden Zweifel einen anderen Weg einschlagen.

Bei einer kurzen Marktforschung bei Allergologen der Umgebung und in einigen Kindergärten der Stadt stellt sich heraus, dass für so einen „sanften" Malerbetrieb eine viel bessere Lebensgrundlage als für jeden anderen Malerbetrieb existiert. Denn sonst kann eigentlich jeder Hinz und Kunz seine Räume streichen. Wenn aber Fachkenntnisse gefragt sind, fällt diese Möglichkeit weitgehend weg. Zwar verfügt jeder Malermeister über dieses Know-how, aber Gräber kann es aggressiv vermarkten, da er sich darüber positioniert. Sein Weg ist also durchaus tauglich, ein gutes Geschäft aufzubauen, wenn das sein Ziel war. Als Nebenprodukt seiner Marktforschung erhält Gräber den Auftrag, einen Waldorf-Kindergarten zu malern und mehrere Allergiker haben ihn zu einem Informationsgespräch zu sich nach Haus eingeladen.

Wenn dagegen der zweite Fall vorliegt, bleibt wieder zu überlegen, ob wir tatsächlich alle Chancen genutzt haben. Mein Rat: Gehen Sie vor einer Entscheidung zunächst die Checkliste für reibungslose Umsetzungen (siehe S. 218) durch und prüfen Sie, welche Aspekte Sie vielleicht noch nicht berücksichtigt haben.

Im Falle Gräber scheint es wohl nicht zu reichen, eine Anzeige in den Gelben Seiten zu schalten. Er braucht Multiplikatoren. Denn seine Zielgruppe „weiß" nicht, dass es seine Leistung auf dem Markt gibt, und wird deshalb auch nicht aktiv danach suchen.

Es kann natürlich sein, dass wir keine Zeit mehr haben, Unterstützer zu gewinnen. Vielleicht sind alle Mittel aufgebraucht und zum Aufgeben gibt es keine Alternative. Dann fehlen uns die Gestaltungsspielräume und in dem Fall müssen wir dann eben realistisch anmerken: „Rien ne va plus" – nichts geht mehr. Das ist dann nicht schön, aber wenigstens haben wir die Möglichkeit, daraus zu lernen.

Attraktive Alternativen

Nach dem Bedarf kümmern wir uns um die Alternativen, die wir haben. Aufgeben kann ja auch heißen, dass wir einen Unternehmensteil verkaufen oder unser Unternehmen in einen größeren Unternehmensverband eingliedern. Wenn wir unseren Bedarf genau kennen, sollten wir auch in der Lage sein, eine für uns passende Alternative zu schaffen. Denn die neuen Alternativen sollen uns ja wieder auf den richtigen Kurs bringen, den wir im Falle eines untauglichen Weges verloren hatten. Das Aufgeben ist dann kein Aufgeben, sondern vielmehr ein Alternativenwechsel nach einem Irrtum.

Ich werde oft gefragt, ob es sinnvoll ist, Entscheidungen rückgängig zu machen. Meine Antwort: Wir steigen niemals in denselben Fluss. Die Landschaft mag dieselbe sein, aber die Zeit dreht sich weiter. Daher nehmen wir Entscheidungen nicht zurück, sondern treffen eine völlig neue unter neuen Voraussetzungen.

Vielleicht gehören Sie nicht zu den Entscheidern, die begeistert kreative Lösungen angehen. Aber in einer „Aufgeben"-Situation sollten Sie sich mit den kreativsten Köpfen zusammensetzen, die Sie auftreiben können. Aus mancher Aufgabe haben kreative Unternehmer schon ein florierendes Geschäft gemacht.

Größtmögliche Unterstützung

Begeisterung und Unterstützung bekommen wir leicht, wenn wir eine tolle neue Sache angehen. Wenn wir dagegen eine Quälerei beenden, löst das höchstens bei der Konkurrenz Begeisterung aus. Wir wollen deshalb Verständnis schaffen. Haben wir vorher jahrelang getrommelt und Unterstützer gefunden, dann ist das für Letztere enttäuschend.

Sie haben uns vertraut und wir haben den Eindruck erweckt, dass dieses Vertrauen gerechtfertigt ist. Erklärung tut not. Allerdings nicht, warum wir am Ende aufgeben, sondern die Gründe für das Scheitern und eine Entschuldigung, dass wir das Vertrauen unserer Unterstützer nicht rechtfertigen konnten.

Das gilt insbesondere dann, wenn wir nicht in eine Insolvenz reinschlittern, sondern rechtzeitig umdisponieren und eine neue Handlungsalternative wählen, um wieder auf Zielkurs zu gehen. Möglicherweise ist der Missmut unter unseren Unterstützern dann groß.

Hier gilt noch viel mehr als bei jeder anderen Entscheidung: Suchen Sie sich die Unterstützung, *bevor* die Entscheidung gefallen ist. Denn diese Überraschung ist für ihre Unterstützer garantiert unliebsam.

7.3.2 Auftrag

Ein neuer Auftrag ist für jeden Entscheider ein Grund zum Feiern, oder nicht? Die Konkurrenz ist hart und daher ist die Freude groß, wenn sich das eigene Unternehmen durchsetzt. Warum sollten wir da noch eine Entscheidung treffen, wenn es der Kunde bereits für uns getan hat?

Es könnte ja sein:

- Kein anderer Lieferant möchte den Kunden beliefern, weil die Insolvenz nahe ist.
- Der Kunde steht fragwürdigen Organisationen nahe, wie Scientology.
- Das Geschäft des Kunden ist nicht mit unseren Werten vereinbar, er verkauft z. B. Tabakprodukte oder Waffen.

Das sind natürlich die offensichtlichen Gründe, darüber müssen wir keine drei Sekunden nachdenken, außer wir gehören selbst der fragwürdigen Organisation an oder verkaufen Tabak oder liefern Waffen an die Dritte Welt.

Wenn es solche klaren Fälle gibt, dann wird es auch nicht so offensichtliche Entscheidungen gegen die Annahme eines Auftrags geben. Aus der Betriebswirtschaftslehre kennen wir die klassischen Gründe, wie z. B. das zu schnelle Wachstum durch einen Megaauftrag, der zur massiven Ausweitung der Kapazitäten zwingt und leider auch zum massiven Ausbau der Fremdkapitalbelastung. Es gibt Unternehmen, die dieses Risiko zugunsten eines gesunden Wachstums nicht eingehen wollen. Auch die einseitige strategische Abhängigkeit von einem Kunden ist nicht gut und macht uns erpressbar. Die Frage, ob wir einen Auftrag ausführen, ist also legitim.

Letztlich folgt auch diese Entscheidung dem klassischen Schema mit Entscheidungsklarheit, attraktiven Alternativen und größtmöglicher Unterstützung.

Entscheidungsklarheit

Welchen Bedarf haben wir? Wenn wir einen Unternehmer fragen, was er sich am meisten wünscht, dann ist es eine konstante, leicht ansteigende Nachfrage, mit der er langfristig planen kann. Das ist zwar ein schöner Ansatz für einen Bedarf, aber auf hoch kompetitiven Märkten nicht immer realisierbar. Dennoch gibt es hierfür einige standardisierte Kriterien, die wohl für jeden anwendbar sind.

Standardisiertes Entscheidungsprofil für die Annahme von Aufträgen

Ziel	Gleichmäßige Auslastung des Unternehmens
Entscheidungsauslöser	Kunde „droht" mit Auftrag
Inspirierende Frage	Wie schaffe ich es, immer die richtigen Aufträge im Unternehmen zu haben?
Gewünschte Ergebnisse	Kurze Zahlungsfristen Hohe Solvenz des Kunden Folgeaufträge Standardisierter Auftrag Realistische Zeitvorstellungen des Kunden Erfüllbare Qualitätsanforderungen des Kunden Ordentliche Marge Der Kunde ist eine gute Referenz Fairer Umgang Hohe Auslastung der Kapazitäten Flexibilität
Status-quo-Ergebnisse	Gute Reputation Mitarbeiterzufriedenheit Kundenzufriedenheit Positionierung
Unerwünschte Ergebnisse	Hohe Risiken Produktion an der Kapazitätsgrenze Überstunden Qualitätsprobleme Terminprobleme Auftrag entspricht nicht der Positionierung Abhängigkeit

Wir erinnern uns: Von den Ergebnissen auf den drei Kontrollelementen ziehen wir jeweils ähnliche Aspekte unter einem Oberbegriff zusammen. Das sind dann unsere Entscheidungskriterien.

Die Gewichtung der einzelnen Kriterien wird von Unternehmen zu Unternehmen anders ausfallen. Daher **auf der folgenden Seite** nur eine Mustermatrix für den paarweisen Vergleich.

Die **darin** aufgeführten Entscheidungskriterien funktionieren übrigens sowohl für einen Industriebetrieb als auch für einen Dienstleister.

Alternativen

Wenn Sie nicht gerade am längeren Ende des Marktes sitzen, fragen Sie sich wahrscheinlich nicht, welchen der vielen Aufträge sie wohl annehmen werden. Viele Alternativen haben wir nicht. Schließlich fragt uns der Kunde, ob wir seinen Auftrag annehmen wollen oder nicht. Die Alternativen sind: Nehmen wir den Auftrag an oder nicht? Wir haben immer die Wahl. Die Situation mag uns

7.3 Entscheidungssituationen von A bis Z

Gewichtung	Vergleichsfelder							Entscheidungs-Kriterien
A	A/I	A/H	A/G	A/F	A/E	A/D	A/C	A/B	Standard Auftrag
B	B/I	B/H	B/G	B/F	B/E	B/D	B/C	Folgegeschäft
C	C/I	C/H	C/G	C/F	C/E	C/D	Rendite
D	D/I	D/H	D/G	D/F	D/E	Liquidität aus Auftrag
E	E/I	E/H	E/G	E/F	Zeithorizont/Lieferzeit
F	F/I	F/H	F/G	Anforderungen
G	G/I	G/H	Referenz
H	H/I	Positionierung
I	Mitarbeiterzufriedenheit

Entscheidungskriterien

anderes suggerieren. Aber wir wissen, gute Entscheider sind Regelbrecher. Sie lassen sich keine vorformulierte Entscheidungsfrage aufdrängen. Anstatt „Mache ich es oder nicht?" stellen wir uns die generische Frage: „Was mache ich jetzt?"

Damit erweitern wir unsere Alternativen von zwei auf eine große Zahl sinnvoller Handlungsoptionen. Wie z. B. die Weiterbildung nicht ausgelasteter Mitarbeiter, das Vorziehen anderer Aufträge oder die Einführung von Betriebsferien. Das sind alles Alternativen zur Annahme des Auftrags. Ob sie gut genug für uns sind oder nicht, müssen wir dann noch entscheiden. Aber es kann durchaus sinnvoll sein, Mitarbeiter weiterzuqualifizieren, um zukünftig die Qualitätsanforderungen von Kunden zu erfüllen, für die wir derzeit nicht gut genug sind.

Nehmen Sie sich die Freiheit, auch einmal „Nein" zu sagen, um in Zukunft besser dastehen zu können.

Unterstützung für die Umsetzung

Solange unser Unternehmen nicht ausgelastet ist, freuen sich alle Mitarbeiter über Mehrarbeit, denn das sichert die Arbeitsplätze und verleiht der eigenen Arbeit Sinn. Sobald wir allerdings für unsere Aufträge dauerhaft unterbesetzt sind, fehlt dafür oft das Verständnis. Neue Aufträge sollten dann auch zu neuen Arbeitsplätzen führen. Das sind die kleinen Nebenkriegsschauplätze, die immer relativ leicht zu bewältigen sind.

Wenn wir uns dagegen untypisch verhalten, wie etwa einen Auftrag abzulehnen, sollten wir das nicht im Alleingang tun. Insbesondere wenn wir im Management eines Unternehmens sitzen. Es mag sein, dass unsere Gründe ausgesprochen gut und nachvollziehbar sind, interne Kritiker werden es jedoch immer wieder zu der Aussage verdichten, dass wir einen lukrativen Auftrag abgelehnt hätten. Solche Entscheidungen würde ich daher nur im Konsens mit der gesamten Führungsspitze treffen.

Wenn wir in der Unternehmerposition sind, brauchen wir uns nicht zu rechtfertigen, solange das Unternehmen erfolgreich ist. Im anderen Fall wird der Betriebsrat immer einen Grund haben, gegen nötige Sparmaßnahmen zu intervenieren. „Hätten Sie nicht zahlreiche (!) Aufträge einfach abgelehnt, müssten wir jetzt nicht sparen!"

Unser Vertrieb wird die Ablehnung eines Auftrags am wenigsten verstehen. Schließlich hat er alles getan, den Auftrag zu bekommen. Und jetzt werfen wir das alles weg. Wenn wir unsere Verkäufer daher nicht dauerhaft demotivieren wollen, müssen wir vorab feste Entscheidungsregeln schaffen, nach denen wir einen Auftrag bewerten. Nur dann ist es für den einzelnen Vertriebler nachvollziehbar und er kann seine Arbeit dem Regelwerk anpassen.

Wie sage ich es dem Kunden? Viele Kunden sind in der heutigen Welt des Überangebots so verwöhnt, dass die Ablehnung eines Auftrags eine ganz und gar unmögliche Alternative ist. Das ist merkwürdig. Denn gleichzeitig ist es üblich, dass Kunden unsere Angebote negativ bescheiden. Also dürfte es auch kein Tabu sein, einen Auftrag abzulehnen.

Wenn wir über klare Entscheidungsregeln für die Auftragsannahme verfügen, sollte unser Vertrieb diese möglichst frühzeitig in seinen Gesprächen offenlegen. Der Kunde kann dann selbst erkennen, welche Aufträge für uns infrage kommen und welche nicht. Diese Form des Selbstbewusstseins wird in der Regel positiv wahrgenommen. Es ist ein Qualitätskriterium in einer Welt des ständigen „Kauf mich!".

7.3.3 Auftragsvergabe

Wer Aufträge zu vergeben hat, sollte die Gespräche mit Lieferanten als das Schaffen von attraktiven Alternativen betrachten. Diese Art von Entscheidung ist quasi der Prototyp des Entscheidungsverfahrens über alle drei Bereiche „Entscheidungsklarheit", „attraktive Alternativen" und „größtmögliche Unterstützung". Daher werde ich den Prozess an dieser Stelle nicht weiter kommentieren.

7.3.4 Ausschreibung

Ausschreibungen sind eine Einladung an zahlreiche Lieferanten, sich ins Spiel zu bringen. Die Ausschreibung selbst legt über klare Anforderungen genau die Kriterien fest, auf die es dem Entscheider ankommt. Voraussetzung ist hier natürlich, er hat diese vorher in großer Tiefe erarbeitet.

In Ausschreibungen sehen viele die Möglichkeit, einen marktgerechten Preis für eine komplexe Leistung zu ermitteln. Ich würde diese Funktion aber nicht überbewerten. Denn viel wichtiger ist es, dass sich zahlreiche Anbieter Gedanken machen, *wie* unser Bedarf zu erfüllen ist. Daher ist es auch nicht sinnvoll, genau vorzugeben, wie die jeweilige Lösung auszusehen hat.

Damit nehmen wir dem Markt seine Kreativität und Vielfalt. Wir reduzieren die Entscheidung auf den kleinsten gemeinsamen Nenner, das Geld. Wir verschließen uns dann allen Lösungen, an die wir vorab nicht gedacht haben. Die Ideen der Anbieter sind vielleicht viel besser geeignet, unseren Bedarf zu decken, als unsere eigenen.

Ich weiß, diese Sichtweise ist ungewöhnlich, aber denken Sie doch einmal darüber nach, was sinnvoller ist: ein Preiswettbewerb oder ein Wettbewerb um die beste Lösung? Ich denke, mit einer gut gemachten Ausschreibung, die nicht bereits alles vorwegnimmt, können wir sogar beides erreichen.

Ausschreibungen sind von Natur aus genau so angelegt, wie wir uns einen optimalen Entscheidungsprozess nur wünschen können. Im ersten Schritt erstellen wir die Ausschreibungsunterlagen mit unserem Bedarf (Entscheidungsklarheit), durch die Teilnehmer erhalten wir alle möglichen (attraktiven) Alternativen, und wenn wir uns die Unterstützung für die Umsetzung bereits vor der Entscheidung sichern, dann haben wir am Ende alles richtig gemacht.

Wie alles gut Gedachte können wir auch diesen Prozess pervertieren. Nicht jeder weiß, wie der eigene Bedarf am besten ermittelt wird. Daher gehen viele Ausschreibungsleiter am Anfang erst einmal auf Dienstreise und schauen sich an, was andere machen. Daran ist im Allgemeinen nichts Falsches. Wir wollen ja auch von anderen und deren Fehlern lernen können. Nur der Zeitpunkt ist falsch. Solange ich meinen Bedarf noch nicht formuliert habe, lasse ich mich zu sehr von den fertigen Lösungen beeinflussen. Besser ist es, erst den eigenen Bedarf zu kennen und sich dann die Lösungen der anderen anzusehen. Falls wir etwas Wichtiges vergessen haben, können wir die eigenen Anforderungen dann ergänzen.

Den zweiten Fehler machen Entscheider, die eine Ausschreibung über ein technisches Thema wie z. B. Netzwerke, Telefonanlagen usw. erstellen. Wenn der Bedarf gleich in Form einer konkreten technischen Lösung formuliert wird, nehmen wir dem Markt seine beste Funktion: den Wettbewerb der Lösungen.

Der dritte Fehler kann darin bestehen, dass wir den Teilnehmern an der Ausschreibung nicht alle unsere Entscheidungskriterien mitteilen („Enigmafalle" siehe S. 247). Sie müssen dann mit ihren Angeboten im Dunkeln stochern und unser Bedarf wird nur durch Zufall erfüllt. Warum halten manche Entscheider ihre Entscheidungskriterien zurück? Eine Ausschreibungsunterlage ist ein öffentliches Dokument. Daher möchte der Entscheider sich gerne vernunftbetont darstellen. Wir wissen allerdings, dass unsere Wertvorstellung und Emotionen Einfluss auf Entscheidungen haben. Wenn wir unsere emotionalen Entscheidungskriterien nicht äußern, kann kein Anbieter dafür Sorge tragen, sie zu erfüllen.

Bei Ausschreibungen ist im letzten Schritt ein Fehler eingebaut. Der Wettbewerbscharakter verhindert häufig, dass wir uns vor der Entscheidung die notwendige Unterstützung zur Umsetzung besorgen. Ich denke daher, wir sollten die potenzielle Unterstützung, die wir zur Umsetzung brauchen, zum Teil des Wettbewerbs machen.

7.3.5 Beratung

In Deutschland gibt es ca. 250.000 Unternehmensberater. Die Zahl spricht Bände. Zum einen scheint es wohl einen Bedarf für Beratung zu geben, zum anderen können unmöglich alle diese Berater Spitzenleute sein. Die guten Berater kommen in ihrer Karriere reichlich herum und sammeln dabei jede Menge Lösungen für unsere Probleme, die dann zwangsläufig nicht individuell sind.

Für uns Entscheider stellen sich daher die Fragen: Wann brauchen wir Beratung? Wer soll sie leisten? Wie weit darf sie gehen, damit unser Unternehmen nicht nur effizient ist, sondern auch einzigartig bleibt?

Entscheidungsklarheit

Welchen Bedarf haben wir? Was wollen wir in dieser Situation? Gerade die letzte Frage mutet komisch an, weil wir die Suche nach einem Berater üblicherweise mit einer unternehmerischen Ratlosigkeit verbinden. Die kann es tatsächlich geben. Dann wäre unser Bedarf, Klarheit über die Situation zu gewinnen.

Vielleicht fehlt uns auch eine Strategie, wie wir mit den Veränderungen unserer Märkte umgehen können? Viele Mittelständler empfinden ihre Rolle im besten Falle als Gefangener zwischen der Verantwortung für die Arbeitsplätze und der Abhängigkeit der wenigen Kunden, die alle Marktmacht auf sich vereinen. Der Ökonom weiß, dass ein Unternehmen nur dann eine Existenzberechtigung hat, wenn seine Existenz für andere Marktteilnehmer einen Mehrwert darstellt. Bieten wir absolut austauschbare Ware an, die unsere Kunden bei vielen anderen Lieferanten ebenfalls beziehen könnten, bleibt der Mehrwert auf der Strecke.

Darüber hinaus gibt es zahlreiche Spezialthemen, wie z. B. in der Informationstechnologie, in denen wir nicht Bescheid wissen müssen. Der Berater hat dann die Aufgabe, uns bei unseren Entscheidungen mit seiner Expertise zu unterstützen. Bei Technologieberatern ist das große Thema immer die Unabhängigkeit von einzelnen Herstellern. Wir sollten uns damit abfinden, dass wir diese in der Regel nicht finden werden. Angenommen Sie wären so ein Berater und haben bereits fünf Projekte mit der Technologie von einem deutschen Softwareunternehmen mit drei Buchstaben durchgeführt und lediglich eines mit der Technologie eines amerikanischen Konkurrenten mit sechs Buchstaben. Dann können Sie zwar über die technischen Kenngrößen beider Produkte etwas sagen, aber die Einsatzerfahrung mit dem deutschen Produkt wird Ihre Empfehlungen beeinflussen. Daher dreht sich ihr nächstes Projekt wahrscheinlich auch wieder um die deutsche Technologie.

Unabhängigkeit können wir also getrost als gewünschtes Ergebnis vergessen.

Beispiel-Entscheidungsprofil für das Engagement eines Beraters

Ziel	Mehrwert des Unternehmens auf seinen Märkten vergrößern
Entscheidungsauslöser	Fehlende Expertise für anstehende Entscheidungen
Inspirierende Frage	Wie schaffe ich es, die für mich wichtigste Expertise ins Unternehmen zu holen?
Gewünschte Ergebnisse	Kompetenz Unabhängigkeit Zeitgewinn Informationsgewinn Wissensvorsprung Praktische Umsetzung Verständliche Sprache Respekt vor der Leistung der Mitarbeiter Spezialisierung des Beraters Blick des Außenstehenden auf das Unternehmen Chemie zwischen Berater und Entscheider
Status-quo-Ergebnisse	Mitarbeiterzufriedenheit Mehrwert durch Individualität Betriebsfrieden Reputation
Unerwünschte Ergebnisse	Keine Theorie Nicht umsetzbare Ratschläge Hohe Honorare – niedriger ROI Gleichmacherei durch Best Practices

Attraktive Alternativen

Wenn wir uns die schiere Zahl an Beratern ansehen, könnten wir der Meinung sein, dass sich die Frage nach den Alternativen nicht stellt. Große Unternehmen wenden sich an die großen Beratungen mit den bekannten Namen und der Rest an die Berater, die sie sich leisten können. Aber insbesondere wenn es um Spezialthemen geht, dann ist es oft gar nicht so leicht, den passenden Spezialisten zu finden. Denn wir wissen dann vielleicht nicht, wonach wir suchen müssen.

Unsere Probleme sind voraussichtlich in unserer eigenen Branche nicht ganz unbekannt. Die meisten Branchenverbände haben zumindest eine interne Liste von Beratern, die man Ihnen auf Nachfrage gerne zuschickt. Die Empfehlungen daraus brauchen wir nicht direkt wahrzunehmen. Aber wir können daraus entnehmen, nach welchen Begriffen wir im Internet suchen müssen.

In die gleiche Kerbe schlagen Sie, wenn Sie sich mit Ihrem Beratungsbedarf an den BDU – den Bundesverband Deutscher Unternehmensberater – wenden.

Wenn Sie wissen, wonach Sie suchen müssen, ist das Internet auch sehr gut geeignet, passende Angebote zu finden. Haben wir dann tatsächlich eine Auswahl geeigneter Berater gefunden, müssen wir sie bewerten. Anders als bei einem technischen Produkt finden wir hier wenig Messbares, außer wir legen Wert auf die Abiturnote des Beraters von vor 25 Jahren. Referenzen haben nur insofern eine Aussagekraft, als diese Unternehmen zum Zeitpunkt der Prüfung noch existieren. Denn welcher Berater wird uns einen seiner unzufriedenen Kunden nennen? Wir müssen die Katze im Sack kaufen. Vielleicht aber auch nicht. Denn wenn wir keine Fremdbewertung auf der Basis unserer Entscheidungskriterien vornehmen können, so sollte der Berater doch in der Lage sein, eine Eigenbewertung vorzunehmen. Dazu geben wir ihm keine Bedenkzeit, sondern er muss das „live" in unserer Gegenwart machen. Das ist sehr aufschlussreich, weil wir so gleich einen Einblick erhalten, wie der Berater „tickt".

Unterstützung sichern

„Berater im Haus" ist so ziemlich die schlechteste Nachricht, die unsere Mitarbeiter im Unternehmen erreichen kann. Im besten Fall stören sie nur die Arbeit. Im schlimmsten Fall ändern sie die angestammte Arbeitsumgebung des Mitarbeiters bis hin zum Verlust derselben. Die Sorgen sind nicht unberechtigt, stoßen uns doch die Berater häufig auf Missstände, über die wir in unserer Betriebsblindheit oft hinwegsehen. Sind sie erst einmal aufgedeckt, müssen wir etwas dagegen unternehmen, schon weil ein Außenstehender dabei zusieht.

Was also ist zu tun, bevor die Motivation in den Keller geht und unsere teuren Berater auf versteckte Weise sabotiert werden? Solange es um technische

Berater geht, können wir über unsere Ziele und Beweggründe mit der Belegschaft sprechen und Ängste im Vorfeld ausräumen. Wenn allerdings das Unternehmen gerade auf der Suche nach seiner Berechtigung am Markt ist, wird es schwer.

Natürlich haben die Mitarbeiter Angst, dass ihr Arbeitsplatz gefährdet ist. Für diese Situation gibt es in der Tat keinen goldenen Weg, der uns locker in die Sonne der Zustimmung führen würde. In vielen Unternehmen bemängeln die Mitarbeiter untereinander immer wieder die Untätigkeit der Geschäftsführung und dass diese nicht auf sie hören würde. Daher können wir auf diese Motivation aufsetzen: Die Berater kommen zum einen, um die Untätigkeit zu beenden und etwas gegen die Probleme des Unternehmens zu tun. Gleichzeitig nehmen die Berater systematisch alle Vorschläge der Mitarbeiter auf, mit dem Ziel, sie umzusetzen. Das stimmt unsere Mitarbeiter nicht fröhlich, aber sie werden die Berater in ihrer Arbeit weitestgehend unterstützen. Mehr können wir nicht verlangen.

7.3.6 Dezentralisation

Seit es Unternehmen gibt, kommt ab einer bestimmten Größenordnung die Frage auf, was zentral und was dezentral entschieden werden soll. Als Cosimo de' Medici sein Handelsimperium im 14. Jahrhundert aufbaute, gelang es ihm, innerhalb von wenigen Jahren zum beherrschenden Bank- und Handelshaus aufzusteigen. In einer Zeit, in der Nachrichten teilweise Wochen unterwegs waren, bis sie ihren Empfänger erreichten, setzte er auf Dezentralisierung. Seine Geschäftsführer vor Ort in allen europäischen Zentren hatten die komplette Entscheidungsgewalt. Das macht die de' Medicis den anderen Handelshäusern überlegen. Denn deren Handlungsbevollmächtigte mussten teilweise Monate warten, bis sie die Erlaubnis hatten, ein Geschäft abzuschließen. In der Zeit hatten die de' Medicis dann schon drei weitere Geschäfte abgeschlossen.

Bei einer Dezentralisierung entsteht jedoch auch immer die Angst des Kontrollverlusts. „Werden meine Mitarbeiter in meinem Sinne handeln?", fragen sich zahlreiche Entscheider. Die Angst ist begründet. Denn was nutzt es, eine perfekte Strategie für sein Unternehmen aufzustellen, wenn sie keiner umsetzt?

Entscheidungsklarheit

Wir beginnen wieder mit dem Bedarf. Was wollen wir in einer Situation, in der Dezentralisierung die Antwort ist? Für viele Entscheider ist es die Konzentration auf ihre Kernkompetenzen. Daraus folgt, sie haben mehr Zeit für das Wesentliche.

Wie allerdings das Beispiel von Cosimo de' Medici zeigt, kann es auch die Handlungsfähigkeit vor Ort sein.

Als in den 90er-Jahren japanische Produktionsmethoden in westlichen Unternehmen diskutiert wurden, schüttelten viele Manager nur mit dem Kopf. Denn bei den Japanern kann jeder einfache Arbeiter das Produktionsband anhalten. Das war für viele erst einmal unvorstellbar. So eine weitreichende Entscheidung soll doch bitte jemand treffen, der den Horizont dafür hat. Also ein studierter Ingenieur. So haben in westlichen Fabriken die Arbeiter immer fleißig weitergearbeitet, obwohl sie wussten, dass sie fehlerhafte Waren produzieren.

Sie warteten darauf, dass der leitende Ingenieur das Band anhielt. Wenn der gerade nicht verfügbar war, dann lief das Band einfach weiter. Die japanische Logik setzte sich dagegen über jegliches Statusdenken hinweg. Wer einen Fehler bemerkt, verhindert ihn und stellt die Ursache ab. Eine Dezentralisierung hat also auch den Sinn, Menschen mit der nötigen Information vor Ort mit Entscheidungskompetenz auszustatten und zu schnellen Reaktionen zu veranlassen. Das ist die eine Seite der Dezentralisierung. Natürlich gibt es auch Gefahren, die wir in unserer Entscheidung nicht außer Acht lassen sollten. Mancher Entscheider vor Ort wird der neuen Verantwortung möglicherweise nicht gerecht und missbraucht seine „Macht". Ein anderer versteht unsere Vision nicht und handelt anders, als wir es an seiner Stelle tun würden. Diese Aspekte müssen wir in unserem Bedarf ebenfalls berücksichtigen.

Beispiel-Entscheidungsprofil für eine Dezentralisierungsentscheidung

Ziel	Erfolgreich handelndes Unternehmen
Entscheidungsauslöser	Unternehmenswachstum und lange Entscheidungswege
Inspirierende Frage	Wie schaffe ich es, mein Unternehmen schneller und kompetenter zu machen?
Gewünschte Ergebnisse	Weniger operatives Geschäft auf Topentscheiderebene Schnelle Reaktion auf Markterfordernisse Schnelle Antworten auf Kundensonderwünsche Entscheidungen vor Ort fallen in meinem Sinn Maximale Ausnutzung von Qualifikation und Kompetenz Einheitliches Handeln im ganzen Unternehmen Neue Lösungen für alte und neue Probleme Geringere Organisationskosten Höhere Motivation der Mitarbeiter vor Ort Höhere Qualität Noch mehr Eigenverantwortung
Status-quo-Ergebnisse	Unternehmensstrategie wird glaubwürdig umgesetzt Verlässlichkeit des Unternehmens Verantwortliches Handeln
Unerwünschte Ergebnisse	Verstöße gegen die Grundsätze des Unternehmens Machtmissbrauch Ineffiziente Entscheidungen Hohe Kosten durch Fehlentscheidungen vor Ort

Attraktive Alternativen

Die Herausforderungen einer Dezentralisierungsentscheidung liegen im Wesentlichen in der Frage, ob der eigene Bedarf tatsächlich gedeckt werden kann. Der Status quo mag vielleicht zu der Überlegung geführt haben, dass über bestimmte Aufgaben besser dezentral entschieden werden soll. Daran ist nichts auszusetzen. Der Status quo darf aber als wählbare Alternative nicht fehlen.

Zwischen den Extremen „alle Entscheidungen zentral konzentrieren" und „alle Entscheidungen vor Ort" kann es zahlreiche Abstufungen geben und die müssen durchaus nicht vor den Unternehmensgrenzen haltmachen.

Mit der Entscheidungsklarheit haben wir den Bedarf für uns festgelegt. Je besser unsere Alternativen diesen Bedarf wiedergeben, desto leichter fällt uns die Entscheidung und desto höher ist später unser Nutzen daraus.

Eine Dezentralisierungsentscheidung ist eine Delegation von Entscheidungskompetenz auf Dauer.

Unterstützung für die Umsetzung

Dezentralisierung schafft keineswegs überall nur große Freude. Diejenigen, die Macht abgeben müssen, werden diese vermissen. Diejenigen, die endlich auf der Grundlage ihrer Fachkompetenz Entscheidungen treffen dürfen, scheuen vielleicht die Verantwortung. Oft fehlt auch das Vertrauen in diejenigen, die von jetzt an die Entscheidungen treffen: Haben sie wirklich auch das Zeug dazu? Denn wer in der Vergangenheit keine Verantwortung tragen musste, handelte manchmal auch so. Dann stehen Erfahrungen aus der Vergangenheit der Zukunft im Weg.

In dem Fall ist es leichter, wenn die Änderung wegen bestehender Organisationsprobleme erfolgen muss. Denn wenn Entscheidungswege zu lang sind, Kunden und Lieferanten sich beschweren und die Führungskräfte überlastet sind, muss etwas geschehen. Davor kann niemand die Augen verschließen. Die Mitarbeiter, deren Befugnisse erweitert werden, haben jetzt die Möglichkeit, direkt und unmittelbar auf die Anforderungen von Kunden zu reagieren, anstatt hilflos mit den Schultern zu zucken. Sie in der Rolle des „Helden an der Schnittstelle" zu gewinnen ist daher relativ einfach. Anders ist der Fall bei den Führungskräften gelagert. Sie fürchten an Bedeutung einzubüßen und das ist in gewisser Weise auch der Fall. Denn für den Mitarbeiter mit erweiterten Entscheidungsbefugnissen spielen sie nicht länger den Bremsklotz. Es ist nicht so, dass sie die Befugnis nicht delegieren wollten, sie glauben nur nicht an die Fähigkeiten ihrer Mitarbeiter. „Das kann der nicht", diese Einstellung ist weitverbreitet. Hätten wir vor 15 Jahren den leitenden Ingenieur in einer Automobilfabrik gefragt, was er davon hält, dass jeder seiner Arbeiter das Band anhalten können sollte, hätten wir Ähnliches gehört. Dabei haben die Führungskräfte, als sie neu in ihrer Position waren, häufig alles Wichtige von genau jenen Mitarbeitern gelernt, die „das" angeblich nicht können.

Ein Kunde hat das Problem auf eine verblüffende Weise gelöst. Er hat seine Führungsmannschaft durchrotieren lassen. Jetzt fehlte es den Führungskräften an Sachkenntnis, die kleinen Sachentscheidungen vor Ort zu treffen, und sie haben sie deshalb gerne den Mitarbeitern überlassen. Obwohl diese Maßnahme Unterstützung für die Dezentralisierung von Entscheidungen gebracht hat, war diesmal die ganze Führungsmannschaft gegen die Rotation und hat sich in den ersten Monaten viele Formen der Sabotage einfallen lassen, bis irgendwann ein Umdenken einsetzte. Denn plötzlich war ein großer Teil der täglichen Arbeitsbelastung weg. Endlich konnten die Manager pünktlich nach Hause zu ihren Familien. Wer mehr Zeit für seine eigentlichen Aufgaben hat, kann sie auch besser erfüllen. Der Grad der Zufriedenheit der Mitarbeiter stieg nicht nur in Bezug auf den Arbeitsplatz, sondern auch auf ihre Vorgesetzten.

Insofern hatte sich der ungewöhnliche Schritt ausgezahlt.

Die Abgabe von Verantwortung ist ein Fall, bei dem Einsicht oft nur durch Erfahrung entsteht. In anderen Unternehmen hat es sich bewährt, die Führungskräfte dafür verantwortlich zu machen, dass deren Mitarbeiter innerhalb von sechs Monaten kompetent mit der Verantwortung umgehen lernen.

7.3.7 Dilemma

Der Begriff „Dilemma" kommt aus dem Griechischen und bezeichnet eine Situation, die zwei Wahlmöglichkeiten bietet. Beide können zu einem unerwünschten Resultat führen: Sei es, dass es schädliche „Nebenwirkungen" gibt oder dass wir uns damit gegen die jeweils andere Alternative entscheiden müssen.

> In manchem drittklassigen Liebesdrama wird der Held vom Schicksal in ein Entscheidungsdilemma gedrängt. Seine große Liebe hat eine Komplikation in der Schwangerschaft. Er soll sich zwischen ihr oder dem ungeborenen Kind entscheiden. Egal, für wen er sich entscheidet, ob Mutter oder Kind, für den jeweils anderen bedeutet es den Tod.

Die Grundkonstruktion eines Entscheidungsdilemmas zeigt meistens direkt auf die Angebotsfalle (siehe S. 242), denn das Dilemma entsteht offensichtlich durch die *sich anbietenden* Alternativen.

Als erfahrener Entscheider wissen wir, dass eine gute Entscheidung erst ab drei Alternativen anfängt. Tatsächlich enthält ein Entscheidungsdilemma meistens auch eine dritte Alternative in Gestalt des Status quo. Diesen dürfen wir bei der Entscheidungsfindung nicht ausblenden.

7.3 Entscheidungssituationen von A bis Z

Entscheidungsdilemmata treten in unterschiedlicher Gestalt auf. So gibt es das wahrgenommene Dilemma, das echte Dilemma und das falsche Dilemma.

Wahrgenommenes Dilemma

Üblicherweise wollen wir in der Dilemmasituation Entscheidungsklarheit herstellen.

Robert Meyer möchte mit seinem Softwarehaus, der Meyer GmbH, wachsen. Daher will er zukünftig auch eigene Produkte anbieten und nicht nur im Auftrag von Großkunden Individualsoftware programmieren.

Im Rahmen eines Pilotprojekts von Krankenkassen und des Bundesgesundheitsministeriums zur elektronischen Patientenakte hat Meyer die Möglichkeit, auf eigene Kosten teilzunehmen. Für ihn ist klar, wer von Anfang an mit dabei ist, wird später über viele Jahre gut verdienen.

Gleichzeitig haben er und sein Team eine echte Marktlücke entdeckt, die sein Unternehmen mit einem eigenen Produkt bedienen könnte.

Beides kann das kleine Unternehmen allerdings nicht gleichzeitig stemmen. Daher wird ein Venture-Capital-Unternehmen zusätzliches Geld gegen eine Beteiligung an der Meyer GmbH zuschießen. Ein Jahr später bricht eine weltweite Finanzkrise aus und der Kapitalgeber geht bankrott. Plötzlich fehlt Meyer das Geld, um beide Projekte weiterzuverfolgen. Was soll er tun?

Die Erfolgsszenarien

Im Falle der elektronischen Patientenakte investiert das Unternehmen zunächst nur Geld. Die Aufträge werden erst später vergeben. Allerdings kennt Meyer die Mitspieler, einige zählen zu seiner Kundenliste. Daher rechnet er sich gute Chancen aus, in jedem Fall zu den Gewinnern des Pilotprojekts zu zählen.

Die Software, mit der er eine Marktlücke bei PCs in aller Welt schließen wird, könnte ihn im günstigsten Fall steinreich machen. Entweder die Meyer GmbH ebnet sich selbst den Weg auf jeden Desktop, oder eine Firma wie Microsoft oder Google kauft das innovative Produkt. Natürlich könnte es auch ein riesengroßer Flop werden. Wer weiß schon, wie ein komplett neues Produkt ankommen wird?

Unternehmer Meyer steht also vor einem Entscheidungsdilemma. Auf der einen Seite das relativ sichere Geschäft mit der elektronischen Patientenakte im Staatsauftrag, auf der anderen Seite das Produkt für eine Marktnische, von der keiner weiß, wann ein Wettbewerber sie für sich entdecken wird.

Ursprünglich hatte Meyer sich die inspirierende Frage gestellt: Wie schaffe ich es, sowohl an dem Pilotprojekt teilnehmen zu können als auch meine eigene Software zu produzieren?

Die Antwort ist ihm zu einer anderen Zeit viel einfacher gefallen. Doch im Schatten einer weltweiten Finanzkrise sind aufgeschlossene Finanzinvestoren rar.

Dennoch ist das immer der erste Lösungsansatz: Wie kann ich beides miteinander verbinden? Denn solange keine Naturgesetze dagegensprechen, wird es immer Lösungen geben. Allerdings greifen wir damit bereits der Alternativenschöpfung vor. Wichtig ist an dieser Stelle nur, die richtige „inspirierende Frage" aus dem Entscheidungskompass zu stellen. Die Form dieser Frage bestimmt auch das Ergebnis.

Beispiel-Entscheidungsprofil für Meyers Dilemma

Ziel	Die Meyer GmbH wächst jährlich um 10 %
Entscheidungsauslöser	Problem: Finanzierer ist insolvent
Inspirierende Frage	Wie schaffen wir es, sowohl am Projekt „elektronische Patientenakte" teilzunehmen als auch das eigene Produkt weiterzuentwickeln?
Gewünschte Ergebnisse	Eigenes Produkt Sichere Einnahmen aus Großprojekten Beteiligung an Projekten mit Zukunft Mitarbeiterwachstum Umsatzwachstum Wirtschaftliche Unabhängigkeit Gewinnwachstum Zuwachs an Know-how
Status-quo-Ergebnisse	Solide Finanzen Guter Ruf in Großprojekten
Unerwünschte Ergebnisse	Bereits investiertes Geld geht verloren (sunken costs) Pleite

Aus den drei Kontrollelementen (erwünschte Ergebnisse, Status-quo-Ergebnisse und unerwünschte Ergebnisse) bildet Meyer seine Entscheidungskriterien, indem er ähnliche Aspekte unter einem Oberbegriff zusammenfasst.

Meyers Entscheidungskriterien

A Eigenes Produkt
B Einnahmen aus Großprojekten
C Projekte mit Zukunft
D Wachstum
E Unabhängigkeit von Einzelkunden
F Entwicklung der Finanzen
G Reputation

7.3 Entscheidungssituationen von A bis Z

Anschließend gewichtet er seine Kriterien durch einen paarweisen Vergleich.

Gewichtung							Entscheidungskriterien
A	1	G	F	E	D	C	A	Eigenes Produkt
B	1	G	F	E	B	C		Einnahmen aus Großprojekten
C	4	G	F	C	C			Projekte mit Zukunft
D	2	G	F	D				Wachstum
E	2	G	G					Unabhängigkeit von Einzelkunden
F	4	G						Entwicklung der Finanzen
G	7	Reputation					

Gewichtung

Wie wir sehen, ist Meyers Dilemma gar nicht so groß, denn das eigene Produkt gewichtet er mit „1" relativ klein. Auch die mit eigenen Produkten einhergehende „Unabhängigkeit von Einzelkunden" spricht mit einer Gewichtung von lediglich „2" eine deutliche Sprache. Dagegen ist das klare Bekenntnis zum guten Ruf, das Meyer bei seinen Großkunden besitzt, ihm mit Abstand am wichtigsten. Letzteres könnte leiden, wenn er sich aus dem Projekt zurückzieht.

Entscheidungs-kriterien	Gewichtung	Alternativen			
		Projekt aufgeben	Wert	Produkt aufgeben	Wert
Eigenes Produkt	1	5	5	0	0
Einnahmen aus Großprojekten	1	2	2	5	5
Projekte mit Zukunft	4	2	8	4	16
Wachstum	2	4	8	3	6
Unabhängigkeit von Einzelkunden	2	5	10	2	4
Entwicklung der Finanzen	4	3	12	4	16
Reputation	7	2	14	5	35
			59		82

Auflösung des wahrgenommenen Dilemmas

Mit anderen Worten: Das Dilemma sieht nur am Anfang so aus. Wenn wir unseren Bedarf erarbeiten und auf die Alternativen der Dilemmasituation anwenden, verschwindet es. Es war nur ein Dilemma in der Wahrnehmung des Entscheiders.

Echtes Dilemma

Das echte Dilemma führt uns zu dem berühmten Bild von Buridans Esel. Dieser hat die Wahl, von zwei absolut gleichwertigen Heuballen zu fressen. Da er sich nicht entscheiden kann, verhungert er.

Nehmen wir noch einmal das Beispiel von Robert Meyer. Nachdem er seinen Entscheidungskompass erstellt hat, bewertet er die folgenden drei Alternativen:

1. Er gibt die Entwicklung des eigenen Produkts auf.
2. Er zieht sich aus dem Pilotprojekt zurück.
3. Er treibt beides voran und hofft darauf, dass er Geld von einer Bank leihen kann.

Angenommen in einer neuen Bewertung schneiden zu Ihrer und meiner Überraschung die Alternativen 1 und 2 absolut gleichwertig ab.

Entscheidungs-kriterien	Gewich-tung	Alternativen					
		Projekt aufgeben	Wert	Produkt aufgeben	Wert	Nichts aufgeben	Wert
Eigenes Produkt	1	5	5	0	0	5	5
Einnahmen aus Großprojekten	1	3	3	5	5	5	5
Projekte mit Zukunft	4	3	12	4	16	4	16
Wachstum	2	4	8	3	6	4	8
Unabhängigkeit von Einzelkunden	2	5	10	2	4	5	10
Entwicklung der Finanzen	4	4	16	4	16	0	0
Reputation	7	4	28	5	35	0	0
			82		82		44

Entscheidungsmatrix des echten Dilemmas

Wie soll Meyer damit umgehen?

Denkbar wäre ein Münzwurf. Denn es gibt bei ganzheitlicher Betrachtung keine vernünftige Entscheidung für die eine oder die andere Alternative. Vielleicht befriedigender ist eine reine Gefühlsentscheidung. Das heißt, der Entscheider wählt die Alternative, mit der er sich am besten fühlt. Die Gefahr dabei: Das eigene Produkt ist relativ neu für Meyer. Sein Unterbewusstsein wird ihn daher mit großer Wahrscheinlichkeit für Alternative 1 votieren lassen.

Wenn wir die ganzheitliche Sicht aufgeben, könnten wir auch unsere *Entscheidungsreue* minimieren. Das heißt, wir fokussieren uns auf die negativen Aspekte und versuchen diese möglichst klein zu halten:

Der Rückzug aus dem Pilotprojekt würde dem Ruf seines Unternehmens schaden. Denn nachdem das Projekt angelaufen ist, sind andere Projektteilnehmer auf die Ergebnisse der Meyer GmbH angewiesen.

Bei einer Einstellung des eigenen Produkts würde die Meyer GmbH dagegen eine einmalige Chance vergeben und die eigenen Mitarbeiter frustrieren, für die das Projekt inzwischen auch eine emotionale Note hat. Denn sie identifizieren sich damit.

Welches der beiden potenziellen negativen Ergebnisse würde Robert Meyer am wenigsten bereuen? Ein Blick auf den Entscheidungskompass zeigt uns, dass die Mitarbeiter von Meyer in der Entscheidung keine Rolle spielen. Die Reputation des Unternehmens schon. Es mag zwar sein, dass sein Unternehmen mit einem eigenen erfolgreichen Produkt öffentlich zukünftig anders wahrgenommen wird. Aber der Vertrauensverlust bei seinen bisherigen Kunden dürfte schwerer für ihn wiegen. Er entscheidet sich daher für Alternative 1.

Falsches Dilemma

Ein falsches Entscheidungsdilemma entsteht, wenn wir zwei unterschiedliche Entscheidungen miteinander vermengen und dabei erwarten, mit einer einzigen Lösung glücklich zu werden.

> Der Unternehmer Hans Bremer ist in einer schwierigen Entscheidungssituation. Er hat die operative Führung seines Unternehmens vor einigen Jahren in die Hände eines externen Geschäftsführers (Frank Hauf) gelegt. Nicht ganz zufällig ist Hauf auch Bremers bester Freund und hat diesem in der Jugendzeit häufig aus der Klemme geholfen.
>
> Leider ist Geschäftsführer Hauf nicht das Idealbild des guten Freundes. So weiß unser Unternehmer seit Jahren, dass sein „guter Freund" sich immer wieder Geld abgezweigt hat und alkoholabhängig ist.
>
> Seit vier Jahren wiederholt sich jedes Quartal das gleiche Spiel: Es kommt zum kleinen Showdown und Bremer konfrontiert Hauf mit dessen Fehlern. Hauf ist dann sehr zerknirscht und gelobt ewige Besserung. Nur es passiert leider nichts. Therapien und Entzie-

hungskuren bricht der Geschäftsführer immer wieder schnell ab, weil er sich angeblich Sorgen um das Unternehmen macht.

Dem Unternehmen geht es derweil immer schlechter. Einst eine wahre Perle, haben viele gute Führungskräfte der mittleren Ebene das Weite gesucht, nicht ohne Unternehmer Bremer klar zu sagen, dass Hauf einfach nur unfähig sei. Die Kunden des Unternehmens sind natürlich auch nicht blind und merken, dass Bremers Unternehmen nicht mehr seinem einstigen Ruf gerecht werden kann, und nutzen das in Preisverhandlungen oder suchen sich einen anderen Anbieter.

Bremer ist in dieser Situation wie gelähmt. Auf der einen Seite weiß er seit Jahren, dass er Hauf auf die Straße setzen müsste, auf der anderen Seite bringt er es nicht fertig, genau das zu tun.

Der Unternehmer steckt hier im Dilemma. Er stellt sich vor die Wahl, ob er sich von Hauf trennt oder nicht. Tatsächlich versucht er zwei Entscheidungen in einer zu verpacken. Wenn er beide trennt, sind die Alternativen wesentlich besser zu beherrschen.

Entscheidung 1: Das Führungsproblem

Die Zielsetzung: Das Unternehmen soll wieder erfolgreich geführt werden.

Entscheidungsauslöser: Der Geschäftsführer veruntreut Firmengelder und vertreibt die fähigsten Mitarbeiter.

Inspirierende Frage: Wie schaffe ich es, dass mein Unternehmen wieder auf Wachstumskurs kommt?

Die Entscheidung für dieses Problem ist einfach. Es gibt zwar mehrere Alternativen, aber Bremer entscheidet sich, dass sowohl Mitarbeiter als auch Kunden wieder den Unternehmer am Ruder sehen wollen. Daher wird er für die kommenden fünf Jahre selbst die Geschäftsführung übernehmen.

Entscheidung 2: Das Problem mit dem Freund

Die Zielsetzung: Ein guter Freund soll ihm erhalten bleiben. Er möchte ein gutes Gefühl haben, wenn er seine Entscheidung getroffen hat.

Entscheidungsauslöser: Sein Freund Hauf ist alkoholabhängig. Er hat Bremer betrogen und hintergangen. Seit Jahren hat der Unternehmer alles nur Erdenkliche getan, um seinem Freund zu helfen. Leider hat es jenem am Willen gefehlt, sich zu ändern.

Inspirierende Frage: Wie löst Bremer seinen inneren Konflikt, damit er selbst sich dauerhaft besser fühlt?

Nachdem Bremer den Entscheidungsauslöser für sich aufgeschrieben hatte, wurde ihm klar, dass seine Zielsetzung unmöglich zu erfüllen ist. Denn Hauf ist kein guter Freund. Andernfalls würde er sich anders verhalten und diese Entscheidung müsste nicht getroffen werden.

Seine Alternativen, die sich ihm dann boten:

1. Bremer zeigt Hauf an und fordert zivilrechtlich die unterschlagenen Gelder zurück.
2. Bremer zeigt Hauf an und belässt es dabei. Der Freund darf in der Firma bleiben.
3. Hauf muss gehen und er zahlt die unterschlagenen Gelder zurück. Dafür zeigt Bremer ihn nicht an.
4. Bremer setzt Hauf lediglich vor die Tür und das war's.
5. Im Geiste der vergangenen Freundschaft soll Hauf als Berater für das Unternehmen weiterarbeiten.

Bremer hat sich am Ende für Alternative 1 entschieden. Denn ihm war klar geworden, dass er sich jahrelang selbst getäuscht hatte.

Das falsche Dilemma ließ sich erst auflösen, nachdem Bremer das Problem in zwei unterschiedliche Entscheidungen aufgeteilt hatte.

Dilemmaauflösung

Es gibt verschiedene Typen von Dilemmata:

- wahrgenommenes Dilemma,
- echtes Dilemma,
- falsches Dilemma.

Das wahrgenommene Dilemma lösen wir am besten durch Entscheidungsklarheit. Echte Dilemmata dagegen sorgen nach ganzheitlichen Entscheidungsmethoden für ein Patt. Dann macht es durchaus Sinn, zu einer einseitigen Betrachtungsweise, wie der Methode „minimale Reue" zu wechseln. Falsche Dilemmata sehen nur so aus und sind eigentliche mehrere Entscheidungsprobleme, die zusammengefasst zu keiner Lösung führen. Diese müssen wir zuerst voneinander trennen und einzeln entscheiden.

7.3.8 Einstellung

Vorab zu diesem Abschnitt: Personaleinstellungen sind die wichtigsten Entscheidungen, die in einem Unternehmen getroffen werden. Es ist keineswegs eine soziale Aufgabe, wie sie manchmal falsch verstanden wird. Ein Mitarbeiter am richtigen Platz leistet einen hohen Beitrag zur Wertschöpfung, und am falschen Platz kann er sogar Werte zerstören. In einer Studie wurde kürzlich festgestellt, dass nur 20 % aller Mitarbeiter in Deutschland glauben, entsprechend ihren Fähigkeiten eingesetzt zu werden. Alle anderen waren entweder über- oder unterfordert. Wenn Sie also Einstellungen vornehmen wollen und nicht die notwendige Expertise im Unternehmen haben, arbeiten Sie besser mit Experten und Beratern zusammen. Sie können Ihnen helfen, die häufigsten Fehler zu vermeiden. Wenn wir hier im Anschluss ein Beispiel-Entscheidungsprofil erstellen, dann hilft Ihnen das noch lange nicht bei der Einschätzung, inwieweit Kandidaten Ihre Kriterien erfüllen oder nicht. Dafür gibt es heute strukturierte Interviews, mit denen die Stärken der Bewerber aufgedeckt werden, ohne nur einen Blick in deren Unterlagen geworfen zu haben.

Entscheidungsklarheit

Einstellungen sind für viele Unternehmen ein heißes Eisen. Denn die Festanstellung eines Mitarbeiters ist eine Wette auf die Zukunft.

Diese Wette gehen wir allerdings auf der Grundlage guter Informationen ein. Wir wissen z. B., wie viele Überstunden geleistet werden, welche Kosten diese verursachen usw. Die Unternehmen können damit unterschiedlich umgehen. Die einen stellen ein, wenn sich neue Aufträge ankündigen, während die anderen abwarten, bis sämtliche Möglichkeiten, Überstunden zu fahren, ausgereizt sind.

Haben Sie es erkannt? Wir sprechen von den beiden möglichen Entscheidungsauslösern. Die einen handeln, weil Sie eine Chance sehen, ihr Ziel durch eine Entscheidung schneller zu erreichen, die anderen warten, bis ein Problem den Weg zum Ziel blockiert. In einer Zeit des allgemeinen Fachkräftemangels könnte die erste Strategie besser sein. Sie birgt allerdings bei unvorhergesehenen Abschwüngen mehr Risiken. Viele wenden ein, dass es ja noch einen Mittelweg gibt, mit dem Problem umzugehen. Viele Unternehmen schließen befristete Verträge ab oder holen sich Mitarbeiter eines Zeitarbeitsunternehmens. Allerdings sehen wir das verstärkt bei Unternehmen, die bereits hohe Überstunden angehäuft haben. Sie handeln also auf der Grundlage eines bestehenden Problems.

Damit befinden wir uns allerdings schon bei den Alternativen. Sorgen wir also zunächst für die notwendige Entscheidungsklarheit.

Allgemein können wir sagen, der Entscheidungsauslöser heißt: Es gibt mehr Arbeit, als mit der Istbelegschaft geleistet werden kann. Wir erhoffen uns von den neuen Mitarbeitern also eine Entlastung und neue Ideen, weniger Betriebsblindheit, hohe Motivation, mehr Flexibilität usw.

Beispiel-Entscheidungsprofil bei Einstellungen

Ziel	Wachsendes Erfolgsunternehmen
Entscheidungsauslöser	Es gibt mehr Arbeit, als mit der Planbelegschaft geleistet werden kann (Chance/Problem)
Inspirierende Frage	Wie erreiche ich es, dass wir unsere Aufträge mit möglichst großer Kundenzufriedenheit erfüllen können?
Gewünschte Ergebnisse	Entlastung der Belegschaft Neue Ideen Weniger Betriebsblindheit Hohe Motivation Mehr Flexibilität Moderate Löhne Besseres Betriebsklima Passung zwischen Mitarbeiter und Arbeitsplatz Gesteigerte Produktivität
Status-quo-Ergebnisse	Positive Rendite Kollegialität unter den Mitarbeitern Arbeitsqualität
Unerwünschte Ergebnisse	Hohe Weiterbildungsaufwendungen Aufbau der Überstundenkonten Hohe Kosten durch Fehlbesetzung Arbeitsgerichtsprozesse Verstoß gegen Allgemeines Gleichstellungsgesetz

Attraktive Alternativen

Wie kommen wir an fähige Mitarbeiter? Diese Frage stellen sich in der Hochkonjunktur alle Unternehmen. Damit ist die Wahrscheinlichkeit niedrig, dass wir eine gute Antwort außerhalb unseres Unternehmens finden. Manche Unternehmen sind dabei schon sehr kreativ geworden, indem sie Kopfprämien für Mitarbeiter ausgesetzt haben. In ähnlicher Form, wie wenn Sie jemand für ein Abonnement wirbt und dafür einen Mixer bekommt, erhalten die Mitarbeiter teilweise bis zu 5.000 Euro Prämie, wenn sie einen passenden Bewerber bringen. Aber wir ahnen es schon. Die Sache geht in der Regel nach hinten los. Denn meistens sind es flüchtige Bekannte, die empfohlen werden, und die haben ihre Qualifikation am Stammtisch natürlich maßlos übertrieben.

Allerdings gibt uns dieser Ansatz die Inspiration, nach neuen Wegen Ausschau zu halten. Ich hatte Ihnen eingangs bereits von der Studie erzählt, dass viele Mitarbeiter nicht im Rahmen ihrer Fähigkeiten eingesetzt werden. Damit haben wir im Unternehmen meistens zwei Potenziale, die wir aktivieren können. Zum einen steigt die Produktivität der Mitarbeiter, die ihrer Neigung und Qualifikation entsprechend eingesetzt werden, unweigerlich an. Vielleicht müssen wir nur für eine bessere Passung unserer Mitarbeiter zwischen Qualifikation und Aufgabe sorgen, um der Überlastung Herr zu werden. Zum anderen können wir unterforderte Mitarbeiter auf Funktionen setzen, die eine höhere Qualifikation erfordern. Für die frei werdenden Arbeitsplätze brauchen wir niedriger qualifizierte Mitarbeiter, die leichter zu bekommen sind als die höher qualifizierten.

Unterstützung sichern

Die betriebliche Mitbestimmung erfordert die Zustimmung des Betriebsrats, wenn wir neue Mitarbeiter einstellen wollen. Dies gibt uns einen kleinen Hinweis, dass unser großzügiger Dienst an der Gesellschaft, Arbeitslose von der Straße zu holen, nicht von allen bejubelt wird. Insbesondere in Unternehmen, in denen sich die Mitarbeiter noch an die letzte Entlassungswelle erinnern können, werden „Neue" immer danach taxiert, ob sie ein Puffer oder ein Konkurrent sind. Das schlägt insofern komische Blüten, als viele Mitarbeiter sich beklagen, wenn sie ihr Überstundenkonto beständig füllen und weniger von ihren Familien haben. Aber wenn neue Mitarbeiter eingestellt werden, ist die Freude über die sinkende Arbeitsbelastung ein Stück weit vergiftet. Denn gerade die hohe Überstundenbelastung wird als Garantie für Arbeitsplatzsicherheit wahrgenommen. Wie können wir damit umgehen? Den Ängsten können wir durch Aufklärung entgegentreten. Der Betriebsrat ist hier ein wertvoller Verbündeter, weil er glaubwürdig darstellen kann, dass neue Mitarbeiter keine Arbeitsplätze gefährden. Denn andernfalls würde er ja nicht zustimmen. Der andere wichtige Punkt ist, dass Unternehmenswachstum die Krönung der gemeinsamen guten Leistung ist. Das Unternehmen könnte nicht wachsen, wenn es nicht erfolgreich wäre. Hier zeigt sich natürlich, dass wir als Unternehmer bedeutend besser dran wären, wenn unsere Belegschaften finanziell am Unternehmenserfolg partizipieren könnten. Das wäre auch ein fantastisches Argument für Unternehmenswachstum gegenüber dem einzelnen Mitarbeiter.

7.3.9 Entlassung

Kommen wir zu einem wenig rühmlichen Kapitel in Unternehmen. Entlassungen nehmen wir immer dann vor, wenn wir uns verkalkuliert haben. Entweder indem wir unpassende Mitarbeiter eingestellt haben, die wir jetzt entlassen müssen, oder indem wir mit einem besseren Geschäft gerechnet haben, als es jetzt der Fall ist. Beschönigen können wir das nicht. Auch hier haben wir allerdings wieder die chancenorientierten Entscheider und die problemorientierten Entscheider. In der Regel sind das ja die zwei Seiten einer Medaille. Ein Entscheider,

der frühzeitig einstellt, weil er mit einem guten Geschäft rechnet, wird auch frühzeitig wieder Mitarbeiter freisetzen, um für die kommende schlechtere Zeit gerüstet zu sein. Ein eher problemgetriebener Entscheider wird sehr spät Mitarbeiter einstellen und erst bei drohenden Verlusten mit Entlassungen reagieren.

Das widerspricht natürlich der allgemeinen Vorstellung der Risikoökonomie. Danach handelt der erste Entscheider risikofreudig, indem er sich bereits früh nach Mitarbeitern umsieht. Die gleiche Risikofreude müsste ihn aber bei sich eintrübender Konjunktur erst einmal an den Mitarbeitern festhalten lassen. Beurteilen Sie selbst, ob es etwas mit proaktiv (chancenorientiert) und reaktiv (problemorientiert) handelnden Entscheidern zu tun hat oder mit den Abziehbildern aus der ökonomischen Theorie.

Entscheidungsklarheit

In dieser Betrachtung möchte ich die Fälle außen vor lassen, wo wir Mitarbeiter aufgrund von Fehlverhalten und Unfähigkeit entlassen. In diesen Fällen haben wir keine Wahl. Denn wer sich bewusst gegen die Regeln der Zusammenarbeit in unserem Unternehmen verhält, nimmt auch seinen Kollegen die Freude an der Leistung und den Stolz auf die geleistete Arbeit. Da müssen wir nicht lange über die Konsequenzen nachdenken.

Was ist unser Bedarf in einer Situation, in der die Freisetzung von Mitarbeitern eine gute Alternative zu sein scheint?

Wie bereits angedeutet hängt es von unserem Entscheidungsprofil ab. In einem Fall handeln wir aufgrund unserer Erwartungen für die Zukunft, im anderen Fall aufgrund unserer gegenwärtigen Erfahrung. Außenstehende Beobachter bemängeln bei uns Entscheidern gerne, dass wir das sogenannte Humankapital bei Entlassungen nicht berücksichtigen. Nach deren Vorstellung müssten wir die zu erwartenden Verluste auf die Gegenwart abzinsen. Wenn diese kleiner sind als das Humankapital, sollten wir den Mitarbeiter im Unternehmen halten. Das klingt in der Theorie nicht schlecht, aber wer kann schon genau sagen, wie groß die Verluste in einem konjunkturellen Abschwung ausfallen werden? Gleichzeitig hat es noch niemand geschafft, das Humankapital unserer Mitarbeiter zu berechnen. Selbst wenn wir es berechnen könnten, stehen wir doch vor einem Problem. Wenn das Konjunkturtal länger ist als vermutet, dann überschreitet der Verlust irgendwann das Humankapital. Aber dann können wir nicht wieder an den Ausgangspunkt zurückkehren, sondern müssten die Entscheidung neu fällen. Und die fällt dann zugunsten des Mitarbeiters aus, weil die Durststrecke ja nicht mehr allzu lang sein kann.

Daher ist der klassische Ansatz, Verluste zu vermeiden, sinnvoll. Denn damit überstehen wir einen Abschwung mit größerer Wahrscheinlichkeit.

Nur, wer soll gehen und wer nicht? An den Gesetzen zum Schutz der Arbeitnehmer kommen wir nicht vorbei. Diese schränken unsere Auswahl ein Stück weit ein bzw. erhöhen die Abfindungskosten. Wie uns die Situation in den Jahren 2006 bis 2008 gezeigt hat, müssen wir zukünftig darauf achten, insbesondere Mitarbeiter mit raren Qualifikationen im Unternehmen zu halten. Das heißt zwar, dass wir diese unter Umständen nicht optimal einsetzen können, aber vermutlich werden sie sich nicht beschweren, wenn sie Bestandsschutz genießen.

Solche Mitarbeiter sollten wir in guten Zeiten vermutlich gleich unbefristet einstellen. Denn natürlich entlassen wir zuerst die Befristeten und die Zeitarbeiter, bevor wir an die Substanz unserer festangestellten Mitarbeiter gehen.

Beispiel-Entscheidungsprofil bei Entlassungen

Ziel	Gesund durch den Abschwung
Entscheidungsauslöser	Ungünstige Kostensituation, da zu wenig Wertschöpfung durch die bestehende Belegschaft geleistet werden kann
Inspirierende Frage	Wie schaffe ich es, Entlassungen so zu gestalten, dass sie meine Wachstumschancen im Aufschwung nicht gefährden?
Gewünschte Ergebnisse	Einsparungen Wettbewerbsfähigkeit erhöhen Anerkennung durch die Hausbank Anerkennung durch die Investoren
Status-quo-Ergebnisse	Betriebsklima Mitarbeiterzufriedenheit Leistungsfähigkeit des Unternehmens Die guten Mitarbeiter halten Vertrauen der Kunden und Lieferanten Reputation als guter Arbeitgeber
Unerwünschte Ergebnisse	Verlust gesuchter Qualifikationen Demotivation Verlust guter Mitarbeiter

Attraktive Alternativen

Es mag für den einen oder anderen Leser zynisch klingen, im Zusammenhang mit der Entscheidungssituation von Entlassungen über attraktive Alternativen zu sprechen. Es sind jedoch gerade die Arbeitnehmer, die unter fantasielosen Entlassungsaktionen zu leiden haben. Entlassen kann jeder, nur wissen wir auch, dass derlei Handeln weder von den eigenen Mitarbeitern noch von der Öffentlichkeit geschätzt wird. Öffentlich notierte Unternehmen profitieren in ihrer Bewertung heute noch von Entscheidungen über Entlassungen. Das wird bei schrumpfenden Arbeitnehmerzahlen und rarer werdenden Qualifikationen zukünftig möglicherweise nicht mehr so sein. Denn Experten sprechen bereits heute über den „war for talents" – den Krieg um Talente auf den Arbeitsmärkten. Wer heute seine Talente entlässt, büßt morgen an Wettbewerbsfähigkeit ein.

Halten wir fest: Bestehen unsere Alternativen einzig darin, entweder 10 % oder 12 % unserer Mitarbeiter zu entlassen, haben wir keine attraktiven Alternativen. Wenn uns natürlich nichts anderes einfällt, ist es oft der einzig gangbare Weg, unser Unternehmen zu retten. Vor Schaden bewahren können wir es dann nicht.

Was also kann ein Unternehmen tun, dessen Mitarbeiter nicht genügend Werte schaffen, um die Ausgaben zu rechtfertigen? Wohlgemerkt: Waren, die auf Halde produziert werden, sind keine Werte, sondern eine Belastung. Denn darin ist viel Kapital gebunden, das später eventuell abgeschrieben werden muss.

Liest man die Entstehungsgeschichten oder vielmehr Gründungsmythen vieler heute erfolgreicher Unternehmen, so entstanden sie oft in wirtschaftlich schwierigen Zeiten.

> Zum Beispiel baute Soichiro Honda das erste motorgetriebene Fahrrad in Japan, weil es nach dem Zweiten Weltkrieg kaum genug Benzin für Autos gab und er mit seinem Fahrrad die Lebensmittel für die Familie besorgen musste. Viele Menschen, die ihn damit sahen, baten ihn daher, ihre Fahrräder ebenfalls mit einem Hilfsmotor zu versehen. Eine neue Geschäftsidee war geboren! Er entwickelte die Idee zu einem Produkt weiter und gewann 5.000 Fahrradhändler in ganz Japan, sein Unternehmen zu finanzieren. Auf diese Weise hatte er nicht nur Investoren, sondern auch gleich das nötige Vertriebsnetz.

Wenn wir die Werte nicht in unseren bisherigen Märkten schaffen können, warum nicht einen neuen Markt entwickeln? Die dafür abgestellten Mitarbeiter können wir dann als eine Investition betrachten, die unser Unternehmen im Erfolgsfall noch wettbewerbsfähiger macht. Ich kann mir vorstellen, dass der eine oder andere Leser die Stirn runzeln wird. Aber was würden Sie sagen, wenn einer der größten Flugzeughersteller der Erde genau das gemacht hätte, um sich eine Sonderkonjunktur in schwierigen Zeiten zu gönnen?

> Nach dem Zweiten Weltkrieg waren die Produktionskapazitäten von Boeing und seinen Wettbewerbern viel größer als die Nachfrage. Der Boom der großen Verkehrsflugzeuge würde sich erst nach und nach entwickeln. Als die US-Post die Luftfrachtbeförderung neu ausschrieb, bewarb sich Boeing mit einer eigens schnell gegründeten Fluggesellschaft, die aufgrund günstiger Beschaffungsrabatte bei Flugzeugen das beste Angebot vorlegen konnte.
>
> Diese neue Fluggesellschaft hatte natürlich einen hohen Bedarf an neuen Flugzeugen, die sie ausschließlich bei einem Hersteller (Boeing) kaufte. Das damals gegründete Unternehmen heißt heute United Airlines. Da Boeing seine Kapazitäten nicht in gleicher Weise herunterfahren musste wie seine Konkurrenz, wuchs daraus das dominante Luftfahrtun-

ternehmen, dessen Stellung lediglich durch massive Subventionen der Europäischen Union in die Firma Airbus angegriffen werden konnte.

Wieder ein Beispiel dafür, dass wir in jeder Entscheidungssituation unendlich viele Alternativen haben. Manche sind uns nicht gut genug, für andere sind wir nicht gut genug. Aber wenn wir kreativ werden, können wir unsere Gestaltungsspielräume ausweiten und in scheinbar schlechten Situationen unsere Weichen für die Zukunft stellen. Die Werkzeuge für das Schaffen attraktiver Alternativen mittels Ihrer Kreativität finden Sie im Kapitel 4 „Attraktive Alternativen" (siehe S. 123).

Größtmögliche Unterstützung

Entlassungen gehören nicht zu den Maßnahmen, für die wir viel Beifall ernten werden. Betroffene sind nicht die Mitarbeiter, die wir entlassen, sondern auch jeder andere Mitarbeiter. Denn wir bringen seine Welt der Sicherheit in Unordnung. Natürlich „weiß" heute jeder Arbeitnehmer, dass es keine Sicherheit gibt. Globaler Wettbewerb schafft oft lokale Opfer. Aber selbst die Menschen im Mittleren Westen der USA, die in Gebieten mit hoher Tornadoaktivität leben, fühlen sich sicher. Sie bauen eine Illusion der Sicherheit auf, obwohl es sie jederzeit treffen könnte. Schlägt das Schicksal dann zu, sind alle traumatisiert.

Nicht anders ist es, wenn wir aus wirtschaftlichen Gründen Mitarbeiter entlassen müssen. Wir zerstören damit ihre Illusion der Sicherheit. Auch wenn wir als Unternehmer diese Sicherheit nie versprochen haben, sind wir dann diejenigen, die das Vertrauen unserer Mitarbeiter missbraucht und enttäuscht haben.

Vielleicht erinnert sich der eine oder andere Leser an das Jahr 1993.

Wendelin Wiedeking übernahm damals das Ruder des völlig maroden Sportwagenherstellers Porsche AG in Zuffenhausen. Die Banken verlangten von dem neuen Vorsitzenden eine Patronatserklärung, über die er im Konkursfall mit seinem gesamten Privatvermögen haften sollte. Damit saß Herr Wiedeking mehr als nur in einem Boot mit seinen Mitarbeitern. Man könnte sagen, er saß auf ihrem Schoß. Als er in der Betriebsversammlung vor seine Belegschaft trat und verkündete, dass ihm in seinem Leben noch nichts so schwer gefallen sei wie dieser Gang, glaubte ihm das jeder. Denn er verkündete höchstselbst, von Angesicht zu Angesicht mit seinen Mitarbeitern, dass er ein Viertel der Belegschaft nicht weiterbeschäftigen könne, weil ansonsten das Unternehmen nicht überleben würde.

Die Mitarbeiter wussten, dass dieser Chef alles tun würde, um niemals wieder so eine Botschaft verkünden zu müssen. Er hatte zwar ihre Sicherheitsillusion zerstört, aber einen kollektiven Zusammenhalt zwischen sich und der Belegschaft geschaffen. Die freigesetzten Mitarbeiter bekamen großzügige Abfindungen und viele wurden später wieder eingestellt, weil der Sportwagenhersteller nach zwei Jahren wieder saftige Gewinne schrieb.

Was können wir daraus für uns mitnehmen? Wenn wir als Entscheider schlechte Nachrichten zu verkünden haben, müssen wir es selbst tun. Wir müssen es glaubhaft machen, dass wir mindestens so viel zu verlieren haben wie unsere Mitarbeiter.

Auch unsere Führungskräfte sind von dem Thema „Entlassung" betroffen. Sie müssen zahlreiche Gespräche führen und Mitarbeitern dabei helfen, mit dem Verlust der Sicherheitsillusion klarzukommen. Möglicherweise könnte ein Training mit Psychologen diese Aufgabe erleichtern.

In wirtschaftlich schwierigen Zeiten sind allerdings nicht nur die Menschen im Unternehmen betroffen. Kapitalgeber in Form von Banken, Investoren und Anlegern haben ein vitales Interesse am wirtschaftlichen Erfolg des Unternehmens. Allerdings fehlt es denen oft an Kreativität. Wenn wir nicht der Herde folgen und Mitarbeiter entlassen, müssen wir das gut begründen. Denn das Kapital bekommen wir nicht nur, weil die Rendite in einem guten Verhältnis zum Risiko steht. Viele Kapitalgeber scheuen Risiken ab einem bestimmten Umfang. Daher müssen wir vermitteln, warum sich die Risiken nicht erhöhen bei gleichzeitig steigender Renditeerwartung. Das zumindest wäre eine Botschaft, die unsere Investoren gerne hören.

Lieferanten sind zeitweise ebenfalls Fremdkapitallieferanten, wenn auch nicht freiwillig. Sie hoffen darauf, dass ihre Kunden ihre Rechnungen bezahlen können. Daher gehören sie bei angeschlagenen Unternehmen mit zum Kreis der potenziell Betroffenen. Wenn wir unsere Kapazitäten verkleinern, weil wir Mitarbeiter entlassen, trifft sie das auch über die abgenommenen Mengen. Ein rechtzeitiges Gespräch hilft ihnen beim Planen, damit sie ebenfalls mit ihren Kapazitäten darauf reagieren können.

7.3.10 Expansion

Jedes gesunde Unternehmen expandiert. Als Entscheider geht es für uns daher nicht um das Ob, sondern in welchem Umfang und auf welche Weise wir expandieren. So können wir uns neue Märkte erschließen, schlichtweg die Mitarbeiterzahl erhöhen, neue Filialen eröffnen, unseren Marktanteil vergrößern, Investitionen vornehmen oder neue Produkte anbieten. Eine Expansion können wir entweder problemorientiert oder chancenorientiert angehen. Problemorientiert läuft das Ganze ab, wenn wir beispielsweise nicht mit dem Erfolg unseres Unternehmens gerechnet haben. Wir treffen auf mehr Nachfrage, als wir bedienen können. Oder wir haben Probleme in unseren angestammten Märkten und wollen diese durch die Expansion in neue Märkte kompensieren.

Die meisten Expansionsentscheidungen fallen allerdings chancenorientiert. Wir beschließen dann eine Expansion, weil wir uns von mehr Kunden, mehr Marktanteilen, mehr Produkten etc. z. B. eine bessere Rendite versprechen.

Entscheidungsklarheit

Für eine Expansion ist es absolut kritisch, seinen Bedarf genau zu kennen. Denn Expansion heißt im Regelfall nicht nur Expansion von Marktanteilen etc., sondern auch Expansion der Ausgaben für Marketing, Organisation, Material usw.

Wenn unsere Produktionskapazitäten voll ausgelastet sind und wir expansiv in unser Marketing oder unseren Vertrieb investieren, dann trifft der geschaffene Bedarf auf kein reales Angebot. Verknappung kann zwar manchmal sinnvoll sein. Dann sollte sie allerdings Teil der Strategie sein und kein Zufallsprodukt. In manchen Fällen haben wir also nicht ausgelastete Kapazitäten, in anderen müssen wir erst genügend Kapazität schaffen, um unsere Expansion durchführen zu können. Manche neue Märkte wie etwa China setzen voraus, dass wir vor Ort produzieren. Diese Märkte sind sehr attraktiv, aber sie setzen mehr als nur unser bisheriges Erfahrungswissen voraus. Allerdings können wir uns aus bestimmten Märkten möglicherweise nicht heraushalten, weil wir damit gleichzeitig die Konkurrenz stark machen.

> Regionale Einzelhandelsketten haben in Deutschland einen schlechten Stand. Denn die großen der Branche haben eine ganz einfache Strategie. Wenn sie in eine Region expandieren, haben sie immer die besseren Preise für die Kunden. Zum einen liegt das an ihrer Marktmacht beim Einkauf, zum anderen können sie sich erlauben, über Jahre mit einer verschwindend geringen Rendite zu arbeiten, weil sie in anderen Regionen gute Einnahmen erzielen. Der regionale Einzelhändler kann preislich damit nicht konkurrieren. Ihm laufen die Kunden weg. Nach einigen Jahren schluckt der große Einzelhandelskonzern die verbliebenen Reste der regionalen Kette und erhöht die Preise wieder.
>
> So auch im Fall des regionalen Einzelhändlers David. Als der nationale Einzelhandelskonzern Goliath die lukrative Region für sich entdeckt, ist sein Schicksal schnell entschieden. Goliath eröffnet in jeweils zwei Schlüsselregionen große Verbrauchermärkte mit großzügigen Parkplätzen, einem überbordenden Warenangebot von knapp 70.000 unterschiedlichen Artikeln, vielen Markenartikeln zum Discountpreis und das alles in nagelneuen, blitzsauberen Verkaufsräumen. Nicht nur die Kunden laufen David weg, auch die Mitarbeiter bewerben sich bei Goliath und werden mit Kusshand genommen. Wer ehemalige Kollegen zum Wechsel überredet, bekommt sogar eine Prämie. So nimmt Goliath David auch gleich seine Schleuder weg. Nach einem Jahr ist David am Ende und verkauft an den Einzelhandelsriesen die Reste seines Unternehmens.

Wenn wir der Konkurrenz Märkte überlassen, in der sie ungefährdet Gewinne einfährt, dann schadet uns das auf die Dauer.

Sobald Expansion über die natürliche Wachstumsrate des Unternehmens hinausgeht, steht immer ein strategisches Interesse dahinter. Was für den einen Expansion ist, bedeutet für den anderen Verdrängung. Daher müssen wir bei diesen Entscheidungen auch immer unsere Gegenspieler berücksichtigen. Im Fall des Einzelhandelskonzerns waren die Gestaltungsspielräume des regional

7.3 Entscheidungssituationen von A bis Z

aufgestellten Gegners bekannt. Zudem wussten die Planer, dass die Geschäftsführung des mittelständischen Einzelhändlers Unabhängigkeit über alles andere setzte. Die Gefahr war daher gering, dass ihr Opfer unter den Schutz eines anderen Handelsriesen schlüpfen würde. David hatte keine Schleuder. Das kleine Unternehmen konnte schlichtweg nichts tun, um den großen Goliath auch nur zu zwicken.

Beispiel-Entscheidungsprofil von Goliath in seiner Expansion

Ziel	Lukrative Region erschließen
Entscheidungsauslöser	Die Chance, den Umsatz kurz- und den Gewinn mittelfristig auszuweiten
Inspirierende Frage	Wie schaffen wir es, uns die Region schnell zu erschließen?
Gewünschte Ergebnisse	Mehr Umsatz Mittelfristig mehr Gewinn Wettbewerber ausschalten Fähiges Personal Eroberung der Region Hohe Flächenproduktivität
Status-quo-Ergebnisse	Gutes Image Kundenzufriedenheit Mitarbeiterzufriedenheit
Unerwünschte Ergebnisse	Schlechte Publicity Mittel- bis langfristige Verluste Verlust des Rufes als freundlicher, aber unbezwingbarer Eroberer

Aber Goliath ist ja nicht allein. Auch David hat einen Bedarf. Das Unternehmen hat sich vor knapp 15 Jahren aus seiner Keimzelle in einer Provinzstadt herausentwickelt und in der Region selbständige Einzelhändler vertrieben, weil es moderne Märkte mit im Verhältnis großzügiger Verkaufsfläche und breitem Angebot dagegensetzte. Auch wenn die Kunden vor Ort ein gutes Verhältnis zu ihren Händlern hatten, konnten sie nicht widerstehen und kauften 90 % ihrer Waren bei den neuen, schicken David-Supermärkten ein. Die ehemals selbständigen Einzelhändler setzten dann häufig ihre Karriere als Marktleiter bei David fort.

David hat also selbst Erfahrung damit, wie es ist, andere Unternehmen zu verdrängen. Nach der Expansion der letzten Jahre will das Unternehmen jetzt erst einmal konsolidieren. Denn bei der Hausbank haben sich entsprechend hohe Verbindlichkeiten aufgetürmt. Dieses Geld will jetzt erst einmal verdient sein.

Zum Zeitpunkt der Expansionspläne von Goliath sieht der Bedarf von David folgendermaßen aus:

Beispiel-Entscheidungsprofil für David in seiner Verteidigerposition

Ziel	David soll größter unabhängiger Einzelhändler der Region sein
Entscheidungsauslöser	Expansion ist abgeschlossen
Inspirierende Frage	Wie schaffe ich es, meine Stellung so zu nutzen, dass ich eine möglichst hohe Rendite aus meinen Investitionen hole?
Gewünschte Ergebnisse	Hoher Gewinn Abbau des Fremdkapitals Festigung der Stellung durch gutes Personal Einkaufsallianz mit großem überregionalen Einzelhändler für niedrige Einkaufspreise Bessere Liquiditätssituation
Status-quo-Ergebnisse	Kundenzufriedenheit Banken halten still Unabhängigkeit
Unerwünschte Ergebnisse	Wettbewerber steigt in den Markt ein Verluste Keine Zeit zur Konsolidierung

Attraktive Alternativen

Goliath hat eine Vielzahl von Möglichkeiten, wie er den Markt für sich gewinnen kann. Für ihn ist es aber am einfachsten, durch die Konzentration auf genau zwei Objekte den Markt einzunehmen. Natürlich wissen Goliaths Strategen, dass sich David aufgrund seiner Verschuldung kaum rühren kann. Goliath gewinnt bereits, wenn das Unternehmen seine Verbrauchermärkte so platziert, dass einige von Davids Märkten unrentabel werden. David kann die Märkte nicht einfach schließen, um dem Wettbewerb und den Verlusten zu entgehen, da die im Handel üblichen langfristigen Mietverträge ihn davon abhalten.

David kann nach dem Eintritt des Wettbewerbers seinem Bedarf in keiner Position mehr gerecht werden. Was er machen könnte, wäre Goliath durch negative Publicity zu treffen. Das wäre sicherlich machbar, würde sich aber relativ schnell totlaufen. In der Realität hat David den Kampf innerhalb von wenigen Monaten verloren und Goliath hat durch die Übernahme die gesamte Region in einem Streich übernommen.

Für uns sieht es erst einmal so aus, als ob David keinerlei Chance gehabt hätte, weil dem mittelständischen Unternehmen die Gestaltungsspielräume fehlten. Das liegt in diesem Fall allerdings auch an dem Betrachtungsfokus. Wenn wir an die Osborn-Methode denken, dann heißt es dort in der vierten Frage: Vergrößern oder etwas hinzufügen – was könnte größer gemacht oder hinzugefügt werden?

David hätte das Spielfeld vergrößern oder einen Wettbewerber hinzufügen können

Goliath hat auf überregionaler Ebene einige starke Wettbewerber, die sich nicht wünschen können, dass Goliath die lukrative Region im Handstreich übernimmt. Im Gegenteil: Je mehr unerwartete Schwierigkeiten Goliath mit David hat, desto mehr Kräfte und Ressourcen bindet das.

Kreative Idee: David schafft mit seiner Existenz im regionalen Wettbewerb einen Mehrwert für Goliaths Wettbewerber, den sich der Mittelständler bezahlen lassen könnte. David könnte sich dafür bezahlen lassen, den Wettbewerb gegen Goliath aufrechtzuerhalten. Die Zahlung müsste gerade so hoch ausfallen, dass er seine Kredite bedienen kann und einen kleinen Gewinn erzielt. Für die großen Wettbewerber von Goliath ist das allemal billiger, als direkt anzutreten. Goliath könnte zwar weitere Verbrauchermärkte gegen David aufstellen, aber damit würde er die Region relativ teuer erobern müssen. Eventuell würde der Preis für diesen Sieg so hoch sein, dass Goliath sich wieder zurückziehen müsste.

Größtmögliche Unterstützung

Für alle Mitarbeiter im Unternehmen ist eine Expansion immer eine gute Nachricht. Denn wer arbeitet nicht gerne für einen Sieger im Wettbewerb? Anders sieht das bei Lieferanten und Wettbewerbern aus. Mit unserer Expansion erhöhen wir unsere Verhandlungsmacht gegenüber den Lieferanten. Wenn diese gleichzeitig die Konkurrenz beliefern und dort einen größeren Lieferanteil haben, verlieren sie eventuell Umsatz oder den ganzen Kunden.

Für Kunden ist die Situation widersprüchlich. Zum einen sind sie gerne Nutznießer eines Preiskampfes, zum anderen büßen sie ungerne ihre Auswahl an Anbietern ein. Wenn wir Wettbewerber aus unseren Märkten verdrängen, dann verbessern wir dadurch nicht die Einkaufssituation der Kunden.

Banken sind von dem Wort Expansion auch nicht immer angetan, heißt es doch oft, dass die Risiken wachsen, ohne dass sie entsprechend davon profitieren. Denn sie erhalten für ihre Kredite deshalb keine höheren Zinsen. Risikobereite Investoren dagegen konzentrieren sich auf die zukünftigen Wertsteigerungen. Natürlich können wir geteilter Meinung sein, ob wir so weit außerhalb unseres Unternehmens Unterstützung suchen sollen. Selbst wenn beispielsweise Kunden lieber einen diversifizierten Lieferantenmarkt haben, so stellen sie sich selten gegen unsere Expansion. In Konsumentenmärkten ohnehin nicht und auch in Business-to-Business-Märkten denken sie selten so strategisch. Das Gleiche gilt für Lieferanten. Ich jedenfalls habe noch nie von einem Fall gehört, in dem Lieferanten sich dagegen gewehrt hätten, einen zukünftigen Marktchampion zu beliefern, nur um die eigene Kundenvielfalt zu bewahren.

Wenn wir allerdings auf das Geld von Banken angewiesen sind, um unsere Expansion zu finanzieren, kommen wir nicht darum herum. Wir müssen deren Manager für unser Projekt gewinnen. Da der nächste Abschnitt über Finanzierungsentscheidungen handelt, werden wir diesen Gedanken dort vertiefen.

An dieser Stelle nur so viel. Für eine Expansion finden wir innerhalb unseres Unternehmens selten Widerstände. Außerhalb unseres Unternehmens dafür umso mehr. Wer hier auf Dauer erfolgreich sein will, untersucht die Motive seiner Gegenspieler und leitet daraus kreative Ideen ab, wie er sich Unterstützung für seine Sache beschafft.

7.3.11 Finanzierung

„Money makes the world go around", heißt es in einem bekannten Song. Wollen wir etwas bewegen, dann müssen wir das auch finanzieren können. Für die meisten Unternehmer ist es ein Engpassfaktor. Ohne Geld bewegt sich nichts. Das versetzt die Anbieter von Geld in eine fabelhafte Machtposition. Ich habe schon viele Gründer kennengelernt, die in der Finanzierung ihrer Idee das einzige Hindernis für ihren Erfolg gesehen haben. Umso interessanter, wenn sich dann tatsächlich das benötigte Geld auftreiben ließ. Denn dann stellt sich plötzlich heraus, dass wir für unseren Erfolg hart arbeiten und viele Niederlagen hinnehmen müssen. Häufig wundert mich bei diesen Gründern auch die Tendenz, mit ihrem Unternehmen erst dann anfangen zu wollen, wenn das Geld zu Verfügung steht. Obwohl es durchaus möglich wäre, das Geschäft bereits im kleinen Rahmen am Markt zu erproben und erste Erfahrungen zu machen. Viele heute erfolgreiche Unternehmen sind einmal sehr klein und ohne Finanzierung gestartet und haben sich aus dem laufenden Geschäft selbst finanziert. Natürlich geht es mit fremdem Geld viel schneller, aber wenn wir bereits einen geschäftlichen Erfolg vorzuweisen haben, dann ist die Macht anders verteilt und gleichzeitig ist unser Unternehmen viel interessanter, weil die Risiken wesentlich geringer sind.

Entscheidungsklarheit

So unterschiedlich Unternehmen sein können, so unterschiedlich sind auch die Bedarfe zur Finanzierung. Daher haben die Finanzmärkte sehr unterschiedliche Finanzierungswerkzeuge entwickelt. Doch dazu später mehr. Damit wir überhaupt eine Chance haben, das richtige Finanzierungsinstrument auszuwählen, müssen wir wieder unseren genauen Bedarf kennen. Viele Entscheider, die ich kennengelernt habe, verstehen darunter die Summe, die wir finanzieren müssen, sowie die Zins- und Tilgungsbedingungen, die wir uns in unserer Branche leisten können.

Wer schon ein bisschen mehr von diesem Buch gelesen hat, weiß, dass wir uns mit diesen Zahlen auf dem kleinsten gemeinsamen Nenner befinden. Natürlich brauchen wir Geld und natürlich dürfen uns die Bedingungen nicht das Rückgrat brechen. Aber unser Bedarf geht viel weiter. Eine immer wieder aufgeworfene Frage richtet sich auf die Abhängigkeit, die mit dem Geld einhergeht. Eine Bank, die uns Geld zur Verfügung stellt, möchte sichergehen, dass wir damit kein Schindluder treiben. Daher wird das Geld an bestimmte Bedingungen geknüpft, die darauf hinauslaufen, dass wir nicht mehr allein unternehmerisch entscheiden und handeln dürfen.

„Das ist berechtigt", wird vermutlich der Banker sagen. „Das ist Erpressung", wird möglicherweise der Unternehmer denken. Auch Risikokapitalgeber vertrauen uns nicht endlos, sondern sorgen gerne für einen Aufpasser.

Die Finanzierung durch staatlich geförderte Institute ist ebenfalls oft an strenge Bedingungen geknüpft, wie an die Schaffung von Arbeitsplätzen oder an die Wahl eines bestimmten Standorts. Unternehmerische Freiheit sieht anders aus.

Unabhängigkeit ist das eine, Kontrolle und Eigenständigkeit das andere. Denn manche Finanzierungsinstrumente sind eigentlich ein Verkauf von Firmenanteilen. Je nachdem wie hoch der Anteil ist, verkaufen wir damit unsere Kontrolle. Wenn der Unternehmer beispielsweise nach dem Einstieg eines großen Unternehmens nur noch 49 % der Anteile hält, ist er ein Unternehmer auf Abruf. Denn der Mehrheitseigentümer kann jederzeit für seine Abberufung sorgen. Warum sollte ein Unternehmer darauf eingehen wollen? Zum einen müssen wir uns manchmal der Marktmacht beugen, zum anderen muss Kapital keine passive Sache sein. Unternehmer mögen gute Ideen haben, aber ihre Verbindungen können oft nicht mithalten. Daher suchen viele Gründer gerne nach Business Angels, die sogenanntes intelligentes Kapital einbringen. Diese investieren nicht nur in das Unternehmen, sondern arbeiten auch aktiv darin mit und öffnen so dem Unternehmen ihr Kontaktnetzwerk.

Etablierte Unternehmen haben natürlich wieder ganz andere Bedürfnisse. Gerade im deutschen Mittelstand wird immer wieder über eine zu geringe Eigenkapitalquote diskutiert. Wenn der Anteil an Fremdkapital sehr hoch ist, kann eine Krise leicht das Eigenkapital auffressen. Fremdkapital beteiligt sich nicht am unternehmerischen Risiko. Daher bleibt es konstant. So kann eine paradoxe Situation entstehen. Obwohl das Unternehmen über flüssige Mittel verfügt und seine Rechnungen aus der laufenden Liquidität bezahlen kann, muss es Insolvenz anmelden, weil die Überschuldung eingetreten ist. Das Eigenkapital ist die Lebenslinie des Unternehmens, fällt sie auf null, ist es vorbei.

Beispiel-Entscheidungsprofil einer Finanzierung

Ziel	Finanzierung einer Expansion in einen neuen Markt
Entscheidungsauslöser	Zu wenig Eigenmittel, um die eigene Planung umzusetzen
Inspirierende Frage	Wie schaffe ich es, genügend Mittel aufzutreiben, um in den neuen Markt zu expandieren?
Gewünschte Ergebnisse	Auflösung des Kapitalengpasses Handlungsfähigkeit Niedrige Zinsen Tilgung „Intelligenz" des Kapitals
Status-quo-Ergebnisse	Kontrolle Unabhängigkeit Eigenständigkeit
Unerwünschte Ergebnisse	Einschränkende Bedingungen Überschuldung Insolvenz Überraschendes Fälligwerden von Krediten

Attraktive Alternativen

Solange es die Wirtschaft gibt, suchen Unternehmer Kapital, um ihre Pläne umzusetzen. Daher gibt es heute eine Vielzahl an Finanzierungsinstrumenten. Macht es da überhaupt Sinn, nach weiteren attraktiven Alternativen zu suchen? Vielleicht im Sinne eines Soichiro Honda, der 5.000 Fahrradhändler nach dem Zweiten Weltkrieg davon überzeugte, seine Firma zu finanzieren und deren Produkt zu verkaufen. Zur selben Zeit hat übrigens auch ein anderer genialer Konstrukteur das gleiche Finanzierungsmittel genutzt. Ferdinand Porsche brachte eine große Anzahl an VW-Händlern dazu, den Bau des ersten Porsche-Sportwagens zu finanzieren und den Wagen in ihrem Vertrieb aufzunehmen. Dieselbe Zeit, dieselbe Idee. Beide Unternehmer handelten aus der Not heraus, denn Kapital war damals wie heute nicht einfach zu bekommen.

Heute heißt attraktive Alternativen schaffen, sich mit den richtigen Kapitallieferanten zusammenzusetzen, die zum eigenen Bedarf passen. Generell ist es immer eine gute Idee, von Anfang an mit einem Fördermittelberater zusammenzuarbeiten. Deren Honorare werden zum Großteil öffentlich getragen und wir haben auch nichts dagegen, wenn der Staat uns über seine Fördertöpfe etwas von dem zurückgibt, das er vorher über Steuern von uns eingenommen hat.

Schließlich sollten wir auch in Betracht ziehen, dass wir ein gutes Geschäft immer auch aus den eigenen Umsätzen finanzieren können.

Größtmögliche Unterstützung

Wenn wir im Bereich Finanzierungsentscheidungen über Unterstützung sprechen, denken wir vermutlich zuallererst an die Kapitallieferanten, die abwägen müssen, ob die Gewinne die Risiken rechtfertigen. Das ist natürlich klar. Aber viele übersehen dabei auch, dass z. B. der eigene Gesellschafterkreis ebenfalls zustimmen muss. Wenn wir als Unternehmer ins private Obligo gehen müssen, brauchen wir die Zustimmung unserer Familie. Dabei geht es nicht nur um rationale Erwägungen. Wenn über Jahre die eigene finanzielle Existenz auf dem Spiel steht, ist das für manche Partnerschaft zu viel des Guten.

Kapitalgeber schließlich sind für einen Unternehmer schwierige Zeitgenossen. Denn der Unternehmer sieht in erster Linie die Chancen, während die andere Seite das Risiko sieht. Der Kapitalgeber fragt sich vielleicht, warum wir uns gerade an ihn gewandt haben. Haben vielleicht andere schon abgesagt? Wer Unterstützung in Form des Geldes anderer Leute haben möchte, muss in erster Linie Vertrauen schaffen. Wenn der Unternehmer sein gesamtes Privatvermögen auf das neue Projekt wettet, dann überzeugt das oft auch die Finanziers. Wenn bereits andere Geldgeber eingestiegen sind, ebenfalls. Sollten dann noch Kunden bereits bindende Abnahmeverträge unterzeichnet und zusätzlich eine Anzahlung geleistet haben, sollte das überzeugend sein.

7.3.12 Fördern

Jeder gute Entscheider sorgt dafür, dass er kompetente Leute an seiner Seite hat. Manche machen das, indem sie sich Einzelpersonen herausgreifen und diese speziell fördern. Das ist prinzipiell eine gefährliche Strategie, weil es demotivierend oder sogar demoralisierend auf alle anderen Mitarbeiter wirkt. Macht beispielsweise der Schützling einen Fehler, der jedem anderen eine Abmahnung eingebracht hätte, und dessen Chef rechtfertigt ihn auch noch, dann werden die übrigen Mitarbeiter genauso parteiisch wie ihr Chef sein. Das läuft allerdings unter umgekehrten Vorzeichen. Dann geschieht nichts mehr zum Wohl des Unternehmens, sondern nur noch zum eigenen Vorteil.

Trotzdem kann der Entscheider die Entwicklung seiner Mitarbeiter nicht dem Zufall überlassen. Er muss Entscheidungen treffen, wen er wann fördert und warum er das macht.

Entscheidungsklarheit

Die Bedarfsermittlung beim Thema „Mitarbeiterförderung" ist ein sehr schwieriges Thema. Denn wer möchte sich schon für einen Mitarbeiter einsetzen, den er persönlich nicht mag? Umgekehrt fällt das viel leichter. Wir würden es allerdings auch nicht mögen, wenn uns andere aufgrund eines Nasenfaktors vorgezogen werden.

Vielleicht sollten wir das Thema daher ein Stück anders angehen. Welche Menschen sind uns sympathisch? Die Psychologie spricht da eine eindeutige Sprache. Am sympathischsten sind uns Menschen, die so sind wie wir.

Sympathisch sind uns aber auch Menschen, die dieselben Werte vertreten und für dieselbe Sache einstehen. Das ist doch ein recht guter Ansatzpunkt, der für Außenstehende Transparenz schafft. Wir können die Förderung eines Mitarbeiters davon abhängig machen, dass er Werte vertritt, die unternehmensweit gelten, und dass er sich wahrnehmbar für den Erfolg des Unternehmens einsetzt. „Dann könnte theoretisch jeder erreichen, dass ich ihn fördern muss!", denkt sich jetzt vielleicht der eine oder andere Entscheider. Meine Gegenfrage: Ist das nicht genau das, was für Ihr Unternehmen ideal wäre? Wir wollen natürlich niemanden gegen unsere feste Überzeugung fördern. Aber kann das der Fall sein, wenn derjenige unsere Werte teilt und sich für unser Unternehmen engagiert?

Wir stellen solche Grundregeln natürlich nicht auf, weil eine Allgemeinheit der Meinung sein könnte, dass eine einseitige Förderung unserer Lieblinge nicht gerecht ist. Gerechtigkeit lässt sich ohnehin nicht erreichen, weil jeder Mensch für sich etwas anderes darunter versteht. Nein, es ergibt sich einfach aus den beiden Aspekten, die sich gegenseitig ausschließen: Vetternwirtschaft und Unternehmenserfolg. Ein Kunde hat in diesem Zusammenhang einmal eine interessante These aufgestellt. Seiner Meinung nach kann ein Unternehmen sehr wohl erfolgreich sein, das intensiv der Vetternwirtschaft frönt. Man müsse sich nur einmal den Erfolg der Mafia in Italien ansehen. Wenn dem tatsächlich so wäre, dann säßen bestimmt nicht die „ruchlosesten" Verbrecher in den Führungsetagen der Organisation. Die Verwendung des Superlativs zeigt hier bereits, dass der Begriff „Familie" dort eher symbolisch verwendet wird, aber nicht als Förderungsinstrument dient.

Beispiel-Bedarfsprofil für Entscheidungen in der Mitarbeiterförderung

Ziel	Spitzenteam von fähigen und motivierten Mitarbeitern
Entscheidungsauslöser	Chance, einen motivierten Mitarbeiter zu befähigen
Inspirierende Frage	Wie schaffe ich es, die richtigen Mitarbeiter in der richtigen Art und Weise zu fördern?
Gewünschte Ergebnisse	Kompetenzzuwachs im Team Entwicklung der richtigen Mitarbeiter Leistungsansporn für das ganze Team Gutes Verhältnis zu den geförderten Mitarbeitern Transparente und nachvollziehbare Qualifizierung für die Förderung Das Team wird noch erfolgreicher Delegationsmöglichkeiten durch viele fähige Mitarbeiter
Status-quo-Ergebnisse	Mitarbeiterzufriedenheit Interesse am Wohl des Unternehmens
Unerwünschte Ergebnisse	Auswahl wird als beliebig und ungerecht empfunden Demotivation im Team Unfrieden durch Ungerechtigkeitsvorwurf

Attraktive Alternativen

Wenn wir die Entscheidung treffen, einen Mitarbeiter zu fördern, dann ist der Entscheidungsauslöser eine Chance. Insofern müssen wir nicht großartig nach Alternativen suchen. Anders sieht es aus, wenn es mehrere Mitarbeiter gibt, die unsere Förderkriterien erfüllen. Angenommen wir können in einem bestimmten Zeitraum nur jeweils einen Mitarbeiter fördern. Dann könnten wir zwar einen Mitarbeiter durch Los bestimmen oder ein Ranking erstellen, aber tendenziell wirkt das demotivierend.

Besser ist es möglicherweise, immer nur einen Mitarbeiter in die Förderung aufzunehmen, aber den anderen jeweils einen Termin zu nennen, wann sie dran sind, weil sie sich die Förderung ja auch verdient haben.

Wir haben natürlich die Möglichkeit, das Förderprogramm so zu verändern, dass wir die Leistung aller sich dafür qualifizierenden Mitarbeiter belohnen können. Möglichkeiten zur Alternativenbildung gibt es also viele.

Größtmögliche Unterstützung

Wenn wir einen oder mehrere Mitarbeiter fördern, die bestimmte vorher festgelegte Kriterien erfüllen, dann wird das selten zu Widerständen führen. Es ist ja im Interesse des Unternehmens, dass die Mitarbeiter immer besser werden, und manchmal ist eine direkte Förderung durch den Vorgesetzten alles, was es braucht, um deren Potenzial freizusetzen.

Dennoch kann es Betroffene geben. Wenn ein bisher besonders leistungsstarker Mitarbeiter z. B. auf eine Weiterbildung geschickt wird, dann müssen alle anderen entsprechend mehr arbeiten. Daher sollten wir solche Maßnahmen vorher ansprechen und für Verständnis werben.

7.3.13 Gründung

Die Unternehmensgründung ist der Anfang von allem. Die Ausgangssituation ist dabei nicht für jeden Entscheider die gleiche. Manch einer gründet ein Unternehmen, weil er eine gute Idee hat, und gibt dafür einen guten Job auf. Ein anderer startet aus der Arbeitslosigkeit und gründet eine Existenz, weil ihm vielleicht nichts anderes übrig bleibt. Ich habe mich schon immer über den Begriff „Existenzgründung" gewundert. Denn Begriffe definieren, was wir tun. So würde es mich kaum inspirieren, eine „Existenz" zu gründen. Ein Unternehmen dagegen schon, weil mit dem Begriff „Unternehmer" auch eine gewisse Vorstellung verbunden ist. Ich denke dabei an all die findigen Menschen, die neue Geschäftsmöglichkeiten entdeckt haben, fleißig waren und viele Arbeitsplätze schufen. Menschen also, die den Wohlstand unserer Gesellschaft geschaffen haben.

Ganz unabhängig von der Ausgangssituation müssen die angehenden Unternehmer eine Entscheidung treffen. Nicht nur ob sie ein Unternehmen gründen, sondern auch welches Unternehmen das sein wird. Denn es reicht nicht aus, einfach nur eine tragfähige Idee zu haben. Wenn der Unternehmer keine Leidenschaft für sein Geschäft mitbringt, dann wird er vermutlich nicht die zahlreichen Extrameilen gehen können, die ein Unternehmer zu gehen hat. Widerstände werden unüberwindlich erscheinen, weil der Unternehmer es erst gar nicht versucht.

Schlimm wird es dann, wenn er nicht mehr zurück kann, weil sein ganzes Kapital im Geschäft steckt. Er will natürlich auch nicht das Vertrauen seines Unterstützernetzwerks enttäuschen. Unsere heutigen Gestaltungsspielräume haben wir mit den Entscheidungen der Vergangenheit geschaffen. Auf kaum eine andere Situation trifft das so zu wie auf die Gründungsentscheidung eines Unternehmers.

Es lohnt sich also, bei dieser wichtigen Entscheidung alles Menschenmögliche zu unternehmen, um eine erfolgreiche Entscheidung zu treffen.

Entscheidungsklarheit

Wer ein Unternehmen gründet, macht dies selten aus einer Laune heraus. Der situative Bedarf sollte auch keine zu große Rolle spielen. Denn Unternehmen sind im Regelfall auf eine sehr lange Zeit angelegt. Die meisten Gründer wissen, dass sie die ersten Jahre mehr investieren als verdienen und dass auch danach der Verdienst nicht der Investition und der eingesetzten Arbeit entsprechen wird. Lediglich 25 % aller Gründungen überleben die ersten fünf Jahre. Man muss schon eine Mission und die passende Vision haben, um sich für diesen Weg zu entscheiden.

Als vor einigen Jahren Lutz Lochner sein Unternehmen Seminarportal.de gründete, sah sein Entscheidungsprofil so aus:

Beispiel-Bedarfsprofil für die Entscheidung über eine Unternehmensgründung

Ziel	Spitzenplatz unter den Weiterbildungsportalen in Europa für den Mittelstand
Entscheidungsauslöser	Chance: Die ungefähr 100 bestehenden Portale sind zu schlecht, um Kunden langfristig zu binden
Inspirierende Frage	Wie schaffe ich es, mit begrenzten Mitteln für Technik und Marketing ein erfolgreiches Internetgeschäft aufzuziehen?
Gewünschte Ergebnisse	Finanzielle Unabhängigkeit Kundenzufriedenheit Transparentes Seminarangebot Kostengünstige Technik Flexibilität Preis-Leistungs-Verhältnis Stetiger Erfolg Selbstläufer (hohe Automatisierung) Werbefreiheit Persönliche Freiheit Etwas schaffen, was es so noch nicht gibt
Status-quo-Ergebnisse	Finanzielle Solidität Arbeit als Trainer
Unerwünschte Ergebnisse	Ablehnung durch den Markt Finanzielles Scheitern Keine Zeit für Privatleben Überflüssige Funktionen, ohne Kundennutzen Verschwendung Kundennutzen aus den Augen verlieren Negative Mundpropaganda

Attraktive Alternativen

Alternativenvielfalt heißt bei der Unternehmensgründung meistens nicht, dass wir uns zahlreiche verschiedene Geschäftsideen als Alternativen erarbeiten. Das könnten wir natürlich machen. Nur entsteht die Leidenschaft zur Gründung eines Unternehmens meist aus der Entdeckung eines Missstands, den es zu beseitigen gilt.

Lutz Lochner beispielsweise wollte ursprünglich offene Seminare anbieten und hoffte dabei auf die gewerblichen Seminarportale im Internet. Für ihn stand allerdings schnell fest, dort sollte er viel Geld für wenig Leistung zahlen. Die Reichweite der Portale war begrenzt und die Anbieter waren auch nicht auf bestimmte Zielgruppen spezialisiert. Besonders ärgerte er sich darüber, dass er bei der Fehlleistung auch noch mit Werbung bombardiert wurde, sobald er eines der Portale aufsuchte. Ihn trieb der Wunsch, etwas zu schaffen, was es bis dahin noch nicht gab. In seinem Fall war das ein Weiterbildungsportal, das Kunden wie ihm einen echten Mehrwert versprach.

Seine Alternativenvielfalt bestand darin, sich Gedanken über die Funktionen zu machen, die sein Portal wahrnehmen sollte. Überflüssiges hatte bei ihm keinen Platz, so wollte er z. B. keine große Rechnungsabteilung bezahlen müssen. Die Rechnungsstellung musste automatisch erfolgen können.

Wenn man als Neueinsteiger mit 100 bereits bestehenden Unternehmen um einen Markt buhlt, dann muss der „Neue" erst einmal das Vorurteil überwinden, dass er bestimmt nicht lange überleben wird. Kunden wird der Unternehmer nur dann gewinnen, wenn sie dort ein Angebot finden, das ihren Bedarf besser erfüllt als andere. Es muss also einen „zwingenden" Nutzen für sie geben.

Im Rahmen der Alternativenauswahl muss der Gründer bestimmen, mit welchen Unternehmensfunktionen er einen Mehrwert erzeugt und mit welchen ihm das nicht gelingt. Bei Letzterem könnte es sinnvoll sein, externe Dienstleister zu beauftragen.

Größtmögliche Unterstützung

Unternehmer sollen Macher sein und ihre Umgebung bewegen. Wie bei der Karriereentscheidung auch fehlt allerdings den Lebenspartnern oft die Vorstellung, wie weitreichend die Entscheidung fürs Unternehmertum ist. Zwei magere Jahre können sich schnell auf fünf ausweiten und die wenige private Zeit zu zweit wird immer wieder von den Gesprächen über das eigene Geschäft beherrscht werden. Untersuchungen haben gezeigt, dass Unternehmer mit familiärem Rückzugsraum doppelt so häufig erfolgreich sind als solche, deren Partnerschaften scheiterten oder zumindest belastet sind.

Der Unternehmer tut also gut daran, regelmäßig den Pakt mit seiner Familie zu erneuern, in dem er sich Unterstützung für die kommende Zeit holt.

Mangelnde Unterstützung durch Kunden bedeutet den frühen Tod des Unternehmens. Viele Gründer sind bei der Marktforschung nachlässig. Sie fragen potenzielle Kunden zwar, ob sie das Angebot interessant finden. Sie lassen sich aber selten einen Beweis dafür geben.

Wenn mich jemand anruft und mir eine spannende Dienstleistung anbietet, dann sage ich vermutlich Ja, wenn ich gefragt werde, ob das für mich interessant ist. Wenn ich dann ein paar Monate später angerufen werde, finde ich die Dienstleistung vermutlich immer noch interessant, aber einen Preis würde ich dafür vielleicht nicht zahlen wollen.

Mit anderen Worten: Ein guter Markttester holt sich immer auch den Beweis. Wenn Ihnen ein potenzieller Kunde beim Markttest sagt, dass er Interesse an dem Angebot hat, dann soll er es auch gleich kaufen: „Machen wir doch gleich hier und jetzt einen Vertrag." Wenn er das nicht will, wissen wir wenigstens, woran wir sind.

Verträge mit potenziellen Kunden sind auch ein gutes Mittel, um sich die Unterstützung durch Banken und andere Geldgeber zu sichern. Ohne Kapital können viele Unternehmen nicht starten. Im Abschnitt über die Entscheidungssituation einer Finanzierung (s. Seite 284) lesen Sie mehr darüber.

Bevor wir unser Unternehmen gründen, sollten wir zunächst einmal prüfen, ob wir über das passende Netzwerk verfügen. Wir werden zwar auch später Kontakte knüpfen können, aber eine gute Basis erleichtert die Gründung ungemein. Denn gute Kontakte wollen erst einmal gepflegt sein, bevor wir auf ihre Unterstützung hoffen können. Fehlen uns die richtigen Kontakte, müssen wir einen Plan aufstellen, wie wir sie kennenlernen können.

Selbst das beste Netzwerk nutzt nichts, wenn wir die Menschen nicht mit unserer Idee überzeugen können. Denn niemand wird jemanden z. B. an einen wichtigen Kunden weiterempfehlen, wenn er an ihm zweifelt. Wer sich also die notwendige Unterstützung für die Gründung seines Unternehmens sichern will, sollte für jede denkbare Zielgruppe überzeugende Argumente parat haben, warum sie den Gründer unterstützen sollte.

Ein guter Test dafür sind die verschiedenen Businessplan-Wettbewerbe. Denn dort müssen die Gründer eine Jury überzeugen, die sich meistens genau aus den richtigen Zielgruppen zusammensetzt.

Lutz Lochner beispielsweise konnte die Jury für den Europäischen Gründerpreis 2005 überzeugen, weil er mit geringen Mitteln und großer Flexibilität innerhalb kürzester Zeit ein Weiterbildungsportal für den Mittelstand aufgebaut hatte, das seine Konkurrenz schnell in den Schatten stellte. Kein Wunder also, dass er auch sonst auf eine breite Unterstützung setzen kann und sich inzwischen an die Spitze des Markts gesetzt hat.

7.3.14 Innovation – Einführung neuer Technologien

Wer der Pionier in seiner Branche ist, kann Vorsprungsgewinne realisieren. So weit die Theorie, die bereits Joseph Schumpeter um 1911 aufgestellt hat. Wenn es so einfach wäre, würden alle Unternehmen ständig versuchen, an vorderster Innovationsfront zu sein. Die Praxis zeigt, dass dem nicht immer so ist. Oft werden Vorreiter vom Markt bestraft. Die Investitionen zahlen sich nicht aus und andere Unternehmen aus der zweiten Reihe machen die Gewinne, weil sie die Ursprungsidee weiterentwickeln und damit auf einen Markt treffen, der reif dafür ist. Bestes Beispiel war dafür der Apple Newton.

> Apple brachte 1993 den Apple Newton heraus, einen Westentaschencomputer, etwas größer als heutige Smart Phones. Das kleine Gerät war in jeder Hinsicht eine Innovation. So bediente der Benutzer das Gerät mittels eines kleinen Stifts über den berührungsempfindlichen Bildschirm. Der Newton erkannte die Schrift seines Nutzers und alle eingegebenen Daten standen gleichzeitig für alle Programme zur Verfügung. Das war damals eine Revolution. Leider konnte das Gerät nicht halten, was es versprach. Es war zu schwer, die Handschriftenerkennung funktionierte erst ab der zweiten Version zuverlässig und die Benutzer wussten nicht, wie sie diese hochgezüchtete Innovation in ihren Alltag integrieren sollten. Damit war auch der Preis von 1.000 Dollar viel zu hoch.
>
> Kurz darauf brachte US Robotics den Palm Pilot heraus. Dieser kostete nur 299 Dollar, hatte keine Handschriftenerkennung, sondern nur ein schmales Eingabefeld, war aber bedeutend leichter und erreichte mit handelsüblichen Batterien zwei Monate Laufzeit. Im Verhältnis zum Newton war der Palm Pilot primitiv. Aber genau der richtige Kompromiss zwischen dem Machbaren und dem Möglichen. Das Gerät wurde zum großen Megaseller, während Apple schließlich 1998 jede Menge Elektronikschrott entsorgte.

Ob Ihr Unternehmen ein Pionier auf seinem Gebiet ist oder nicht, ist eine Frage der Strategie oder in meiner Terminologie der eigenen Vision. Allerdings muss auch ein Technologieführer sich Gedanken darüber machen, ob er eine Innovation angeht, genauso wie es ein traditionelles Nachzüglerunternehmen machen muss.

Denn es geht nicht nur immer um den Verkauf des technologischen Fortschritts, sondern oft auch um den Einsatz einer neuen Technologie im eigenen Unternehmen. Das jüngste Beispiel dürfte für viele Unternehmen noch präsent sein. Die Umstellung der konventionellen Telefonie auf „Voice over IP (VoIP)"-Technologie, also der digitalen Telefonie mittels Internettechnologie.

Kosteneinsparungen und neue Funktionen wogen für viele Unternehmen die Risiken z. B. einer verminderten Sprachqualität mehr als auf.

Wie bei allen Entscheidungsthemen in „Entscheidungssituationen von A bis Z" müssen wir die fachliche Thematik von der Entscheidungsvorgehensweise unterscheiden. Obwohl Sie hier eine Vorgehensweise kennenlernen, sollten Sie sich über das Thema gründlich informieren und sich eventuell von geschulten Beratern unterstützen lassen.

7.3 Entscheidungssituationen von A bis Z   295

Schritt 1: Entscheidungsklarheit

Auch bei der Pioniertechnologieentscheidung sollten wir nicht von dem Standard abweichen, zuerst unseren eigenen Bedarf zu bestimmen. Das ist nicht ganz einfach. Denn im Regelfall ist der Entscheidungsauslöser eine Chance, unser Ziel durch den Einsatz neuer Technologien schneller zu erreichen. Es liegt also schon eine Handlungsoption vor.

Wie kann das aussehen?

Angenommen eine Technologie, die Sie bereits länger beobachten, hat inzwischen einen Reifegrad erreicht, der ihren Einsatz in der Praxis rechtfertigen könnte. Ähnliches ist vor einigen Jahren im Bereich der RFID-Funketiketten passiert.

> Funketiketten können sich gegenüber einem Empfangsgerät eindeutig zu erkennen geben. Damit entfallen viele Kontrollarbeiten wie manuelles Zählen, Überprüfung von Mindesthaltbarkeitsdaten und die Überprüfung, ob die richtige Ware geliefert wurde. Rückrufaktionen für bestimmte Chargen im Pharma- und im Lebensmittelbereich sind mit dieser Technologie kostengünstig möglich. Bis zu einem bestimmten Zeitpunkt war RFID aufgrund zu hoher Etikettenpreise im Einzelhandel nicht einsetzbar. Als die Preise auf unter 20 Cent pro Stück fielen, begann der Handel über ihren Einsatz nachzudenken.

Als Entscheider erhoffen wir uns etwas von der neuen Technologie. Doch zu viel Begeisterung führt uns schnell in die Angebotsfalle. Daher müssen wir zunächst herausfinden, welchen Bedarf wir tatsächlich haben. Bei keiner Entscheidung ist das so schwierig wie bei technologischem Fortschritt. Denn er stellt unsere bisherigen Problemlösungen infrage. Zum Beispiel gehöre ich zu den Menschen, die bereits im zarten Alter von 13 Jahren (1983) einen Homecomputer besaßen. Ich bin quasi mit Computern aufgewachsen. Dennoch arbeite ich viele Dinge gerne auf Papier aus, bevor ich sie in den PC eingebe. Meine Arbeit ist auf Papier einfach kreativer. Viele gute Ideen, die ich über Jahre erzeugt habe, sind allerdings bei der schieren Masse an Papier verloren gegangen. Sie sind nicht wieder auffindbar, denn ich habe keinen Ideenindex oder eine andere Suchhilfe geschaffen.

Anlässlich dieses Buches habe ich mir ein neues Notebook gekauft. Doch sollte es kein normales Notebook sein. Ich hatte vor einiger Zeit einen sogenannten Tablet PC auf einem Seminar im Einsatz gesehen. Der Referent konnte damit direkt auf dem Bildschirm in PowerPoint malen. Das wollte ich auch können und schaffte mir daher einen brandneuen Tablet PC an.

Erst nachdem ich das Gerät besaß, wurde mir klar, wie ich meine Arbeitsweise verbessern konnte. Denn ab jetzt hielt ich meine handschriftlichen Notizen und Zeichnungen auf dem Bildschirm fest, und obwohl der Rechner die handschriftliche Darstellung beibehält, indiziert er die Inhalte. Ich finde meine Ideen problemlos wieder.

Als langjähriger Computeranwender wäre mir nie eingefallen, handschriftliche Notizen und ihre Auffindbarkeit als Entscheidungskriterium in meinen Bedarf aufzunehmen. Denn ich „wusste" durch meine jahrelange Erfahrung, dass ein Notebook das nicht leisten kann. Halten wir fest, neue Technologien können Bedarfe decken, die wir nicht einmal zu äußern wagen.

Damit stehen wir in einem Spannungsfeld zwischen den zahlreichen Heilsversprechen, die durch eine neue Technologie immer gemacht werden, und dem ungeäußerten Bedarf. Von dem einen brauchen wir möglicherweise nicht sehr viel und den anderen blenden wir aus. Es könnte also durchaus sein, dass wir uns für die Technologie aus den falschen Gründen entscheiden. Genauso entscheiden wir uns möglicherweise dagegen, obwohl sie unseren versteckten Bedarf perfekt decken würde.

Verdeckte Bedarfe aufdecken und mehr

Auf die angeblichen Vorteile der neuen Technologie sollten wir uns nicht einlassen, solange wir unseren Bedarf noch nicht genau kennen. Am besten ermitteln wir das über ihren Einsatzzweck. Es gibt in unserem Unternehmen Prozesse, die durch neue Technologien berührt werden. Für diese Prozesse müssen wir zunächst überlegen, wie ihr Idealzustand aussieht. Ein Einzelhandelsunternehmen stellt diese Überlegungen für den Prozess „Wareneingang in der Filiale an".

Idealform des Prozesses Wareneingang in der Filiale

> Die Ware wird vom Lieferanten angeliefert. Bevor er die Ware auslädt, stellt ein automatisches System fest, ob die richtige Ware in den richtigen Mengen mit den richtigen Mindesthaltbarkeitsdaten geliefert wurde. Bei verderblichen Gütern prüft das System, ob die Kühlkette unterbrochen wurde. Der Lieferant lädt die elektrischen Rollbehälter aus, die automatisch an die dafür vorgesehenen Regalplätze fahren. Die Filialmitarbeiter verräumen dann die Ware in die Regale ...

Der Einzelhändler hat diese Idealprozesse bereits lange vor der Einsatzreife neuer Technologien formuliert. Nachdem RFID-Etiketten nicht mehr weit davon entfernt sind, den Alltag in der Filiale zu erleichtern, kann das Management jetzt sehr einfach seinen Bedarf formulieren.

7.3 Entscheidungssituationen von A bis Z

Beispiel für den Bedarf aus einem Idealprozess

	Bedarf
1	Automatische Erfassung der Waren in Rollbehältern und auf Paletten
2	Überprüfung der Ware, bevor sie den Lkw verlässt
3	Automatische Überprüfung der Kühlkette bei verderblicher Ware
4	Selbststeuernde Rollbehälter fahren die Ware zum Regalplatz

Die Punkte 1 bis 3 sind mit der RFID-Technologie in nicht allzu ferner Zukunft darstellbar. Punkt 4 vermutlich auch, aber wohl nicht im Rahmen der schmalen Technikbudgets im Einzelhandel.

Ganz allgemein ist es für jeden Entscheider vorteilhaft, wenn er sich ganz unabhängig von den heutigen technischen Möglichkeiten für seine Prozesse ein Ideal überlegt. Dadurch erkennt er Chancen schneller als andere und kann diese bedarfsorientiert nutzen.

Beispiel-Entscheidungsprofil für die Einführung von RFID in der Filiale

Ziel	Die auf den Kunden fokussierte, perfekt informationstechnisch integrierte Filiale
Entscheidungsauslöser	RFID-Etiketten erreichen rentable Preisschwelle für das Filialgeschäft
Inspirierende Frage	Wie erreiche ich, dass wir die technisch sinnvollen Lösungen in der Praxis einsetzen können?
Gewünschte Ergebnisse	Automatische Erfassung der Waren in Rollbehältern und auf Paletten Automatische Überprüfung der Mindesthaltbarkeit Automatischer Check der Kühlkette bei verderblicher Ware Verbesserte Bestandshaltung Permanente Inventur Arbeitseinsparung im Wareneingang Automatisch navigierende Rollbehälter Schnellere Abfertigungszeiten für Lieferanten im Wareneingang
Status-quo-Ergebnisse	Kundenzufriedenheit Mitarbeiterzufriedenheit Qualität der Bestandsdaten
Unerwünschte Ergebnisse	Widerstände in der Belegschaft Scheitern an den technischen Möglichkeiten Probleme wegen des zu frühen Einstiegs in die Technologie

Im nächsten Schritt erarbeitet sich der Entscheider seine Entscheidungskriterien, indem er aus ähnlichen Ergebnissen der drei Kontrollelemente (gewünschte und unerwünschte Ergebnisse sowie Status-quo-Ergebnisse) Oberbegriffe bildet.

A Schnelle Abwicklung des Wareneingangsprozesses
B Qualität der Bestandsdaten
C Arbeitsaufwand
D Mitarbeiterzufriedenheit
E Kundenzufriedenheit
F Reibungsloser Einsatz der Technologie

In einem paarweisen Vergleich gewichtet er die Entscheidungskriterien nach seiner eigenen Präferenz.

Gewichtung		Vergleichsfelder				Entscheidungskriterien
A	0	F	E	D	C	B	Schnelle Abwicklung des WE
B	3	F	E	B	B	Qualität der Bestandsdaten
C	2	F	E	C	Arbeitsaufwand
D	1	F	E	Mitarbeiterzufriedenheit
E	5	E	Kundenzufriedenheit
F	4	Reibungsloser Einsatz der Technologie

Persönliche Gewichtung der Entscheidungskriterien

Alternativen schaffen

Anders als bei einem zu lösenden Problem geht es bei der Entscheidung über eine Technologie mehrheitlich nicht um das Ob, sondern um das Wann bzw. um das Ausmaß, zu dem wir diese Technologie zu einem bestimmten Zeitpunkt einsetzen wollen. Wenn ich „mehrheitlich" schreibe, dann gibt es natürlich auch Ausnahmen. So hätte sich z. B. der Umweltminister einer rot-grünen Bundesregierung immer gegen den Einsatz neuer Atomkraftwerke entschieden ganz unabhängig von aller Technologie.

In dem RFID-Technologiebeispiel könnten für den Einzelhändler daher folgende Alternativen zur Wahl stehen:

1. Kein Einsatz der RFID-Technologie (Status quo) in absehbarer Zukunft.
2. Ausbau der Möglichkeiten auf Grundlage der Barcodetechnologie.
3. Erfahrungen anderer Einzelhändler abwarten und dann neu evaluieren.

4. Einsatz der RFID-Technologie im vielfach erprobten Bereich auf der Ebene der Umverpackungen und Paletten. Umverpackungen sind die Kartons, in denen sich die Endverbraucherpackungen befinden. In einem nachgelagerten Schritt mit wachsender Beherrschung der Technologie soll sie auch auf Endverbraucherverpackungen angewandt werden.
5. Breiter Einsatz der Technologie, soweit technisch und physikalisch möglich und finanziell sinnvoll.

In der realen Praxis haben sich die Einzelhändler dazu Geschäftspläne und Machbarkeitsstudien erstellen lassen, um sich bei ihren Entscheidungen abzusichern.

Alternative 2 spielt den Part der rivalisierenden Technologie. Allerdings hat der Barcode einen gravierenden Nachteil gegenüber den Funketiketten. Er braucht eine direkte Sichtverbindung auf die Ware. Wenn diese aber auf Paletten bzw. in Kartons steht, ist der Barcode reichlich nutzlos. Als Rivale ist der Barcode also harmlos.

Bei anderen Technologieentscheidungen gibt es durchaus spannende rivalisierende Alternativen, die wir auch beachten müssen.

Größtmögliche Unterstützung

Es gibt bei kaum einer Entscheidung so viel zu erwartenden Widerstand wie bei der Einführung neuer Technologien. Aber natürlich gibt es auch Ausnahmen.

> Als in vielen amerikanischen Firmen für den Außendienst moderne Geräte vom Typ Black-Berry eingeführt wurden, nahmen die Mitarbeiter die Geräte geradezu euphorisch auf. Innerhalb kürzester Zeit bekam das Gerät einen neuen Namen verpasst „Crackberry" hieß das Empfangsgerät für E-Mails in den Kreisen der Eingeweihten. Denn die Benutzer konnten nach kurzer Eingewöhnungszeit nicht mehr ohne ihren BlackBerry auskommen. Sie wurden süchtig danach. Der Vorteil gegenüber früher: Während ihrer Abwesenheit konnten keine E-Mail-Nachrichten auflaufen und sie bei ihrer Rückkehr ins Büro negativ überraschen. Der mit dem BlackBerry ausgestattete Außendienstler war ständig auf dem Laufenden. Dieses Gefühl war so angenehm, dass traditionell E-Mail-arme Zeiten wie das Wochenende und Feiertage als „Entzug" empfunden wurden.

Auf den BlackBerry-Effekt können wir uns als Entscheider über neue Technologien nicht verlassen. Die Welt hat gelernt: Maschinen machen Menschen oft überflüssig und ersetzen ihre Arbeit. Da viele Mitarbeiter an ihren Arbeitsplätzen hängen, begegnen sie neuen Technologien mit besonderer Skepsis. Gleichzeitig werden wir als Entscheider neue Technologien nicht aus Spaß an der Freude einführen. Denn der Spaß kostet meistens Geld und das will entweder verdient oder eingespart werden. Diese Mechanismen sind kein Geheimnis.

Daher brauchen wir mehr als nur Engelszungen, wenn wir eine neue Technologie einführen wollen. Dabei ist der größte Feind das Unwissen der Betroffenen. Jede Technologie hat Vorteile und Nachteile für den Anwender. Im Regelfall verbreitet sich das Wissen über die vermeintlichen Nachteile schneller als über die Anwendungsvorteile. Dagegen hilft eine rechtzeitige Planung. Wenn wir Mitarbeiter weiterbilden, dann sollten wir dabei immer auch an Technologien denken, die bei uns *noch nicht* im Einsatz sind, es aber in nicht allzu ferner Zukunft sein könnten.

Die so Gebildeten lernen die neue Technologie ohne die Sorge kennen, dass sie die eigene Arbeit bedroht. Zurück am Arbeitsplatz verfügen sie gegenüber ihren Kollegen über ein Herrschaftswissen, sobald der Einsatz der Technologie diskutiert wird. Diese Mitarbeiter haben handfeste Erfahrungen damit gemacht und berichten daher aus erster Hand.

Wenn die neue Technologie Mitarbeiter verdrängt, dann dürfen wir nicht lange um den heißen Brei herumreden. Alle anderen betroffenen Mitarbeiter müssen allerdings frühzeitig eine umfassende Beschreibung ihres zukünftigen Aufgabenspektrums und der Weiterbildungen erhalten, die sie bekommen. Das schafft Sicherheit.

Wenn wir die Betroffenen identifiziert haben und das Gespräch mit ihnen suchen, neigen wir als Entscheider oft dazu, die gemeinsamen Interessen aus unserer Perspektive anzusprechen. Wir sollten aber zunächst die Perspektive unserer Gesprächspartner kennenlernen. Die sehen die Dinge oft ganz anders, als wir uns das vorstellen. Erfolg werden wir nur dann haben, wenn wir uns ihre Sicht zu eigen machen und auf dieser Basis über das gemeinsame Interesse sprechen.

Wandel findet automatisch statt, ob wir ihn gestalten oder lediglich zusehen. Fortschritt dagegen müssen wir selbst schaffen. Neue Technologien symbolisieren den Fortschritt. Daher können wir gegenüber den Betroffenen auch mit unserer Wettbewerbsposition argumentieren. Wollen wir tatsächlich die Letzten sein, die irgendwann die neue Technologie einsetzen, oder wollen wir dabei sein, bevor das Zögern uns Arbeitsplätze kostet? Etwas aggressiver ist es natürlich, wenn wir Vorreiter bei der neuen Technologie spielen wollen. Dann wollen wir gemeinsam wachsen und mehr sichere Arbeitsplätze schaffen, indem wir dem Wettbewerb davoneilen.

Ein Argument, das in solchen Gesprächen nicht zieht, ist die Begeisterung für Technologie. Wenn wir auf dieser Basis unsere Gesprächspartner überzeugen wollen, erklären wir damit nur, dass wir als Entscheider nicht ganz klar im Kopf waren, als wir uns damit befasst haben.

7.3.15 Insourcing – Outsourcing

Was wollen wir in unserem Unternehmen selbst machen? Was können andere Unternehmen besser organisieren? Die Sache liegt auf der Hand. Wenn sich ein Unternehmen auf Hilfsfunktionen wie die Organisation und den Betrieb der IT spezialisiert, dann realisiert es Skalen- und Spezialisierungsvorteile. Daher sollten wir unbedingt so viele nicht vitale Prozesse wie möglich an große spezialisierte Anbieter auslagern, denn das spart Kosten.

Wenn diese Milchmädchenrechnung der betriebswirtschaftlichen Theorie immer aufgehen würde, dann müssten wir keine Entscheidungen treffen. Alle Unternehmen würden sich nur auf ihr Kerngeschäft fokussieren. Aber in der Regel gibt es Qualitätsprobleme, Engpässe und Abstimmungsprobleme. Die gibt es zwar auch innerhalb unseres Unternehmens, aber dort haben wir Gestaltungsmacht. Im Fall des Outsourcing-Dienstleisters müssen wir darauf vertrauen, dass er unsere Probleme genauso ernst nimmt, wie wir das tun. Egal ob wir bereits Leistungen ausgelagert haben, die wir jetzt zurückholen wollen, oder ob wir einen Outsourcing-Anbieter neu beauftragen wollen: Die Entscheidungssituation ist grundsätzlich gleich.

Der Unterschied liegt meist in den einmaligen Kosten. Denn viele Outsourcing-Anbieter kaufen uns unsere Infrastruktur ab und übernehmen sogar Mitarbeiter, um danach für uns tätig sein zu dürfen. Bei einer Revision der Entscheidung muss das Geld dann meistens in die umgekehrte Richtung fließen. Es scheint so, als ob manche Outsourcing-Anbieter eine kleine Sicherung einbauen würden, damit es kostspielig wird, die Entscheidung wieder rückgängig zu machen. Gleichzeitig erleichtern sie uns die Entscheidung, indem sie uns für den Auftrag bezahlen.

Entscheidungsklarheit

Egal welcher Geschäftspraktiken sich die Outsourcing-Anbieter bedienen, ausschlaggebend ist unser Bedarf. In manchen Bereichen lohnt es sich für uns nicht, exklusives Know-how bei unseren Mitarbeitern aufzubauen. Ein Beispiel dafür ist bei vielen Unternehmen das Thema „Storage". Dabei handelt es sich um die Datenspeicher, auf die über Netzwerke zugegriffen wird, und die damit verbundenen Serviceleistungen. Die meisten großen Unternehmen fordern von ihren Mitarbeitern, dass sie arbeitsrelevante Dokumente und Daten nicht auf dem PC am Arbeitsplatz abspeichern, sondern auf einem Speicher im Netzwerk. Damit sind sie Teil der unternehmensweiten Sicherheits- und Back-up-Prozeduren. Alle Daten werden jeden Tag vollständig gesichert, und wenn ein Virus die Daten unbrauchbar machen sollte, können sie in kurzer Zeit wieder neu eingespielt werden.

Die Verwaltung von Storage-Kapazitäten setzt Administratoren mit Knowhow voraus und die Hardwareinvestitionen sind sehr groß.

Storage ist ein klassisches Outsourcing-Geschäft und wird von Unternehmen mit so klangvollen Namen wie IBM und EDS betrieben. Selbst große Unternehmen wie die Deutsche Bank lagern ganze Rechenzentren aus, weil sie darin nicht ihre Kernkompetenz sehen. Dennoch kann es unter Umständen Schwierigkeiten geben. Denn die in Verträgen geregelten Bedingungen für Outsourcing sind erst in der Praxis spürbar. Wenn z. B. eine 99%ige Verfügbarkeit Ihres Storage zugesichert wird, dann klingt das im ersten Moment nach viel. Aber es heißt, dass von 100 Tagen einer völlig ausfällt. Wenn dann sämtliche Mitarbeiter Däumchen drehen müssen, wird es sehr teuer für uns. Gar kein Problem, denken wir uns vielleicht, dann lassen wir uns eben eine 100%ige Verfügbarkeit zusichern. Das macht der Anbieter gerne, allerdings steigen die Kosten dann aufs Dreifache an, weil der Outsourcer gleich mehrere Systeme für uns bereithalten muss, falls sowohl die erste als auch die zweite Hardware aus unerfindlichen Gründen ausfällt. Natürlich können die Systeme auch ausfallen, wenn wir sie selbst betreiben. Allerdings sind unsere eigenen Mitarbeiter vielleicht motivierter, unkonventionell vorzugehen, um Probleme schneller im Sinne des Unternehmens zu lösen.

Die Abhängigkeit von anderen Firmen könnte bei Entscheidungen dieser Art wichtig werden. Gleichzeitig können aber auch Aspekte eine Rolle spielen, wie das eigene Wachstum unabhängig vom eigenen Kapazitätsaufbau zu machen. So lagern Automobilhersteller die Fertigung ganzer Modellreihen an Konkurrenten aus. Zum Beispiel hat Daimler-Benz in den 90er-Jahren des letzten Jahrhunderts eine ganze Fertigungsstraße von Porsche mit der Montage eines S-Klasse-Modells ausgelastet.

7.3 Entscheidungssituationen von A bis Z

Beispiel-Entscheidungsprofil für Entscheidungen über Insourcing oder Outsourcing

Ziel	Gesundes Unternehmenswachstum
Entscheidungsauslöser	Unzufriedenheit mit den derzeitigen Prozessbedingungen
Inspirierende Frage	Wie schaffe ich es, dass wir reibungslos wachsen können?
Gewünschte Ergebnisse	Konzentration auf Kernkompetenzen Mehr Know-how bei geringeren Kosten Mehr Kontrolle bei auftretenden Problemen Bessere Leistung in den Prozessen Verfügbare Kapazitäten Reaktionszeiten bei Problemen Höhe der Investitionsbudgets Kommunikationswege im Problemfall Qualität Unabhängigkeit Kosten Eigeninteresse der damit befassten Mitarbeiter, aufgetretene Probleme auch zu lösen Verfügbarkeit 99,999 %
Status-quo-Ergebnisse	Kundenzufriedenheit Mitarbeiterzufriedenheit
Unerwünschte Ergebnisse	Rechtliche (vertragliche) Probleme Niedrigere Qualität Wenig Einfluss und Durchgriffsmöglichkeiten Auftretende Probleme

Attraktive Alternativen

Das Schöne am Outsourcing ist, dass wir es mit einem hoch individualisierten Geschäft zu tun haben. Es gibt oft keine Preislisten, sondern nur sogenannte Best-Practice-Beispiele. Natürlich wollen die Outsourcing-Anbieter uns ihre Leistungen anbieten, die sie in der Mehrzahl auch für andere Kunden bereitstellen. Aber im Regelfall wird hier der Begriff „Service" sehr ernst genommen, zumindest bis alle Verträge abgeschlossen sind. Daher sollten wir unseren Bedarf klar vertreten. Die Spielräume sind groß, und wenn wir sie nicht nutzen, dann bereuen wir das aller Wahrscheinlichkeit nach später.

Im Bereich Outsourcing gibt es zahlreiche Spielarten, mit denen wir uns im Vorfeld intensiv beschäftigen sollten. So gibt es beispielsweise die Möglichkeit, einen Unternehmensteil vorübergehend an den Outsourcing-Anbieter zu übergeben, ihn nach „best in class"-Prozessen neu strukturieren zu lassen und nach einiger Zeit wieder in Eigenregie zu übernehmen. Das klingt sehr nach Unternehmensberatung. Das ist es auch, aber eben mit dem Outsourcing-Geschäftsmodell verbunden.

Größtmögliche Unterstützung

Es gibt wenig Mitarbeiter, die Outsourcing gut finden. Betroffenheit heißt hier häufig, dass der Mitarbeiter das Unternehmen verlassen muss. In vielen Outsourcing-Vereinbarungen lassen die Entscheider aus Verantwortung gegenüber den Mitarbeitern festschreiben, dass die in dem Bereich Beschäftigten in das Outsourcing-Unternehmen übergehen. Das klingt auf den ersten Blick erst einmal gut. Denn oft sitzen unsere Mitarbeiter dann im Auftrag des Outsourcing-Unternehmens im selben Büro wie früher und machen dort auch die gleiche Arbeit.

Die Frage ist nur, ob wir von dem ehemaligen Mitarbeiter die gleiche Serviceeinstellung erwarten können wie von einem neutralen Mitarbeiter des Auftragnehmers. Vermutlich nicht, denn wir haben das Vertrauensverhältnis mit dem Mitarbeiter gestört. Vielleicht hat er sich sehr ins Zeug gelegt, um unsere Systeme am Laufen zu halten. Nach dem Übergang wird er sich sehr genau an die Vertragsbedingungen halten und sich nicht mehr engagieren, als er muss. Sollte es anders sein, haben wir ohnehin einen Fehler gemacht, denn einen Mitarbeiter mit einer solchen Arbeitseinstellung abzugeben ist sicher ein Fehler.

Der Ansatzpunkt, um solche Betroffene zu gewinnen, ist wieder einmal der gleiche wie sonst auch. Wir sprechen mit dem Mitarbeiter, bevor eine Entscheidung getroffen wurde. Dabei machen wir klar, dass es auf ein Outsourcing hinauslaufen könnte. Wir haben allerdings das Verständnis, dass der Mitarbeiter viel Engagement für seine Arbeit einbringt. Daher würden wir uns im Falle des Falles dafür einsetzen, dass der Mitarbeiter in das Outsourcing-Unternehmen übergeht und dort die gleiche Arbeit macht wie bisher. Natürlich könnte der Mitarbeiter trotzdem unzufrieden sein. Aber er merkt, dass wir uns Gedanken über seine Arbeit und seine Zukunft gemacht haben und dass wir ihn wertschätzen. Er wird die Outsourcing-Entscheidung dann nicht als Vertrauensbruch wahrnehmen.

7.3.16 Investition

Investitionen sind Entscheidungen, die die Zukunft unseres Unternehmens sehr praktisch gestalten. Nirgendwo sonst ist allerdings die Gefahr so groß, dass wir am Bedarf des Unternehmens vorbeientscheiden. Der Grund hierfür liegt ausgerechnet in der Höhe der auszugebenden Beträge.

Man möchte meinen, dass hohe Summen den Entscheider vorsichtig werden lassen. Das ist nach seinem Verständnis auch der Fall. In der Regel trifft ja auch kein Einzelner die Entscheidung, sondern ein Gremium von Managern. So können wir Verantwortung verschieben, was für uns als Entscheider tendenziell gut ist, für das Unternehmen ist es das möglicherweise nicht.

Das Problem: Wenn wir viel Geld in die Hand nehmen, dann sollte dabei auch sehr viel herauskommen. Egal ob wir nun in eine neue Fertigungshalle, eine neue Maschinenanlage oder in unseren Fuhrpark investieren. Je höher die investierte Summe, desto mehr Features spielen bei den Bedarfen eine Rolle und desto weniger wird der Grundbedarf betrachtet. Ein Unternehmer sagte einmal sinngemäß zu mir, dass die modernen Maschinen aufgrund der Computertechnik so viel könnten, dass er sich gar nicht die Mühe machen würde, genau auf seine eigenen technischen Anforderungen zu schauen. Unser Gespräch hat ihn dann aber doch nachdenklich gemacht und bewahrte ihn vor einem schweren Fehler.

Die Vertriebsberater im Investitionsgüterbereich wissen natürlich, dass wir als Entscheider auf Features aus sind, und tun ihr Bestes, uns für die eine oder andere Spezialität zu begeistern. Sollten wir unseren Bedarf nicht vorher sehr genau unter die Lupe genommen haben, winkt ihnen ein leichtes Spiel mit uns. Wir verhandeln dann wieder nur über Preise und nicht über die Aspekte, die für uns langfristig wichtig sind.

Entscheidungsklarheit

Warum investieren wir? Mit Investitionen stellen wir entweder den Geschäftsbetrieb nach unseren Zielen her oder wir halten ihn damit aufrecht (Ersatzinvestitionen). Wir können also sehr einfach unseren Bedarf ermitteln.

Damit sind die wichtigsten Aspekte unserer Investitionsentscheidung daran gekoppelt, inwieweit eine Investition dem Ziel dient. Mit anderen Worten: Wenn wir in unserer Produktion gestanzte Metallteile brauchen, dann sollten wir nach der Investition in der Lage sein, Metallteile zu stanzen. In Zeiten hoher Rohstoffpreise wünschen wir uns, dass dies mit wenig Verschnitt und Ausschuss passiert. Daher legen wir Wert auf Effizienz und Qualität. Die Stanze sollte einen bestimmten Durchsatz erreichen und noch über Reserven verfügen, da wir vermutlich flexibel sein wollen. Die Reserven sollten groß genug sein, um nicht im Falle unseres Wachstums ein Engpass zu sein. Wir kennen den Mehrwert, den die Stanze für uns erzeugt. Daher darf der Anschaffungspreis diesen Mehrwert nicht überschreiten.

Alles, was darüber hinausgeht, wie vielleicht 2.500 Programme für die Bearbeitung der exotischsten Metallsorten, ein besonders schickes Gehäuse oder die praktische Statistik, wie viel Verschnitt seit Inbetriebnahme der Stanze erzeugt wurde, ist vermutlich Schnickschnack.

Viele Vertriebsberater wissen, dass sie ihre Produkte aufgrund dieser Nebensächlichkeiten verkaufen. Denn Techniker und Ingenieure lassen sich durch Technik begeistern, nicht durch die reine Erfüllung von Anforderungen.

Wie sagen die Schwaben: „Reich wird man nicht durchs Geldverdienen, sondern durchs weniger Ausgeben." Das wissen zwar auch die Einkäufer in den

Unternehmen, aber ihre große Stunde kommt immer erst dann, wenn sie über den Preis des bereits ausgewählten Investitionsguts verhandeln. Wenn wir unsere Investitionen immer nur auf das beschränken würden, was wir sinnvollerweise brauchen, wäre die Rendite zwangsläufig um einige Prozent höher, wir bräuchten weniger Fremdkapital und könnten uns mehr Aufträge sichern.

Beispiel-Entscheidungsprofil für eine Investitionsentscheidung

Ziel	Kapazitätsausweitung
Entscheidungsauslöser	Vorhandene Einrichtungen reichen nicht mehr, um die Nachfrage mittel- und langfristig zu befriedigen
Inspirierende Frage	Wie schaffe ich es, meine Kapazitäten mit möglichst geringem Risiko auszuweiten?
Gewünschte Ergebnisse	Ausweitung der Stanzkapazität um 50 % Geringe Ausschussraten Geringer Energieverbrauch Geringer Verschnitt Hoher Durchsatz Preis im Rahmen des Mehrwerts
Status-quo-Ergebnisse	Kundenzufriedenheit
Unerwünschte Ergebnisse	Hoher Preis Liefer- und Aufstellungsverzögerungen Hohe Schulungskosten für Mitarbeiter Ablehnung durch die Mitarbeiter

Attraktive Alternativen

Als Alternative dient alles, was unsere Anforderungen erfüllt. Am Ende müssen das nicht immer die Investitionsgüter sein, an die wir ursprünglich gedacht haben. Wenn wir beispielsweise den Stanzprozess auslagern (outsourcen), können wir uns vielleicht dabei auch noch Geld sparen – warum eigentlich nicht?

Für attraktive Alternativen sollten wir kreativ denken. Dabei steht uns häufig das allzu konkrete Bild des Gegenstands im Weg, den wir aus unserer Lebenserfahrung als Lösung automatisch identifizieren. Wenn wir glauben, dass der Kauf einer neuen Stanze der einzige Weg ist, gestanzte Teile zu bekommen, dann stellt der Tellerrand ein unüberwindliches Hindernis für unsere Weitsicht dar. Eine potenzielle Möglichkeit, uns zur Kreativität zu zwingen, liegt im Ausschluss der Stanze als mögliche Alternative. Nach dem Motto: Was würde ich machen, wenn kein Hersteller seine Stanze an mein Unternehmen verkaufen wollte? Das mutet natürlich seltsam an, nachdem zuvor ein halbes Dutzend Vertriebsberater unsere Kaffeevorräte dezimiert haben, aber es funktioniert.

Größtmögliche Unterstützung

Neue Investitionen bringen häufig auch Modernisierung mit sich. Wenn unsere Stanze als Halbautomat es nicht mehr tut, ist die Wahrscheinlichkeit groß, dass die nächste Stanze ein Vollautomat ist. Wer leidet als Erster darunter? Der Mitarbeiter, der bisher den Halbautomaten betreut hat. Denn der wird vermutlich nicht mehr gebraucht. In unserer Investitionsrechnung haben wir die eingesparten Lohnkosten bereits berücksichtigt. Ein Mitarbeiter, der das Unternehmen verlässt, wird uns zumindest im Alltag keine allzu großen Probleme mehr machen, oder doch? Für jeden Mitarbeiter, der einen unserer verbliebenen Halbautomaten betreut, ist doch klar, was die Stunde geschlagen hat. Die Entlassung des einen Mitarbeiters führt zu Widerständen bei denen, die eigentlich gar nicht betroffen sind, weil sie betroffen sein *könnten*.

Demzufolge ist es möglicherweise eine gute Idee, eine neue Aufgabe für den jetzt überflüssigen Mitarbeiter zu finden.

Wenn das aufgrund der Größe unseres Unternehmens nicht geht, sehen die Karten natürlich sehr schlecht aus. Das Problem ist eben nicht der einzelne Mitarbeiter, dem wir vielleicht helfen können, in einem anderen Unternehmen unterzukommen, sondern die Mitarbeiter, deren Arbeitsplätze mittelfristig bedroht sind. Es könnte sich eventuell lohnen, eine gemeinsame Arbeitsgruppe zu bilden, in der nach Lösungen genau für dieses Problem gesucht wird. Vielleicht findet ja die geballte Kreativität des Unternehmens eine Lösung. In jedem Fall sehen die betroffenen Mitarbeiter, dass es dem Entscheider nicht egal ist, was aus ihnen wird. Er zieht alle Register, damit die Investitionen nicht zu Entlassungen führen müssen.

Selbst wenn keine Mitarbeiter durch die Modernisierung entlassen werden müssen, kann es dennoch zu Widerständen kommen. Eine neue Maschine wird anders als das Vorgängermodell bedient. Viele Mitarbeiter fühlen sich eingeschüchtert und versuchen die Bedienungskonzepte der alten Anlage auf die neue zu übertragen. Mit dem Ergebnis, dass sie repariert werden muss. Schulungen sind zwar obligatorisch, aber es ist generell eine gute Idee, sich vor der endgültigen Entscheidung über die Investition die Unterstützung der Mitarbeiter zu sichern.

7.3.17 Joint Venture

Joint Venture heißt übersetzt so viel wie „gemeinsames Wagnis". Das ist es auch in gewisser Weise. Hier tun sich zwei oder mehrere voneinander unabhängige Partner zusammen, um ein gemeinsames Unternehmen zu gründen. Sinnvoll kann das sein, wenn z. B. die Größe des eigenen Marktanteils zu gering ist, um Erfolge zu realisieren, oder jeder der Partner über bestimmte Technologien verfügt, die gemeinsam noch ein interessanteres überlegenes Auftreten ermöglichen. So haben z. B. Sony und Ericsson vor einigen Jahren ihre Handysparten zusammengelegt. Ericsson war bis zu diesem Zeitpunkt technologisch führend und Sony besaß im Konsumentenmarketing Vorzüge. Als Joint Venture konnten sie den Konkurrenten Motorola überholen und die Entwicklung neuer Modelle auf zwei Schultern verteilen. Im Jahr 2008 sind beide Partner dennoch nicht zufrieden, weil das Unternehmen in einem Markt der ständigen technologischen Veränderung nicht entsprechend schnell auf Kundenbedürfnisse reagieren konnte und insbesondere im Smartphone-Segment viel zu spät seine Modelle auf den Markt brachte. Ähnliche Probleme zeichnen sich bei dem Joint Venture Fujitsu-Siemens ab. Der Computerhersteller leidet mit seiner Augsburger Produktion unter dem harten Preiskampf im Hardwarebereich. Den darf das Unternehmen nicht nach Fernost verlagern und gleichzeitig darf es seine Produkte nur in Europa, Afrika und im Nahen Osten verkaufen. Joint Ventures leiden häufig an den unterschiedlichen Interessen ihrer Eigentümer.

Wenn wir allein etwas nicht bewegen können, sind Joint Ventures möglicherweise die richtige Antwort. Es kommt jedoch darauf an, ob wir die unterschiedlichen Interessen der Partner so unter einen Hut bekommen, dass der Erfolg des Gemeinschaftsunternehmens sichergestellt ist.

Der Auslöser für die Entscheidung könnte chancenorientiert sein, dass sich ein Partner auftut, mit dem wir gemeinsam gemäß unserer Bedarfsstruktur mehr erreichen als ohne den Partner.

Entscheidungsklarheit

Geteiltes Leid ist halbes Leid und geteiltes Risiko halbiert sich für die Partner. Ein Beweggrund für die Gründung eines Joint Venture kann sein, dass wir nicht alle Risiken alleine tragen wollen. Ein anderer könnte darin liegen, dass wir allein gar keinen Erfolg haben würden.

Ich habe schon einige Joint Ventures von Beratern gesehen, die ihren gemeinsamen Zugriff zu Kunden nutzen wollten, um gemeinsam ein neues Beratungsthema an den Mann zu bringen. Genau dieser Ansatz ist allerdings auch jedes Mal gescheitert. Warum? Weil das Beratungsgeschäft ein Vertrauensgeschäft ist. Die jeweils beteiligten Parteien wollten ihre Leistungen an mehr Kunden verkaufen. Sie wollten aber gleichzeitig nicht ihre Kunden für die Kollegen offenlegen. Denn neben dem Joint Venture betrieben die Beteiligten ihre bisherigen Beratungen teilweise sogar in Konkurrenz zum Gemeinschaftsunternehmen weiter. So hatte keiner der Beteiligten ein existenzielles Interesse am Erfolg.

Wenn wir keinen Bedarf am Erfolg des Joint Venture haben, dann können wir uns den Aufwand sparen. Denn Aufwand ist es. Da die Gesellschaft nachher

7.3 Entscheidungssituationen von A bis Z

geschäftlich unabhängig von den gründenden Unternehmen ist, müssen alle Eventualitäten im Vorfeld vertraglich geregelt werden. „Absprachen treffen wir, wenn die Sonne scheint, Verträge haben wir für den Fall, dass es regnet in der Beziehung", hat mir einer der Beteiligten nach dem Scheitern eines Gemeinschaftsunternehmens einmal gesagt und Regentage gibt es wohl mehr, als einem lieb sein kann.

Synergien sind ein weiterer Schlüssel von Joint Ventures. Wenn mehrere Partner ihre besten Ressourcen einbringen, könnte daraus ein Erfolg werden, zu dem wir allein nicht fähig gewesen wären.

Beispiel-Entscheidungsprofil für eine Joint-Venture-Entscheidung – Partner A

Ziel	Angebot an den Markt bringen
Entscheidungsauslöser	Es gibt einen passenden Partner, mit dem sich ein Gemeinschaftsunternehmen realisieren ließe
Inspirierende Frage	Wie schaffe ich es, die neue Leistung am einfachsten an den Markt zu bringen?
Gewünschte Ergebnisse	Geringes Eigenrisiko Mehr Know-how für den Markterfolg Teilweise Delegation der Arbeit Schnelle Realisierung von Skalenvorteilen Synergien mit Partner nutzen Teilnahme an neuem Produkt
Status-quo-Ergebnisse	Eigenständigkeit des Hauptgeschäfts Gute Reputation Kundenzufriedenheit
Unerwünschte Ergebnisse	Finanzielles Fiasko Scheitern wegen mangelnden Know-hows Inflexibilität Haftung für Misserfolge

Die Betrachtung des eigenen Bedarfs reicht für diese Entscheidung allerdings nicht aus. Wie bereits eingangs angesprochen kommt es vor allen Dingen darauf an, dass unsere Interessen und die des Partners zusammenpassen.

Beispiel-Entscheidungsprofil für eine Joint-Venture-Entscheidung – Partner B

Ziel	Geld an einem Partner verdienen, der das nicht merkt
Entscheidungsauslöser	Es gibt einen geeigneten Partner, mit dem sich ein Gemeinschaftsunternehmen realisieren ließe
Inspirierende Frage	Wie schaffe ich es, einen Partner unsere Leistung erfolgreich an den Markt bringen zu lassen?
Gewünschte Ergebnisse	Kein Eigenrisiko Partner mit Know-how für den Markterfolg Vollständige Delegation der Arbeit Schnelle Realisierung von Skalenvorteilen Synergien mit dem Partner nutzen Möglichst hohe Partizipation an neuem Produkt
Status-quo-Ergebnisse	Eigenständigkeit des Hauptgeschäfts Gute Reputation Kundenzufriedenheit
Unerwünschte Ergebnisse	Partner sichert sich über Verträge ab Finanzielles Fiasko Scheitern wegen des misstrauischen Partners Vorzeitiges Ende der Vermarktung Haftung für Misserfolge

Mit so einem Joint-Venture-Partner brauchen wir keinen Wettbewerb mehr. Für uns stellt sich also die Frage, wie wir rechtzeitig hinter die Interessen des Partners kommen. Denn der wird nicht einfach auf Nachfrage gestehen: „Wir möchten Sie nach Strich und Faden ausnutzen und anschließend über den Tisch ziehen!"

Im Abschnitt über „Spielpraxis" im Kapitel 5 „Größtmögliche Unterstützung" finden wir einige Hinweise, wie wir uns dagegen absichern können.

Attraktive Alternativen

Joint Ventures sind lediglich eine Organisationsform. Niemand schreibt uns vor, dass wir sie in einer bestimmten Weise betreiben müssen. Wenn wir ein Gemeinschaftsunternehmen mit einem anderen aufbauen, dann haben wir vollständige Gestaltungsfreiheit. Daher können wir Sorge tragen, dass die Verträge, die wir schließen, unseren Bedarf vollständig abbilden. Alternativen zu Joint Ventures sind jede andere Organisationsform, an der mehrere Partner beteiligt werden können. Anstatt einen Partner Ressourcen einbringen zu lassen, können wir auch z. B. Lizenzgebühren für Patente und Nutzungsgebühren für Anlagen vereinbaren. Damit liegt dann allerdings das unternehmerische Risiko vollständig bei uns.

Größtmögliche Unterstützung

Wenn wir Teile unseres Unternehmens in ein neues Joint Venture einbringen, dann sind die betroffenen Mitarbeiter nicht sonderlich begeistert davon. Denn ab jetzt sind sie nicht nur abhängig von der Laune eines Unternehmers, sondern gleich von mehreren. Vom Effekt her wirkt sich das Ganze so aus, als hätten wir den Unternehmensteil verkauft. Zu dem neuen Besitzer müssen die Mitarbeiter erst einmal Vertrauen entwickeln. Eine gute Möglichkeit, ihre Unterstützung für den Schritt zu bekommen, ist es, ihnen eine Rückkehrmöglichkeit für einen begrenzten Zeitraum anzubieten.

Kreditgeber sehen den Aufbau von Joint-Venture-Konstruktionen ebenfalls mit gemischten Gefühlen. Denn Anlagen und im übertragenen Sinne Patente stellen Sicherheiten dar. Wenn wir diese in andere Unternehmen überführen, sind sie zunächst dem Zugriff unserer Gläubiger entzogen. Es könnte sogar sein, dass wir aufgrund unserer Vereinbarungen mit Gläubigern deren Zustimmung einholen müssen, damit wir an dem Joint Venture teilnehmen können.

7.3.18 Karriere

Karriereentscheidungen machen deutlich, warum Entscheidungen etwas mit Effektivität und nicht mit Effizienz zu tun haben. Der Entscheider möchte gerne das Richtige tun. Das Ziel: möglichst weit nach oben in der Nahrungskette zu gelangen. Damit wir eines Tages zu denen gehören, die fressen und nicht gefressen werden. Das ist natürlich ein zu stark auf Macht fokussiertes Bild. Viele wollen einfach die interessanteren Aufgaben. Je weiter wir nach oben dringen, desto weniger Routine und desto mehr Flexibilität umfasst unser Aufgabenspektrum.

Entscheidungsklarheit

In kaum eine andere Entscheidung spielen so viele private Aspekte mit hinein wie bei Karriereentscheidungen. Früher auf die Karriere als Mutter reduziert, wollen Frauen heute sowohl beruflich Karriere machen als sich auch nicht das Familienglück versagen. Männer entdecken die Familie neu und wollen sich gar eine Elternzeit nehmen. Bei schrumpfender Bevölkerung müssen die Unternehmen sich auch auf die Lebensvorstellungen hoch qualifizierter Fach- und Führungskräfte einlassen. Heute geht es also nicht mehr um die Frage: „Karrierist oder Familienmensch?", sondern wir finden zahlreiche Mischungen vor, die gerne unter Work-Life-Balance verstanden werden.

Ein erfülltes Familienleben wird teilweise sogar als Indikator für soziale

Kompetenz in Führungspositionen verstanden. Das gibt uns als Entscheider die Möglichkeit, unseren Bedarf so zu leben, wie wir das für richtig erachten.

Bei Karriereentscheidungen zeigt sich immer wieder, dass objektive Vereinbarungen und Kriterien nicht viel wert sind, wenn wir längerfristig mit einer ungünstigen Situation konfrontiert sind. Zum Beispiel könnten wir mit unserem Lebenspartner vereinbart haben, dass wir uns für fünf Jahre vor allen Dingen auf unsere Karriere konzentrieren und daher nicht jeden Abend verfügbar sein werden. Auch Urlaube würden dann auf kurze Ausflüge von einer Woche und weniger reduziert werden. Dann kann es sein, dass unser Partner nach zwei Jahren das Nörgeln anfängt und wir nach drei Jahren das Gefühl haben, dass wir uns bei der Arbeit wohler fühlen, als wenn wir in die unerquickliche Situation zu Hause zurückkehren.

Es mag zwar sein, dass es da eine Absprache gab. Doch diese wird sukzessive von der Realität überholt. Die Erfahrung zeigt, keine dieser Vereinbarungen überlebt länger als wenige Jahre. Danach herrscht entweder Eiszeit oder wir einigen uns auf ein neues Modell, in dem der Partner eine größere Rolle als bisher spielt.

Das hat zur Folge, dass wir nicht nur unseren eigenen Bedarf für unsere Karriereentscheidung berücksichtigen müssen, sondern auch den unseres Lebenspartners.

Beispiel-Entscheidungsprofil für eine Karriereentscheidung

Ziel	Langfristig in die Geschäftsführung eines großen Mittelständlers
Entscheidungsauslöser	Derzeitige Position ist ausgereizt, Entscheider sucht eine neue Herausforderung
Inspirierende Frage	Wie schaffe ich es, eine Position zu finden, die mir den besten Karrierepfad in die Zukunft öffnet?
Gewünschte Ergebnisse	Mehr Gehalt Erfolgsbeteiligung Interessante Aufgaben Führungsposition Dienstwagen Geschäftsreisen ins Ausland Neue Aufgabe baut auf bisherigen Kompetenzen auf Möglichkeit, das eigene Netzwerk auszubauen Ich will meine Kinder aufwachsen sehen Zum Abendessen meistens zu Hause sein
Status-quo-Ergebnisse	Stellung in der Region Gute Beziehung zu Partner und Familie
Unerwünschte Ergebnisse	Umzug Stress mit dem Partner Pendeln am Wochenende

Der Partner hat natürlich eine andere Perspektive. Diese wollen wir in unserer Entscheidung auch berücksichtigen. Wenn die Partnerschaft noch intakt ist, dürfte es auch nicht schwer sein, davon ein Profil zu erstellen.

Beispiel-Entscheidungsprofil des Ehepartners

Ziel	Glückliche und erfüllte Partnerschaft
Entscheidungsauslöser	Partner möchte den nächsten Schritt in seiner Karriere gehen.
Inspirierende Frage	Wie schaffe ich es, Zeit mit meinem Partner zu haben, obwohl er in der Karriere einen Schritt weitergeht?
Gewünschte Ergebnisse	Partner ist glücklich mit den neuen Aufgaben Zeit mit dem Partner Gemeinsame Zeit mit den Kindern Mehr Geld Mehr Verständnis seitens des Partners für die Bedürfnisse der Familie
Status-quo-Ergebnisse	Wohnort beibehalten Die Beziehung zu dem Partner
Unerwünschte Ergebnisse	Umzug Stress mit dem Partner Partner pendelt am Wochenende

Die beiden Entscheidungsprofile geben natürlich die individuelle Perspektive des jeweiligen Partners wieder. Kompromisse wird es von beiden Seiten geben müssen. Aber in vielen Punkten besteht auch Einigkeit. Denkbar ist es, dass der Entscheider sich überlegt, wie er durch aktives Handeln das Verständnis, das der Partner gerne hätte, ausdrücken kann. Im Austausch dafür wird der Entscheider die Zeit mit Partner und Familie nicht ausbauen können, aber auch nicht wesentlich gegenüber heute einschränken.

Attraktive Alternativen

Die Anzahl der interessanten Alternativen hängt häufig von externen Faktoren ab. Wenn die Konjunktur zur Hochform aufläuft, dann finden wir auch die besten Angebote und die Firmen sind bereit, sich auf unsere Bedingungen einzulassen.

Es gibt aber immer vier Grundalternativen:

1. An Ort und Stelle bleiben – keine Veränderung.
2. Beförderung von der bestehenden Position aus.
3. Wechsel in eine Position in einem anderen Unternehmen.
4. Gründung und Aufbau eines eigenen Unternehmens.

Innerhalb dieser Grundalternativen können wir sehr viele Variationen schaffen. So gibt es Unternehmen, die mittelfristig ein Spin-off einer Abteilung planen. Wenn wir die Verantwortung für diese Abteilung übernehmen, könnten wir in nicht allzu weiter Zukunft zum Mitunternehmer avancieren. Im Karrierebereich sind die Chancen immer da. Aber wir müssen wissen, was wir wollen, und wir müssen den Verantwortlichen das deutlich machen.

Mein Vorschlag: Schaffen Sie sich mittels der Osborn-Methode (siehe S. 160) das Idealbild Ihrer nächsten Position und sorgen Sie dafür, dass möglichst viele Menschen in Ihrem Netzwerk davon wissen.

Größtmögliche Unterstützung

Die Widerstände an der privaten Front nehmen wir vorzeitig aus dem Spiel, indem wir unseren Bedarf kooperativ aufbauen. Allerdings sorgen Karriereentscheidungen häufig für Unmut bei den zukünftigen Mitarbeitern. Rücken wir aus der gleichen Abteilung zur Führung auf, dann fragen sich Mitbewerber um die Stelle, warum nicht sie zum Zuge gekommen sind. Manche sind dann so missgünstig, dass sich das in dauerhaftem Widerstand ausdrückt. Aber auch wenn wir von außen in ein Unternehmen hereinkommen, werden insbesondere diejenigen internen Kandidaten, die sich auch Chancen ausgerechnet haben, darüber nicht sonderlich glücklich sein.

Wir sind zwar für die Entscheidung nicht verantwortlich, aber wir partizipieren daran. Das macht uns zum natürlichen Ziel der Widerstände. Hat der Personalentscheider sich nicht frühzeitig überlegt, wie er Widerstände ausräumt, ist das am Ende unsere Aufgabe. Da wir ja wissen, was der unterlegene Konkurrent ursprünglich wollte, können wir auf dieser Zielsetzung aufbauen. Bringt die Abteilung schlechte Ergebnisse, schadet das allen. Aber wenn wir sehr erfolgreich sind, dann sorgen wir dafür, dass der heute übergangene Mitarbeiter so bald wie möglich seine Chance bekommt.

Ein solcher Vorschlag ist keine Garantie, dass übergangene Mitarbeiter uns unterstützen, aber die Wahrscheinlichkeit dafür ist größer als ohne.

7.3.19 Nachfolge

Familienunternehmen haben es nicht leicht. Nicht jeder Sprössling ist geeignet, die Dynastie weiterzuführen, Andere sind nicht daran interessiert, in das „langweilige" Geschäft des Vaters einzusteigen. Denn Neigung und Begabung gehen in eine ganz andere Richtung. Vielleicht hat es aber auch nicht mit der Gründung der Großfamilie geklappt, weil einen schon in jungen Jahren das eigene Unternehmen ständig auf Trab gehalten hat.

Irgendwann kommt die große Frage: Was mache ich mit dem Unternehmen? In wessen Hände gebe ich es?
Oft ist das weniger eine finanzielle Frage als vielmehr die, was mit dem Lebenswerk geschehen soll.

Entscheidungsklarheit

Beim Lebenswerk fängt es auch schon an. Denn viele Unternehmer können und wollen es nicht lassen. Eine grundsätzliche Frage stellt sich daher über den Einfluss des Unternehmers nach der Übergabe. Dieser ist naturgemäß gering, wenn die Nachfolge familienfremd ist. Die Einflussfrage ist eine der schwierigsten überhaupt. Denn manch einer fürchtet die eigene Bedeutungslosigkeit. Wenn wir das von außen betrachten, schütteln wir den Kopf. Wer hat es denn nötig, nach einer verdienstvollen Unternehmerkarriere, sich selbst noch wichtig zu machen? In der Ichperspektive ist das allerdings eine ganz andere Frage. Wir alle brauchen einen Sinn, der unser Streben und Arbeiten rechtfertigt. Gerade Unternehmerpersönlichkeiten haben niemals einen Mangel daran gehabt. Gibt er die Unternehmensführung auf, fehlt das vitale Element. Eine Frühstücksdirektor- oder Beraterposition kann das nicht ersetzen. Was also ist zu tun? Meiner Meinung nach wäre es fahrlässig, wenn der Entscheider sein Bedürfnis nach Sinn unter den Teppich kehrt. Denn bei der Schaffung attraktiver Alternativen wird er darauf Rücksicht nehmen müssen. Mag sein, dass dieser Sinnfaktor nicht mehr in unserem ehemaligen Unternehmen liegt. Aber wir werden ein interessantes Bündel von Möglichkeiten finden, das uns ideale Bedingungen bieten wird.

Attraktive Alternativen

Wer bei dem Thema „Unternehmensnachfolge" über wenige Alternativen klagt, hat noch gar nicht ernsthaft angefangen, sich Gedanken darüber zu machen. Selbst wenn wir in der Familie zahlreiche Optionen haben, heißt das ja nicht, dass wir unser Unternehmen im klassischen Sinne vererben müssen. Allein schon die dann folgende Steuerlast macht das zu einem schwierigen Ansatz. Ich habe Unternehmer kennengelernt, die ihre Kinder an Unternehmungen beteiligt haben, als sie noch gar nichts wert waren. Zur Nachfolge ging es dann nur noch um Stimmrechte. In einem solchen Fall muss man sich allerdings schon sehr sicher sein, dass die gerade erst geborenen Nachkommen später auch die Nachfolger sein sollen. Nicht jeder denkt so langfristig und dynastisch.

Grundsätzlich hat der Unternehmer die folgenden Möglichkeiten:

1. Verkauf an ein anderes Unternehmen.
2. Verkauf an einen externen Manager, der sich zum Unternehmer weiterentwickeln will: Management-Buy-in.
3. Verkauf an einen internen Manager, der sich mit dem ihm bestens bekannten Unternehmen selbständig machen möchte.
4. Nachfolge in der Familie.
5. Der Eigentümer lässt das Unternehmen von einem Manager weiterführen.
6. Das Unternehmen wird Teil einer Familienstiftung. Familienmitglieder können im Unternehmen arbeiten, es sogar führen, das ist aber nicht zwingend so.

Größtmögliche Unterstützung

Wer sein Unternehmen an die eigenen Nachkommen übergeben will, übt häufig bereits frühzeitig Druck auf seine Kinder aus. Ein Heranwachsender kann sich nicht vorstellen, was daran toll sein soll, den lieben langen Tag im Unternehmen zu verbringen und ein Problem nach dem anderen zu lösen. Die Motivation kommt oft mit dem Kontrast. Wenn der Nachwuchs beispielsweise festgestellt hat, dass die Gestaltungsmacht eines Angestellten nicht groß ausfällt.

Hat allerdings ein übermächtiger Familienpatriarch schon immer die Fäden im Leben der Erben gezogen, wird die kontrastierende Gestaltungsmacht als Jungunternehmer nicht sichtbar. Es könnte daher sinnvoll sein, den potenziellen Nachfolger das Unternehmen eher spielerisch und nach Neigung kennenlernen zu lassen. Vorteilhaft ist es in jedem Fall, wenn der Nachfolger auch die Angestelltenwelt für sich entdecken kann. Denn meistens ist die Motivation dann umso größer, sein eigener Herr zu werden.

Wenn es am Willen des Nachwuchses fehlt oder gar keiner in die Welt gesetzt wurde, ist ein langfristig vorbereiteter Management-Buy-out eine gute Option für das Unternehmen. Immer vorausgesetzt, der Unternehmer braucht das Geld für sein Alter. Wichtig dabei: Der Manager sollte die Planung des Unternehmers kennen, damit er sich darauf einrichten kann. Es soll schon vorgekommen sein, dass der Unternehmer seinen zweiten Geschäftsführer überraschen wollte, während der sich bei einem Konkurrenten einkaufte.

Die größten Widerstände entstehen allerdings bei der Belegschaft. Denn sie fürchten, dass ein anderer Unternehmer viele Veränderungen vorhat und Veränderungen mögen Mitarbeiter erst einmal nicht. Viele wissen es da zu schätzen, wenn sowohl der alte als auch der neue Unternehmer vorab Gespräche mit den Mitarbeitern führt und sie so Einblick in ihre Gedankenwelt geben.

7.3.20 Offenheit – Transparenz

Es gibt Unternehmen, die durch große Offenheit und Transparenz gegenüber ihren Kunden Vertrauen gewinnen. Genauso gibt es Firmen, wie Apple, die alle Interna so lange wie möglich dementieren, ehe sie den Markt mit einer neuen Innovation überraschen. Im Falle von Apple ist es mittlerweile Teil des Geschäftsmodells. Das Schweigen des Unternehmens führt zu einer wesentlich größeren medialen Öffentlichkeit für das Unternehmen und seine Produkte, als es jede Marketingkampagne könnte. Da wir meistens keine so aktiven fanartigen Kunden haben, können wir auf solche Effekte nicht setzen. Es gibt keine nachgewiesenen großen Nachteile für transparente Unternehmen und es gibt auch keine Nachteile für die großen Schweiger.

Damit wird es zur Geschmackssache, ob unser Unternehmen exzessiv nach außen kommuniziert oder lieber schmallippig ist.

Im Web-2.0-Zeitalter ist diese Entscheidung nicht mehr so trivial, wie sie es vielleicht vor zehn Jahren gewesen wäre. Mitarbeiterblogs sind „in" und viele Menschen interessieren sich, was sich hinter der freundlichen Fassade im Unternehmen tatsächlich abspielt.

Einige Unternehmen sind diesen Weg erfolgreich gegangen. Andere mussten ihn wieder abbrechen, weil die Kommunikationsabteilung festgestellt hat, dass sie die Aussagen der hauseigenen Blogger nicht kontrollieren konnte.

Offenheit und Transparenz ist eine grundsätzliche Unternehmerentscheidung und kann nicht als Experiment „ausprobiert" werden.

Entscheidungsklarheit

Der eine oder andere Entscheider würde in dieser Situation anfangen, das Für und Wider einer größeren Transparenz abzuwägen. Leider bringt uns das direkt in eine Entscheidungsfalle (siehe „Vorteil-Nachteil-Falle" Seite 241). Die Gefahr ist groß, dass wir dann Aspekte diskutieren, die nichts mit unserem Bedarf zu tun haben.

Was sollte es für einen Bedarf geben, wird sich vielleicht der eine oder andere Leser fragen, der zu mehr oder weniger Transparenz führt?

Franz Pfeiler ist Geschäftsführer bei der Pfeilerbau GmbH. Das Unternehmen stellt Elektromotoren her, die in Immobilien für Komfort sorgen. Zum Beispiel wenn Markisen oder Rollläden wie von Geisterhand hoch- oder runtergefahren werden. Hausautomation ist ein wachsendes Geschäft und die Pfeilerbau GmbH baut gerade eine neue Abteilung auf, die sich mit den neuen Einsatzmöglichkeiten beschäftigen soll. Der Markt ist hart umkämpft und das Unternehmen hat daher alle Mitarbeiter strikt zum Stillschweigen über neue Produkte wie auch über Herausforderungen im Geschäft verpflichtet. Bisher ist Pfeiler damit gut gefahren. Aber die neue Abteilung hat ein Problem. Es sitzen zwar die kreativsten Köpfe in der Entwicklung, aber keiner weiß, was beim Kunden gut ankommen wird. Manche Funktionen werden Spielerei bleiben und andere können den Markt aufrollen. Welche das sind, weiß leider vorher niemand. Pfeiler hat bereits viel Geld in die klassische Marktforschung investiert, doch das hätte er sich sparen können. Der größte Flop: automatische Schubladen. Ein Bewegungssensor registriert dabei die Hand vor der Lade und sie fährt automatisch auf. Griffe werden dadurch überflüssig. Die Marktforscher waren sich sicher, dass insbesondere im Premiumsegment das neue Schubladensystem viele Abnehmer finden würde. Bis heute gibt es nur ganze 223 Installationen in ganz Deutschland.

Ein Unternehmerkollege hat Pfeiler darauf hingewiesen, dass er die Marktforscher gar nicht bräuchte. Im Web 2.0 können innovative Unternehmen die Weisheit der Massen („wisdom of the crowds") nutzen. Dabei räumen die Unternehmen den Kunden über das Internet eine Chance ein, bei neuen Entwicklungen mitzureden und ihre Meinung einzubringen. Wer allerdings seine Kunden um deren Kreativität und Meinung fragt, müsse auch viel Offenheit mitbringen, Fehler einräumen und Herausforderungen ansprechen. „Wisdom oft the crowds" ist eine Chance, die Pfeilers Unternehmen einen Vorsprung gegenüber den konservativeren Konkurrenten einräumen könnte. Allerdings hat die Geheimhaltung auch gute Gründe gehabt.

Offenheit gegenüber dem Kunden und der Öffentlichkeit hat etwas mit Vertrauen zu tun. Zum einen Selbstvertrauen, dass die Öffnung nach außen nicht zu Skandalen und einer schlechten Meinung über das Unternehmen führt. Selbstvertrauen, dass Wettbewerber keine Chance haben, aus den öffentlichen Informationen für sich einen Vorteil zu machen. Zum anderen Vertrauen gegenüber Mitarbeitern, Kunden und der allgemeinen Öffentlichkeit. Denn Transparenz bedeutet Kontrollverlust.

Pfeiler kann sich zwar keinen Fall vorstellen, wo das zum Problem werden könnte. Aber wer weiß schon, was alles passieren wird?

Er weiß allerdings, dass er selbst die Dinge lieber benennt, als sie totzuschweigen. Wenn es heute ein Qualitätsproblem mit einem seiner Produkte gibt, dann taucht das spätestens übermorgen in einem Internetforum auf, und wenn es schlecht läuft, greifen Blogger oder offizielle Internetpublikationen das Thema auf. Das Schweigen macht sein Unternehmen nur verdächtig. So als wollten sie ihre Kunden übers Ohr hauen und wären dabei erwischt worden.

7.3 Entscheidungssituationen von A bis Z

Beispiel-Entscheidungsprofil für das Thema „Offenheit und Transparenz"

Ziel	Verlässliche Informationen über das Verhalten des Marktes
Entscheidungsauslöser	Neue Chancen, durch mehr Offenheit verlässliche Marktinformationen zu erhalten
Inspirierende Frage	Wie schaffe ich es, dass unser Unternehmen die neuen Chancen der Kundenkommunikation verantwortlich wahrnehmen kann?
Gewünschte Ergebnisse	Höhere Gewinne Neue kreative Ideen Mehr Sicherheit bei Produkteinführungen Größere Kundenbindung (Fanbildung) Mehr Vertrauen der Öffentlichkeit in die Pfeilerbau GmbH
Status-quo-Ergebnisse	Gute Reputation Die Nase der Konkurrenz gegenüber vorn haben
Unerwünschte Ergebnisse	Schlechtes Image Fehlinformationen Verluste durch falsche Produkte Negative Berichte über Unternehmensinterna Vertrauensschädigende Geheimniskrämerei

Franz Pfeiler ist von diesem Bild seines Bedarfs überrascht. Denn er hatte mehr damit gerechnet, sich mit Offenheit und Verschwiegenheit auseinandersetzen zu müssen. Tatsächlich aber geht es um die Wirkung, die mit dem einen oder anderen verbunden ist. Verschwiegenheit hat gar keine Wirkung. Sie verhindert nur eventuell unerwünschte Ergebnisse.

Zwar hat Pfeiler seinen eigenen Bedarf als Unternehmer erarbeitet. Wie er aber erkennt, ist dieser bei Weitem nicht detailliert genug, um über die genaue Mischung an Instrumenten zu entscheiden. Er lässt daher durch seine Entwicklungsabteilung und sein Marketing weitere Aspekte ausarbeiten, die ihm eine spätere Entscheidung ermöglichen.

Zusätzlich Aspekte, die für die Fachabteilungen wichtig sind

Gewünschte Ergebnisse	Aktive Produkttests (Preview) durch Endkunden Testberichte über die Previews Kundenwahl über das beste Produkt im Portfolio Insiderstorys Schnelle Bewertung von kreativen Ideen Sympathie für das Unternehmen und seine Mitarbeiter
Status-quo-Ergebnisse	Ungestörtes Arbeiten
Unerwünschte Ergebnisse	Wettbewerber stören die Dialoge mit Kunden übers Internet Wettbewerber klauen Ideen

Attraktive Alternativen

Seinen Bedarf kennt der Unternehmer jetzt. Es gibt zahlreiche Alternativen zwischen absoluter Verschwiegenheit und ungebremster Offenheit. Pfeiler ist klar geworden, dass es sich hier um keine gewöhnliche Entscheidung handelt. Sollte sich das Unternehmen gegenüber seinen Kunden öffnen, dann wird sich dies vorher auch in der Unternehmenskultur niederschlagen müssen. Der Unternehmer muss klären, ob es Aspekte gibt, die von außen betrachtet peinlich wären. An diesen muss er bereits vorher Hand anlegen, damit sich eine eventuelle neue Offenheit nicht zu einem Minenfeld entwickelt.

Alternativen stellen in diesem Fall verschiedene Bündel von Maßnahmen dar, wie Mitarbeiterblogs, ein Forum für Produkttester, eine Beschwerdeplattform usw.

Mit den zusätzlichen Kriterien, die die Fachabteilungen beigesteuert haben, wird es Pfeiler gelingen, das richtige Bündel von Maßnahmen zu schnüren, um alle gewünschten Ergebnisse zu realisieren.

Größtmögliche Unterstützung

Einige führende Mitarbeiter des Unternehmens werden zunächst nicht begeistert sein. Verschwiegenheit ist ein eherner Grundsatz. Er wehrt die Furcht vor dem Unbekannten ab. Was nicht gesagt wurde, müssen wir später nicht bereuen, ist die Logik dahinter.

Selbst wenn andere Unternehmen damit Erfolg haben, werden wir hier nur durch die Praxis überzeugen können. Denn wer auf Verschwiegenheit setzt, weiß in der Regel auch nicht die Mitarbeit der Kunden zu schätzen. Vermutlich können wir unsere Führungskräfte daher schlecht für unsere Ziele gewinnen. Das Beste, was wir ihnen dann an Kooperation abringen können, ist eine Pilotphase, in der sie entweder die Segnungen der „wisdom of the crowds" miterleben oder das Projekt wieder ad acta legen.

Viel wichtiger noch als die Unterstützung der anderen Führungskräfte ist die Mitarbeit der Kunden. Die Faustregel hier: Es braucht eine kritische Masse, um eine kritische Masse zu erzeugen. Denn die Kunden werden sich erst beteiligen, wenn sie sehen, dass andere das auch tun. Ein typisches Henne-Ei-Problem. Da können wir noch so nett mit einzelnen Kunden reden, damit sie als Erstes ihre Kommentare öffentlich abgeben. Wenn nicht andere schon dabei sind, wird das nichts. Professionelle Buzz-Marketing-Firmen kennen das Problem und lösen es für ihre Kunden. Daher ist es in diesem Umfeld generell keine schlechte Idee, Profis einzuschalten.

7.4 Entscheider-Probleme: Symptome von A bis Z

Vielleicht haben Sie sich dieses Buch gekauft, weil Sie bei Ihren Entscheidungen das eine oder andere Problem erlebt haben. Ich kenne das auch aus eigener Erfahrung. Was auch immer wir versuchen, um dem Problem Herr zu werden, es ändert nicht wirklich etwas. Denn was wir als persönliche Herausforderung erleben, ist nichts anderes als ein Symptom. Solange wir nicht an der Ursache arbeiten, werden wir damit keinen Erfolg haben. Daher finden Sie hier im Folgenden einige Symptome (Probleme), die Entscheider häufig erleben, und die Ursachen, die sie auslösen.

7.4.1 Angst vor Fehlern

Manche Entscheider haben so viel Angst vor Fehlern, dass sie geradezu gelähmt sind und gar keine Entscheidungen mehr treffen. Ursache sind natürlich zum einen negative Erfahrungen aus der Vergangenheit und zum anderen der Wunsch, am Status quo festhalten zu können. Die Erfahrungen müssen wir in die richtige Perspektive rücken. Vielleicht haben wir das Falsche daraus gelernt, nämlich dass unsere Entscheidungen immer zu Fehlern führen. Richtig ist, dass wir in Zukunft bessere Entscheidungen treffen können, wenn wir erkennen, warum es zu Fehlern kam. Wer am Status quo festhalten möchte, hat vermutlich kein Zukunftsbild, das ihn inspiriert und ihn für den Fortschritt motiviert. Daher sollten wir uns unbedingt Kapitel 2 „Vision und Mission" anschauen (siehe S. 27).

7.4.2 Bedauern

Wenn wir unsere Entscheidungen bedauern, kann das viele Gründe haben. Folgt die Reue unmittelbar auf die Entscheidung, dann haben wir unsere Entscheidung ohne Grundlage getroffen. Vermutlich kennen wir unseren Bedarf nicht und fühlen uns deshalb unsicher, was das Richtige ist. Ihren Bedarf können Sie mithilfe des Entscheidungskompasses (siehe S. 105) erarbeiten. Manchmal fehlt es allerdings auch an der zum Bedarf passenden Alternative. Für diese müssen wir selbst sorgen. In Kapitel 4 „Attraktive Alternativen" (siehe S. 123) können Sie sich dazu inspirieren lassen.

Wir können allerdings auch lange Zeit nach unserer Entscheidung plötzlich Bedauern verspüren. Zum Beispiel, weil wir viele Jahre zuvor eine Chance ausgeschlagen haben, die einen anderen reich gemacht hat. Vielleicht denken Sie sich, dass es normal ist, so einer Chance hinterherzutrauern. Es kommt darauf an. Stellen wir uns vor, wir haben unsere Entscheidung bewusst richtungsgetrieben getroffen, weil wir eine Vision haben, für die wir leben. Dann ist dies auch heute noch richtig und wir wissen, dass „die Chance" nicht unser Weg war. Das Bedauern empfinden wir nur, wenn wir Entscheidungen opportunitätsgetrieben fällen. Wir suchen dann immer nach dem kurzfristigen wirtschaftlichen Vorteil. Da wir alle die Zukunft nicht kennen, ist das ein reines Glücksspiel. Es macht uns auf Dauer unglücklich, weil es immer jemanden geben wird, der mehr aus einer Chance gemacht hat als wir. Wie Sie sich Ihre Vision erarbeiten, können Sie in Kapitel 2 „Vision und Mission" (siehe S. 27) nachlesen.

7.4.3 Bewertungsproblem

Alle Alternativen sind gleich schlecht oder gleich gut? Sie können nicht entscheiden, welche Ihren Bedarf tatsächlich erfüllt?

Dafür kann es unterschiedliche Ursachen geben. Vielleicht verfügen Sie über keinen geeigneten Maßstab (Kapitel 6 „Bewertung" siehe S. 221), um die Alternativen zu bewerten. Möglicherweise kennen wir unseren Bedarf doch noch nicht genau genug (Kapitel 3 „Entscheidungsklarheit" siehe S. 77). Oder es könnte auch sein, dass tatsächlich keine geeignete Alternative dabei ist, dann müssen wir erst die richtige entwickeln (Kapitel 4 „Attraktive Alternativen" siehe S. 123).

7.4.4 Dilemma

Sollten Sie vor einem Entscheidungsdilemma stehen, dann müssen wir zunächst klären, um welche Art von Dilemma es sich handelt. Genaueres finden Sie in diesem Teil unter „Entscheidungssituationen von A bis Z" unter „Dilemma" (siehe S. 264).

7.4.5 Fehlende Voraussicht

Sie wissen nicht, was passieren wird, und können deshalb keine Entscheidung treffen? Das ist für jeden von uns Normalität. Vermutlich geht es diesmal um mehr als sonst. Dann sollten wir uns die Frage stellen, ob wir durch unser Zögern die Situation verbessern. Wahrscheinlich wohl nicht. Denn meistens erhöht sich dadurch nur der Druck auf uns. Angenommen wir haben alles Menschenmögliche getan, wir kennen unseren Bedarf (Kapitel 3 „Entscheidungsklarheit" siehe S. 77), haben attraktive Alternativen entwickelt (Kapitel 4 „Attraktive Alternativen" siehe S. 123) und für die größtmögliche Unterstützung zur Umsetzung gesorgt (Kapitel 5 „Größtmögliche Unterstützung" siehe S. 171), dann bleibt uns nichts anderes übrig, als die Entscheidung zu treffen. Denn bisher hat noch keiner durch Warten eine Vorausschau entwickelt. Wir können Fehler nie ganz vermeiden und Kontrolle ist eine Illusion. Wir können niemals mehr als unser Bestes geben.

7.4.6 Fehlendes Selbstvertrauen

Wenn uns das Selbstvertrauen fehlt, eine Entscheidung zu treffen, dann heißt das nur, dass wir uns noch besser vorbereiten müssen. Siehe dazu den vorherigen Abschnitt über „Fehlende Voraussicht".

7.4.7 Fehlentscheidungen

Es gibt zwei Arten von Fehlentscheidungen. Zum einen können wir eine augenscheinlich schlechtere Alternative gewählt haben oder wir haben eine überlegene Entscheidungsalternative nicht gesehen. Da wir hier auf der Basis von Symptomen nach Ursachen forschen, könnte es auch sein, dass sich unsere Erwartungen nicht erfüllt haben und wir nun mit unserem Urteilsvermögen hadern.

Letzteres ist im Allgemeinen kein echtes Entscheider-Problem. Wie beinahe alles im Leben müssen wir auch unsere Urteilsfähigkeit trainieren. Hin und wieder liegen wir daneben. Davor kann Sie auch kein Entscheider-Coach bewahren. Sie sollten sich dann allerdings überlegen, was Sie daraus lernen können, um es beim nächsten Mal besser zu machen.

Wenn wir nachweislich sehenden Auges eine schlechte Alternative gewählt haben, dann könnte es sein, dass ein Fall von Selbstsabotage vorliegt. Die Ursachen dafür liegen eher in der Psyche als in den Entscheider-Fähigkeiten. Sollten Sie aber immer wieder die guten Alternativen übersehen, dann können Sie Folgendes machen:

1. Stellen Sie sich die richtigen Fragen und arbeiten Sie mit dem Entscheidungskompass (Kapitel 3 „Entscheidungsklarheit" siehe S. 77).
2. Sorgen Sie selbst für attraktive Alternativen (Kapitel 4 „Attraktive Alternativen" siehe S. 123).
3. Sorgen Sie für eine Vision (Kapitel 2 „Vision und Mission" siehe S. 27).

7.4.8 Keine Entscheidung

Siehe unter Symptom „Angst vor Fehlern" S. 321.

7.4.9 Konflikte meiden

Wir möchten ungern in Konflikte verwickelt werden. Entscheidungen führen jedoch oft genau dazu. Daher delegieren wir sie oder treffen überhaupt keine Entscheidungen. Führungskräfte und Entscheider müssen in der Lage sein, Konflikte aufzunehmen und beizulegen und wenn nötig loszubrechen. Ganz ohne Konflikte geht es nicht, sonst sind wir fehl am Platz. Wir können allerdings potenzielle Konflikte im Vorfeld ausräumen, indem wir nicht einfach Tatsachen schaffen, sondern mit den potenziell Betroffenen rechtzeitig das Gespräch suchen und uns ihrer Unterstützung versichern (Kapitel 5 „Größtmögliche Unterstützung" siehe S. 171). Konflikte können dann sogar Freude machen, weil wir über genügend Unterstützer verfügen, die hinter uns stehen.

7.4.10 Massiver Widerstand

Wir erleben häufig massiven Widerstand von allen Seiten als Reaktionen auf unsere Entscheidungen. Vermutlich haben wir uns nicht im Vorfeld genügend Unterstützung von den potenziell Betroffenen einer Entscheidung verschafft. Mehr dazu finden wir in Kapitel 5 „Größtmögliche Unterstützung" (siehe S. 171).

7.4.11 Ohne Orientierung

Möglicherweise müssen wir eine Entscheidung treffen, fühlen uns aber völlig orientierungslos. Entscheidungen sind richtungsgetriebenes Handeln. Wenn wir unsere Richtung nicht kennen, können wir logischerweise keine guten Entscheidungen treffen. Wir müssen uns daher unsere eigene Vision erarbeiten (Kapitel 2 „Vision und Mission" siehe S. 27).

7.4.12 Reue

Siehe unter Symptom „Bedauern" S. 321.

7.4.13 Rücknahme der Entscheidung

Siehe unter Symptom „Bedauern" S. 321.

7.4.14 Schlechte Erfahrungen

Siehe unter Symptom „Angst vor Fehlern" S. 321.

7.4.15 Ständiger Meinungswechsel

Siehe unter Symptom „Bedauern" S. 321.

7.4.16 Überdelegation von Entscheidungen

Entscheidungen, die wir eigentlich treffen müssten, landen auf dem Tisch von Mitarbeitern. Problem für den Mitarbeiter: Er hat nicht die notwendige Entscheidungskompetenz. Das ist dann ein typischer Fall von Überdelegation. Möglicherweise haben wir die Entscheidung mit dem Satz „Überraschen Sie mich!" weitergegeben. Die Ursache könnte darin liegen, dass wir keinerlei Vorstellung haben, welche Richtung das Ganze nehmen soll. Ist es unser eigenes Unternehmen, müssen wir unbedingt für eine Vision sorgen (Kapitel 2 „Vision und Mission" siehe S. 27). Sind wir dagegen angestellt, müssen wir die Unternehmensvision für uns und unseren Wirkungsbereich übersetzen. Dann fällt es uns auch zukünftig leicht, die Entscheidungen selbst zu treffen.

7.4.17 Unentschiedenheit

Wir sollen eine Entscheidung treffen, können uns aber nicht zwischen den Alternativen entscheiden. Die Ursache kann einmal darin liegen, dass wir unseren Bedarf nicht so gut kennen, dass wir einer Alternative ansehen können, ob sie ihn deckt (Kapitel 3 „Entscheidungsklarheit" siehe S. 77). Die andere Möglichkeit: Wir haben schlichtweg noch keine geeignete Alternative entwickelt, die den Bedarf decken könnte (Kapitel 4 „Attraktive Alternativen" siehe S. 123).

7.4.18 Verantwortung meiden

Für Verantwortung gilt das Gleiche wie für Konflikte. Siehe unter Symptom „Konflikte meiden" S. 324.

7.4.19 Verunsicherung

Siehe unter Symptom „Angst vor Fehlern" S. 321.

7.4.20 Wir kennen keine Unterstützer

Eine Entscheidung steht an. Doch wir sind uns unsicher, ob die unterschiedlichen Alternativen von unseren Mitarbeitern unterstützt oder bekämpft werden, sobald wir eine Entscheidung getroffen haben.

Vermutlich haben wir für die einzelnen Alternativen noch nicht bestimmt, wer betroffen sein könnte (Kapitel 5 „Größtmögliche Unterstützung" siehe S. 171). Wenn wir Gespräche mit potenziell Betroffenen führen, bevor wir Tatsachen geschaffen haben, werden wir sie eher für unsere Sache gewinnen, als wenn wir damit warten, bis die Entscheidung schon feststeht.

7.4.21 Zeitmangel

Wir haben zu wenig Zeit. Die Ursache könnte sein, dass wir in der Vergangenheit für eine Reihe von Entscheidungsproblemen zu unserem Bedarf nicht die passende Lösung geschaffen haben. Wenn wir beispielsweise den falschen Mitarbeiter eingestellt haben und nach der Probezeit feststellen müssen, dass er den Betriebsfrieden stört. Dann müssen wir uns nicht nur überlegen, wie wir den Mitarbeiter wieder loswerden, sondern auch gleichzeitig für Ersatz sorgen. Wenn er über eine gesuchte Qualifikation verfügt, kann das mitunter viel Zeit in Anspruch nehmen. Die Ursache für Zeitmangel ist daher häufig ein mangelnder Einsatz an Zeit für unsere Entscheidungen. Damit befinden wir uns in einem Teufelskreis. Allerdings sieht das nur so aus. Denn wir können jederzeit unsere Prioritäten anpassen, bis wir unsere Entscheidungsprobleme so weit gelöst haben, dass wir wieder mehr frei verfügbares Zeitbudget haben.

7.4.22 Zielkonflikt

Im Rahmen einer Entscheidung widersprechen sich zwei Ziele. Zum Beispiel möchte der Unternehmer seine Geschäft weiter ausbauen und seine Ehe retten. Er steckt damit in einem Dilemma. Die Ursache für dieses Dilemma ist allerdings eine falsche oder nicht vorhandene Vision. Denn eine Vision sollte dafür sorgen, dass alle Ziele miteinander im Einklang stehen (Kapitel 2 „Vision und Mission" siehe S. 27).

7.5 Entscheidungsmethoden

Welches ist die beste Entscheidungsmethode? Diejenige, die wir in unserer täglichen Arbeit auch einsetzen. Denn das ist das Grundproblem jeder Methode – die meisten Menschen setzen sie nicht ein, obwohl sie es besser wissen könnten. Meistens passen die Methoden aber nicht zu unserem Arbeitsstil und wir müssten uns mit viel Aufwand an die Methode anpassen. Ich kenne dieses Problem nur zu gut. Daher empfehle ich, dass wir vor allen Dingen darauf achten, für „Entscheidungsklarheit" zu sorgen, „attraktive Alternativen" zu schaffen und uns die „größtmögliche Unterstützung" zu sichern. Wie wir das machen, bleibt uns selbst überlassen. Aber wir haben uns im Verlauf dieses Buches viele Vorgehensweisen angesehen, die bei anderen Entscheidern ausgezeichnet funktioniert haben. Im Anschluss finden Sie einige Entscheidungsmethoden mehr, die sich vor allen Dingen auf „Entscheidungsklarheit" und die Bewertung von Alternativen beziehen.

7.5.1 Pareto-Methode

Der italienische Ökonom Vilfredo Pareto hat bereits im 19. Jahrhundert herausgefunden, dass sich mit 20 % Arbeitseinsatz nahezu 80 % des Ergebnisses erzielen lassen. Diese Verteilung hat sich in sehr vielen Bereichen sowohl in der Natur als auch bei ökonomischen und gesellschaftlichen Fragestellungen immer wieder bewahrheitet. Daher wird sie heute nahezu überall als gültig angesehen. Allerdings wurde ihre Gültigkeit nicht für jeden Bereich überprüft.

Wer die Pareto-Verteilung für Entscheidungen einsetzt, möchte nicht eine einzelne Alternative identifizieren, sondern z. B. aus einem Strauß von möglichen Maßnahmen ein besonders wirksames Bündel schnüren.

Methode

Für die Pareto-Methode brauchen wir das Verhältnis zweier Zahlenwerte. Zum einen den Einsatz (Geld, Arbeit, Zeit ...), und zum anderen den Beitrag zum Ergebnis. Ohne diese Information können wir die Methode nicht einsetzen.

Die Vorgehensweise ist relativ einfach. Wir erstellen aus den unterschiedlichen Handlungsoptionen eine Rangfolge der Ergebnisse. Die Summe aller Ergebnisse stellt unseren Ergebnismaßstab dar, die Summe der Einsätze unseren Einsatzmaßstab.

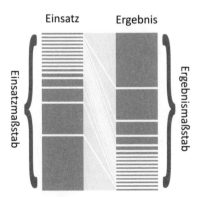

Maßstäbe innerhalb der Pareto-Methode

Mithilfe des Ergebnismaßstabs wählen wir so lange Handlungsoptionen in absteigender Reihenfolge, bis wir insgesamt 80 % des Ergebnisses erreichen. Wenn wir die Einsätze der ausgewählten Alternativen addieren, müsste ein Gesamteinsatz von ca. 20 % herauskommen. Liegt er weit darüber, reduzieren wir so lange Alternativen, bis wir wieder bei ca. 20 % liegen. Wenn die Pareto-Verteilung zutrifft, dürften wir im Ergebnis dabei nicht unter 65 % sinken. Sollte es anders sein, trifft die Pareto-Verteilung auf unseren Fall nicht zu.

Anwendung

Der Textileinzelhändler Frank Gutmann hat vor einiger Zeit einen Kundenklub ins Leben gerufen. In den ersten sechs Monaten haben über 3.000 Kunden einen Antrag gestellt, im Klub aufgenommen zu werden. Mit so viel Interesse hatte Gutmann nicht gerechnet. Der Bearbeitungsaufwand ist extrem hoch und es dauert bis zu vier Wochen, bis ein Kunde seine Mitgliedskarte bekommt. Zunächst hatte sich Gutmann überlegt, drei neue Mitarbeiter einzustellen, um des Antragsbergs Herr zu werden. Zum Glück stoppt ihn eine Mitarbeiterin und erklärt ihm, dass der Arbeitsaufwand auch deshalb so hoch ist, weil sich die meisten Anträge nicht direkt bearbeiten ließen.

Wie sich herausstellt, gibt es verschiedene Gründe, warum ein Antrag Mehrarbeit verursacht.

So haben Kunden schon eine Mitgliedskarte und stellen einen neuen Antrag, weil sie die Karte nicht mehr finden können, andere Anträge sind schlichtweg nicht lesbar, die Anschrift stimmt nicht oder der Antragsteller hat seine Unterschrift vergessen.

Gutmann lässt eine Häufigkeitstabelle aufstellen, um die Probleme gezielt angehen zu können.

7.5 Entscheidungsmethoden

Gründe	Aufwand für Vorkehrungen		Häufigkeit des Fehlers		
	in Arbeitstagen	in Prozent	Häufigkeit	in Prozent	
Keine Unterschrift	1,5	7,50%	380	71,03%	
Falsche Adresse	2,5	12,50%	60	11,21%	82,24%
Unlesbarer Antrag	3	15,00%	55	10,28%	
Kunde ist Mitglied	5	25,00%	30	5,61%	
Andere Gründe	8	40,00%	10	1,87%	
Summen	20	100,00%	535	100,00%	

20%

Häufigkeit der Bearbeitungsfehler und Aufwand für Vorkehrungen

Mit ihrer Hilfe erkennt der Unternehmer, dass er einen Großteil der Probleme abstellen kann, wenn er seine Maßnahmen darauf fokussiert, etwas gegen Anträge ohne Unterschrift und Anträge mit falscher Adresse zu unternehmen.

Bewertung

Die Pareto-Methode ist keine Entscheidungsmethode in einem Entweder-oder-Sinne. Vielmehr können wir dadurch die Aspekte und Maßnahmen herausarbeiten, bei denen wir mit wenig Aufwand viel erreichen können. Gerade in stressigen Situationen ist die Pareto-Methode daher gut geeignet, die richtigen Maßnahmen zu identifizieren.

Eine Schwäche der Methode ist ihr Informationsbedarf. Denn unter Umständen müssen Hunderte von Maßnahmen benannt werden und es muss ihr jeweiliger Aufwand bzw. Beitrag zum Ergebnis ermittelt werden. Aber vielleicht wendet der Entscheider auf dieses Problem vorher die Pareto-Methode an?

7.5.2 Risikobilanz

Die Risikobilanz leite ich aus der Spannungsbilanz, einem Werkzeug der Strategieentwicklung her. Die Spannungsbilanz ist keine „offizielle" Methode, mit der Entscheidungen sonst getroffen werden. Allerdings habe ich festgestellt, dass sie uns ermöglicht, ein visuelles Risikoprofil unterschiedlicher Alternativen anzulegen.

Methode

Die Spannungsbilanz ist in erster Linie eine Methode, um die strategische Positionierung eines Unternehmens festzulegen.

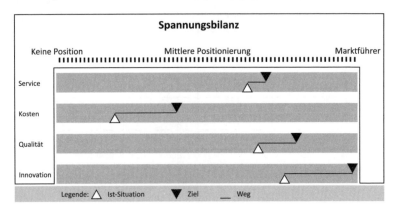

Strategische Positionierung mit einer Spannungsbilanz

Mittels der schwarzen Markerdreiecke legt der Entscheider das jeweilige strategische Ziel fest. Die weißen Markerdreiecke zeigen den Ist-Zustand des Unternehmens in der jeweiligen Zielkategorie an. Die schwarze Linie zeigt den noch zurückzulegenden Weg an. In dem Beispiel möchte das Unternehmen offensichtlich Innovationsführer werden. In dieser Kategorie und in der Kostenführerschaft sind laut Spannungsbilanz noch die weitesten Wege zu gehen.

In dieser Form eignet sich die Spannungsbilanz bereits gut, um damit den Stand auf dem Weg zur eigenen Vision zu bilanzieren.

Allerdings können wir die Methoden weiterentwickeln und damit die Risikostruktur einzelner Entscheidungsalternativen aufzeigen.

Als Leitkategorien dienen uns unsere Entscheidungskriterien. Die Alternativen sollten unseren Bedarf decken, den wir in Form der Entscheidungskriterien abbilden. Anders als bei den meisten anderen Entscheidungsmethoden wollen wir nicht einfach nur eintragen, wie die eine Alternative unter besten Umständen unseren Bedarf erfüllt, sondern wir schätzen ebenfalls ein, wie unser Bedarf im denkbar ungünstigsten Fall gedeckt wird.

7.5 Entscheidungsmethoden

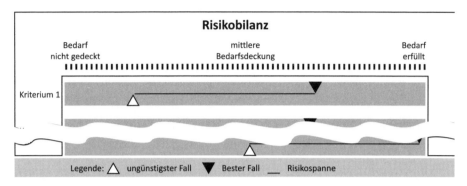

Risikobilanz (schematisch)

Der Entscheider kann dann je nach Risikoneigung seine Wahl treffen. Tendenziell wird sich jeder Entscheider für Alternativen entscheiden, die im besten Fall den Bedarf vollständig erfüllen und insgesamt eine geringe Risikospanne aufweisen.

Anwendung

Die Risikobilanz ist relativ einfach aufgestellt. Der Entscheider muss sich allerdings zusätzlich zu dem Szenario des besten Falles noch Szenarien überlegen, in denen es nicht so günstig läuft.

Der Entscheider schätzt dann für die Alternative, inwieweit sie in dem ungünstigen Fall den Bedarf noch decken kann.

> Unternehmer Heiner Lutz will sich eine neue Verpackungsstraße kaufen. Er weiß inzwischen genau, was er möchte, und hat verschiedene Angebote vorliegen. Aus Kostengründen erwägt er, diesmal keine „deutsche Wertarbeit" zu nehmen, sondern den Nachbau eines koreanischen Unternehmens. Natürlich will er sich damit nicht in die Nesseln setzen, daher stellt er für seine Alternativen eine Risikobilanz auf.
>
> Seine Entscheidungskriterien sind Kosten, Qualität, Service, Kapazität, Wartung und Verbrauch. Auf dem Papier hat ihn der Preis des koreanischen Produkts voll überzeugt. Allerdings kann es Probleme mit dem Einfuhrzoll geben. Auch die Transportkosten sind abhängig von verfügbaren Kapazitäten. Im ungünstigsten Fall können ihm ungeplante Kosten von bis zu 10 % des Listenpreises entstehen, bis die Maschine bei ihm steht und die Arbeit aufnimmt. Die Qualität der Koreaner soll nicht schlecht sein. Aus Gesprächen mit anderen Unternehmern weiß er allerdings, dass es durchaus auch Probleme geben kann. Er muss also mit einer bestimmten Ungewissheit leben. Aber selbst im schlechtesten Fall hatte bisher keiner den Kauf bereut. Der Service wird durch einen deutschen Kontraktor durchgeführt. Das Unternehmen hat bereits einen einschlägigen Ruf, ist aber technisch durchaus kompetent. Viel mehr als eine durchschnittliche Erfahrung erwartet Lutz ohnehin nicht und so richtig schlimm kann es auch nicht werden, weil der Servicedienst nach ISO 9000 zertifiziert ist. Die Kapazität der Verpackungsstraße hängt davon ab, wie viel unterschiedliche Produkte Lutz darüber fahren wird. Wie jede andere Anlage auch muss das koreani-

sche Modell umgerüstet werden. Lutz hat sich das bei einem anderen Unternehmer angesehen. Manches ist dabei weniger geschickt gelöst als bei der Konkurrenz, was die Auszeit der Anlage in die Höhe treibt. Obwohl die Maschine auf dem Papier eine hohe Kapazität hat, könnte diese bei häufigen Produktwechseln nur noch mittelmäßig ausfallen. Ähnlich verhält es sich mit der Wartung. Je weniger verändert wird, desto klagloser läuft die Anlage. Umgekehrt nimmt der Wartungsaufwand zu. Denn leider ist es mit einem einfachen Programmlauf nicht getan, weil die Anlage auch hier ein wenig umständlich zu bedienen ist.

In den Verbrauchswerten gehört die koreanische Maschine zum Spitzenfeld. Lutz rechnet hier nicht mit bösen Überraschungen.

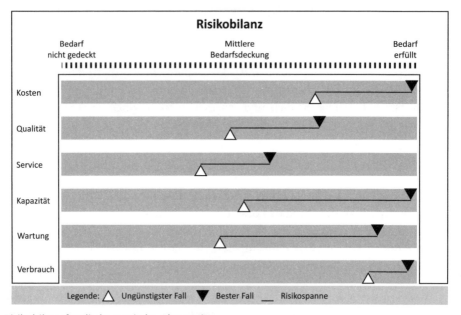

Risikobilanz für die koreanische Alternative

Die Risikobilanz für die Anschaffung der Anlage eines deutschen Maschinenbauers sieht deutlich anders aus.

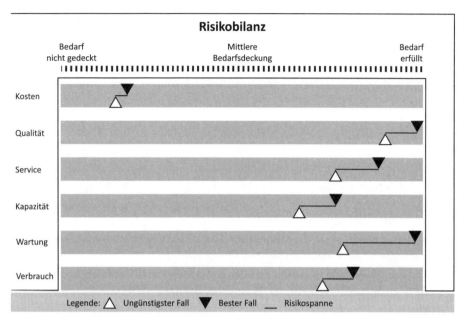

Risikobilanz des deutschen Konkurrenten

Trotz des erheblich höheren Anschaffungspreises entscheidet sich Lutz für die deutsche Anlage. Denn deren Risikospanne ist um einiges kleiner als bei der koreanischen Konkurrenz.

Bewertung

Die Risikobilanz ist eine visuelle Hilfe für den Entscheider. Mithilfe der Methode kann er sich bestehende Risiken bewusst machen. Als ausschließliches Entscheidungswerkzeug würde ich sie nicht einsetzen. Denn auch wenn wir leicht ablesen können, wie gut die einzelnen Alternativen unsere Entscheidungskriterien erfüllen, so wird deren unterschiedliche Bedeutung für den Entscheider nicht deutlich. Deshalb heißt die Methode ja auch Risikobilanz und nicht Entscheidungsbilanz. Als Ergänzung zu einer anderen Methode, wie z. B. der Nutzwertanalyse, eignet sich die Risikobilanz dagegen gut. Der visuelle Ansatz prädestiniert die Methode als Arbeitshilfe für intuitive Entscheider.

7.5.3 AHP – Analytical Hierarchical Process

Die AHP-Methode gehört zu den computergestützten Entscheidungsmethoden. Denn ohne diese Hilfe wäre die Methode nur schwer anwendbar. Obwohl ihr Erfinder Thomas L. Saaty sie bereits in den 70er-Jahren des letzten Jahrhunderts entwickelt hatte, dauerte es bis zum Anfang der 90er-Jahre, als PCs überall verfügbar waren, bis die Methode einen breiteren Einsatz fand.

Methode

Die Grundprinzipien von AHP sind strenge Hierarchien von Zielen, Entscheidungskriterien und Alternativen. Dabei kommt immer wieder der differenzierte paarweise Vergleich zum Einsatz (siehe S. 225). Dies ist übrigens auch der Grund, weshalb die Methode ohne Computerunterstützung nicht gut eingesetzt werden kann. Der paarweise Vergleich reduziert Schätzfehler. Zusätzlich wird im Rahmen der Methode ein Inkonsistenzfaktor errechnet, also wie logisch oder unlogisch die Bewertungen durch den Entscheider ausfallen.

In einem ersten Schritt formuliert der Entscheider eine Zielfrage und erarbeitet alle wichtigen (Entscheidungs-)Kriterien, die seiner Meinung nach mit dem Ziel zusammenhängen könnten. Weiterhin sammelt er alle verfügbaren Lösungsalternativen.

Im zweiten Schritt vergleicht der Entscheider seine Entscheidungskriterien in einem differenzierten paarweisen Vergleich. Dazu wendet er den folgenden Maßstab an:

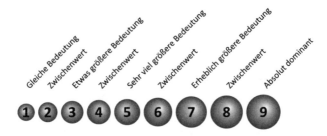

AHP-Maßstab für den differenzierten paarweisen Vergleich

Auf diese Weise kann der Computer eine Gewichtung der einzelnen verwendeten Entscheidungskriterien vornehmen.

Im dritten Schritt vergleichen wir für jedes Entscheidungskriterium alle Alternativen im paarweisen Vergleich miteinander.

Die Software erstellt dann anhand der von uns ermittelten Wertehierarchie eine Rangfolge der Alternativen mit unseren Bewertungen.

Anwendung

Es gibt inzwischen zahlreiche Anwendungen, mit deren Hilfe wir eine Entscheidung nach der AHP-Methode durchführen können. Ich habe das Beispiel von Unternehmer Heiner Lutz aus dem Abschnitt „Risikobilanz" auf vier Entscheidungskriterien verkürzt und die Daten auf der Plattform 123AHP (http://www.123ahp.com) eingegeben. Die Ergebnisse sehen Sie im Folgenden abgebildet.

Zunächst der paarweise Vergleich der Entscheidungskriterien:

Beziehungen zwischen den Kriterien	Kosten	Qualität	Service	Kapazität
Kosten	1	8	6	5
Qualität	1/8	1	6	1/6
Service	1/6	1/6	1	1/5
Kapazität	1/5	6	5	1

Paarweiser Vergleich der Entscheidungskriterien

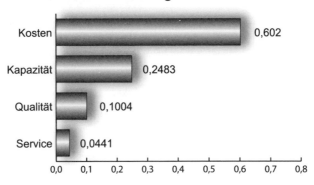

Gewichtete Entscheidungskriterien

Im Anschluss führen wir für jedes einzelne Entscheidungskriterium die paarweisen Vergleiche der Entscheidungsalternativen durch:

Paarweiser Vergleich der Alternativen bezüglich des Kriteriums „Kosten"

Kosten	Koreanisches Produkt	Deutsches Produkt
Koreanisches Produkt	1	9
Deutsches Produkt	1/9	1

Paarweiser Vergleich der Alternativen bezüglich des Kriteriums „Qualität"

Qualität	Koreanisches Produkt	Deutsches Produkt
Koreanisches Produkt	1	1/5
Deutsches Produkt	5	1

Paarweiser Vergleich der Alternativen bezüglich des Kriteriums „Service"

Service	Koreanisches Produkt	Deutsches Produkt
Koreanisches Produkt	1	1/5
Deutsches Produkt	5	1

Paarweiser Vergleich der Alternativen bezüglich des Kriteriums „Kapazität"

Kapazität	Koreanisches Produkt	Deutsches Produkt
Koreanisches Produkt	1	1/3
Deutsches Produkt	3	1

Nachdem wir die Werte eingegeben haben, errechnet das Programm die einzelnen Hierarchiebeziehungen zwischen den Kriterien und Alternativen.

Beziehungen zwischen den Kriterien	Kosten	Qualität	Service	Kapazität
Koreanisches Produkt	0,9000	0,1667	0,1667	0,2500
Deutsches Produkt	0,1000	0,8333	0,8333	0,7500

Beziehungen zwischen den Kriterien und Alternativen

7.5 Entscheidungsmethoden

Das Entscheidungsergebnis sieht folgendermaßen aus:

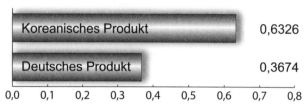

Die Entscheidung nach AHP

Wie wir sehen können, entscheidet sich der Unternehmer nach AHP deutlich für das koreanische Produkt.

Bewertung

Computergestützte Entscheidungen haben einen großen Nachteil. Dem Entscheider wird das Denken abgenommen und oft wissen die Benutzer dieser Programme nicht, was sie da gerade tun. Entscheider, die die Methode gut kennen, werden allerdings wegen des hohen Aufwands an einzelnen Bewertungen andere Methoden bevorzugen.

AHP als Methode ist so konstruiert, dass sie die Unzulänglichkeiten des Entscheiders zumindest bemerkt. So errechnet der Computer für uns z. B. ein Maß für unsere Bewertungsfehler, den Inkonsistenzfaktor. In dem obigen Beispiel betrug er übrigens 0,3. Im Allgemeinen gilt, dass alle Werte von null bis 0,1 akzeptabel sind. Ich müsste also meine Bewertungen noch einmal überprüfen, um eine valide Entscheidung zu erhalten.

Da bei AHP alle Daten über den paarweisen Vergleich erhoben werden, entsteht schnell eine sehr große Zahl von Vergleichen. Die Zahl der zu tätigenden Vergleiche können wir vorab errechnen:

Die Zahl der Vergleiche ist gleich der Zahl der Entscheidungskriterien mal der Zahl der Alternativen zum Quadrat. Angenommen wir haben fünf Entscheidungskriterien und fünf Alternativen, dann würden wir eine Zahl von $5 \cdot 5 \cdot 5 = 125$ einzelnen Vergleichen durchführen müssen.

Das Problem: Das Interesse des Entscheiders an einer guten Entscheidung erlahmt mit zunehmender Zahl der durchgeführten Vergleiche. Wenn dann das Programm uns am Ende noch mitteilt, dass wir nicht sehr konsistent in unserem Urteil sind, trägt das nicht zur Belustigung bei.

AHP ist derzeit das genaueste auf dem Urteilsvermögen des Entscheiders aufbauende Entscheidungsverfahren. Doch der Bearbeitungsaufwand ist enorm.

7.5.4 Minimale Reue

Viele Entscheider sind nach einiger Zeit mit ihrer Entscheidung unglücklich. Das Problem: Wir wissen jetzt die Ergebnisse verschiedener Alternativen und unsere ursprüngliche Entscheidung gehört danach möglicherweise nicht zu den besten. Wer das häufiger erlebt, möchte vielleicht diesen Reuefaktor in seinen Entscheidungen berücksichtigen. Dafür eignet sich die Methode „minimale Reue".

Methode

Reut uns eine Entscheidung, dann liegt das nicht nur daran, dass wir an einem festen Maßstab gemessen eine falsche Entscheidung getroffen haben. „Das Bessere ist der Feind des Guten", heißt es in einem Sprichwort. Mit anderen Worten: Der Maßstab unserer Reue ist immer die nachträglich beste Alternative, gegen die wir uns entschieden haben. Der Ökonom spricht von „Opportunitätskosten", wenn wir beispielsweise unsere Zeit mit Internetsurfen vertun, anstatt beim Kunden einen Auftrag über 10.000 Euro zu holen. Am festen Maßstab gemessen hätte diese Arbeitsstunde möglicherweise 300 Euro gekostet. Da wir aber die Möglichkeit hatten, zur selben Zeit den Auftrag zu vereinbaren, liegen die Opportunitätskosten bei 10.000 Euro.

Wenn wir unsere Reue minimieren, heißt das also nichts anderes, als diese Opportunitätskosten zu minimieren. Wir orientieren uns dabei wieder an unserem Bedarf, den wir als Entscheidungskriterien abbilden.

Die höchste Reue werden wir empfinden, wenn wir mit der von uns gewählten Alternative „Schiffbruch" erleiden, während die Vergleichsalternative das denkbar günstigste Szenario erlebt. Daher brauchen wir pro Alternative für jedes Entscheidungskriterium eine Bewertung für den ungünstigsten Fall und für den besten Fall. Wir ermitteln dann unsere Opportunitätskosten pro Entscheidungskriterium, indem wir jeweils die Differenz zwischen dem ungünstigsten Fall der betrachteten Alternative und dem besten Fall der Vergleichsalternative bilden. Negative Ergebnisse berücksichtigen wir nicht, da wir mit der Reue lediglich die „Kosten" minimieren wollen.

Entscheidungskriterien haben für den Entscheider eine unterschiedliche Bedeutung, daher gewichten wir unsere Kriterien.

Anwendung

Unternehmer Heiner Lutz, den wir schon aus dem Abschnitt „Risikobilanz" kennen, hat sich dazu entschlossen, seine Anlagenentscheidung zusätzlich mittels der Methode „minimale Reue" zu überprüfen.

7.5 Entscheidungsmethoden

Er gewichtet dabei seine Entscheidungskriterien entsprechend seinem Nutzen.

Kriterien	Gewicht	Koreanische Anlage				Deutsche Anlage			
		Ungünstiger Fall	Bester Fall	Reue	Gewichtete Reue	Ungünstiger Fall	Bester Fall	Reue	Gewichtete Reue
Kosten	5	80	100	~~52~~	0	25	28	75	375
Qualität	4	50	70	50	200	95	100	~~25~~	0
Service	2	40	55	45	90	80	85	~~25~~	0
Kapazität	4	50	100	20	80	65	70	35	140
Wartung	3	50	95	50	150	85	100	10	30
Verbrauch	4	95	100	~~10~~	0	80	85	20	80
				Summe	520			Summe	625

Heiner Lutz' Matrix zur Ermittlung der Alternative mit der minimalen Reue

Am Ende stellt sich heraus, dass er eine positive Entscheidung für die deutsche Anlage mehr bedauern würde, sollte alles schieflaufen, als im umgekehrten Fall beim Kauf der koreanischen Anlage.

Bewertung

Bei der Methode „minimale Reue" konzentriert sich der Entscheider auf einen Ausschnitt des Entscheidungsproblems, die Opportunitätskosten. Im Allgemeinen ist ein ganzheitlicher Ansatz wie bei Nutzwertanalyse oder AHP vorzuziehen. In Situationen ohne klares Ergebnis, also in einem Entscheidungsdilemma, macht es durchaus Sinn, sich auf Einzelfaktoren wie z. B. die Opportunitätskosten zu konzentrieren, um zu einer Entscheidung zu kommen.

Die Methode „minimale Reue" produziert ein „errechnetes" Ergebnis und unterscheidet sich darin deutlich von der visuell orientierten Risikobilanz. Während die Risikobilanz daher eher von intuitiven Entscheidern genutzt wird, bevorzugen analytisch vorgehende Entscheider die „minimale Reue".

Im genutzten Beispiel kommt der Entscheider über die beiden Methoden zu einem jeweils anderen Ergebnis. Dies erklärt sich in den unterschiedlich verwendeten Maßstäben der beiden Methoden. Während die Risikobilanz mit einem absoluten Maßstab arbeitet und die Alternativen daran misst, verwendet die „minimale Reue" den relativen Maßstab der Vergleichsalternative.

7.5.5 Entscheidungsbaum

Entscheidungsbäume sind eine gute Methode, wenn es um mehrstufige Entscheidungen geht. Welche Entscheidungen sind denn nicht mehrstufig? Diese Frage mag dem einen oder anderen kommen, wenn er diese Zeilen liest. Da unsere heutigen Entscheidungen immer auch über unsere Gestaltungsspielräume morgen mitentscheiden, ist jede Entscheidung immer mehrstufig.

Allerdings ist unsere Voraussicht meistens nicht so vollständig, dass wir heute schon ein klares Bild davon haben könnten, wie unsere Gestaltungsspielräume nicht nur morgen, sondern auch übermorgen aussehen. Daher beschränken wir uns meistens auf die Einstufigkeit.

Entscheidungsbäume kennen zwei mögliche Verzweigungsarten, die Entscheidung, grafisch als Viereck dargestellt, und die Umstände, welche als Kreis dargestellt werden. Die Idee dahinter: Bei der Entscheidung bestimmt der Entscheider den Ausgang, bei Umständen tun dies die Umstände. Das kennen wir auch aus der Praxis und nennen das Entscheiden unter Risiko. Wichtig bei der Arbeit mit Umständen: Die Summe aller Wahrscheinlichkeiten ergibt immer 100 %. Denn es ist absolut sicher, dass irgendein Umstand eintritt. Wenn die Summe der Wahrscheinlichkeiten weniger als 100 % ist, haben wir entweder das Eintreten eines Umstands unterschätzt oder es gibt noch einen Umstand, den wir nicht abgebildet haben. Sollte die Summe der Umstände mehr als 100 % sein, dürfen Sie sich zurücklehnen, denn Deutschland ist ja das Zuhause der 150%igen. Im Ernst, mehr als 100 % geht nicht!

Stellen Sie sich vor, ein Mann spricht Sie auf der Straße an und lädt Sie zu einem Münzwurfspiel „Kopf oder Zahl?" ein. Wenn Sie gewinnen, wird Ihr Einsatz verdoppelt, wenn Sie verlieren, ist auch Ihr Einsatz futsch. Die Gewinn- wie die Verlustwahrscheinlichkeit liegt bei 50 %. Wie sollen Sie sich entscheiden?

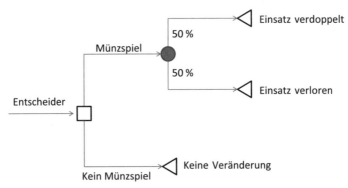

Beispiel Entscheidungsbaum für das Spiel „Kopf oder Zahl?"

7.5 Entscheidungsmethoden

Wie im Beispiel dargestellt symbolisiert ein Dreieck das Ende der Entscheidung, meint allerdings nur das Ende der Betrachtung.

Der Mathematiker nennt die Enden auch die „Blätter" des Entscheidungsbaumes. Diese Enden der Betrachtung sind relativ. Denn der Spieler, der sich auf das Spiel „Kopf oder Zahl?" eingelassen hat, könnte nach seinem Verlust Betrug vermuten. Er müsste also entscheiden, ob alles mit rechten Dingen zugeht. Vermutet er einen Betrug, kann er entweder Anzeige erstatten, sein Geld zurückfordern oder den Betrüger ohrfeigen usw. Mit anderen Worten: Die Betrachtung könnte unendlich weitergeführt werden.

Wie wir an dem kleinen Alltagsbeispiel sehen, sind Entscheidungsbäume einfach zu verstehen und auch zu erstellen. Allerdings hätten wir für dieses triviale Beispiel keinen Entscheidungsbaum gebraucht.

Entscheidungsbäume helfen uns immer dann, wenn wir damit einen Blick in die Zukunft organisieren können. Die Konsequenzen unserer Alternativen mögen uns bekannt sein. Aber wenn wir mehr als zwei davon betrachten, hilft ein grafischer Überblick.

Einstufige Entscheidungsbäume

Rein mathematisch ist es für einen Entscheidungsbaum egal, ob eine Entscheidung oder ein Umstand in weitere Äste verzweigt. Für uns als Entscheider ist es das nicht. Denn jede Entscheidung bringt eine neue Stufe ins Spiel, während wir Umstände, wie wir gleich sehen werden, durch Berechnung auflösen können. Im Folgenden schauen wir uns ein Beispiel an, das zwar viele Umstände enthält, aber nur eine einzige Entscheidung.

Unternehmer Friedrich Remmler steht vor der Entscheidung, wie er seine Produkte vermarkten soll. Marketing kostet immer viel Geld und niemand kann ihm sagen, was dabei herauskommen wird. Remmler kauft vor allen Dingen Spielzeuge aus Fernost ein, die er als Importeur auf den deutschen Markt bringt. Leider hat er kein exklusives Bezugsrecht. Das heißt, dass er immer damit rechnen muss, dass ein anderer Importeur bei einer guten Marktresonanz auf den fahrenden Zug aufspringt und ihm die Preise verdirbt.

Seine Werbeausgaben nutzen dann auch dem Konkurrenten, da er ja keine eigene Marke nutzt. Das bringt ihn auf die Idee, dass er in Deutschland durchaus mit eigener Marke auftreten könnte. Er müsste dann allerdings die Spielzeuge exklusiv für sich im Look und Feel seiner Marke produzieren lassen. Damit steigen nicht nur seine Kosten, sondern auch sein Risiko. Bisher konnte er immer mit verhältnismäßig kleinen Mengen einsteigen und sehen, wie es läuft, und dann nachordern. Wenn er Pech hatte, dann war er einige Wochen nicht lieferfähig, hat aber keine Verluste gemacht. Exklusiv produzierte Produkte lohnen sich nur ab einer bestimmten Größenordnung. Im schlimmsten Fall würde er auf seinen Produkten sitzen bleiben. Mit einer eigenen Marke kann er allerdings auch mehr für seine Produkte verlangen. Das heißt, im besten Fall könnte er sich gegen Konkurrenz abschirmen und mehr Geld einnehmen. Für seine Entscheidung erstellt er einen Entscheidungsbaum mit den entsprechenden Werten, die er schätzen muss.

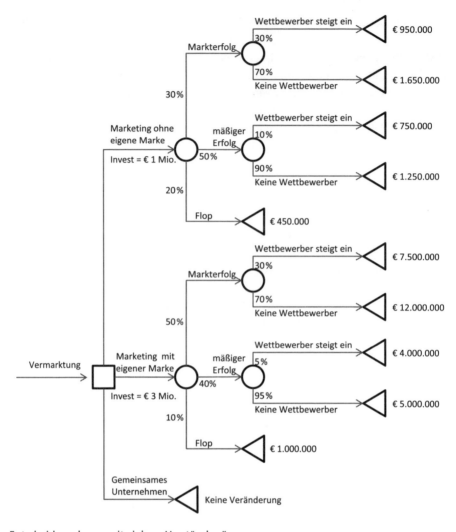

Entscheidungsbaum mit vielen „Umständen"

Wie soll Remmler sich entscheiden? Ich bin kein Freund von reinen Wirtschaftlichkeitsbetrachtungen. Denn ganz unabhängig von den reinen Zahlen könnte der Unternehmer ja schon immer den Wunsch gehabt haben, mit einer eigenen Spielzeugmarke vertreten zu sein.

Auch die Wahrscheinlichkeiten für das Eintreten der jeweiligen „Umstände" sind einmal quer über den Daumen geschätzt.

Aber im Rahmen der Entscheidungstheorie kann Remmler jetzt seine Entscheidung errechnen. Nur keine Angst, wir werden dabei mit den einfachsten Grundrechenarten auskommen.

Entscheidungsbäume werden vom rechten Ende her aufgelöst, indem wir die Ergebnisse der jeweiligen Blätter mit den Wahrscheinlichkeiten multiplizieren. Die Einzelergebnisse dürfen wir dann einfach addieren.

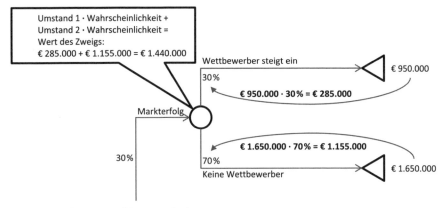

Entscheidungsbaum von hinten aufgelöst

Was erreichen wir damit? Wir nehmen den letzten Umstand aus dem Spiel und geben ihm einen Wert. Dadurch verkürzt sich der Baum und er wird überschaubarer.

Vereinfachter Ast des Entscheidungsbaums

Konsequent von hinten aufgerollt verliert der Baum seine Unübersichtlichkeit und wir können leicht erkennen, welche Alternative die beste für uns ist.

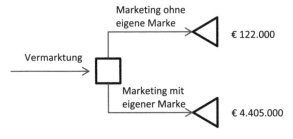

Aufgelöster Entscheidungsbaum

Also auch wirtschaftlich spricht für Remmler alles dafür, eine eigene Marke ins Leben zu rufen.

Mehrstufige Entscheidungsbäume

Nachdem wir jetzt wissen, dass wir die „Umstände" in Entscheidungsbäumen gut auflösen können, kommen wir zum eigentlichen Wert eines Entscheidungsbaums für den Praktiker. Mehrstufige Entscheidungsbäume gönnen uns einen Blick auf unsere zukünftigen Gestaltungsspielräume.

Unsere Entscheidungen heute legen unsere Gestaltungsspielräume morgen fest. Wenn wir beispielsweise heute unsere gesamten verfügbaren Ersparnisse in die falschen Papiere an der Börse investieren, dann können wir morgen nicht in das vielversprechende Start-up-Unternehmen investieren, das uns vielleicht reich machen könnte. Denn diesen Gestaltungsspielraum haben wir bereits in der Vergangenheit geopfert.

> Frieder Heinrich ist Teamleiter in einem Forschungslabor. Sein bester Freund Rainer Mair ist ein Kollege, der ebenfalls Teamleiter ist. Während seiner Freizeit tüftelt Heinrich an einem Wissenschaftsportal, über das sich Wissenschaftler in der ganzen Welt über mehrere Disziplinen austauschen können. Die Betaversion, die seit einigen Monaten im Netz ist, hat mittlerweile den Zuspruch von Tausenden Benutzern. Eine Risikokapitalgesellschaft ist darauf aufmerksam geworden und möchte ihn überzeugen, dass er sich mit dem Portal selbständig macht. Gleichzeitig wird ihm in seinem Unternehmen die Position des wissenschaftlichen Direktors der Abteilung angeboten. Eine Stellung, die der ganze Traum seines Freundes Rainer ist. Doch Frieder weiß, dass Rainer aufgrund von „Politik" eher auf der Abschussliste steht als auf dem Warteplatz zu einer Beförderung.
>
> Wenn Heinrich die Beförderung ausschlägt, dann wird sein Freund Rainer schneller auf der Straße sitzen, als wenn er die Beförderung annimmt. Andererseits kann er auch nicht die Politik im Unternehmen ändern. Rainer Mair hat sich nun einmal unbeliebt gemacht, damit ist das Beste, worauf er hoffen kann, seinen Job zu behalten.
>
> Nimmt Heinrich aber die Beförderung an, wird ihm Mair das vermutlich übel nehmen. Sein eigenes Unternehmen aufzubauen reizt Heinrich auch sehr. Endlich kein ewiges Wegducken mehr und keine Entscheidungen der Politik unterordnen müssen. Das könnte ihm schon gefallen. Zudem könnte er so auf Dauer mehr für seinen Freund tun als innerhalb des Forschungslabors. Wenn mit dem Portal alles gut geht, dann kann er Mair später eine leitende Position anbieten. Das ist immerhin etwas, was er als Forschungsdirektor nie in der Lage wäre, anzubieten.

7.5 Entscheidungsmethoden

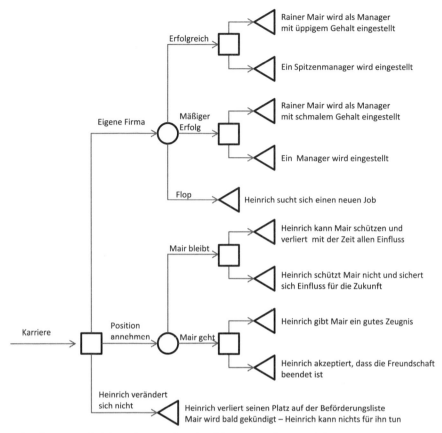

Zweistufiger Entscheidungsbaum mit zukünftigen Gestaltungsspielräumen

Heinrich kann seine Gestaltungsspielräume für die Zukunft je nach seiner Entscheidung bereits heute gut ablesen. Der Entscheidungsbaum über die heutige Situation mitsamt der weiteren Zukunft hilft ihm dabei.

Wir können diesem Beispiel noch eine andere wichtige Erkenntnis entnehmen, die wir natürlich schon kennen sollten. Die Umstände im persönlichen Entscheidungsbaum von Heinrich sind die Entscheidungen anderer Leute. Mit anderen Worten: Sie hängen nicht einfach nur von gottgegebenen Wahrscheinlichkeiten ab, sondern sind das Ergebnis der Suche nach Unterstützung seitens des Entscheiders. Je besser er darin ist, sich die größtmögliche Unterstützung für die Umsetzung seiner Entscheidungen zu schaffen, desto besser sind die Umstände für ihn.

Würden wir Teamleiter Heinrich fragen, dann würde er natürlich bevorzugen, die Freundschaft mit Mair zu erhalten. Genau das könnte gelingen, wenn er vor einer Entscheidung mit Mair über seine eigenen potenziellen Alternativen spricht.

Auch wenn Mair seine eigenen Karrierechancen nicht realistisch einschätzt, die Überlegungen von Heinrich müssten ihn davon überzeugen, dass dieser es nur gut meint.

Gerichteter mehrstufiger Entscheidungsbaum

Klassischerweise werden Entscheidungsbäume von links nach rechts entwickelt oder aus Formatgründen auch von oben nach unten. Entscheidungen sind richtungsgetriebenes Handeln. Was spricht dagegen, wenn wir den Ästen unseres Entscheidungsbaums ebenfalls eine Richtung geben?

Ich persönlich sehe in gerichteten Entscheidungsbäumen eine der Anwendungen für praktische Entscheider. Denn wir können uns auf diese Weise einen Überblick verschaffen, welche Entscheidung uns am ehesten unserer Vision näher bringt.

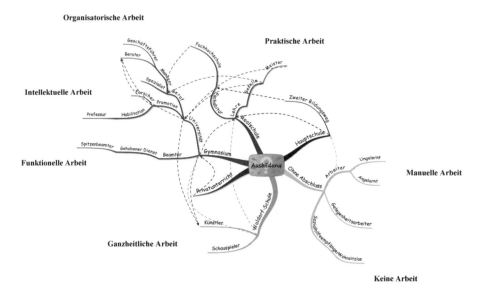

Beispiel für einen gerichteten Entscheidungsbaum für Ausbildungsentscheidungen

Dass die Formatierung eines solchen gerichteten Entscheidungsbaums mitunter eine Herausforderung sein kann, empfehle ich die Verwendung eines Mindmapping-Programms. Im Beispiel sehen wir einen gerichteten Entscheidungsbaum aus Sicht eines Schülers, der eine Entscheidung über seinen weiteren Bildungsweg trifft. Dabei gibt es unterschiedliche Richtungen, die er einschlagen kann. Eine führt ihn beispielsweise in Richtung „praktischer Arbeit", was im Wesentlichen einer Handwerkerkarriere entspricht.

An den zahlreichen Verbindungen sehen wir die Gestaltungsspielräume, die der Entscheider an verschiedenen Stellen seines Weges hat. Nicht weiter verwunderlich: Auf dem gymnasialen/akademischen Weg eröffnen sich die meisten Gestaltungsspielräume für die Zukunft.

7.5.6 Entscheidungstabelle

Viele Entscheidungen fallen regelbasiert nach dem Motto: „Der Angeklagte ist schuldig und muss daher ins Gefängnis." Also *wenn* bestimmte Regeln oder Bedingungen erfüllt sind, *dann* folgt daraus eine oder mehrere Aktionen.

Solche Entscheidungsregeln und ihre Folgen lassen sich gut in sogenannten Entscheidungstabellen abbilden.

Methode

Regeln/Bedingungen	Kombinationen von Bedingungen
Aktionen	Kombinationen von Aktionen

Die Art, wie hier Handlungsfolgen aus Situationen gewonnen werden, können wir als programmiert bezeichnen. In der Tat wird die Entscheidungstabelle für die Programmierung von Software in der Informatik eingesetzt. Wie soll uns das bei unseren Entscheidungen helfen? Schließlich steht dieses programmierte Vorgehen im krassen Gegensatz zu dem Metaprozess mit den drei Schlüsselelementen, „Entscheidungsklarheit", „attraktive Alternativen" und „größtmögliche Unterstützung" für die Umsetzung.

Ein gewisser Vorteil könnte sich daraus ergeben, dass wir wesentlich schneller zu zuverlässig reproduzierbaren Entscheidungen kommen. Ein anderer Ansatz, und das ist für mich der praktisch relevante, liegt darin, das Entscheidungsverhalten eines anderen auf diese Weise erklärbar zu machen. Unter gleichen Bedingungen handeln die meisten Entscheider nach denselben Regeln. Das macht sie berechenbar. Wir wissen nicht nur, wie sie in einer bestimmten Situation entscheiden werden, sondern wir lesen auch noch heraus, was wir an unserem Verhalten ändern müssen, um sie zu anderen Entscheidungen zu veranlassen. Sie finden, das klingt manipulativ? Der Meinung könnte man sein. Aber Manipulation bedeutet, andere nach den eigenen Regeln spielen zu lassen. In diesem Fall gehen wir lediglich auf die Regeln der anderen Entscheider ein. Wir erfüllen deren Bedingungen, mehr nicht.

Anwendung

Vertriebsberater Gustav Merkel arbeitet bereits seit Jahren mit seinem Kunden Friedel Schmidt zusammen. Über die Zeit hat er seine Macken und seine Regeln genau kennengelernt. Merkel war bei Schmidt und vielen anderen Kunden so erfolgreich, dass er jetzt zum Vertriebsleiter befördert wird. Sein Wissen über den Kunden kann er seinem Nachfolger in Form einer Entscheidungstabelle weiterreichen. Die wird zwar nicht in allen Fällen ausreichen, aber die wichtigsten Punkte sind darin enthalten.

Tabellenbezeichnung	Regeln							
Bedingungen	1	2	3	4	5	6	7	8
Unser Angebot steht im Raum	n	j	j	j	j	j	j	j
S. macht ein Gegenangebot	n	n	n	j	j	j	j	j
S. reißt einen Witz	n	j	n	n	j	n	n	n
S. schaut direkt in die Augen	j	n	j	j	n	n	n	n
S. macht sich Notizen	n	n	n	n	n	n	n	j
S. wird ärgerlich	n	n	j	n	n	n	n	n
S. stellt eine Frage	n	n	n	n	j	j	n	n
S. betrachtet seine Finger	n	n	n	n	n	n	j	n
S. erzählt eine Geschichte	j	n	n	n	n	n	n	n
S. schweigt und wartet	j	n	n	n	n	n	n	n
Aktionen	1	2	3	4	5	6	7	8
Auf Angebot von S. eingehen							X	
Nicht auf Angebot von S. eingehen								X
S. ein Stück entgegenkommen				X				
Schweigen		X						
Frage beantworten						X		
Unser Angebot machen	X							
Lachen und selbst einen Witz erzählen					X			
S. auf sein tolles Unternehmen ansprechen			X					
Über die schweren Zeiten klagen				X				

Entscheidungstabelle für Merkels Nachfolger

Über die Zeit hat Merkel so einiges über das Verhalten seines Kunden Schmidt in Verhandlungen gelernt. So ist der Moment für das Angebot gekommen, wenn Schmidt eine Geschichte erzählt, dem Verkäufer direkt in die Augen schaut und den Eindruck macht, auf etwas zu warten (Regel 1). Wenn diese Bedingungen erfüllt sind, wird Merkels Nachfolger den Preis für das Angebot nennen. Oft wird dann der Kunde einen Witz reißen (Regel 2). Darauf darf der Verkäufer aber nicht eingehen, sondern schweigt einfach. Auch wenn dann der Kunde dem Verkäufer direkt in die Augen sieht und ärgerlich wird (Regel 3), darf der Verkäufer ihm nicht entgegenkommen. Stattdessen lobt er das Unternehmen des Kunden, um ihn zu besänftigen. Es kann dann sein, dass der Unternehmer ein Gegenangebot macht, aber gleich darauf eine Frage stellt (Regel 6). Dann sollte der Verkäufer einfach nur die Frage beantworten. Denn das Angebot hat Schmidt dann nicht ernst gemeint.

Mit der Entscheidungstabelle kann Merkel sein Wissen über das konditionierte Verhalten seines Kunden sehr gut weitergeben.

Bewertung

Die Entscheidungstabelle eignet sich dafür, konditionierte Entscheidungen zu dokumentieren und weiterzukommunizieren. Für komplexe Situationen, auf die wir flexibel reagieren sollten, ist sie nicht geeignet.

Wir können die Entscheidungstabelle allerdings auch anders deuten. Die Bedingungen stellen in ihrer Kombination eine Sammlung von Entscheidungskriterien und damit zusammenhängenden Bedarfen dar, und wenn eine Bedingung erfüllt ist, dann heißt das für uns lediglich, dass dieser Bedarf in der Situation aktiv ist. Die festgelegten Aktionen sind bereits auf Vorrat getroffene Entscheidungen, die bei einem bestimmten Bedarf abgerufen werden.

7.5.7 Nutzwertanalyse

Wenn es eine Methodik gibt, die jeder Entscheider schon einmal kennengelernt haben sollte, ist es die Nutzwertanalyse. Sobald ein Entscheider unter mehreren Kriterien abzuwägen hat, können Entscheidungen unübersichtlich werden. Es kommt eben nicht nur immer auf den kleinsten gemeinsamen Nenner an, das Geld, sondern es spielen auch zahlreiche nicht messbare Faktoren eine Rolle.

Wie der Name schon sagt, versucht die Nutzwertanalyse Entscheidungen auf der Grundlage des individuellen Nutzens von Alternativen aus Sicht des Entscheiders zu ermöglichen. Dem Ganzen liegt das Bild zugrunde, dass der Entscheider eine Nutzenfunktion hat, die zu maximieren ist.

Im Ergebnis soll ein Ranking der betrachteten Alternativen herauskommen. Der Entscheider ermittelt die Alternativen mit dem größten Nutzwert.

An dieser Stelle sollten wir uns noch einmal ins Gedächtnis rufen, dass Entscheidungsmethoden zwar viel Sicherheit vermitteln, wir sollten uns auch immer im Klaren darüber sein, dass sie lediglich ein Hilfsmittel sind. Weder sind unsere Einschätzungen immer richtig noch können wir davon ausgehen, dass wir absolut sicher sein können, alle unsere Nutzenkriterien zu kennen.

Daher bringt übertriebene Genauigkeit bei dieser Methode nichts. Ich schicke das voraus, weil es durchaus Anwender gibt, die komplizierte Nutzenfunktionen aufstellen, um die Nutzwertanalyse voll auszuschöpfen. Sie wollen dann solche Effekte wie den abnehmenden Grenznutzen abbilden. Nach dem Motto: „Ein Stück Schokolade ist gut, zwei noch besser", aber sobald ich bereits zwei Tafeln gegessen habe, ist der zusätzliche Nutzen eines Stücks Schokolade sehr gering.

Die Nutzwertanalyse bewertet verschiedene Handlungsalternativen auf der Basis von Entscheidungskriterien in einer Matrix.

Schritt 1: Entscheidungskriterien bilden

Entscheidungskriterien sollen die Bewertung von Alternativen aus Sicht des Entscheiders ermöglichen. Es handelt sich daher um einen individuellen Maßstab, der den Bedarf des Entscheiders wiedergibt.

> Andrea Ypsilanti kandidierte 2008 für das Amt der Ministerpräsidentin in Hessen. Die Wahl ging am Ende sehr knapp aus. Der Amtsinhaber Roland Koch konnte zwar einen hauchdünnen Vorsprung ins Ziel retten, seine Partei kam aber zusammen mit der FDP auf keine Mehrheit. Die SPD wollte nicht in eine Große Koalition gehen, konnte aber gleichfalls keine Mehrheit in einer Koalition mit den Grünen bilden. Weder FDP noch Grüne wollten ins andere Lager überlaufen. Ein politisches Patt drohte. In der gleichen Wahl schaffte es jedoch auch die Linkspartei in den Landtag. Unglücklicherweise hatte Andrea Ypsilanti vor der Wahl verkündet, sich auf keinen Fall mit der Hilfe der Linkspartei zur Macht verhelfen zu lassen. Sie hatte sich also vorab einen Teil ihres Gestaltungsspielraums genommen. Im Herbst 2008 entschied sie sich doch, ihren Gestaltungsspielraum in diese Richtung zu erweitern. Im Folgenden stellen wir über diese Entscheidung eine Nutzwertanalyse für die Politikerin auf. Im ersten Schritt brauchen wir dazu ihre Entscheidungskriterien. Diese könnten wir folgt gelautet haben:

- Glaubwürdigkeit,
- Macht,
- Eigenständigkeit,
- Ämter für die Genossen,
- Umsetzung des Wahlprogramms,
- Nutzen der Partei,
- Nutzen für das Land,
- Karriereende von Roland Koch,
- Beliebtheit/Popularität.

Wer sich für das Amt der Landesmutter bewirbt, hat wahrscheinlich ein gesundes Verlangen nach der Macht. Politiker kämpfen seit Anbeginn der Zeit um Glaubwürdigkeit. Denn das Schicksal will es so, dass sich das Wahlvolk dem zuneigt, der die besseren Versprechungen macht. Das ist kein Problem, solange man sie nicht umsetzen muss. Unglücklicherweise werden meistens diejenigen gewählt, die auch die meisten Versprechungen gemacht haben. Spätestens da holt die Realität die Politik ein und der Wähler merkt, dass er wohl nicht jedes Wort hätte auf die Goldwaage legen dürfen. Glaubwürdigkeit ist daher ein hohes Gut in der Politik, weil die Wähler ihr einen hohen Wert zumessen.

Alle anderen Punkte erklären sich selbst, bis auf das Kriterium „Karriereende von Roland Koch". In Hessen wurde ein sehr polarisierender Wahlkampf geführt, der es den Beteiligten später schwer machen sollte, aufeinander zuzugehen. SPD, Grüne und Linke waren in dem Glauben geeint, dass der bis dahin regierende CDU-Ministerpräsident Roland Koch weg müsse.

Schritt 2: Entscheidungskriterien gewichten

Die verschiedenen Entscheidungskriterien bilden unterschiedliche Nutzenaspekte ab. Allerdings wird die Eigenständigkeit ihrer Politik Frau Ypsilanti nicht gleich viel wert gewesen sein wie z. B. das Kriterium „Macht". Daher gewichten wir in der Nutzwertanalyse die einzelnen Kriterien. So haben leichtgewichtige Kriterien weniger Einfluss auf die Entscheidung als schwergewichtige Kriterien. Auch hier wieder ein grundsätzliches Problem: Die Gewichtung sagt nur aus, ob ein Kriterium wichtiger oder weniger wichtig als das andere ist. Dabei wird in der Nutzwertanalyse keine Aussage darüber getroffen, wie viel wichtiger es ist. Ein Kriterium mit dem Gewicht „6" ist beispielsweise nicht dreimal so wichtig wie ein Kriterium mit dem Gewicht „2". Wir können allenfalls sagen, dass es um einiges wichtiger ist als das andere.

Gewichtung der Entscheidungskriterien

Entscheidungskriterien	Gewichtung
Glaubwürdigkeit	2
Macht	6
Eigenständigkeit	2
Ämter für die Genossen	4
Umsetzung des Wahlprogramms	3
Nutzen der Partei	1
Nutzen für das Land	2
Karriereende von Roland Koch	5
Beliebtheit/Popularität	2

Die in diesem Beispiel verwendete Gewichtung dient lediglich zur Illustration und hat keine Beziehung zu der realen Politikerin.

Nachdem wir die Präferenzen von Frau Ypsilanti abgebildet haben, erkennen wir, dass sie zwei Hauptziele hat. Zum einen an die Macht zu kommen, zum anderen das Karriereende von Roland Koch herbeizuführen.

Bei der Gewichtung der Entscheidungskriterien ist zu beachten, dass ein einfaches Abschätzen zwar durchaus reicht, dass aber viele Entscheider hier der Randfalle aufsitzen können. Das heißt, sie haben eine natürliche Abneigung für extreme Gewichtungen. Eine niedrige Gewichtung, wie „1" oder eine hohe Gewichtung wie „6" in diesem Beispiel kommen dann sehr selten oder gar nicht vor. Dagegen würden Gewichtungen von „3" und „4" den Hauptteil ausmachen.

Ein gutes Mittel gegen diese Entscheidungsfalle ist ein paarweiser Vergleich der einzelnen Kriterien.

Schritt 3: Die Handlungsalternativen

Die Nutzwertanalyse geht von verfügbaren Alternativen aus. Sie kennt keine Verfahren, passend zu den Entscheidungskriterien und deren Gewichtung neue und attraktive Alternativen zu schaffen.

In dem Beispiel sind die Alternativen nicht sonderlich schwierig zu identifizieren:

A SPD/CDU-Koalition
B SPD/Grüne/FDP-Koalition
C SPD/Grüne/Linke-Koalition
D SPD/Grüne-Koalition, Duldung durch die Linke
E Keine Regierung mit SPD-Beteiligung

Schritt 4: K.-o.-Kriterien

K.-o.-Kriterien werden in der Nutzwertanalyse festgelegt, um eventuelle Übertreibungen in den Werten bzw. ohnehin nutzlose Alternativen auszuschließen. In diesem Fall nehmen wir alle Alternativen heraus, wenn zumindest ein Akteur sich verweigert.

Daher verabschieden wir uns von Alternative A und Alternative B. Denn im ersten Fall verweigert sich die SPD, im zweiten Fall die FDP.

Schritt 5: Maßstab bilden

Wenn wir später die Alternativen bezüglich unserer Entscheidungskriterien bewerten, dann verteilen wir Punkte auf einer Skala. Wir messen dabei, inwieweit die jeweilige Alternative ein bestimmtes Kriterium erfüllt. Wir können für jedes Kriterium einen Maßstab zu jedem einzelnen Kriterium bilden. Mit diesem legen wir fest, was erfüllt sein muss, damit wir eine bestimmte Bewertung vergeben.

Angenommen wir verteilen zwischen null und vier Punkten für die Bewertung. Dann könnte ein Bewertungsmaßstab für das Kriterium Glaubwürdigkeit folgendermaßen aussehen:

Skala für das Kriterium Glaubwürdigkeit

Wert	Bedeutung
0	Keinerlei Glaubwürdigkeit, denn kein Versprechen hat Bestand.
1	Niedrige Glaubwürdigkeit, aber das Bemühen ist sichtbar.
2/3	Mittlere Glaubwürdigkeit, im groben Rahmen ist auf uns Verlass.
4	Hohe Glaubwürdigkeit, wir halten fast jedes Versprechen ein.

Wem das zu viel Arbeit ist, kann auch einen allgemeinen Maßstab bilden, nach dem er seine Bewertungen vergibt.

Allgemeine Skala für die Bewertung aller Kriterien

Wert	Bedeutung
0	Kriterium nicht erfüllt.
1	Kriterium kaum erfüllt.
2/3	Durchschnittlicher Erfüllungsgrad für das Kriterium.
4	Das Kriterium wird voll erfüllt, ohne jeden Abstrich.

Schritt 6: Bewertung der Alternativen

Im nächsten Schritt bewerten wir die drei unterschiedlichen Alternativen.

Entscheidungs-kriterien	Ge-wichtung	Alternativen					
		Keine Regierung	Wert	SPD/ Grüne/ Linke	Wert	SPD/ Grüne-Duldung	Wert
Glaubwürdigkeit	2	4	8	0	0	0	0
Macht	6	0	0	4	24	3	18
Eigenständigkeit	2	4	8	1	2	2	4
Ämter für die Genossen	4	0	0	3	12	4	16
Umsetzung des Wahlprogramms	3	0	0	2	6	3	9
Nutzen der Partei	1	2	2	0	0	1	1
Nutzen für das Land	2	0	0	1	2	2	4
Karriereende von Roland Koch	5	0	0	4	20	4	20
Beliebtheit/ Popularität	2	2	4	1	2	1	2
			22		68		74

Nutzwertanalyse-Matrix

Wie unsere Analyse zeigt, wären sowohl die Duldungsvariante wie auch die Koalition aller drei Linksparteien dem Verzicht an einer Regierungsbeteiligung überlegen. Die Duldung scheint sogar ganz leichte Vorteile zu haben. Da wir uns hier allerdings im Bereich von Einschätzungen befinden, sind die sechs Punkte Unterschied zwischen den beiden Alternativen nicht so ausschlaggebend.

7.6 Der große Entscheider-Test

Möchten Sie wissen, wo Sie als Entscheider in den drei Schlüsseldisziplinen, „Entscheidungsklarheit", „attraktive Alternativen" und „größtmögliche Unterstützung" stehen?

Kein Problem! Dann bearbeiten Sie doch einfach den Entscheider-Test und finden Sie es heraus. Der Test besteht aus 25 Fragen. Markieren Sie für jede Frage jeweils, ob es für Sie zutrifft, vielleicht zutrifft oder nicht zutrifft. Die dabei hinterlegten Buchstaben zählen Sie pro bearbeitete Testseite. Wenn Sie alle drei Testseiten ausgefüllt haben, überprüfen Sie, wie viel Punkte Sie pro Vorkommen eines Buchstabens in den vier Testkategorien bekommen haben.

7.6.1 Der Test

		Trifft zu	Trifft vielleicht zu	Trifft nicht zu

1. Entscheiden ist ein Teamsport. Ich entscheide, die anderen setzen es um. — P Q R

2. Unterbewusst weiß ich immer, was ich will. Daher kann ich spontan die für mich die beste Alternative auswählen. — J K L

3. Bei einem anstehenden Entscheidungsproblem ist es am besten, sich erst einmal über die verfügbaren Alternativen zu informieren. Danach sehe ich klar, was ich will. — J K L

4. Bevor ich eine Entscheidung treffe, sorge ich dafür, dass ich mit den wichtigsten Menschen in und außerhalb des Unternehmens über die verschiedenen Alternativen gesprochen habe und ihre Unterstützung besitze. — M N O

5. Wenn ein Entscheidungsproblem ansteht, spreche ich zuerst mit jemandem, der es schon einmal gelöst hat. Denn ich muss das Rad ja nicht neu erfinden. — G H I

6. Ich ärgere mich regelmäßig über die bescheidenen Alternativen, wenn es um wichtige Entscheidungen geht. — G H I

8. Wenn ich eine Entscheidung endgültig getroffen habe, kehrt nach langer Unsicherheit endlich ein Gefühl großer Klarheit bei mir ein. — A B C

9. Ich habe keine Zeit, um meine Entscheidungen gut vorzubereiten. Aber damit muss man als guter Entscheider leben können. — S T U

10. Wenn die Entscheidung dann getroffen ist, genieße ich es, alle Bedenkenträger und Neinsager in die Schranken zu weisen. — P Q R

Zwischenergebnis
Tragen Sie hier die Anzahl der Treffer pro Buchstaben ein

A   D   G   J   M   P   S
B   E   H   K   N   Q   T
C   F   I   L   O   R   U

7.6 Der große Entscheider-Test   357

                                                                                             Trifft zu / Trifft vielleicht zu / Trifft nicht zu

11. Nachdem ich meine Entscheidung verkündet habe, setze ich mich mit potentiellen Störern und Widerständlern im Unternehmen zusammen und schwöre sie darauf ein, mich bei der Umsetzung zu unterstützen.   P | Q | R

12. Mich interessiert in Entscheidungssituationen erst einmal nicht, welche Optionen ich habe. Denn zuerst will ich wissen, was ich tatsächlich brauche. Das kostet manchmal viel Zeit, aber das ist es wert.   D | E | F

13. Bei meinen Alternativen bin ich Perfektionist. Wenn da etwas nicht passt, dann verwerfe ich die betreffende Alternative sofort. Alles andere wäre Zeitverschwendung.   G | H | I

14. Ich weiß immer, wo es ungefähr langgehen soll. Dadurch bin ich in der Lage, meine Entscheidungen schnell zu treffen.   D | E | F

15. Ich bereite die Kommunikation jeder wichtigen Entscheidung intensiv vor.   M | N | O

16. Für die Alternativen-Entwicklung nehme ich mir oft viel Zeit. Außenstehende könnten sogar den Eindruck haben, dass ich mir zu viel Zeit dafür nehme.   G | H | I

17. Bei einer Entscheidung kenne ich im Vorfeld bereits alle negativ Betroffenen und habe entsprechende Gespräche mit ihnen geführt, um mir ihre Unterstützung zu sichern.   M | N | O

18. Ich lasse Entscheidung nie lange liegen. Kaum ist ein Problem erkannt, schon habe ich die Entscheidung getroffen und es gelöst.   D | E | F

Zwischenergebnis
Tragen Sie hier die Anzahl der Treffer pro Buchstaben ein

A	D	G	J	M	P	S
B	E	H	K	N	Q	T
C	F	I	L	O	R	U

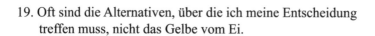

19. Oft sind die Alternativen, über die ich meine Entscheidung treffen muss, nicht das Gelbe vom Ei.

20. Ich greife gerne auf Mitarbeiter und Dienstleister zurück, um mir entsprechende Alternativen und Lösungen zu erarbeiten.

21. Substanzielle Widerstände bei der Umsetzung von Entscheidungen sind völlig normal.

22. Mit den Alternativen muss man es sich nicht schwerer machen als unbedingt nötig. Ich schaue mir einfach die besten Lösungen von der Konkurrenz ab.

23. Kurzfristig orientierte, schnell getroffene Entscheidungen sind langfristig orientierten Entscheidungen meistens überlegen.

24. Externer Druck verbessert das Ergebnis von Entscheidungen merklich.

25. Mein eigener Bedarf ist das wichtigste Kriterium, an dem ich meine Entscheidungen messe.

Ergebnis: Tragen Sie hier die Anzahl der Treffer pro Buchstaben von dieser Fragebogenseite sowie den anderen Seiten ein.

7.6.2 Auswertung

Übertragen Sie die Ergebnisse aus dem Fragebogen in die „Anzahl"-Felder für den jeweiligen Buchstaben, multiplizieren Sie diese mit dem Wert und berechnen Sie die jeweilige Summe.

Entscheidungsklarheit			
	Wert	Anzahl	Ergebnis
A	40	•	=
B	20	•	=
C	10	•	=
D	0	•	=
E	10	•	=
F	20	•	=
		Summe	

Attraktive Alternativen			
	Wert	Anzahl	Ergebnis
G	40	•	=
H	20	•	=
I	10	•	=
J	0	•	=
K	10	•	=
L	20	•	=
		Summe	

Größtmögliche Unterstützung			
	Wert	Anzahl	Ergebnis
M	40	•	=
N	20	•	=
O	10	•	=
P	0	•	=
Q	10	•	=
R	20	•	=
		Summe	

Entscheiderwirklichkeit			
	Wert	Anzahl	Ergebnis
S	0	•	=
T	10	•	=
U	40	•	=
		Summe	

Auswertungstabellen

7.6.3 Interpretation/Auswertung

Entscheidungsklarheit

Punkte	Bewertung
140–105	Sie sehen alles glasklar. Sie kennen Ihren Bedarf bereits, bevor ein Entscheidungsproblem auftaucht. Sie sind einer der Entscheider, vor denen Verkäufer großen Respekt empfinden, denn Ihnen kann wirklich niemand etwas aufschwätzen. Sie sollten allerdings darauf achten, Menschen nicht zu überrollen, denen ihr Bedarf nicht gleichermaßen klar ist.
104–50	Sie befinden sich auf dem richtigen Weg. Bei vielen Entscheidungen wissen Sie bereits relativ genau, was Sie möchten. Sie orientieren sich dabei allerdings häufig auch an Einflüssen aus der Umgebung. Machen Sie sich davon frei und bearbeiten Sie Kapitel 2 „Vision und Mission" (siehe S. 27) sowie Kapitel 3 „Entscheidungsklarheit" (siehe S. 77).
20–49	Sie sollten für sich herausarbeiten, was Sie im Leben erreichen möchten. Denn das scheint Ihnen als Entscheider nicht klar zu sein. Daher fallen Sie relativ schnell dem Einfluss von anderen zum Opfer. Sie sollten sich unbedingt mit Kapitel 2 „Vision und Mission" (siehe S. 27) und ganz besonders mit Kapitel 3 „Entscheidungsklarheit" (siehe S. 77) beschäftigen.

Attraktive Alternativen

Punkte	Bewertung
280–210	Sie sind streng darauf fokussiert, sich die richtigen Alternativen zu schaffen. Ihre Lösungen passen eigentlich immer zu Ihrem Bedarf. Entscheiden macht Ihnen vermutlich viel Freude.
209–100	Sie sind bestimmt ein kreativer Entscheider, nur leider nicht immer. Sie orientieren sich vermutlich häufig an den Lösungen anderer, die nicht ideal Ihren Bedarf erfüllen. In Kapitel 4 „Attraktive Alternativen" (siehe S. 123) finden Sie bestimmt genügend Inspiration, um in Zukunft über noch bessere Lösungen zu verfügen.
99–50	Als Entscheider haben Sie es garantiert sehr schwer. Wann immer Sie eine Entscheidung treffen müssen, warten nur schlechte Handlungsalternativen auf Sie. Vielleicht möchten Sie das Schicksal dafür verantwortlich machen, aber vorher sollten Sie erst Kapitel 4 „Attraktive Alternativen" (siehe S. 123) durcharbeiten.

Größtmögliche Unterstützung

Punkte	Bewertung
160–120	Das Leben ist toll. Die Menschen in Ihrer Umgebung tragen Sie auf Händen. Denn Sie haben dafür gesorgt, dass jeder Sie unterstützen möchte. Widerstände sind für Sie ein Fremdwort, und wenn sie auftreten, ist das für Sie eine willkommene Gelegenheit, dazuzulernen, wie andere Ihre Entscheidungen interpretieren.
9–70	Sie wissen, was Sie tun. Nur viele Menschen in Ihrer Umgebung verstehen es nicht. Daher sind sie nicht immer bereit, Sie zu unterstützen. Am besten, Sie lesen Kapitel 5 „Größtmögliche Unterstützung" (siehe S. 171) und üben endlich Ihren Einfluss aus.
69–20	Sie wissen wirklich, was Widerstand ist. Noch geht Ihre Umgebung nicht gewaltsam gegen Sie vor. Aber Sie kennen bereits den offenen Widerstand und auch die hinterlistige Sabotage Ihrer wohldurchdachten Maßnahmen. Allerdings gehören Sie zu den Menschen, die Widerstand geradezu lieben. Sollte Ihnen eines Tages bei Ihren Entscheidungen kein Widerstand mehr entgegenschlagen, dann könnte Ihnen etwas fehlen. Wenn es nicht so ist, lesen Sie Kapitel 5 „Größtmögliche Unterstützung" (siehe S. 171).

Entscheider-Wirklichkeit

Punkte	Bewertung
120–80	Offensichtlich leben Sie mit sich, Ihrer Mission und Ihrer Vision im Einklang. Vermutlich haben Sie auch in den anderen Kategorien sehr gut abgeschnitten. Ich bin mir allerdings sicher, dass Sie sich nicht auf Ihren Lorbeeren ausruhen und immer nach Verbesserung streben.
79–30	Sie haben schon viel erlebt. Ihre Erfahrungen verstellen Ihnen möglicherweise den Blick, wie Sie mehr Freude in Ihren Entscheidungen erleben können. Mein Tipp: Arbeiten Sie intensiv mit Kapitel 2 „Vision und Mission" (siehe S. 27).
29–0	Sie haben ein großes Verbesserungspotenzial. Wenn Sie mehr erfahren wollen, lesen Sie Kapitel 2 „Vision und Mission" (siehe S. 27).

Register

AAdvantage 205
ABC-Analyse 207
Adenauer, Konrad 24
Agenda 2010 24
Airbus 278
Aktivitätsverben für Mission 38 f.
Akzeptanzfalle 247
Alexander der Große 48
Allen, Paul 18
Altair 8800 18 f.
AltaVista 17
Alternativen, attraktive 8, 11 ff., 123–169
  – Checkliste 169
  – optimieren 145–150
  – schaffen 128 f.
  – schaffen lassen 150–154
  – Vielfalt 124
  – vorstellen 217
Amalfi 80 f.
AMD 180
American Airlines 205
Analytical Hierarchical Process (AHP) 334–338
Angebotsfalle 242 f.
Angst 178 f.
  – vor Fehlern 321
Anpassung 135 f.
Anwendung 134
Apple Newton 294
ASU – die Familienunternehmer 62
Aufgeben 250 ff.
Auftauphase 190
Auftrag 253 ff.
Auftragsvergabe 256
Ausschreibung 257 f.
Autorität 210

Bärenfalle 248
BASIC 18
Bauchentscheidung 5, 11, 15 f., 105, 118, 226, 236, 238 f.
  – vs. Kopfentscheidung 15 f., 238
  – Entscheider-Code 21
Bechtolsheim, Andy 17
Bedarf 7 f., 10 ff., 86–101
  – Beteiligte 96 f.
  –, Kontrolle durch 11
  – Mission 100 f.
  – Ressourcen 96
  – Situation 88–99
  – Spielräume 97 f.
  – Vision 100
  – Werte 100 f.
  – Zeit 93 ff.
Bedarfsbildung 150 f.
Bedauern 321 f.
Benetton 108
Beratung 95, 258 ff.
Berufsverband der mittelständischen Wirtschaft (BVMW) 62
Bestandsalternativen 140
Betriebsrat 191, 193, 256, 274
Betroffene 172, 182–189, 239
  –, reden mit 188 f., 209
Bewegungsphase 190
Bewertung 221–233
  –, absolute 226
  – Checkliste 233
  – vs. Gewichtung 222
  – Maßstab 226 ff.
  – Problem 322
  – Schätzung 227
  – Situation 221
  –, systematische 227
  – Kriteriengewichtung 221–226
  – unsichere Zukunft 229 ff.
BlackBerry 299
Boeing 277
Böhm, Karlheinz 31, 33
Brin, Sergey 17 ff.
  – Entscheider-Code 23
Bundesverband Deutscher Unternehmensberater (BDU) 260
Buridans Esel 268
Burson-Marsteller 208
Business Angel 285

Cäsar, Gaius Julius 48
CDU 351 f.
Checkliste
  – bedarfsgerechte Alternativen 169
  – Bewertung 233
  – Entscheidungsklarheit 122
  – Entscheidungssituation 99
  – Mission 75
  – reibungslose Umsetzungen 218 f.
  – Vision 75
Chef als schlechter Entscheider 237
Clinton, Hillary 208

Coaching 102 ff.
Computerprogramme 238, 337
Computing Tabulating Recording Company 48
Corporate Responsibility 102

Daimler-Benz 302
Delegation 113–118, 150–154, 178
– Entscheidungskompass 116
–, formale 151 f.
–, Regeln der 115 f.
–, Über- 325
Delphi 131
Denken, flüssiges 132–142
Deutsche Bank 302
Dezentralisation 261 ff.
Dilemma 264–271, 322
– Auflösung 271
–, echtes 268 f.
–, falsches 269 ff.
–, wahrgenommenes 265 ff.

Edison, Thomas Alva 46
EDS 302
Effizienz/Effektivität 87
Eigeninteresse 173 ff.
Einfrierphase 190
Ein-Schritt-Optimierung 147 ff.
– Workshop 168
Einstellung 271 ff.
Einstellungstest für Manager 12 f.
Einzelmaßnahmen 209
Einzigartigkeit 47
Elefantenfalle 243
Ellison, Larry 94
Engpässe in Unternehmen 113 f.
Enigmafalle 247
Entlassung 274–279
Entscheider
–, Chef als schlechter 237
–, gewohnheitsmäßige vs. zielorientierte 196 f.
– lesen 193–197
–, Strahlkraft des 172, 180 f.
– innere Widerstände 172
–, Kernaufgaben des 124–128
– Vorbild 241
– Waagschale der Interessen 194 f.
Entscheider-ABC 235–361
Entscheider-Code 17–25
– Anwendung 20
– Bauchentscheider 21
– Durchschnittsentscheider 20 f.
– Erfolgsentscheider 23 f.
– Grundelemente 19

– mittelständischer Unternehmer 22
– Politiker 24 f.
Entscheider-FAQ 235–241
Entscheider-Probleme von A bis Z 321–326
– Angst vor Fehlern 321
– Bedauern 321 f.
– Bewertungsproblem 322
– Dilemma 264–271
– fehlende Unterstützer 325
– fehlende Voraussicht 322 f.
– fehlendes Selbstvertrauen 323
– Fehlentscheidung 323
– Konflikte meiden 324
– massiver Widerstand 324
– Orientierungslosigkeit 324
– Überdelegation von Entscheidungen 325
– Unentschiedenheit 325
– Zeitmangel 326
– Zielkonflikt 326
Entscheider-Tagebuch 58 ff., 72
Entscheider-Test 355–361
Entscheidung
– im Alltag 16
– Beteiligte 96, 236
– Definition 3 ff.
–, falsche 240
– Grundlage 27 ff.
–, gute 237
–, intuitive siehe Bauchentscheidung
–, keine/irgendeine 239, 248
– kommunizieren 206–213
– Kontrolle durch Bedarf/Angebot 11
– Kontrollelemente 107 ff.
–, Kritik an 236
–, lernen aus 80–86
–, lernen mit 81 f.
– Mehrwertregel 206
– methodisches Vorgehen 235
– Phasen 154–159
– Schlüsselelemente 3–26
–, sich schwer tun mit 239
– transparent machen 217 f.
– Überdelegation 325
– Umsetzung 157, 171
–, ungefähre 240
– unvorhersehbare Ereignisse 94
– Verpflichtung 94
–, verschleppte 93
– Zeitaufwand 157 ff., 235
– Zeitprofil 154–158
Entscheidungsauslöser 7, 139
Entscheidungsbaum 340–347
–, einstufiger 341 ff.

–, gerichteter mehrstufiger 346 f.
–, mehrstufiger 344 ff.
Entscheidungsdruck 90 ff.
Entscheidungserfolg messen 101–105
Entscheidungsfallen 11 f., 241–249
– Akzeptanzfalle 247
– Angebotsfalle 242 f.
– Bärenfalle 248
– Elefantenfalle 243
– Enigmafalle 247
– Entweder-oder-Falle 244 f.
– Faktenfalle 243 f.
– Infofalle 249
– Randfalle 223, 244, 352
– Schneckenfalle 248
– Treibjagdfalle 246
– Verwechslungsfalle 246
– Vorteil-Nachteil-Falle 241 f.
– Vorwärts-Falle 248 f.
– Wahllosfalle 245
Entscheidungsgrundlage 27 ff.
Entscheidungsinteresse, Test auf 175
Entscheidungsklarheit 10 ff., 77–122
– Checkliste 122
– Definition 77 f.
–, mangelnde 78 f.
Entscheidungskompass 105–112
– Delegation 116
– Workshop 119 ff.
Entscheidungskriterien 80, 105 f., 109
– Entstehung 107
– Gewichtung 110, 221–226
– –, absolute 222 ff.
– –, relative 224 ff.
– paarweiser Vergleich 110 ff., 223 ff.
– Relevanz 107 f.
Entscheidungslogik 10–16
Entscheidungsmethoden 326–354
– AHP/Analytical Hierarchical Process 334–338
–, beste 238
– Entscheidungsbaum 340–347
– Entscheidungstabelle 347 ff.
– Minimale Reue 338 f.
– Nutzwertanalyse 349–354
– Pareto-Methode 327 ff.
– Risikobilanz 329–333
Entscheidungsprofil 109
– Auftragsannahme 254
– Berater 259
– Dezentralisation 262
– Dilemma 266
– Einstellungen 273

– Entlassungen 276
– Expansion 281 f.
– Finanzierung 286
– Innovation 297
– Insourcing/Outsourcing 303
– Investition 306
– Joint Venture 309 f.
– Karriere 312 f.
– Mitarbeiterförderung 289
– Offenheit/Transparenz 319
– RFID-Einführung 297
– Unternehmensgründung 291
– Unternehmensjubiläum 117
– verzweifelter Entscheider 250
Entscheidungsreue 269, 338 f.
Entscheidungssituation 88–99
– von A bis Z 249–320
– Aktuelles 90
– Aufgeben 250 ff.
– Auftrag 253 ff.
– Auftragsvergabe 256
– Ausschreibung 257 f.
– Beratung 258 ff.
– Beteiligte 96, 236
– Checkliste 99
– Dezentralisation 261 ff.
– Dilemma 264–271
– Einführung neuer Technologien 294–300
– Einstellung 271 ff.
– Entlassung 274–279
– Expansion 279–284
– Finanzierung 284 ff.
– Fördern 287 ff.
– Gründung 290 ff.
– Innovation 294–300
– Insourcing/Outsourcing 301 ff.
– Interpretation 90 f.
– Investition 304 ff.
– Joint Venture 307–311
– Karriere 311 ff.
– Nachfolge 314 ff.
– Offenheit/Transparenz 317 ff.
– Ressourcen 96
– Spielräume 97 f.
– Vergangenheit 89 f.
– Zeit 93 ff.
Entscheidungstabelle 347 ff.
Entweder-oder-Falle 244 f.
Ereignisse, unvorhersehbare 94
Erfolgsmessung 101–105
Ergebnisrückmeldung, formale 153
Ergebnisse 107 ff.
– vs. Ziele 108

Erhard, Ludwig 47
Ericsson 308
Ersetzen 138
Europäischer Gründerpreis 293
Excite 17
Existenzgründung 290
Expansion 279–284

Fähigkeiten 179
Faktenfalle 243 f.
FDP 350, 352
Fehlentscheidung 240, 323
Fehlinterpretation 95
Filo, David 17
Finanzierung 284 ff.
Ford 97
Fördern 287 ff.
Frage
  –, inspirierende 139 f.
  – stellen 131 f.
Frankl, Viktor E. 83, 176
Führungskräfte, Sandwichstrategie für 213–218
Fujitsu-Siemens 308
Funketiketten 295–299

Gandhi, Mahatma 40
Gates, Bill 18 f., 31, 33, 44
  – Entscheider-Code 23
Gates, Melinda 33
Gegenspieler 97, 172, 205 f.
General Motors (GM) 97
Gestaltungsspielraum 97 f., 125 ff., 130, 191 f., 240
  –, erweiterter 127
  –, ungenutzter 126
Gleichmacher 232
Google 17 ff., 24, 174
Grove, Andy 180
Gründung 290 ff.
Grüne 350 ff., 354

Handeln, richtungsgetriebenes 5–9
Hemmungen 178 f.
Honda, Soichiro 277, 286
Humankapital 275

IBM 18 f., 48, 302
Idealprozess 296 f.
Infofalle 249
Informationsfilter 129
Innovation 294–300
Insourcing 301 ff.
Inspiration 132

Intel 180
Interessen, gemeinsame 184 f., 191
Intuition *siehe* Bauchentscheidung
Investition 304 ff.

Joint Venture 307–311
Jonas und der Wal 32

Kagermann, Henning 94
Karriere 311 ff.
King, Martin Luther 46
Klum, Heidi 87
Koch, Roland 350 ff., 354
Kombination 135, 143
Kommunikation 206–213
  – Matrix 208
  – Plan 210 ff.
Konflikte meiden 324
Konsequenzen 209
Kontrollelemente 107 ff., 112, 140 f.
Kopf- vs. Bauchentscheidung 15 f.
Kreativität 12, 130
  – Workshop 159–168
Kreativstrategien 131–145
  – flüssiges Denken 132–142
  – kombinatorisches Denken 143 ff.
Kriteriengewichtung 221–226
  –, absolute 222 ff.
  – vs. Bewertung 222
  –, relative 224 ff.
Kundenbindungsinstrumente 205

Langfristigkeit 83 f.
Laplace-Regel 232
Lebensstationen/-bereiche 36 f., 50
Linkspartei 350 ff., 354
Lions Club 62
Lochner, Lutz 291 ff.
Logik des Entscheidens 10–16
Loyalität 210

Mafia 288
Mai, Jochen 142
Malcolm X 46
Manager
  –, Einstellungstest für 12 f.
  –, Sandwichstrategie für 213 ff.
Manipulation 191, 347
Markttest 293
Marktwirtschaft, soziale 47
Martin Luther King Memorial 46
Maßstab 226 ff.
  –, allgemeiner 227 f.

– relativer 229
–, spezieller 228 f.
MasterCard 97
Maximax-Regel 232
Maximin-Regel 232
Medici, Cosimo de' 47, 261
Mehrwertregel von Entscheidungen 206
Microsoft 18 f., 31, 33, 40, 174
Mileage Plus 205
Minimale Reue 338 f.
Mission 6, 27–75
  –, Aktivitätsverben für 39
  – Bedarfsfaktor 100 f.
  – Bedeutung für Vision 32 ff.
  –, Begriff 31
  –, Charakteristika einer 41 f.
  – Checkliste 75
  –, Qualität der 40
  –, roter Faden der 36 f.
  –, Zielgruppe für 40 f.
Missionsorientierung 85
Mitarbeiterförderung 287 ff.
MITS 18
Morphologischer Kasten 143 ff.
Motivation 33, 173–178
  – Eigeninteresse 173 ff.
  – Sinn 176 ff.
  – Ziele 175 f.
Motorola 308
MS-DOS 19

Nachfolge 314 ff.
NCR 48
Nutzwertanalyse 349–354

Obama, Barack 46
Offenheit 208, 317 ff.
Optimierung 12
Optimist 232
Oracle 94
Orientierungslosigkeit 324
Osborn, Alexander 132
Osborn-Methode 132–138, 143
  – Workshop 160 ff.
Outsourcing 301 ff.
Overengineering 78

Paarweiser Vergleich 110 ff., 223
  –, differenzierter 225 f., 334 ff.
  –, einfacher 224 f.
  – Werkzeuge 111
Page, Larry 17 ff.
  – Entscheider-Code 23

Palm Pilot 294
Pareto, Vilfredo 207, 327
Pareto-Methode 327 ff.
Partner, unkooperative 172
Penn, Mark 208
Personaleinstellung 271 ff.
Pessimist 231 f.
Pischetsrieder, Bernd 101
Plattner, Hasso 94
Porsche AG 206 f., 278, 286, 302
Porsche, Ferdinand 286
Preis 147, 199, 205

Qualität 40

Randfalle 223, 244, 352
Ressourcen 96
Retikuläres Aktivierungssystem (RAS) 129 f.
Reue 269
  –, minimale 338 f.
RFID-Funketiketten 295–299
Risikobilanz 329–333
Robbins, Tony 175
Rotary Club 62
Roter Faden 35 ff.

Saaty, Thomas L. 334
Salomon, König 241
Sandwichstrategie für Führungskräfte
  213–218
  – Alternativen vorstellen 217
  – Gespräch mit Vorgesetzten 215 ff.
  – Situation des Managers 213 ff.
SAP 94
Scheinalternative 191
Schicksal 240
Schneckenfalle 248
Schröder, Gerhard 24, 47, 62
Schumpeter, Joseph 294
Sechs-Blickwinkel-Methode 138–142
  – Workshop 163–167
Selbstvertrauen, fehlendes 323
Seminarportal.de 291
Sicherheit 231
Siemens 78
Sinn 83 ff., 176 ff.
Skrupel 178 f.
Sony 308
SOS-Kinderdörfer 31, 33
Soziale Marktwirtschaft 47
Spannungsbilanz 329 f.
SPD 350 ff., 354
Spezialistenwissen 150 f.

Spielpraxis 193–206
– Entscheider lesen 193–197
Stolz auf Leistung 45
Storage 301 f.
Subway 144
SWOT-Analyse 153, 242

Technologien, Einführung neuer 294–300
TomorrowNow 94
Transparenz 317 ff.
Treibjagdfalle 246

Überdelegation von Entscheidungen 325
Überzeugung, mangelnde 172, 181 f.
Umgruppieren 137
Umkehren 137 f.
Umsetzungsplan 185 ff.
– Ausgangspunkt 185 f.
– Ausgestaltung 187
– Betroffene 188
– Delta 187
– Maßnahmen 187
– Ziel 186
Unentschiedenheit 325
United Airlines 205, 277
Unsicherheit 229 ff., 237
– Gleichmacher 232
– Optimist 232
– Pessimist 231 f.
Unternehmensberater 95, 258 ff.
Unternehmensgründung 290 ff.
Unternehmensnachfolge 314 ff.
Unternehmensverbände 62
Unterstützer, fehlende 325
Unterstützung, größtmögliche 9, 13 ff., 171–219
– Checkliste 218 f.
– gewinnen 180–192
– Sandwichstrategie 213–218
– Spielpraxis 193–206
– Verhandlungen führen 197–205
Unterstützungsgespräch 190 ff.
Urteilsvermögen 81
US Robotics 294

Veränderung 136, 172, 189 f.
– für Gesellschaft 46
– im Markt 47
– im persönlichen Bereich 47
– in Technik/Wissenschaft 46
Verankerung 11
Vergleich
–, differenzierter paarweiser 225 f., 334 ff.
–, einfacher paarweiser 224 f.

–, paarweiser 100 ff., 223
–, relativer 221
Vergrößern/etwas hinzufügen 136
Verhandlungen 197–205
– Delegationen 202
– Gewinnerstrategien 203
– Grenzen 204
– Stile 201 ff.
Verkleinern/etwas weglassen 136 f.
Verpflichtung 94
Verschwendung 78 f., 113
Vertrauen 113, 318
Verwechslungsfalle 246
Vetternwirtschaft 288
Vision 4 ff., 27–75, 184 f., 241
– Bedarfsfaktor Zukunft 100
– Bedeutung der Mission 32 ff.
– Begriff 28, 31
– Checkliste 75
– als Entscheidungsgrundlage 29 f.
–, Erfolgsprinzipien für 43 ff.
–, Formulierungsregel für 64 f.
–, Grundtypen einer 45 f.
–, Weg zur 42
– Workshop 66–75
Visionsentwicklung 49–64
– Gegenwart 49 f.
– komplettes Bild 55 ff.
– Mindmap 55 f.
– Ökologie 58
– neue Rollen 54 f.
– Rollenmodell der Gegenwart 51 f.
– Umsetzung 58–64
– Umsetzungsverpflichtung 64
– Vergangenheit 50 f.
– Zukunft 52 ff.
Voice over IP (VoIP) 294
Volkswagen (VW) 101, 286
Voraussicht, fehlende 322 f.
Vorbild 241
–, Orientierung am 141 f.
Vorgesetzte, Gespräch mit 215 ff.
Vorteil-Nachteil-Falle 241 f.
Vorwärts-Falle 248 f.

Wahllosfalle 245
Wahrnehmungsfilter 91 f.
Watson, Thomas John 48
Werte 7, 34 f., 179
– Bedarfsfaktor 100 f.
– Liste 34
– Rangliste 37 f.
Wertorientierung 84 f.

Wertvorstellungen 116 ff.
Widerstand 324
– , innerer 172–179
– Fähigkeiten 179
– Hemmungen 178 f.
– Motivation 172–178
Wiedeking, Wendelin 206 f., 278
Workshop
– Ein-Schritt-Optimierung 168
– Entscheidungskompass 119 ff.
– Kreativität 159–168
– Osborn-Methode 160 ff.
– persönliche Mission 34–42
– persönliche Vision 66–75
– Sechs-Blickwinkel-Methode 163–167

Yahoo! 17
Ypsilanti, Andrea 350 ff.

Zeit 93 ff.
– , Kauf von 95

Zeitaufwand 157 ff., 235
Zeitmanagement 154–159
Zeitmangel 240, 326
Ziele 6, 139, 209
– für Beruf/Geschäft 61
– vs. Ergebnisse 108
– für Familie 63
– für Finanzen 63
– für Kontakte/Netzwerk 62 f.
– für Körper 61
– zur Motivation 175 f.
– für Reputation 64
– für Rollen 61
– für Spiritualität 63
Zielgruppe 40 f.
Zielkonflikt 326
Zukunft, unsichere 229 ff.
Zwicky, Fritz 144

HANSER

Nichts kostet mehr als falsche Entscheidungen.

Lietz
Das Entscheider-Buch
272 Seiten.
ISBN 978-3-446-41139-5

Manager, Unternehmer und Selbstständige wissen: Schlechte Entscheidungen werden ganz schnell teuer. Aber wie trifft man gute Entscheidungen? Gar nicht so einfach, denn tückische Entscheidungsfallen lauern überall.
Kai-Jürgen Lietz stellt insgesamt 15, dieser Entscheidungsfallen aus der Praxis vor, die jeder kennen muss, der kostspielige Fehlentscheidungen vermeiden will.

Mit Entscheidungs-Checkliste!

Mehr Informationen zu diesem Buch und zu unserem Programm unter **www.hanser.de**

HANSER

Wenn das passiert, womit keiner rechnet.

Taleb
Der Schwarze Schwan
456 Seiten.
ISBN 978-3-446-41568-3

In seinem Bestseller zeigt Nassim Taleb: Extrem unwahrscheinliche Ereignisse – »Schwarze Schwäne« – gibt es viel häufiger, als wir denken. Und wir unterschätzen systematisch ihre gewaltigen Folgen. Der Autor gilt als »Hauptdissident der Wall Street«. Seine Analyse öffnet die Augen für das, was eigentlich nie passieren dürfte – und was doch ständig geschieht.

»Ein brillant geschriebenes Buch über den Unsinn von Wirtschaftsprognosen. [...] Taleb schreibt launig und ohne jeden Respekt. Polemisch, aber mit viel Witz und Ironie attackiert er Bankmanager und Wissenschaftler, auch Nobelpreisträger bleiben nicht verschont. Und das liest sich auch in der deutschen Übersetzung höchst unterhaltsam.«

manager magazin

Mehr Informationen zu diesem Buch und zu unserem
Programm unter **www.hanser.de/wirtschaft**